ORDNANCE SURVEY

STREET ATLAS
Edinburgh
& East Central Scotland

Contents

IV *Key to maps*

VI *Administrative boundaries*

1 *Street maps*

232 *Index explanation and abbreviations*

233 *Index of towns, villages and rural localities*

234 *Index of street names*

PHILIP'S

First edition published 1995 by

Ordnance Survey	and	Philip's
Romsey Road		an imprint of Reed Books
Maybush		Michelin House, 81 Fulham Road, London, SW3 6RB
Southampton SO16 4GU		and Auckland, Melbourne, Singapore and Toronto

ISBN 0-540-06180-8 (Philip's, hardback)
ISBN 0-540-06181-6 (Philip's, softback)
ISBN 0-319-00798-7 (Ordnance Survey, hardback)
ISBN 0-319-00799-5 (Ordnance Survey, softback)

To the best of the Publishers' knowledge, the information in this atlas was correct at
the time of going to press. No responsibility can be accepted for any errors or their
consequences.

The representation in this atlas of a road, track or path is no evidence of the existence
of a right of way.

Printed and bound in Great Britain by
Bath Press, Bath

Key to map symbols

⊛	**British Rail station**
⊛	**Private railway station**
━◆━	**Bus or coach station**
Ⓗ	**Heliport**
◆	**Police station** (may not be open 24 hours)
✚	**Hospital with casualty facilities** (may not be open 24 hours)
□	**Post office**
+	**Place of worship**
◼	**Important building**
P	**Parking**
174	**Adjoining page indicator**
✕	**No adjoining page**
━━━	**Motorway**
═══	**Dual carriageway**
───	**Main or through road**
A27	**Road numbers** (Department of Transport)
─┬─	**Gate or obstruction to traffic** (restrictions may not apply at all times or to all vehicles)
- - - -	**All paths, bridleways, BOAT's, RUPP's, dismantled railways, etc.**
═══	**Track**

The representation in this atlas of a road, track or path is no evidence of the existence of a right of way

Amb Sta	**Ambulance Station**	LC	**Level crossing**
Amb Dpo	**Ambulance Depot**	Liby	**Library**
Coll	**College**	Mus	**Museum**
FB	**Footbridge**	Acad	**Academy**
F Sta	**Fire Station**	Sch	**School**
Hospl	**Hospital**	TH	**Town Hall or Town House**

0	¼	½	¾	1 mile
0	250 m	500 m	250 m	1 Kilometre

The scale of the maps is 3½ inches to 1 mile (1:18103)

The small numbers around the edges of the maps identify the 1 kilometre National Grid lines

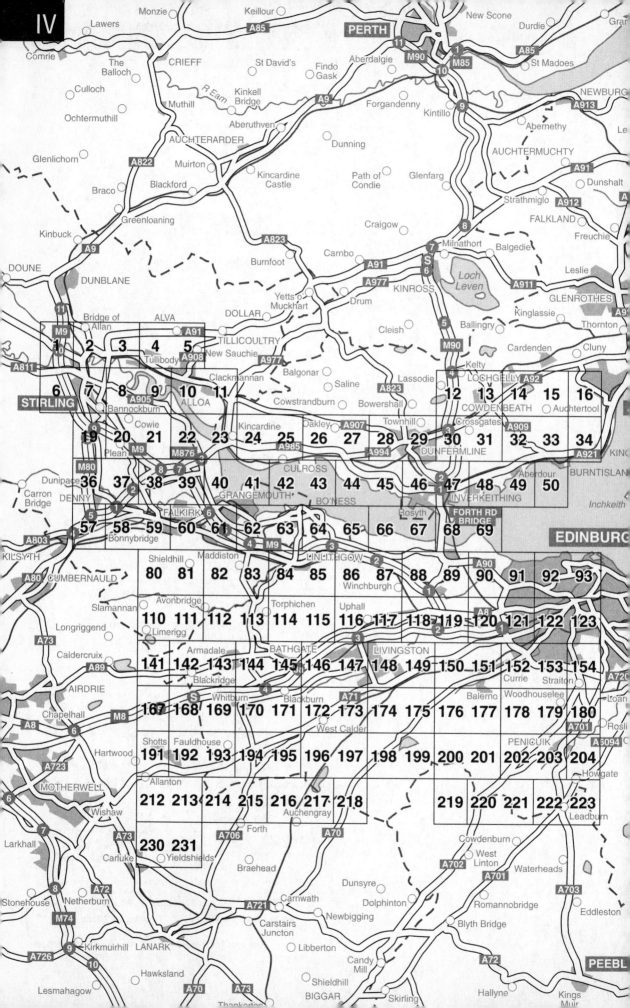

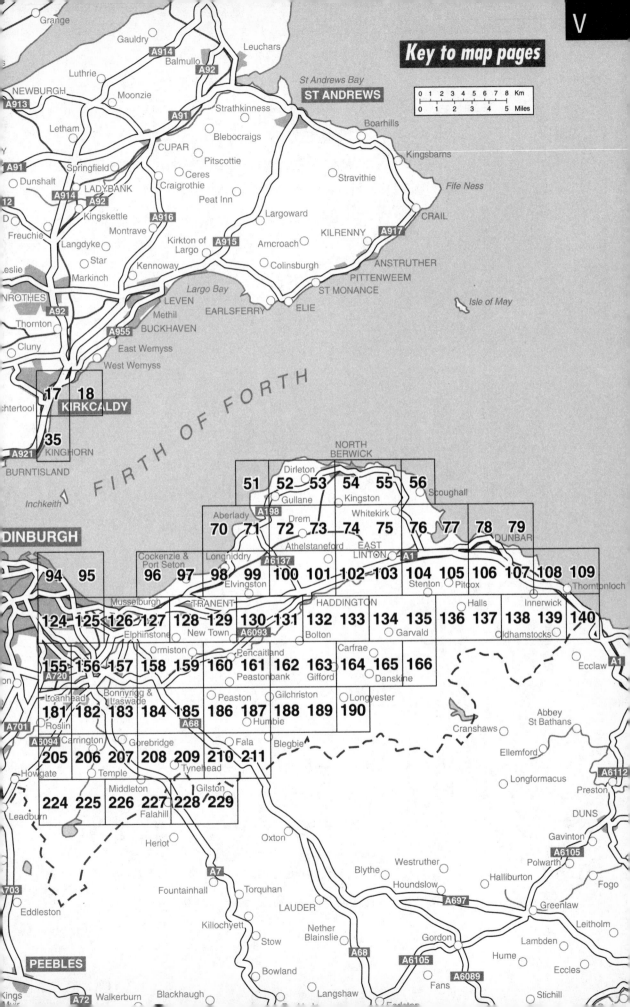

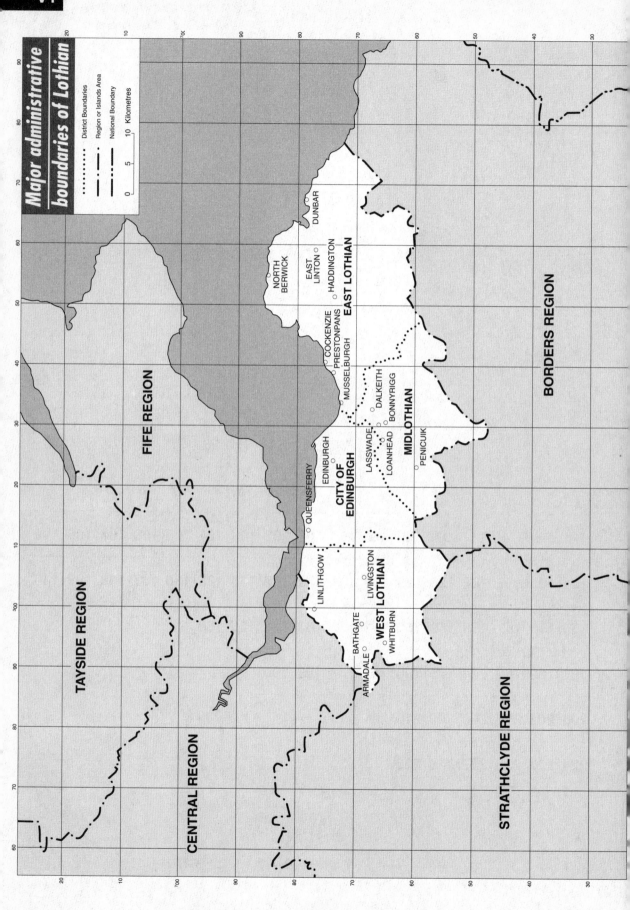

Major administrative boundaries of Lothian

District Boundaries
Region or Islands Area
National Boundary

0   5   10 Kilometres

VI

TAYSIDE REGION

FIFE REGION

CENTRAL REGION

QUEENSFERRY

EDINBURGH

CITY OF
EDINBURGH

LINLITHGOW

LIVINGSTON

WEST
LOTHIAN

BATHGATE
WHITBURN
ARMADALE

LASSWADE
LOANHEAD

DALKEITH
BONNYRIGG

MIDLOTHIAN

PENICUIK

MUSSELBURGH
PRESTONPANS
COCKENZIE

NORTH
BERWICK

EAST
LINTON
HADDINGTON

EAST LOTHIAN

DUNBAR

STRATHCLYDE REGION

BORDERS REGION

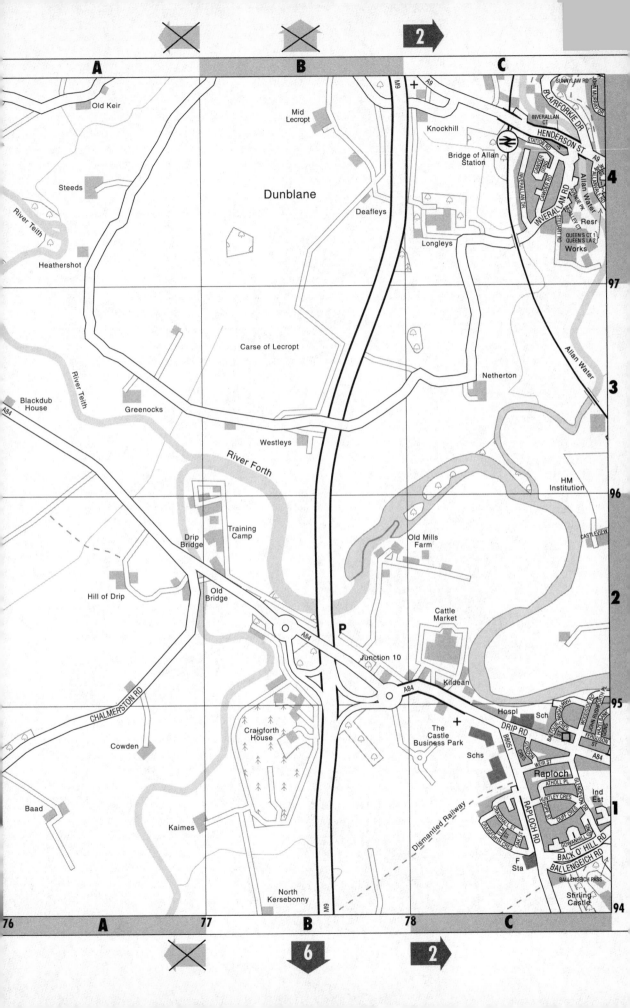

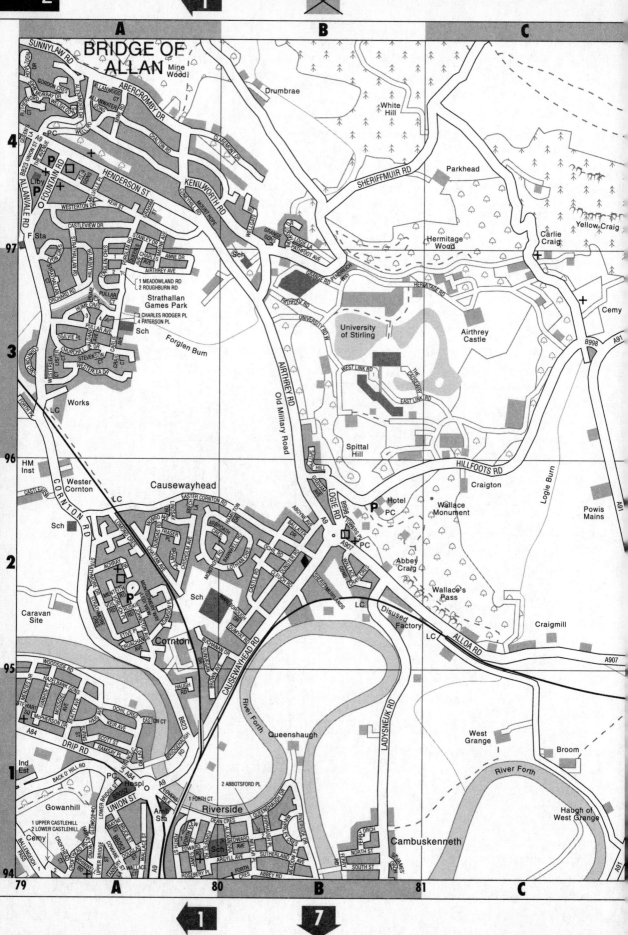

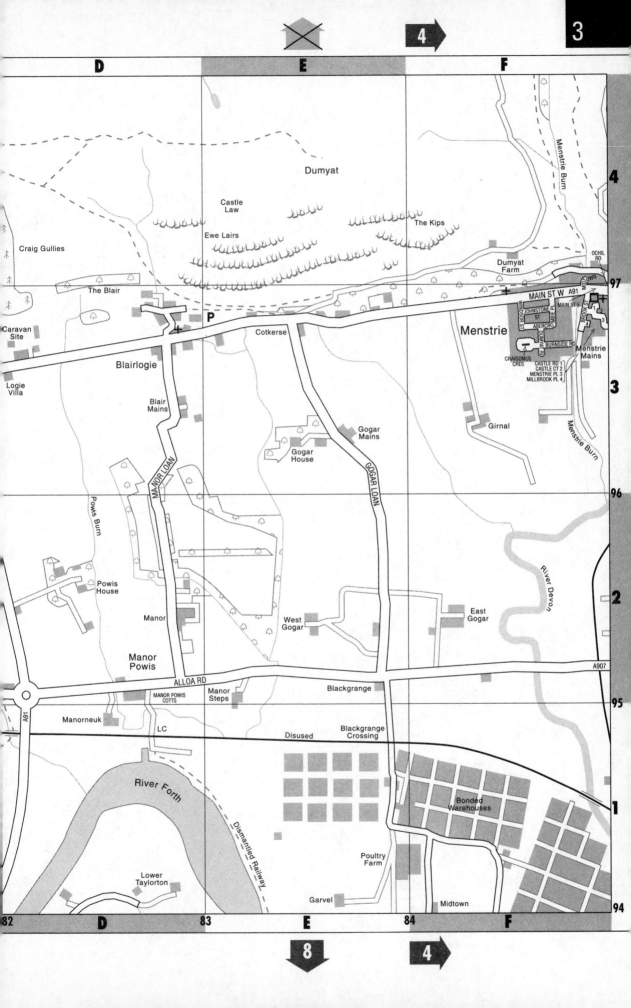

D   E   F

4

Dumyat

Castle Law

Ewe Lairs

The Kips

Craig Gullies

Dumyat Farm

OCHIL RD

The Blair

97

MAIN ST W A91

Caravan Site

P

Cotkerse

Menstrie

JOHNSTONE ST
WINDSOR ST
ABERCRO
MAIN ST E
BRIDGE ST
CROWN

Blairlogie

BURNSIDE RD
DUMYAT RD

Menstrie Mains

Blair Mains

CRAIGOMUS CRES

CASTLE RD 1
CASTLE CT 2
MENSTRIE PL 3
MILLBROOK PL 4

3

Gogar Mains

Girnal

Menstrie Burn

Gogar House

GOGAR LOAN

MANOR LOAN

96

Powis Burn

Powis House

River Devon

Manor

West Gogar

East Gogar

2

Manor Powis

ALLOA RD

A907

MANOR POWIS COTTS

Manor Steps

Blackgrange

95

Manorneuk

A91

LC

Disused

Blackgrange Crossing

River Forth

Bonded Warehouses

1

Dismantled Railway

Lower Taylorton

Poultry Farm

Garvel

Midtown

94

8

4

4

4

1

A   B   C

River Forth

Dismantled Railway

M9

Falleninch

DUMBARTON RD

King's Knot

4

A811

Polrogan Bridge

Bankend

White House

South Kersebonny

King's Park Farm

Golf Course

King's Park

CH

BALMORAL PL

THE HOMESTEADS

KERSEBONNY RD

93

Hollandbush

Raploch Burn

St Kersebonny Burn

ST THOMAS'S WELL

Hayford House

Cemy

BROOMHILL PL

DOUGLAS TERR

PARK DYKE

SNOWDON PLACE LA 1
SNOWDON PL 2

PARK AVE

PC

Johnny's Bridge

Hillhead

KERSEBONNY RD

MILL RD

NORTHEND

DONALDSON PL

STEWART PL

HAYFORD PL

BIRKHILL RD

GRAMPIAN RD

CONEY PARK

DALMORGLEN PK

PARK PL

KING'S PK RD

Johnny's Burn

TOUCH RD

Cambusbarron

GRIERSON CRES

MILL HILL
THE BRAE

MURRAY PL

GRAMPIAN RD

Batterflatts

Torbrex

LAURELHILL GDNS

SPRINGWOOD AVE

3

MAIN ST

QUARRY RD

FIRPARK TERR

CAULDHAME CRES

THE VENNS

OLD DROVE RD

Sch

WOODSIDE PL

Liby

UNDERWOOD RD

UND

FERMOT COTTS

ST NINIANS RD

Polmaise Farm

POLMAISE RD

DEROBAN PL

SYCAMORE PL

Hospl

LABURNUM GR

BIRCH AVE

CEDAR AVE

ASH TERR

Gartur

THOMSON PL

BRUCE TERR

GILLIES HILL

WALLACE PL

KENNINGKNOWES RD

92

Cambusbarron Quarry

TORBREX LA

TORBREX FARM RD

ST VALERY DR.

TORBREX RD

WELL PARK CRES

Murray's Wood

Gillies Hill

Polmaise Castle

Bearside

Coxet Hill

CULTENHOVE CRES

Touchadam Craig

Fir Park

CAMPBELL CT

2

Murrayshall Quarry

POLMAISE RD

Haggs Wood

CULTENHOVE PL

GATESIDE

Castlehill

Murrayshall Farm

GRAYSTALE RD

91

Graystale

Wallstale

Sauchie Craig

Moor Burn

Chartershall House

1

Bannock Burn

Middlethird Wood

Chartershall Farm

CHARTERSHALL RD

Cultenhove

90

76   A   77   B   78   C

A

B

C

River Forth

Bolfornought

Dismantled Railway

Poultry Farm

Bonded Warehouses

Haugh Cottage

4

Refuse Tip

Bannock Burn

93

Steuarthall Farm

Steuarthall

The Kennels

Haugh of Blackgrange

3

A905

Sewage Works

River Forth

Dykes

Sch

POLMAISE CRES

BRICE DR

FR.A PL

HARDIE CRES

HAWTHORN DR

AMONT CR.ES

ARROL RD

OAK TER

92

Redhall

Dismantled Railway

HILLVIEW

HAWTHORN

ROBIN

WOODSIDE

STIRLING RD

WALLACE

WEIR RD

BANDEATH RD

HALLBURN CRES

GRACIE CRES

SINCLAIR

CANNING

STATION TERR

KING ST

FORD PL

THE SQUARE

PC

Liby

PLAYER ST

Drypow

Alton

CASTLE VIEW

BANNOCKBURN STATION RD

Hartsmailing

South Cockspow

Fallin

QUEEN ST

MOSS RD

Bandeath House

MAIN ST

PH

2

Burnbank

KERSIE RD

91

Newmills

Spoil Heap

Lower Greenyards

Craig Moss

Wester Moss

Burnhead

1

Bankhall Kennels

COWIE RD

B9124

90

D   **E**   **F**

DEVON PL

P
MAIN ST
FORTH ST
STATION RD
SHUTTLES
PH
Cambus Farm

Cambus

A907

Arnsbrae

Golf Course

INGLEWOOD
W CLOSE
KENT RD
B908
TULLIBODY RD
CROWN CRES
GRAN RD
WINDSOR GDNS
INGLEWOOD RD
TITANIA
Gean House

TORBRAE CRES
CLAREMONT
ST CHARLES ST
OBERON
DAWSON
AV
PAV VIEW
Acad Sch

ACADEMY RD
ALEXANDRA DR

Disused

STIRLING RD

CARSE TERR
NORWOOD AVE
NORWOOD CRES
NORWOOD RD

LC
A907

4

Orchard Farm

Orchard House

MITCHELL CRES
DIRLETON CRES
DIRLETON GDNS
DIRLETON LA
NANCY'S PL
GRANGE RD

Pier

SMITHFIELD LOAN
BELLEVUE RD
SHIRE
STANTON
AVA
FORBES ST
CALEDONIAN CDNS
CALEDONIAN RD
GRANT ST
KEVEYALE
MUNRO

Sch

93

Works

DOWNS CRES

KELLIEBANK
Works
KELLIEBANK
CRAIGWARD

Bandeath Ind Est

Tullibody Inch

Rhind Rack

Longcarse

Dismantled Railway

Longcarse Reach

Works

3

92

Rhind

Inch

Throsk House

South Alloa

FERRY RD
Works
Pier

2

Throsk

KERSIE RD
A905

KERSIE RD

Mains of Throsk

Poppletrees

River Forth

Kersie Mains
KERSIE TERR

91

Kersie Bridge

Dismantled Railway

Willowbank

Meadowfield

South Kersie

1

South Mains

A905

90

85   **D**   86   **E**   87   **F**

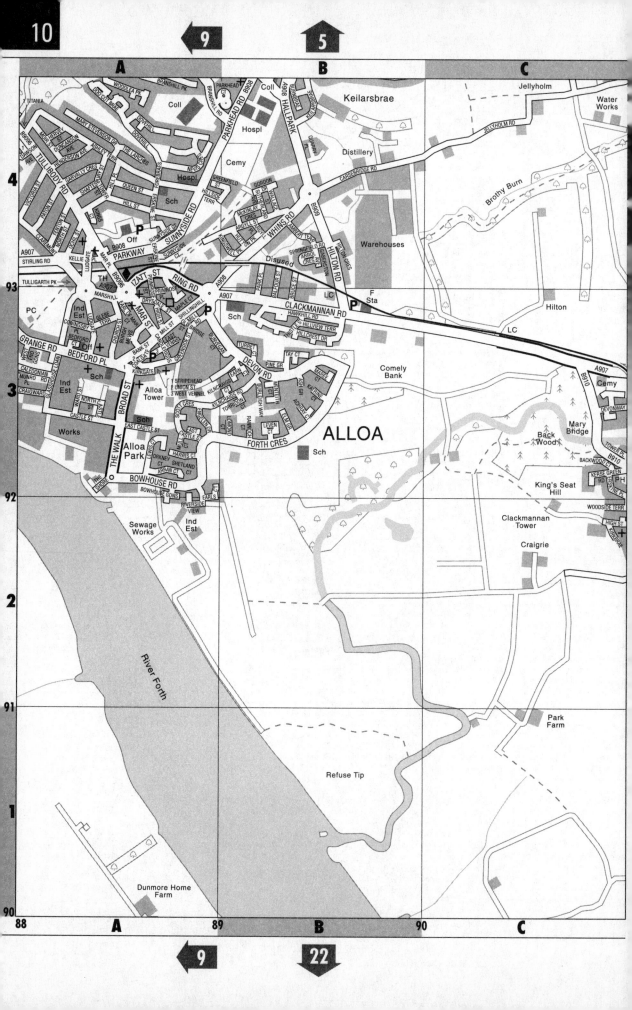

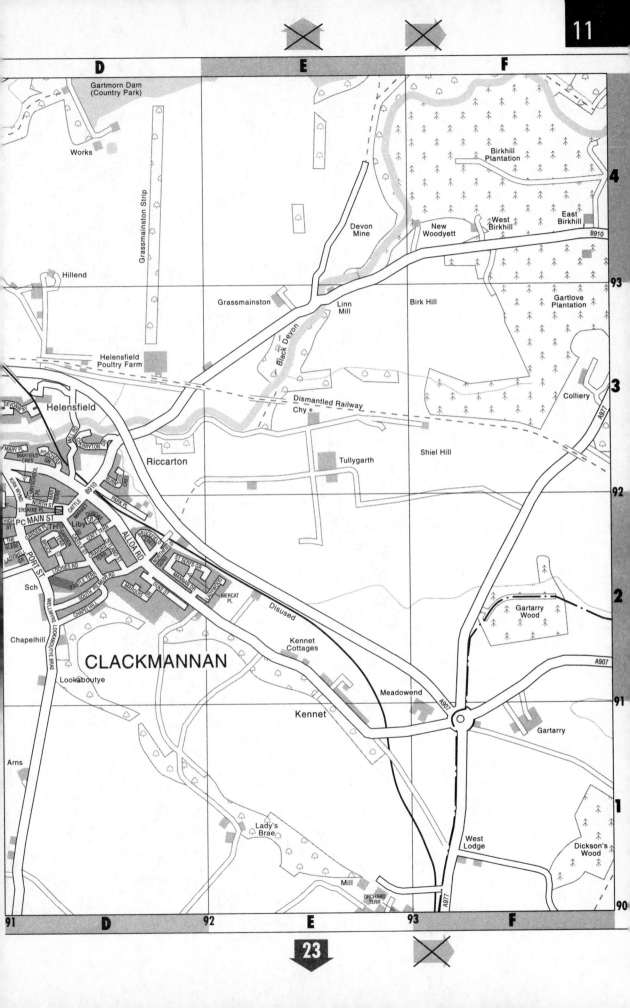

D   E   F

Gartmorn Dam
(Country Park)

Works

Birkhill
Plantation

4

Devon
Mine

New
Woodyett

West
Birkhill

East
Birkhill

B910

Hillend

93

Grassmainston Strip

Grassmainston

Linn
Mill

Birk Hill

Gartlove
Plantation

Helensfield
Poultry Farm

Black Devon

Dismantled Railway

Chy

3

Colliery

A977

DEVON WAY

Helensfield

Riccarton

MARY PL.
MAYFIELD
CRES.
POACHERS
GN.

Shiel Hill

Tullygarth

92

KIRK WYND
SCHOOL RD
NORTH ST
ERSKINE PL
B910
CASTLE
MARKET
PARK PL.

HIGH
ST
PC MAIN ST T H
THE
GLEBE
LADYWELL
PORT ST
Sch
Chapelhill

Lib
BRUCE CAS DUMYAS
GARDEN PL
CASTLE ST
BRUCE ST
CRAIGRIE
LOCHIES RD
SOUTH PILMUIR RD
ALLOA RD
ISZATT TERR
PARKLAND ST
CHAPEL HILL
MARQUIS ST
CASTLE TERR
BURNSIDE
CRES
ST SERFS BR.
PURE ST
MANNAN DR
LADYWOOD
MERCAT
PL.
Disused

Gartarry
Wood

2

Lookaboutye

LOOKABOUTYE BRAE
WELLMYRE

CLACKMANNAN

Kennet
Cottages

Meadowend

A907

91

Gartarry

A907

Arns

Kennet

West
Lodge

1

Lady's
Brae

Dickson's
Wood

Mill

ORCHARD
TERR

A977

90

A B C

Junction 4
BLAIR ST
BLAIR DR
COCKLAW ST
A909
B914
M90
A909
Kelty
Cocklaw
MOIR CT
Works
B917
OAKFIELD ST

4
B914
Whitehouse Wood
South Lodge
Lassodie Mine
FLOWER PL
CANTSDAM RD

Thornton Wood
Cantsdam
Cantsdam Bridge
B912

93
Dismtd Rly
Lassodie Mill
OLD PERTH RD
B917

Windyedge
Muirton

St Ninians
Lassodie Mains
Kirkton Farm

3
Lassodie
Whinnyhall

Hanging Stone

92
Viewfield

Lassodie Piggery
Meml

2
Loch Fitty
Lochend

The Fishing Lodge
Dismantled Railway
Dalbeath

91
CUDDYHOUSE RD

Loch View

1
Hotel
MAIN ST
HENDERSON ST
KERBREATH LC
CHURCH ST
Kingseat
Lochgelly Burn
TORBEITH GDNS

Keirsbeath Ridge
Hillend
HAWTHORN CRES
GDNS
PL
Sch
MAIN ST

90
B912
M90
Hill of Beath
Opencast Workings

12 A 13 B 14 C

30

A   B   C

DRUMMOND SQ

STATION RD B920

AUCHTERDERRAN RD B981

B9149

Sch

PAGE ST

RUSSELL ST

MELGUND PL

PAXTON CRES

STEWART CRES

Golf Course

CH

Greig Pl

LOCHGELLY

1 FORRESTER CT
2 SOLAN SQ
3 DRYBURGH PL
4 KNOCKHILL CL

Liby

Sch

BANK ST

MAIN ST

HIGH ST

Sch

PLANTATION ST

4

THE AVENUE

Works

Mast

A92

Melgund Lodge

LUMPHINNANS RD

F Sta

DICKSON CT

B981

93

B9149

CH

Powguild

Lochend

Westerton

3

Loch Gelly

Lochgelly Burn

92

A92

Colvin's Knowe

Lochside Plantation

Little Raith

Easter Lochhead

2

Wester Lochhead

Dismantled Railway

Dronachy Burn

Walton East Strip

91

Dronachy Burn

Walton East Clump

Walton

1

Raith Hill

B925

Chemical Works

Cemy

Manse

B925

90

18   A   19   B   20   C

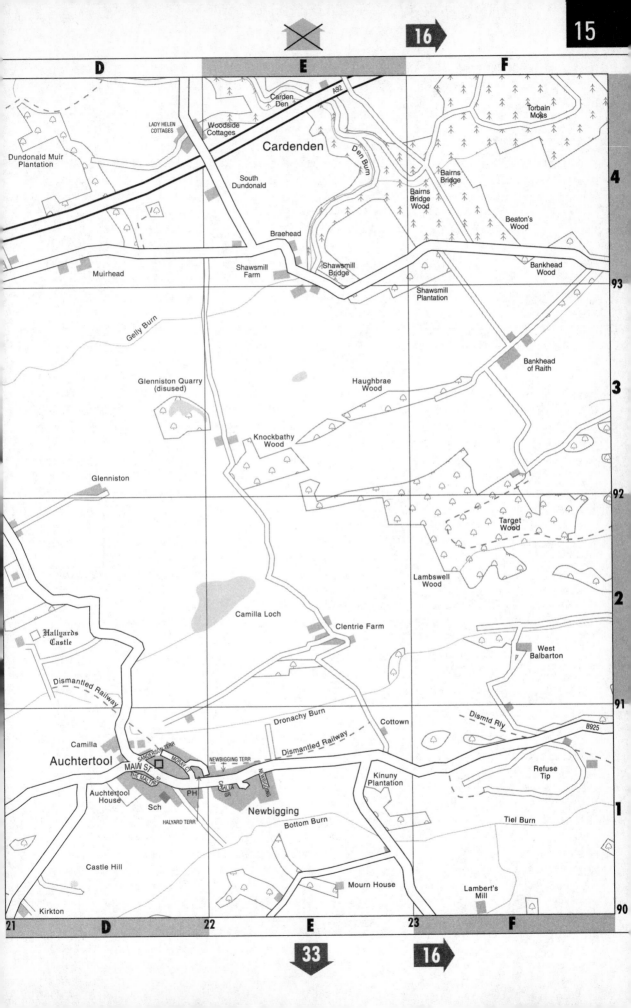

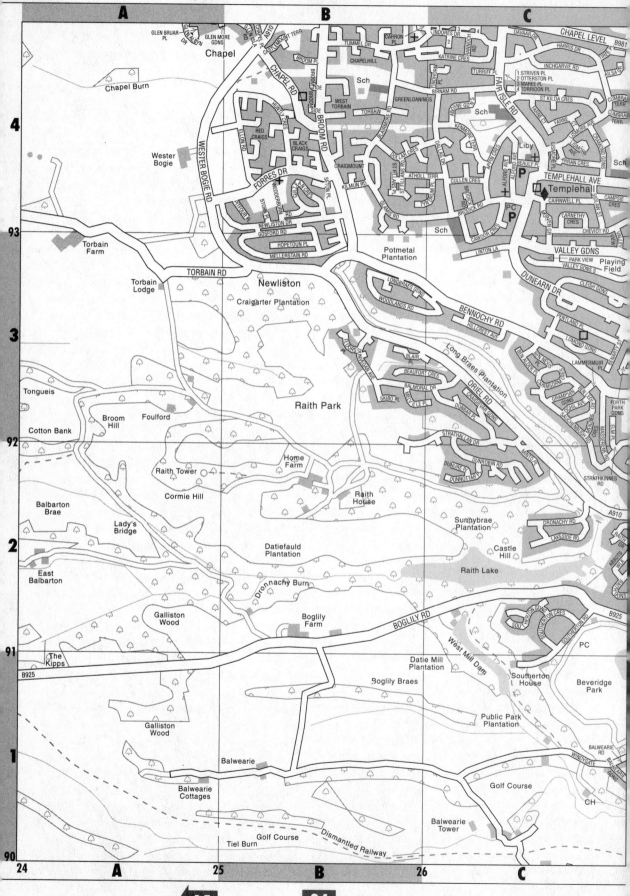

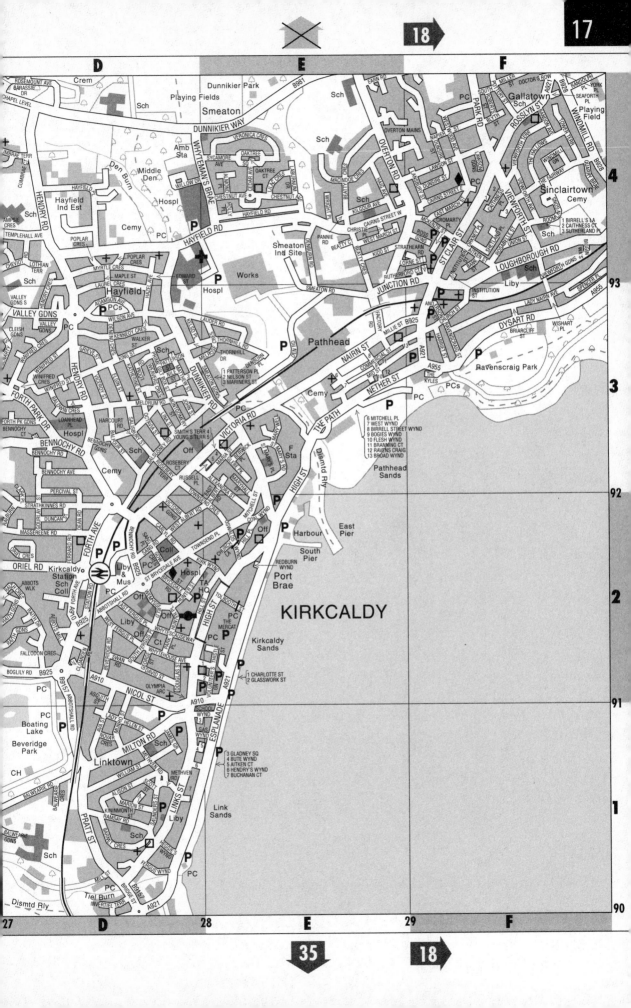

A   B   C

Ind
Est

BORELAND
RD

Colliery

Dismantled Railway

Blair
Point

B929

A955

P

FRASER

BERWICK
PL

STEWART ST

COOK ST

NORMAND RD

COOK ST

EDINGTON PL

WINDMILL RD

BELFIELD CRES

STA

ALEXANDER

NORMAN

BRAE

SCHOOL

4

TERRACE ST

B929

HIGH ST

BRAE

THE WALK

Sch

ORCHARD

HIGH

CROSS

RENTON ST

TOWNHEAD

QUALITY

ST

Dysart

1 LOUGHBOROUGH RD
2 WEST PORT
3 WEST QUALITY ST
4 EAST QUALITY ST
5 ORCHARD LA
6 FITZROY ST
7 VICTORIA ST
8 McDOUALL STUART PL

LADY NAIRN AVE

SPENCER

TOWNHEAD

RECTORY LA

TH

8

DYSART RD

A955

Mus

93

P

POLTON WYND

SHORE RD

PAN HA

Panhall

Ravenscraig
Park

P

PC

3

92

2

91

1

90

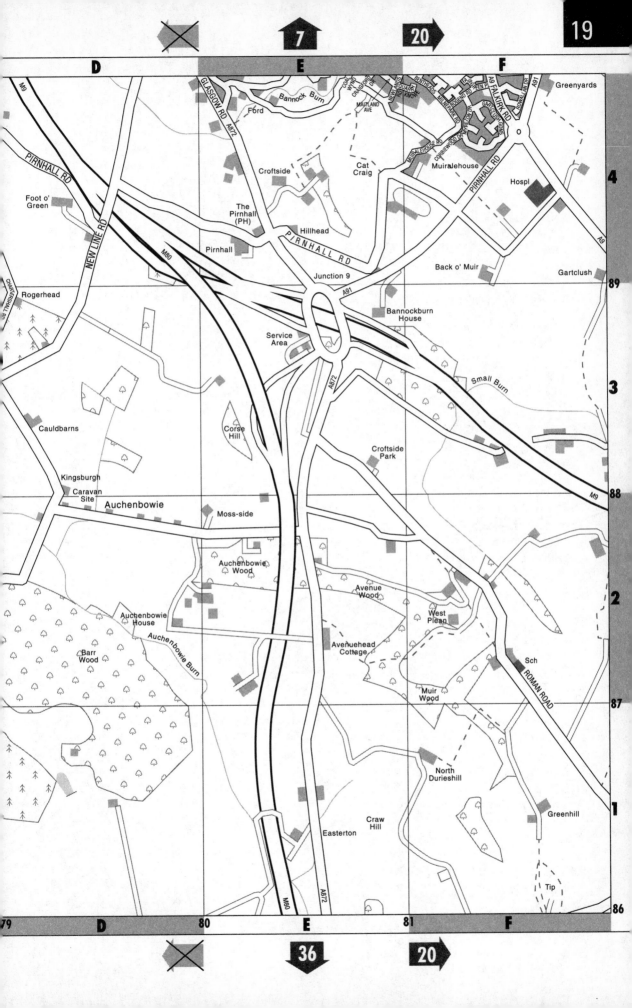

D   E   F

M9

GLASGOW RD A872

Bannock Burn

Ford

Croftside

Cat Craig

Greenyards

PIRNHALL RD

Foot o' Green

The Pirnhall (PH)

Hillhead

PIRNHALL RD

Muiralehouse

Hospl

4

NEW LINE RD

Pirnhall

M80

Back o' Muir

Gartclush

89

Junction 9

A91

Rogerhead

A872

Bannockburn House

Service Area

Small Burn

3

CHARTERSHALL RD

Cauldbarns

Corse Hill

Croftside Park

M9

88

Kingsburgh
Caravan Site

Auchenbowie

Moss-side

Auchenbowie Wood

Avenue Wood

West Plean

2

Auchenbowie House

Auchenbowie Burn

Avenuehead Cottage

Sch

ROMAN ROAD

Barr Wood

Muir Wood

87

North Durieshill

Greenhill

1

Easterton

Craw Hill

Tip

M80   A872

86

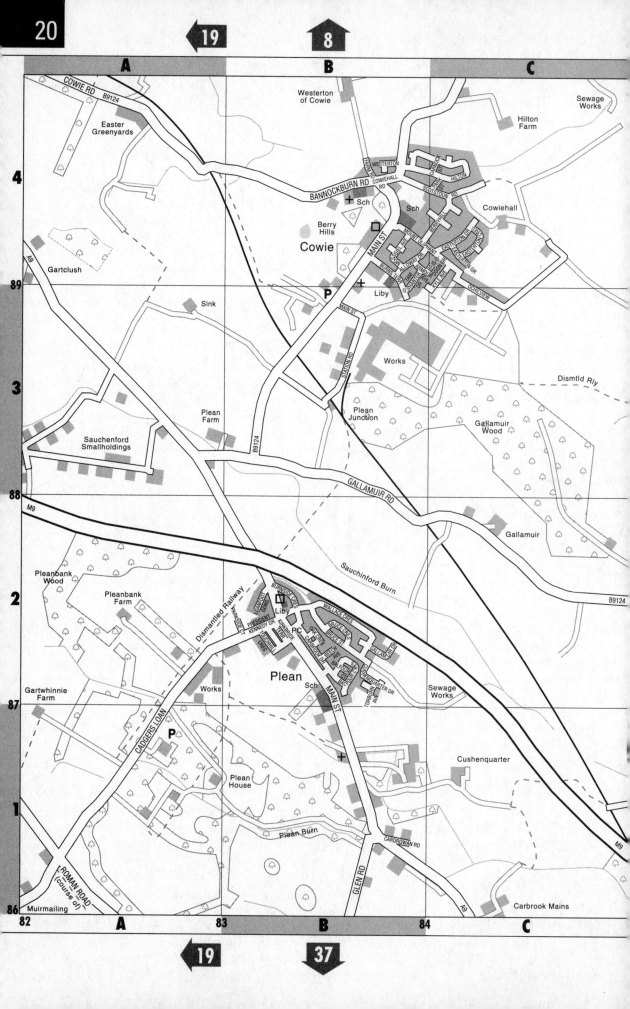

A
B
C

COWIE RD
B9124

Westerton
of Cowie

Sewage
Works

Easter
Greenyards

Hilton
Farm

WESTERTON

4

BANNOCKBURN RD
COWIEHALL
RD

FARM RD

CARNOCK

CARNOCK
CRES
HILTON

SCOTSTOUN RD

Sch
+ Sch

Sch

Cowiehall

Berry
Hills

MOUNT OLIPHANT

BERRYHILL

EASTERTON DR
EASTERTON

EASTERTON GR

Cowie

MAIN ST

SCLE AVE
ALLOWAY CR

A9

Gartclush

BURNS TERR
STAMERTONS
STRATHERRICK
DR

KYLE AVE

OCHILVIEW

89

P
Liby
+

Sink

MAIN ST

STATION RD

Works

Dismtld Rly

3

Plean
Farm

Plean
Junction

Gallamuir
Wood

B9124

Sauchenford
Smallholdings

GALLAMUIR RD

88

Gallamuir

M9

Pleanbank
Wood

Sauchinford Burn

Pleanbank
Farm

B9124

2

Dismantled Railway

BURNSIDE CRES

Liby

WALLACE CRES

BANKSIDE CT
LOANFOOT
GDNS

PRESIDENT

BRUCE ST

GALLAM

KENNEDY DR

KIRKBRIDE

PC

OAK CRES

CARBROOK DR

Gartwhinnie
Farm

OCHIL
CRES

BRUCE ST

BESIDE
AVE

Works

BALFOUR ST

SCHAW DR

CUSHENQUARTER DR

Sewage
Works

Plean

Sch

MAIN ST

TORBRAIN
AVE

CADGERS LOAN

87

P

+

Cushenquarter

Plean
House

CARDROWAN RD

A9

M9

1

GLEN RD

Plean Burn

ROMAN ROAD
(course of)

Carbrook Mains

86

Muirmailing

82
A
83
B
84
C

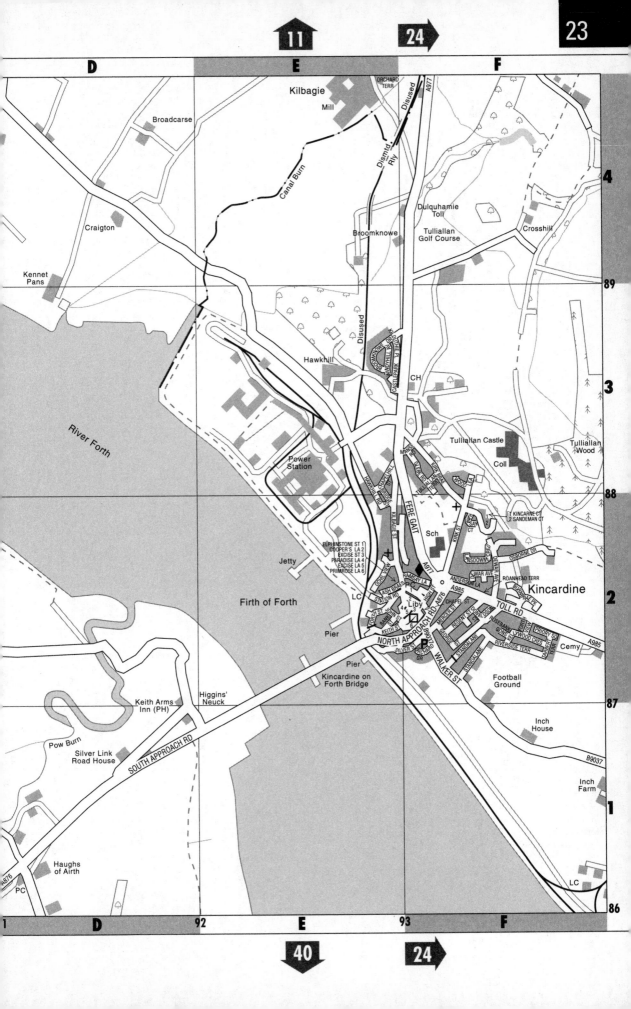

D
E
F

Kilbagie

Mill

ORCHARD
TERR

Disused

A977

Broadcarse

Canal Burn

Dismd.
Rly

4

Craigton

Dulquhamie
Toll

Broomknowe

Tulliallan
Golf Course

Crosshill

Kennet
Pans

Disused

89

Hawkhill

CH

River Forth

3

Power
Station

Tulliallan Castle

Tulliallan
Wood

Coll

88

MILL RD

Sch

1 KINCARNE CT
2 SANDEMAN CT

ELPHINSTONE ST 1
COOPER'S LA 2
EXCISE ST 3
PARADISE LA 4
EXCISE LA 5
PRIMROSE LA 6

FERE GAIT

KILBAGIE ST

HAWKHILL WD

Jetty

Firth of Forth

ROYAL VIEW

ASH BRAES

STATION RD

A977

PO
LC

A985

ANDERSON LA

WAR AVE

ROANHEAD TERR

Kincardine

2

Liby

CHAPEL ST

TOLL RD

A985

Pier

NORTH APPROACH RD A876

MERCER ST

RIVERSIDE TERR

Cemy

Pier
Kincardine on
Forth Bridge

Higgins'
Neuck

WALKER ST

STANDA LANE

Football
Ground

Inch
House

87

Keith Arms
Inn (PH)

Pow Burn

SOUTH APPROACH RD

B9037

Silver Link
Road House

Inch
Farm

1

A876

Haughs
of Airth

LC

86

PC

1

D
92

E
93

F

Peathill Wood

North Wood

Mausoleum

Glasgow Moss

Peppermill Dam

4

Windyhill

89

Keir Plantation

Praybrae Wood

3

Moor Loch

Devilla Forest

Tulliallan Wood

Keir

88

Keir Burn

Keir Dam

Culross Moor

2

Sawmill Plantation

Bordie Moor

Standard Stone

A985

NEW ROW

WESTFIELD

87

A98

Bordie

B9037

STONYBRAE

Lurg

1

Newpans

Mine

Lurg Farm

LONGANNET COTTS

Caverns

B9037

86

Sands Farm

A907
Overton
Sight Hill
Mine
West Grange
4
Dismantled Railway
Burrowine
Middle Grange
89
Blinkeerie
East Grange
Launchout Burn
Balgownie Mains
Thornyhaw
Oneford Burn
Bluther Burn
Righead
3
Balgownie Wood
Park Plantation
88
Muirhead
Shires Mill
B9037
Blairhall
Gallowridge
Blairhall Wood
2
Kirkton Wood
PC
Couston Wood
Keir Burn
Kirkton
Cemy
Blairhall Mains
B9037
Ashes
87
Waas Plantation
B9037
A985
GALLOWS LOAN
WOODHEAD FARM RD
Woodhead
1
Kirkbrae Wood
B9037
Dean Burn
FORTHBANK PL
The Park
+
MAIN ST
KIRK ST
VEERE PK
ERSKINE BRAE
B9037
LOW CSWY
86

A   B   C

A907
B9037

Mains of Comrie
Cottage

Tapitlaw

Sch

Tapitlaw
Cottage

Blair Burn

Blair

Blair
House

RINLOCH AVE
WOODLANDS TERR
BIRCH PL

Comrie
Mains

MAIN ST

PH

BLAIRWOOD WLK

Oakley

WILSON ST

4

HOULDSWORTH ST
EAST AVE

Blairhall

SOUTH AVE

Comrie

HALDANE GR
STEEL GR
SHEPHERDLANDS GR
OLD FORGE GR
GLENBURN GR

FERGUS GDNS
PC

TULLIVIEW

RUSSELL PL
WOODMILL CRES

STOBIE PL
WARDLAW CRES
WARDLAW WAY

Comrie Dean
Viaduct

Comrie Burn

Comrie
Dean

HILL GR
TAPITLAW GR
BOX TREE GR
BICKRAM CRES GR
PARKLAND GR
WOODBANK GR
PORTERFIELD GR
ALLEN GR
GILLESPIE GR

Sch

Liby

STATION RD

SIR GEORGE BRUCE RD

ROSWELL DR
JAMES HOG
JOHN STUART GR
LINCOLN TREE PL
ERSKINE

89

East
Grange

Grange Burn

Dismantled Railway

Mill

OLD MILL LA

Sch

LINDSAY'S WYND

STANM
TER

3

Over
Inzievar

Birch
Cottages

Inzievar
Wood

B9037

88

Shires
Mill

Pitsoulie

Inzievar

Pitsoulie

Langleas

Old
Inzievar
House

2

Bluther Burn

Devilla Forest

Skiddy Hill

Couston
Wood

CLINKUM BANK

Shawhill
Plantation

Shaw Hill

Drum
Plantation

87

High Valleyfield

HAMILTON TERR
CORMAILIN PL

A985

Sch

KINLOSS
CT
CHAPEL ST
CHAPEL PL
CARLYLE ST
OCHILVIEW CRES
FORTH VIEW DR

Loch
Roy

BURNS ST
DUNIMARLE ST

PRESTON
ST
ABBEY ST
VALLEYFIELD AVE
CHAPEL ST
LEIGHTON ST

Torrie
House

Tuilyies
Standing Stones

Liby

1

PRESTON ST

WOODHEAD ST
PENTLAND TERR

ROSEMILL
CT

DURHAM
TERR

Newmills

Tuilyies
Park

B9037

FORTH VIEW
COTTS

Low
Valleyfield

Forth View
Ind Est

LOW CAUSEWAYSIDE

MAIN ST

TINIAN CRES

Liby

Sch

Torryburn

ORCHARD
TERR

B903

MAIN ST

Low Torry

PH
CRAIGMORE
GDNS

THE
NESS
LOW CSWY
ROSE
LA
E EILEAN
LA

Back Burns
Plantation

86

Sch

00   A   01   B   02   C

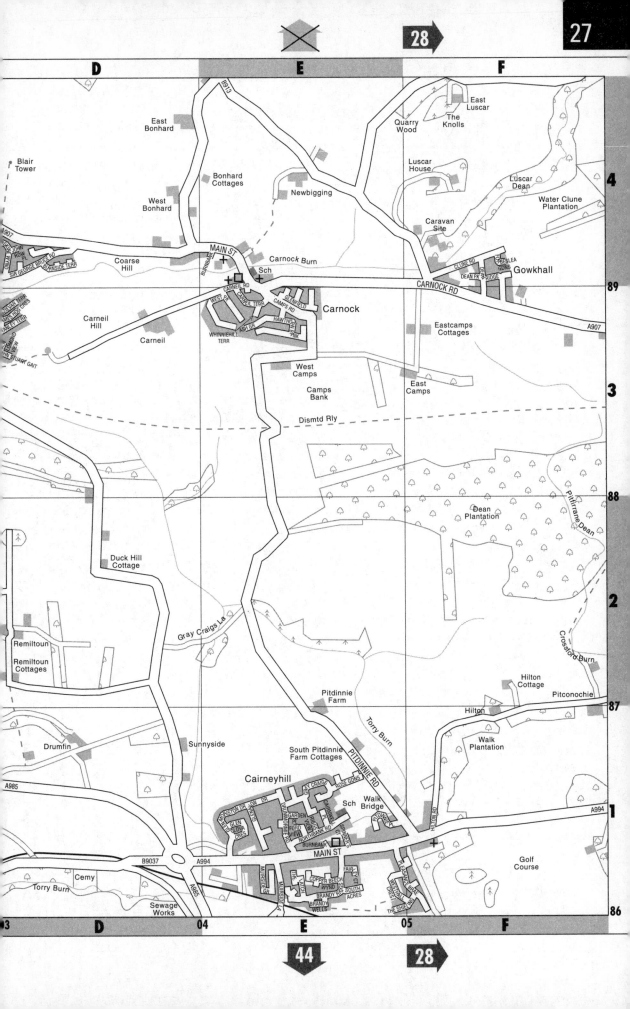

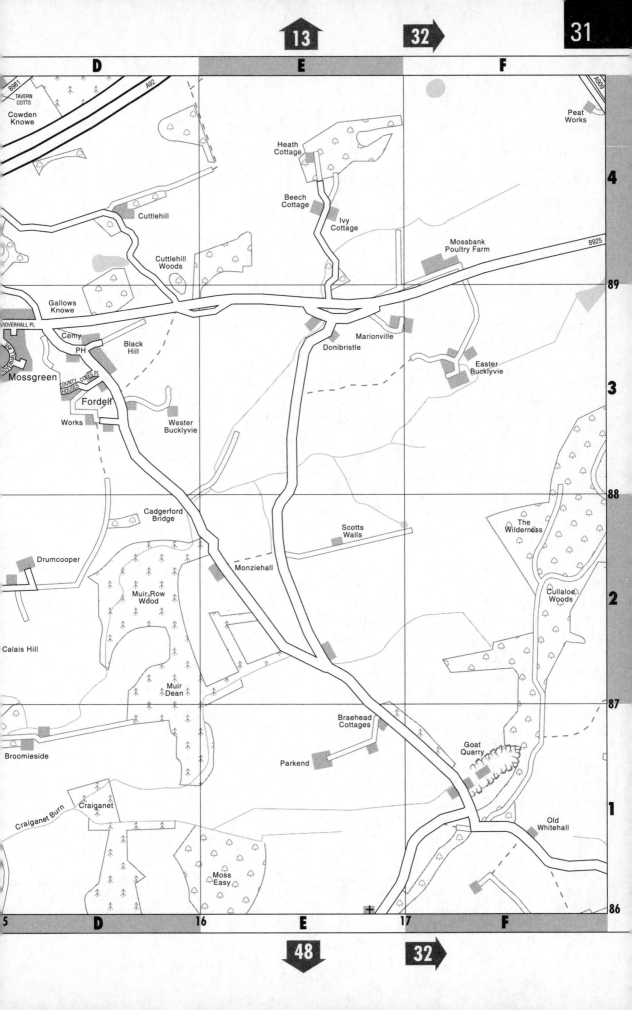

D
E
F

B981

A92

TAVERN
COTTS

Cowden
Knowe

Peat
Works

A909

4

Heath
Cottage

Cuttlehill

Beech
Cottage

Ivy
Cottage

Mossbank
Poultry Farm

B925

Cuttlehill
Woods

89

Gallows
Knowe

Marionville

Donibristle

Easter
Bucklyvie

DROVERHALL PL

Cemy

Black
Hill

PH

Mossgreen

COUNTY
HOUSES

COLES PL

3

Fordell

Wester
Bucklyvie

Works

Cadgerford
Bridge

Scotts
Walls

The
Wilderness

88

Drumcooper

Muir Row
Wood

Monziehall

Cullaloe
Woods

2

Calais Hill

Muir
Dean

87

Braehead
Cottages

Goat
Quarry

Broomieside

Parkend

Old
Whitehall

1

Craiganet Burn

Craiganet

Moss
Easy

86

5
D
16
E
17
F

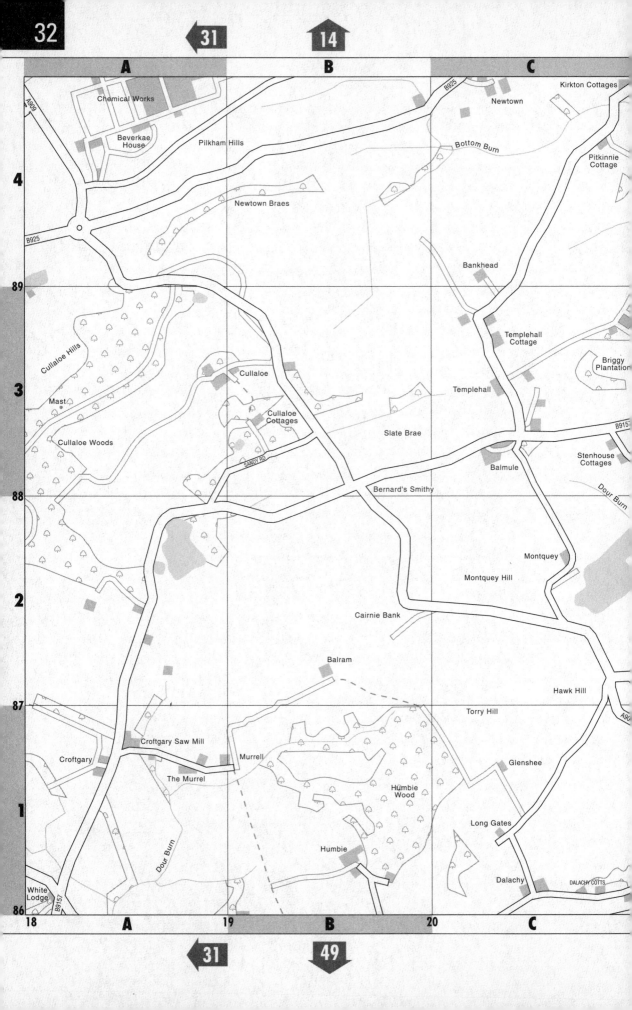

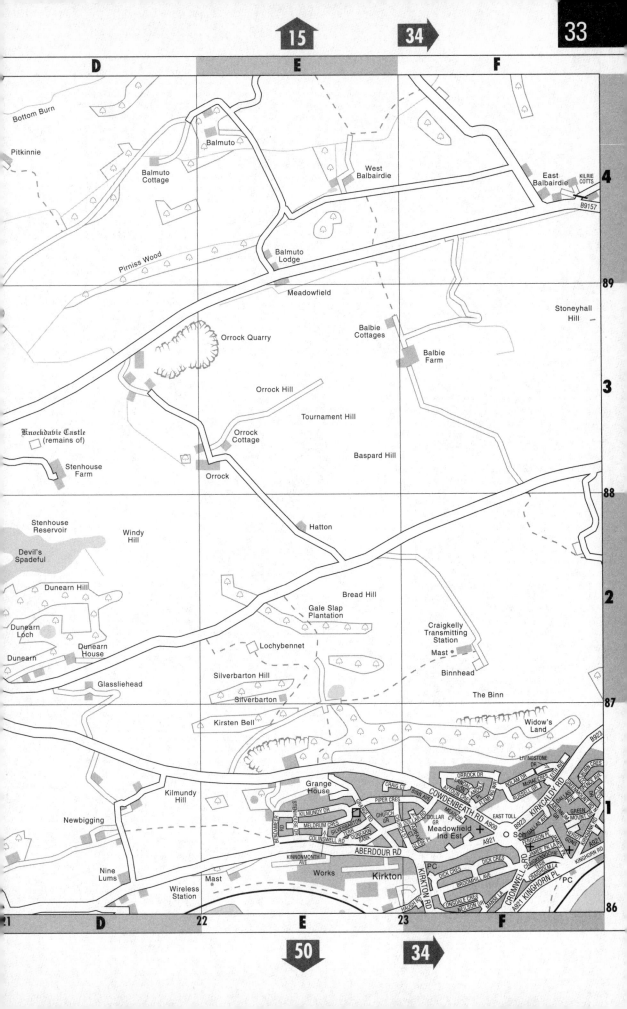

D E F

INVERTIEL RD
B9157
LESLIE ST
PRESTON TERR
SEAFIELD VIEW
Factory
A921
JAWBANES RD
KINGHORN RD
Tyrie
Tyrie Farm
Cottages
Seafield
House
Seafield
Tower
Vicar's
Grange
Linton
Court
Abden
Farm
KALDY RD
B923
KIRKALDY RD
ORCHARD CT
PORT AN HIGH
LONG CROSSCRAIGS
MYRE CRES
SEAFIELD VIEW
BRUCE TERR
ABDEN AVE
ABDEN TERR
ABDEN DR
LADYBANK PL
BUSWELL DR
ABDEN PL
TH
C
4 5
6
IRB
Sta
ST JAMES PL
ARCHERGATE

KINGHORN

1 GLOVER'S CT
2 BRUCE ST
3 ST LEONARD'S PL
4 ST LEONARD'S CT
5 SOUTH OVERGATE
6 TRONGATE
7 ABDEN CT
8 CHURCH WLK
9 HARBOUR RD

Kinghorn Ness

4

89

3

88

2

87

1

86

27
D
28
E
29
F

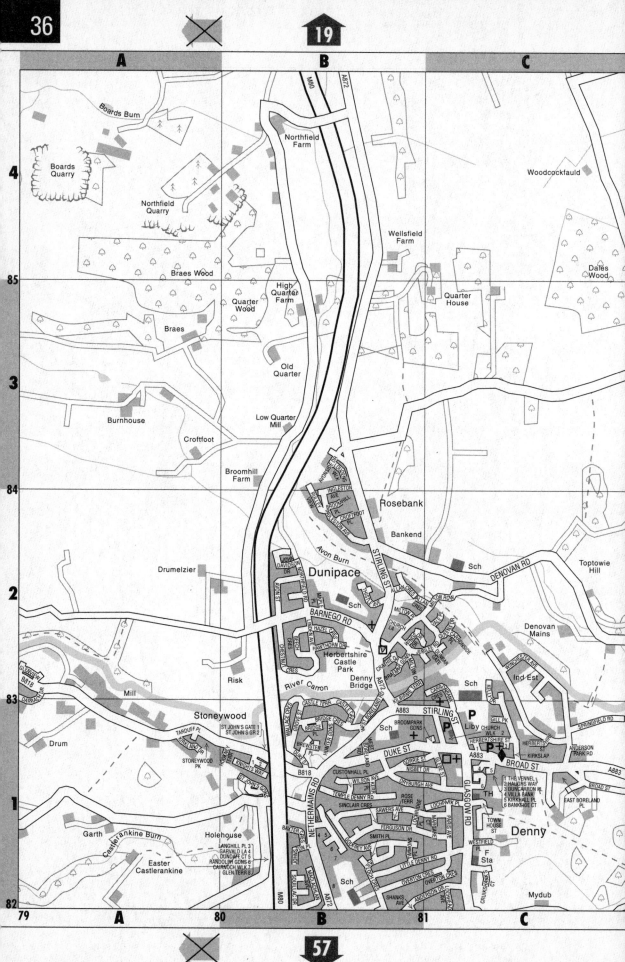

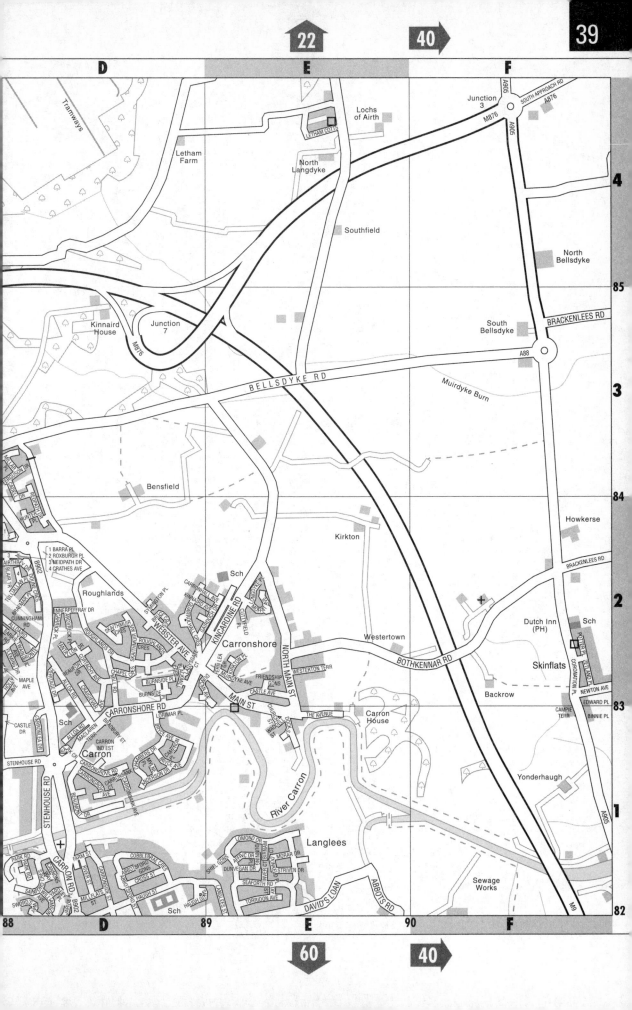

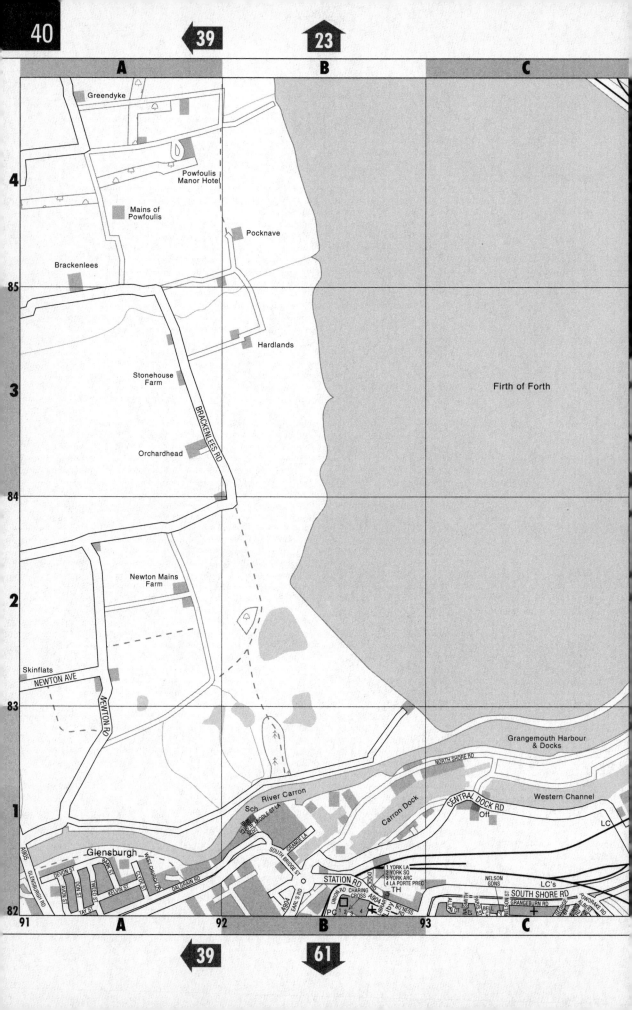

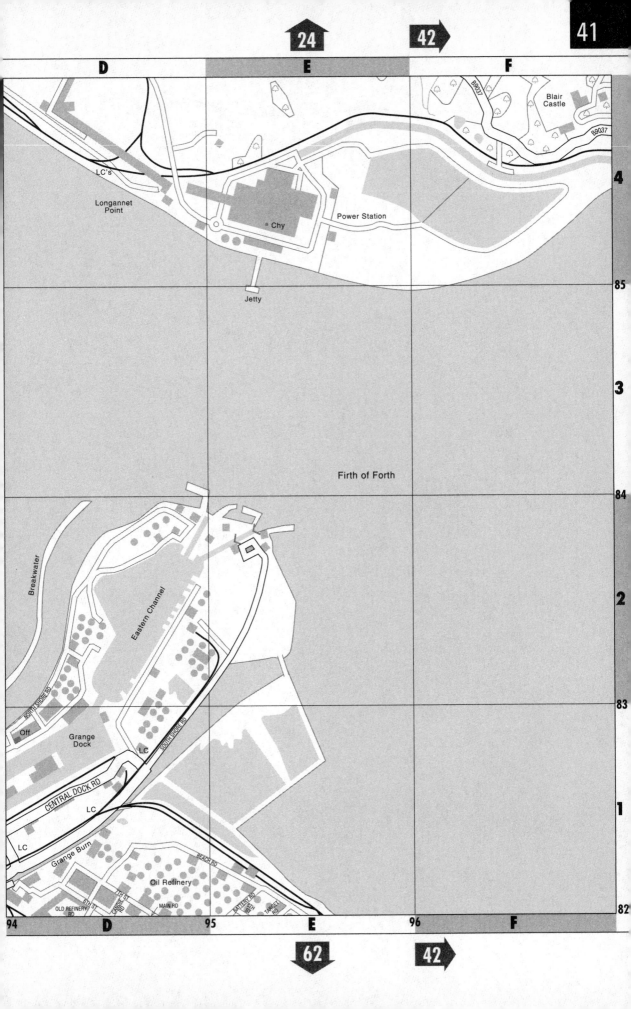

D

E

F

4

LC's

Longannet
Point

Chy

Power Station

B9037

Blair
Castle

B9037

85

Jetty

3

Firth of Forth

84

Breakwater

Eastern Channel

2

NORTH SHORE RD

Off

Grange
Dock

LC

SOUTH SHORE RD

83

CENTRAL DOCK RD

LC

1

LC

Grange Burn

BEACH RD

Oil Refinery

OLD REFINERY
RD

6TH ST

7TH ST

CANDLE RD

MAIN RD

BATTERY RD

9TH

TARGET RD

82

94

D

95

E

96

F

41
25

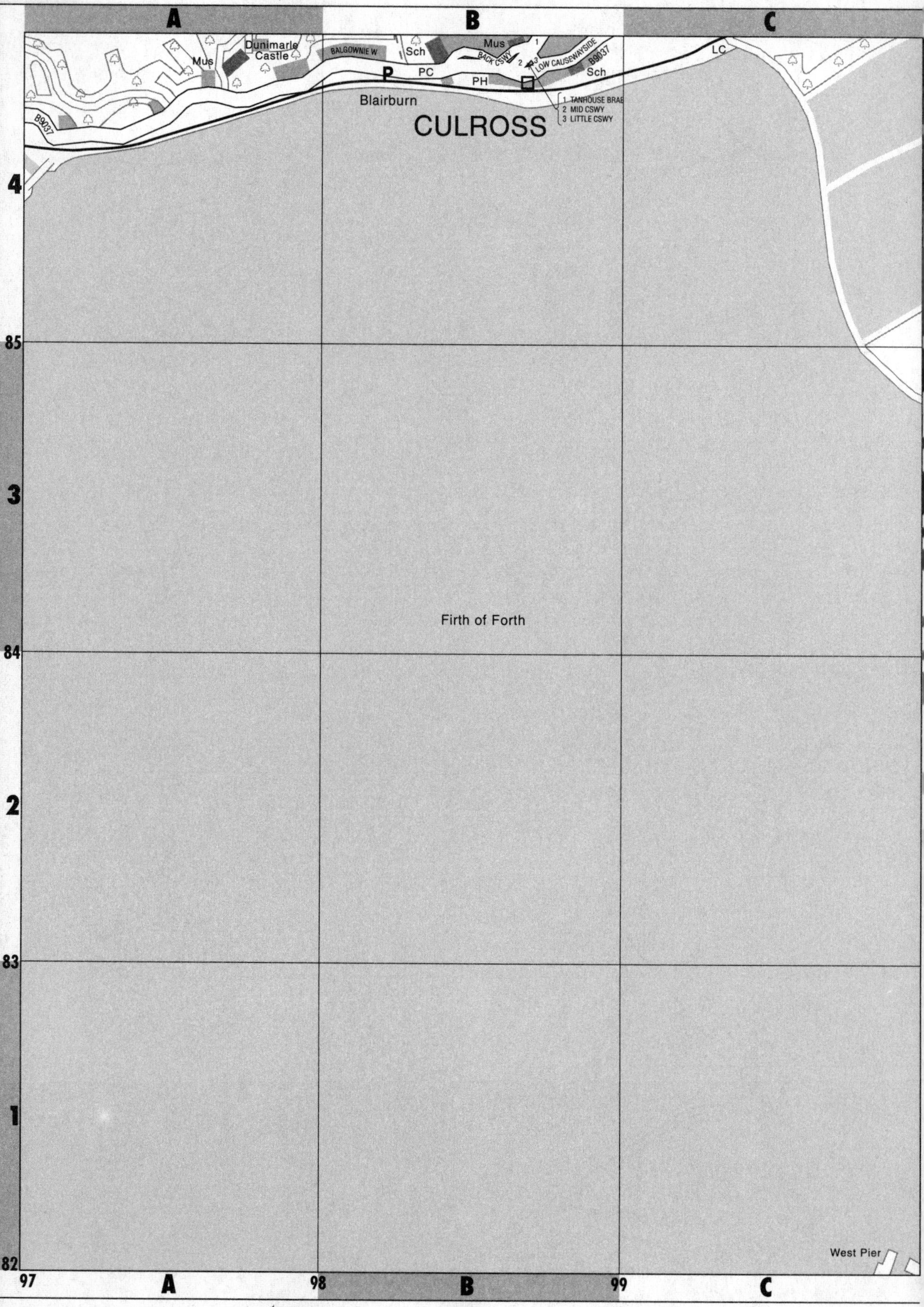
A
B
C
Mus
Dunimarle
Castle
BALGOWNIE W
Sch
Mus
BACK CSWY
LOW CAUSEWAYSIDE
B9037
Sch
LC
P
PC
PH
Blairburn
CULROSS
1 TANHOUSE BRAE
2 MID CSWY
3 LITTLE CSWY
B9037
4
85
3
Firth of Forth
84
2
83
1
82
West Pier
97
A
98
B
99
C

41
63

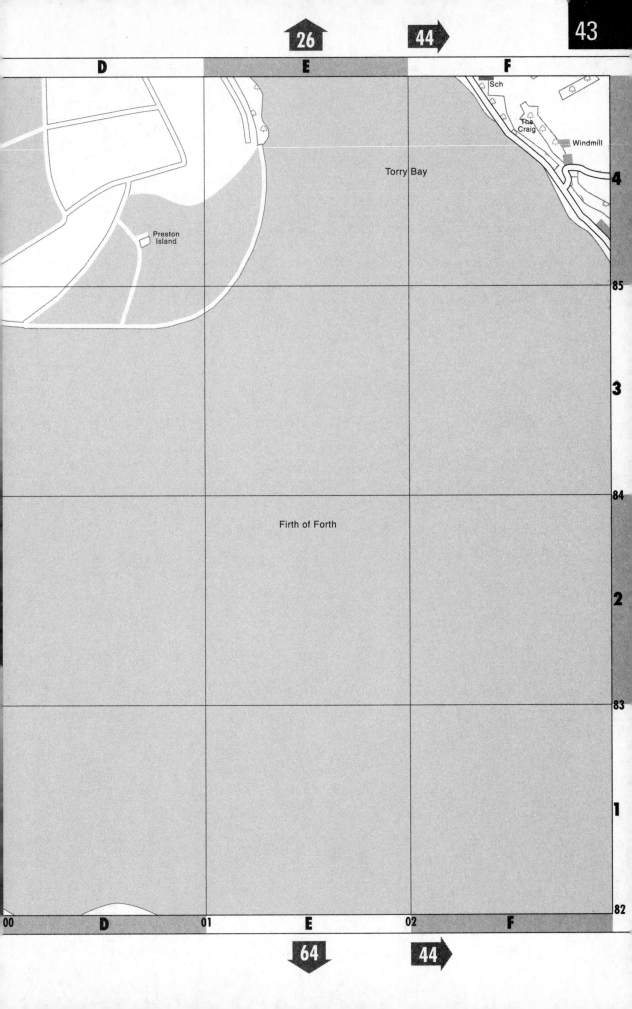

D

E

F

Sch

The
Craig

Windmill

Torry Bay

4

Preston
Island

85

3

84

Firth of Forth

2

83

1

82

A B C

A985

Muirside Cottage

Muirside

MUIRSIDE LA

Mire End

Bankhead

4

CRAIGWELL

Crombie

Sch

MAIN RD

Shoreside

Bullions Farm Cottages

CENTRAL RD

ORDNANCE RD

85

Stripeside

Bullions

FARM RD

Crombie Farm

+

Waukmill Cottages

A985

Kiln Hill

Waukmill

Crombie Point

3

Crombie Pier

CAMP RD

Kinniny Braes

Ironmill Bay

84

Crombie Pier

2

Jetty

Firth of Forth

83

1

82

03 A 04 B 05 C

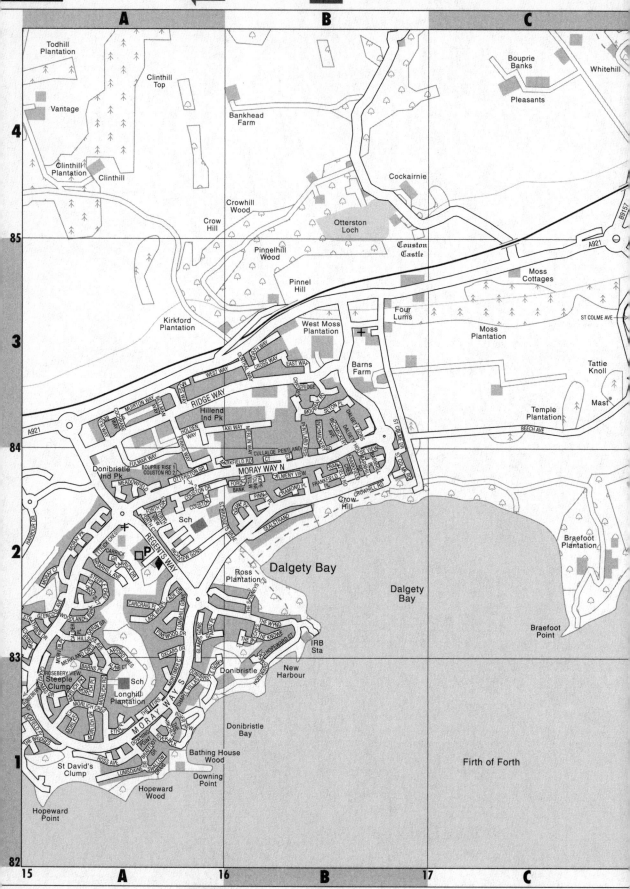

47
31

A **B** **C**

4

Todhill
Plantation

Clinthill
Top

Vantage

Clinthill
Plantation Clinthill

Bankhead
Farm

Bouprie
Banks

Whitehill

Pleasants

Cockairnie

85

Crowhill
Wood

Crow
Hill

Otterston
Loch

Couston
Castle

B9157

A921

Pinnelhill
Wood

Pinnel
Hill

Four
Lums

Moss
Cottages

ST COLME AVE

3

Kirkford
Plantation

West Moss
Plantation

Moss
Plantation

Tattie
Knoll

Mast

NORTH WAY

CROSS WAY EAST WAY

WEST WAY CENTRAL WAY

RIDGE WAY

Barns
Farm

Temple
Plantation

BEECH AVE

84

Hillend
Ind Pk

Donibristle
Ind Pk

Donibristle
Ind Pk

MOIRTON WAY

HOLDEN
WAY

TAXI WAY

MERLIN WAY

CULLALOE PENTLAND

MORAY WAY N

ALMENY VIEW

CRAMOND PL

ST COLME DR

ST COLME RD

A921

2

MORAY PK

CARRICK
GR

TYTRICK CRES

REGENTS WAY

P

Sch

ST BRIDGE'S BRAE

SEANSTRAND

Crow
Hill

CROWHILL RD

Ross
Plantation

Dalgety Bay

Dalgety
Bay

Braefoot
Plantation

83

Steeple
Clump

GLENCOE AVE

WOODLANDS BANK

HILLSIDE AVE

CARCRAIG PL

LADY BRAES

PINEWOOD DR

OXCARS DR

Sch

Longhill
Plantation

MORAY WAY S

THE WYND

THE ECHOES

THE KNOWE

Donibristle

New
Harbour

IRB
Sta

Braefoot
Point

Donibristle
Bay

1

St David's
Clump

THE BRIDGES

ROSS AVE

LUMSDAINE DR

Bathing House
Wood

Downing
Point

Hopeward
Wood

Firth of Forth

Hopeward
Point

82

47
69

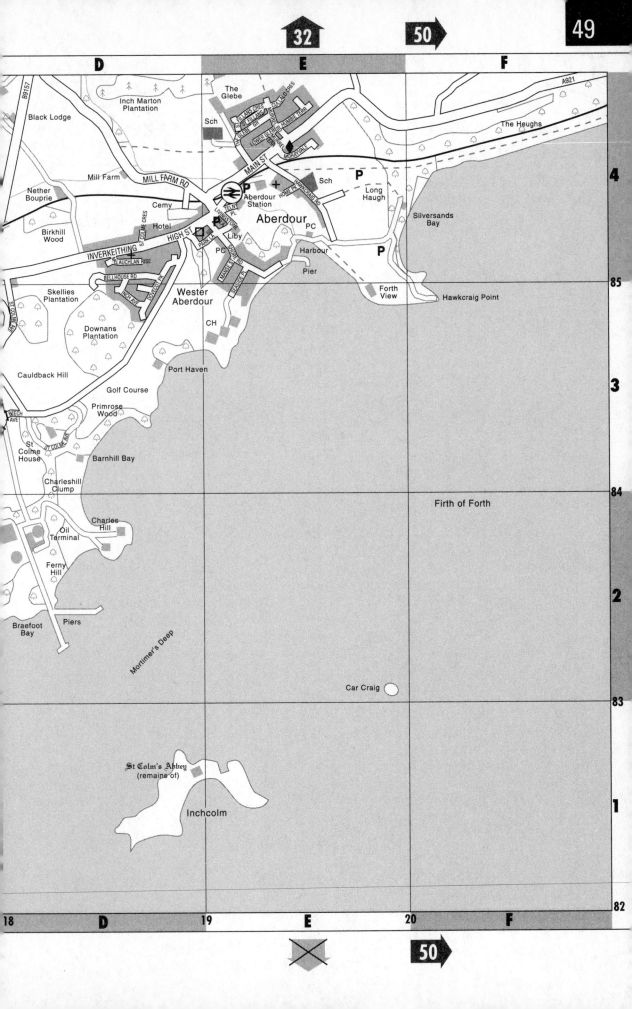

D
E
F

B9157

Black Lodge

Inch Marton
Plantation

The Glebe

Sch

ST SILLANS CRES
ST FILLANS
GLEBE GR.
BALLO CRES
HUMBIE TERR.
LOWER GLEBE

The Heughs

A921

MILL FARM RD

Mill Farm

MAIN ST

MURRAYVALE

Sch

P

4

Nether
Bouprie

Cemy

HOME PARK
HAWKCRAIG RD

Sch

Long
Haugh

Silversands
Bay

Aberdour
Station

Aberdour

Birkhill
Wood

TELNY PL
LIVINGSTONE

Hotel

HIGH ST

Liby

PC

P

ST COLME CRES

PARK LA

PC

85

INVERKEITHING

BLAUCHLAN RISE

Harbour

Skellies
Plantation

INCH AVE
DOVECOT PK

Wester
Aberdour

MANSE ST
SCHOOL RD
SEASIDE PL

Pier

P

Forth
View

Hawkcraig Point

CH

Downans
Plantation

ST COLME AVE

Cauldback Hill

Port Haven

3

Golf Course

BEECH AVE

Primrose
Wood

St
Colme
House

ST COLME AVE

Barnhill Bay

84

Charleshill
Clump

Firth of Forth

Oil
Terminal

Charles
Hill

2

Ferny
Hill

Braefoot
Bay

Piers

Mortimer's Deep

Car Craig

83

St Colm's Abbey
(remains of)

1

Inchcolm

82

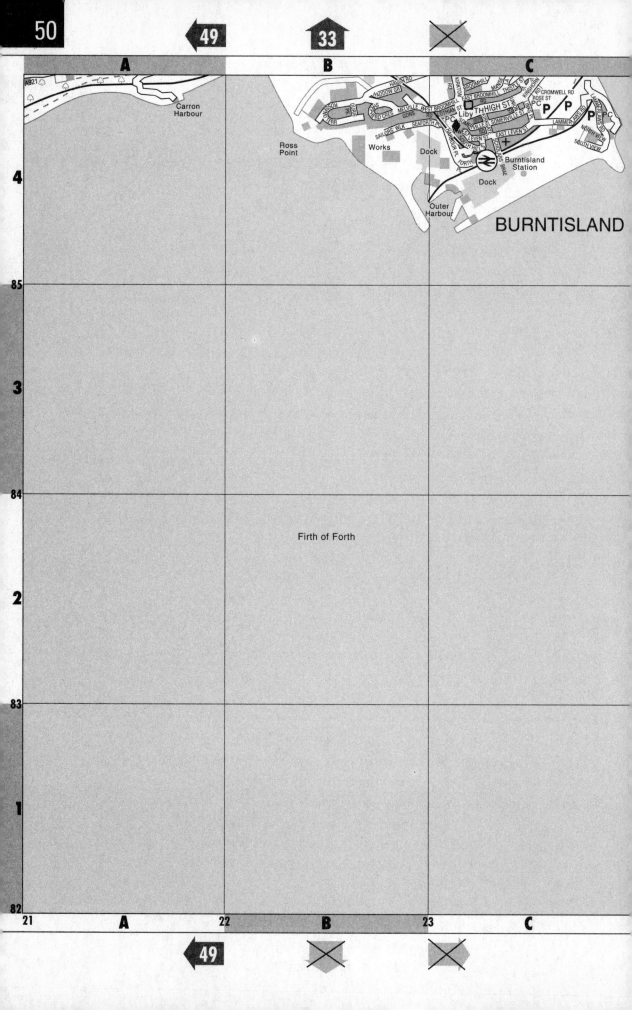

A

B

C

A921

Carron
Harbour

Ross
Point

4

HALGH RD
ROSSLOR
DUNE PK
MADDOW GR
ROR0 CRES
GONS
TERR
MELVILLE
SAILORS WLK
SEAFORTH A
WEST BROOMHILL
LOTHIAN ST
HARBOUR PL
SOUTH HILL
KIRKTON
BROOMHILL
RD
EAST BROOMHILL
THISTLE ST
MARSS LA
KINGHORN
RD CROMWELL RD
ROSE ST
HIGH ST
SOMERVILLE ST
LEVEN ST
EAST LEVEN ST
LAMMER
LAMMERLAWS RD
NORTH WLN
SOUTH VIEW
PC
PC
P
P
P

Works

Dock

Liby

Burntisland
Station

SCHOLARS BRAE
FORTH PL

Dock

Outer
Harbour

BURNTISLAND

85

3

84

Firth of Forth

2

83

1

82

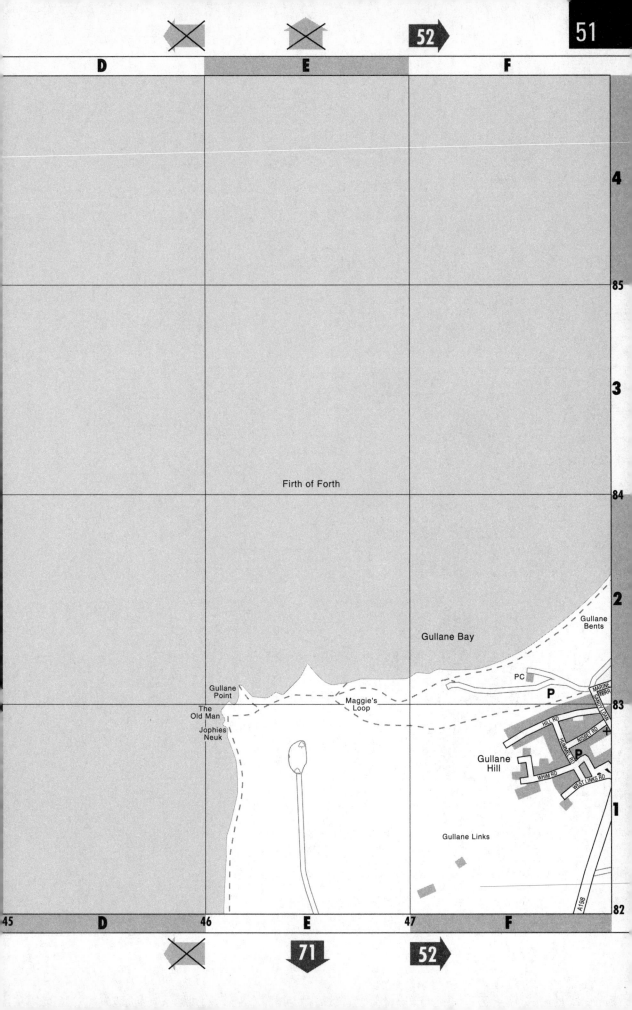

D   E   52 ➡   F

4

85

3

Firth of Forth

84

2

Gullane Bents

Gullane Bay

PC

P

MARINE TERR

SANDY LOAN

Gullane
Point

The
Old Man

Maggie's
Loop

83

Jophies
Neuk

HILL RD

NISBET RD

HUMMLE RD

Gullane
Hill

P

WHIM RD

WEST LINKS RD

1

Gullane Links

A198

82

45   D   46   E   47   F

71   52 ➡

51

A   B

Marina Villa

Hanging Rocks

White Knowe

Eldbotle Wood

4

Firth of Forth

North Links

Sandy Knowe

Strabauchfinn Knowe

85

West Links

Eldbotle Park

Duncan's Plantation

Freshwater Haven

3

Rabbit Warren

Black Rocks

Mast

Broad Wood

Archerfield

Jamie's Neuk

Yapin Hill

84

Home Farm

Golf Course

West Strip

Halfmoon Plantation

CH

2

Muirfield

Gullane Bents

A198

MARINE TERR
ERSKINE LOAN
ERSKINE RD
THE HAWTHORNS
THE BEECHES
THE FINCHES
THE ROWANS
MUIRFIELD PK
THE PINES
SANDERSON RD
MIDDLESHOT RD
ERSKINE RD
BROADGATE CT
BROADGATE
BROADGATE GN
THE PADDOCK
THE FAIRWAYS
SALDON RD
SHEFFIELD RD
DUNCUR RD

MUIRFIELD STEADING

Queenstonbank

MARINE TERR
HOPETOUN TERR
GREEN RD
GOOSE GN
MAIN ST

83

THE BROADOCK
SANDY LOAN
GREEN
STATION RD
LAMMERMUIR
CT
HAMILTON RD
HAMILTON LOAN
MUIRFIELD CRES
MUIRFIELD TERR
MUIRFIELD DR
CARLETON CT

PC

FENTON GAIT

A198

Liby
TEMPLAR PL
EAST LINKS RD
ST DOHNS RD
HILL CRES

Sch

Gullane

1

P

Saltcoats

Mill Burn

A198

B1345

82

48   A   49   B   50   C

51

72

Firth of Forth

Broad Sands

PC

Yellow Craig
Plantation

East Links

Carlekemp
Plantation

West Links

P

Common Strip

Caravan
Site

Golf Course

Invereil
House

Abbotsford Rd

ABBOTSFORD PK

HAMILTON
RD

EASTER FERRYGATE
PK

WESTER DUNES

STRATHEARN RD

FIDRA RD

DIRLETON A198

4

85

WARE RD

Linkhouse Wood

Eel Burn

Dirleton
New Mains

Williamstone
Farm

DIRLETON RD

GASWORKS LA

FERRYGATE
COTTAGES

Ferrygate

Ferrygate

3

Oatfield

HARPENSIDE
CRES

B1345

Ferrygate
Strip

+

THE
GARDENS

MANSE RD

DIRLETON RD

CASTLE MAINS
PL

STATION RD

CASTLEMAINS
PL

Castle
Mains

Newhouse
Wood

Newhouse

84

FIDRA AVE

P

PC

HALLIBURTON
TERR

CASTLE
PK

Kilmurdie

RUSSEL RD

GYLERS RD

MAXWELL
RD

Dirleton

2

CHAPELHILL

B1345

Sch

STATION RD

83

Cemy

Cudgel House
Bridge

Kingston
Farm

KINGSTON
COTTS

1

B1345

DAIRY
COTTS

Kingston
House

82

Firth of Forth

NORTH BERWICK

West Links

North Berwick Bay

Milsey Bay

SPRINGFIELD CRES
CROMWELL RD
FIDRA RD
HAMILTON RD
A198
DIRLETON AVE
A198
QUIDENHAM CT
PRESIDENT
CUNNINGHAM CT
WARRENDER
ARKWRIGHT CT
LORD PRESIDENT
PATTLE CT
SAINTHILL CT
MAY TERR
HIGHFIELD RD
MARLY RISE
GLENGARRY RD
KEPPEL RD
WINDYGATES RD
BABER APRON PK
MARLY GN
NETHERBY RD
GRANGE RD
PC's
Caravan
Park
Gilsland

CH
YORK RD
LINKS RD
WATT RD
STATION HILL
POINTGARRY RD
ST BALDRED'S RD
GREY RD
SIMON RD
ABBEY CT
OLD ABBEY RD
F Sta
ST MARGARETS CT
MARMION RD
MARMION CRES
KING'S KNOLL GDNS
CLIFFORD RD
MACNAIR AVE
Marly Knowe
Schs
HADDINGTON RD
B1346
WESTGATE
BEACH RD
CH
B1346
CHURCH RD
HIGH ST
ST ANDREW ST
KIRK PORTS
Market Pl
PC
VICTORIA RD
BALDERSTONE'S WYND
FORTH ST
LORNE SQ
VIEWFORTH
QUALITY ST
SCHOOL RD
MELBOURNE PL
MELBOURNE RD
Mus & Liby
QUADRANT LA
Quadrant
PC's
LAW RD
EAST RD
B1346
St BALDRED'S CRES
ST BALDRED'S RD
DUNDAS AVE
COUPER AVE
GILBERT AVE
LOCHBRIDGE RD
GLENBURN RD
BRODIE AVE
CRAIGLEITH AVE
LADY JANE GDNS
EASTFIELD
DUNBAR RD
A198
GLASCLUNE GDNS
GREENHEADS RD
GLASCLUNE CT
ROCKHOLM PK
East Links
Castle Hill
CH
PC's
MARINE PAR
TANTALLON TERR
Caravan Site
BEN SAYERS PK
TANTALLON RD
A198
VINE GR
Cemy

Hospl
PC
St BALDRED'S RD

HEUGH RD
HEUGH BRAE
Heugh

North Berwick Law

Quarry (dis)

Bonnington

Thorntree

Wamphray

Highfield
HIGHFIELD

• Windmill

BALGONE BARNS COTTS

Balgone Barns

Balgone Heughs

Balgone House

Sch

Kingston

Twr (remains of)

B1347

Carperstane

54   A   55   B   56   C

4
85
3
84
2
83
1
82

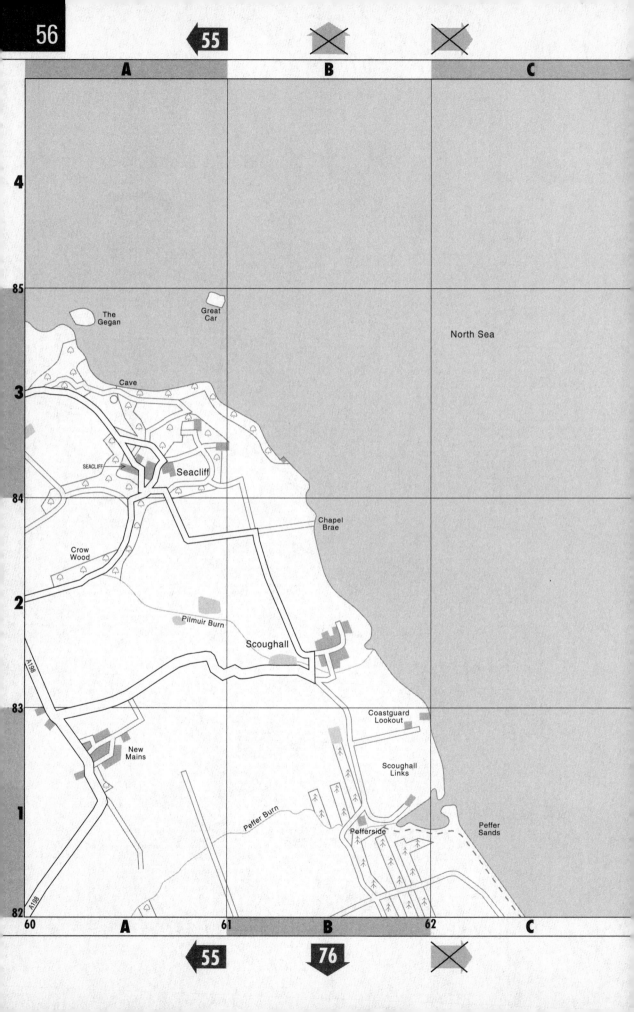

Cuthelton

Chacefield
Wood

Junction 1

A883

M876

Nursery

Cemy

Hills of
Dunipace

B905

River Carron

Bogton
Farm

A88

4

Bonnybridge
Golf Course

Dismantled Railway

CH

FAIRWAYS PL

VAUGHAN AVE

PRIMROSE
ST

NORWOOD

ROSE ST

DRUMMOND PL

FERGUSON
GR

Sewage
Works

Sewage
Works

Bonny Water

Wester
Carmuirs

Works

A80

WEST CARMUIRS LOAN

81

M876

BALFOUR ST

SPENCE ST

TYRE CRES

CHACEFIELD ST

WHEATLANDS AVE

Larbert Rd

HIGHLAND DYKES DR

BONNYVIEW GDNS

SKENE ST

GOWAN ST

HUGHPARK

GREENFIELD
ST

Sch

Rowan Tree Burn

FAIRFIELD AVE

PEATHILL RD

WELLPARK TERR

FORD RD

THORNTON DR

THORNTON AVE

GATESIDE AVE

GATESIDE AVE

FALKIRK RD

Hospl

DUNURE ST

DUNURE ST

MUIRDYKE

ANDERSON

BAGLEYHAL

PRINCESS ST

PATERSON PL

Park

3

A803

HIGH ST

PC

P P

Bonnybridge

MAIN ST

BRIDGE ST

FOUNDRY RD

Cowden Hill

BONNYSIDE RD

Bonnyside
Farm

Forth and Clyde Canal

Liby

SEABEGS RD

MAUPIN RD

Sch

SEABEGS CRES

MANNFIELD
AVE

Murnin
Road
Ind Est

Chattan
Ind Est

Antonine Wall

80

B816

BROOMHILL RD

Sch

Works

B81

GRAHAMSDYKE
RD

ROMAN RD

Milnquarter

PARK

NELSON

WAVERLEY CRES

MILLAR
PL

LOCHINVAR
PL

CHURCH ST

Works

2

1 GRAHAMSDYKE CRES
2 LEAPARK DR
3 BANTON PL
4 LAURELBANK AVE

LEAPARK DR

REILLY RD

HILL

NEW RD

BONNYHILL RD

High
Bonnybridge

LAUREL GR

GREENHILL RD

BROOMSIDE RD

Margreta

Bonnyhill
Farm

Howierig

79

GLENYARDS RD

Greenhill

Wester
Drum

Drum
Wood

Greenrig

1

78

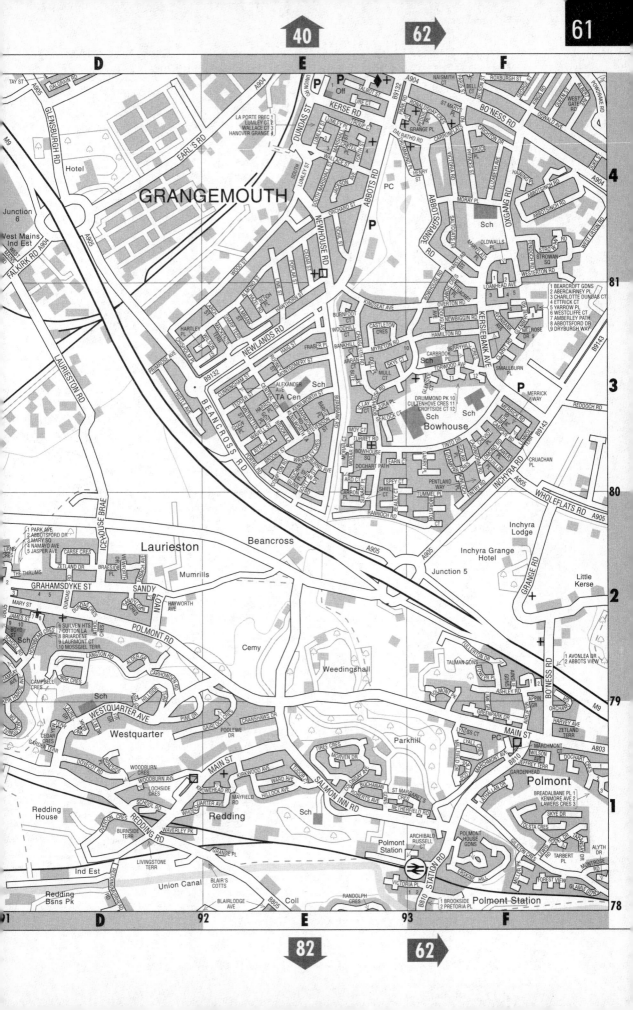

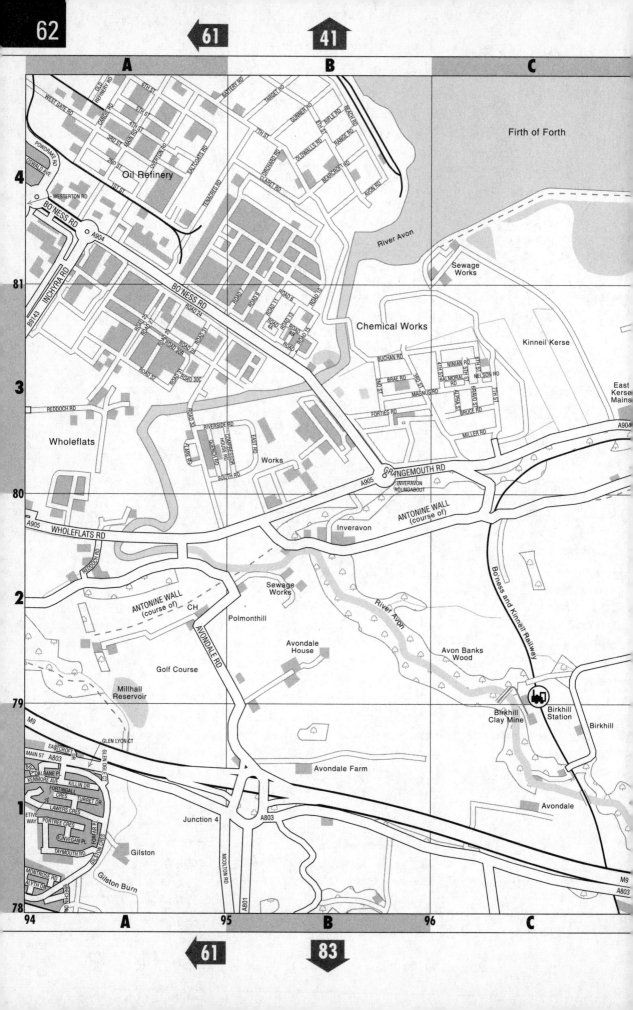

A | B | C

Bo'ness & Kinneil Railway
UNION ST
A904
Grangepans
Bo'ness Station
MAN O' WAR WAY
MAIN ST
DOCK ST
COMMISSIONER ST
BO'MAR
PIE BRAE
LINKS RD
DOWER CRES
THIRLESTANE PL
THIRLESTANE
HALEY'S WAY
Bridgeness
FURNACE LA
PHILPINGSTONE RD
PHILPINGSTONE LA
BRIDGENESS RD
Firth of Forth

STEWART AVE
MARCHLANDS TERR
BRAEHEAD
GRANGE TERR
GRANGEPANS
STARK'S BRAE
VICTORIA PL
CAIRNS ST
RATTRAY ST
THE RUN
PHILPINGSTONE
SOUTH
BRIDGENESS LA
BRIDGENESS RD
CARRIDEN GLADE
FLOWER GDNS

4

MARCHLANDS LA
DUBOIS
FERGUSON RD
JAMES WATT AVE
KELTY AVE
VIEWFORTH
GRAHAMSDYKE TERR
GRANGE LOAN
FOUNTAINPARK CRES
Sch
HARBOUR RD
DRUMSIDE TERR
Carriden
KINCHES TERR
PORTDALE TERR
CARRIDEN BRAE
SCOTTS

DEAN RD
KINGLASS AVE
Acad
ACADEMY RD
GRAHAM CRES
SETON
HADRIAN WAY
DRUMPARK AVE
DRUMACRE RD
MUIREND RD
MUIRDYKE RD
GRAHAMSDYKE RD
Kinningars Park
Old Manse Wood
Cat Craig

81

Sch
LOTHIAN CRES
CLYDESDALE ST
A803
GAUZE RD
PARK RD
Drum
The Manse of Carriden
Carriden Burn
Carriden House

MUIREPARK CT
MINGLE PL
LUTE PL
Mingle House
1 NORTHBANK PK
2 NORTHBANK DR
Kinglass Farm
ACRE RD
GLEBE VIEW
HOPE COTTS
LITTLE CARRIDEN
GLEDHILL AVE

3

NORTHBANK CT
REDBRAE AVE
RITCHIE PL
BORROWSTOUN RD
BRAEPORT
CATHRINE GR
HENRY ST
ST JOHN'S WAY
Kinglass Cottage
Muirhouses
A993
A904
Willie White's Clump

Redbrae Cottages
North Bank
Bonhard Cottages

80

Wester Bonhard
Bonhard Place

Bonhard House

2

Golf Course
Bonhard Old Mill
Easter Bonhard
Walton

Airngath Farm
CH
Airngath Hill
Hope Monument
Earl o' Moray Hotel
Woolstoun
B903

79

Grange
Champany Inn
Grougfoot
A803
A904

1

Bonnytoun Cottages
Junction 3

Bonnytoun Farm
Burgh Muir

Parkhead Small Holdings
Works
Burghmuir
M9
A803

78

00 | A | 01 | B | 02 | C

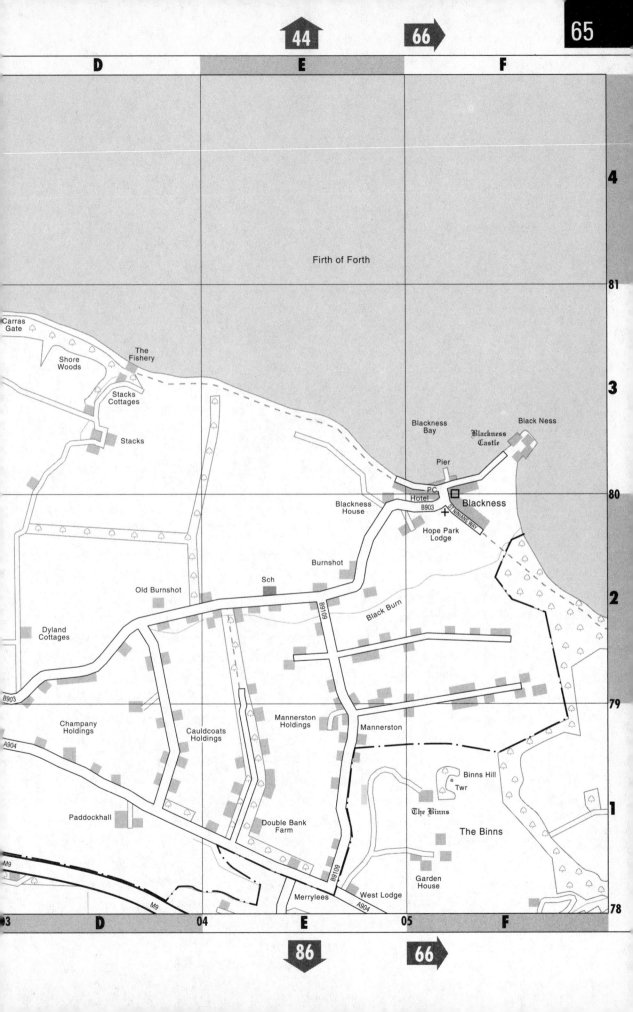

D   E   F

4

Firth of Forth

81

Carras
Gate

Shore
Woods

The
Fishery

3

Blackness
Bay

Black Ness

Blackness
Castle

Stacks
Cottages

Stacks

Pier

PC
Hotel

Blackness
House

B903

Blackness

80

Hope Park
Lodge

ST NINIAN'S WAY

Burnshot

Old Burnshot

Sch

B9109

Black Burn

2

Dyland
Cottages

B903

79

Champany
Holdings

Cauldcoats
Holdings

Mannerston
Holdings

Mannerston

A904

Binns Hill

Twr

1

The Binns

Paddockhall

Double Bank
Farm

B9109

The Binns

Garden
House

M9

M9

Merrylees

West Lodge

A904

78

03   D   04   E   05   F

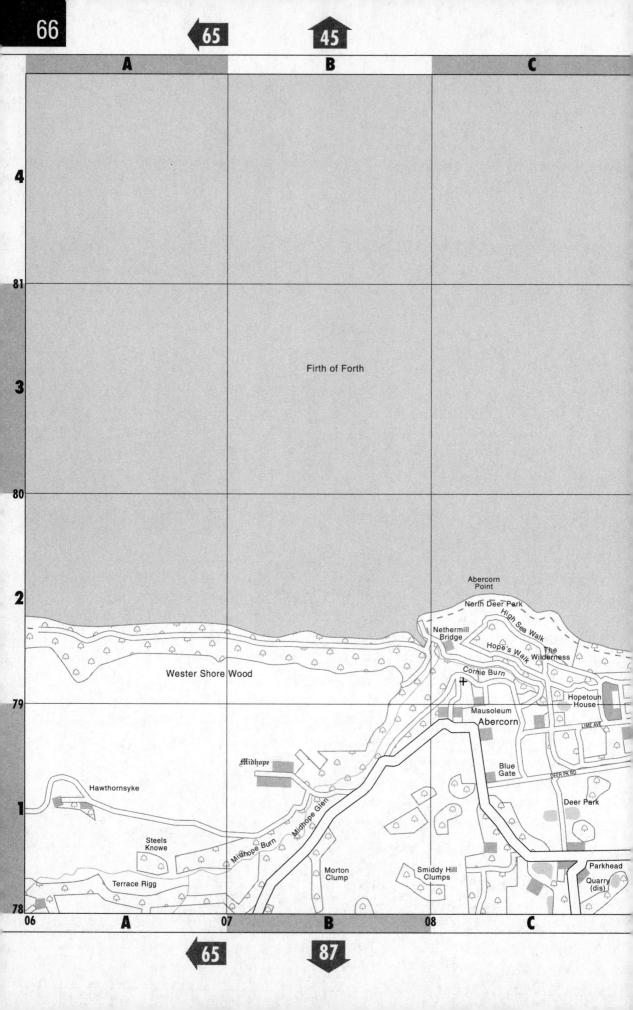

A   B   C

4

81

3

Firth of Forth

80

2

Abercorn Point

North Deer Park

High Sea Walk

Nethermill Bridge

Hope's Walk

The Wilderness

Wester Shore Wood

Cornie Burn

79

Mausoleum

Abercorn

Hopetoun House

LIME AVE

Midhope

Blue Gate

DEER PK RD

Hawthornsyke

Deer Park

1

Steels Knowe

Midhope Burn

Midhope Glen

Morton Clump

Smiddy Hill Clumps

Parkhead

Quarry (dis)

Terrace Rigg

78

06   A   07   B   08   C

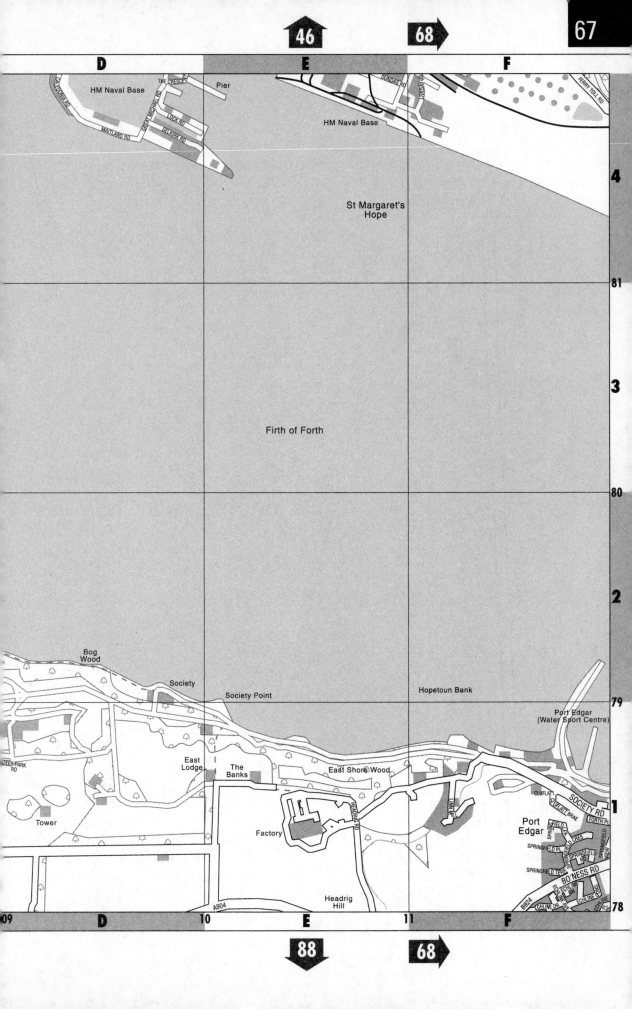

D
HM Naval Base
THE CRESCE
Pier
GREAT MICHAEL RD
LOCK RD
SELKIRK RD
MAITLAND RD

E
DUNDAS RD
HM Naval Base

F
FERRY TOLL RD

4

St Margaret's
Hope

81

3

Firth of Forth

80

2

Bog
Wood

Society

Hopetoun Bank

Society Point

79

Port Edgar
(Water Sport Centre)

DEER PARK
RD

East
Lodge
The
Banks
East Shore Wood

CLUFLAT

SOCIETY RD
CLUFLAT BRAE
FORTH PL

1

Tower

Factory

HEADRIG RD

INN PL

Port
Edgar
SPRINGFIELD LEA
SPRINGFIELD
RD
SPRINGFIELD
CRES
SPRINGFIELD
VIEW

SPRINGFIELD PL

SPRINGFIELD TERR

SPRINGFIELD PL

BO'NESS RD

Headrig
Hill

A904

B924
ECHLINE DR
ECHLINE AVE
ECHLINE
GDN
ECHLINE
ECHLINE PL

78

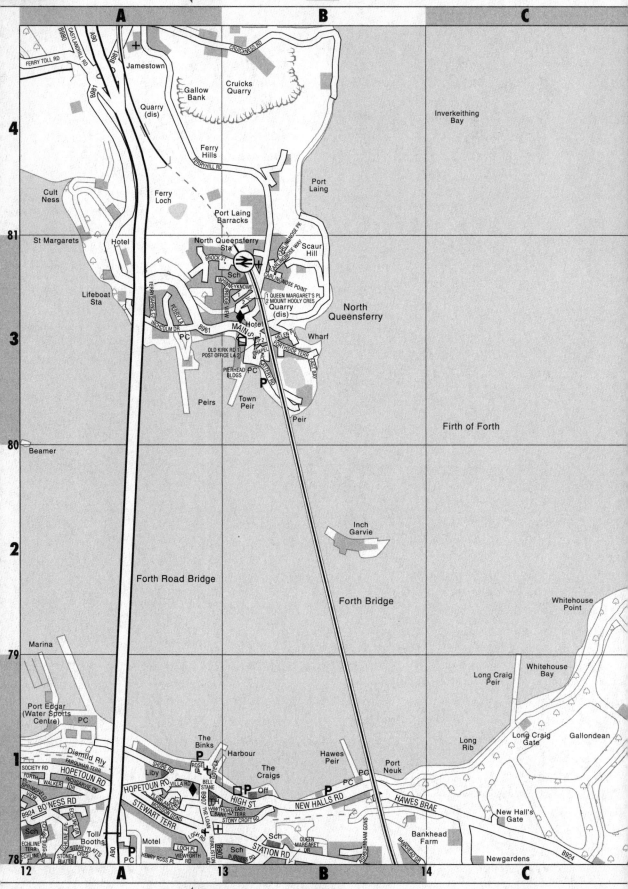

B980

CASTLANDHILL RD

A90

FERRY TOLL RD

B981

CRUICKNESS RD

Jamestown

Gallow Bank

Cruicks Quarry

Quarry (dis)

Inverkeithing Bay

4

Ferry Hills

FERRYHILL RD

Cult Ness

Ferry Loch

Port Laing

Ferry Hills RD

Port Laing Barracks

81

St Margarets

Hotel

North Queensferry Sta

Sch

BROCK ST

WHINNEYKNOWE

CARLINGNOSE PK

CARLINGNOSE WAY

CARLINGNOSE POINT

Scaur Hill

Port Laing

Lifeboat Sta

FERRY BRAES

INCHCOLM DR

FERRYHILLS

B981

BRIDGE VIEW

1 QUEEN MARGARET'S PL
2 MOUNT HOOLY CRES

Quarry (dis)

North Queensferry

3

PC

MAIN ST

Hotel

HELEN PL

FORTHSIDE TERR

BATTERY RD

Wharf

OLD KIRK RD 1
POST OFFICE LA 2

CHAPEL

EAST BAY

Peirs

PIERHEAD BLDGS

PC

P

Town Peir

Peir

Firth of Forth

80

Beamer

Inch Garvie

2

Forth Road Bridge

Forth Bridge

Whitehouse Point

Marina

79

Whitehouse Bay

Port Edgar (Water Sports Centre)

PC

Long Craig Peir

Long Rib

Long Craig Gate

Gallondean

The Binks

Dismtld Rly

Farquhar Terr

P

ROSE LA

Harbour

Hawes Peir

Port Neuk

1

Society Rd

FORTH WALKER

HOPETOUN RD

SHORE RD

Liby

The Craigs

PC

New Hall's Gate

SPRINGFIELD VIEW

HOPETOUN RD

VILLA RD

BELL STANE

P

P
Off

P

NEW HALLS RD

HAWES BRAE

Bankhead Farm

B924 BO NESS RD

STEWART TERR

B907

THE LOAN

HAWTHORN BANK

EAST TERR

HIGH ST

KIRKLISTON RD

ASHBURNHAM GDNS

BANKHEAD DR

B924

Sch

ECHLINE RIGG

Toll Booths

Motel

MORISON GDNS

LOCH PL VIEWFORTH RD

STONY CROFT RD

Sch

STATION RD

QUEEN MARGARET DR

Newgardens

ECHLINE TERR

ECHLINE PL

STONEY FLATTS

HENRY ROSS PL

PC

Sch

BURGESS RD

78

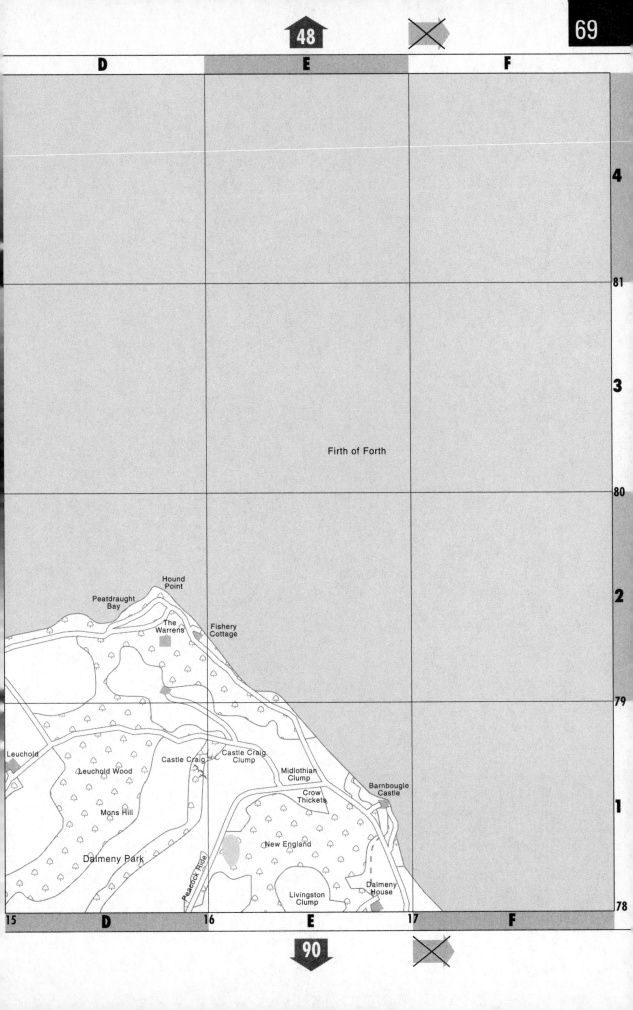

D

E

F

4

81

3

Firth of Forth

80

2

Hound
Point

Peatdraught
Bay

The
Warrens

Fishery
Cottage

79

Leuchold

Castle Craig
Clump

Leuchold Wood

Castle Craig

Midlothian
Clump

Barnbougle
Castle

Mons Hill

Crow
Thickets

1

New England

Dalmeny Park

Peacock Ride

Dalmeny
House

Livingston
Clump

78

15

D

16

E

17

F

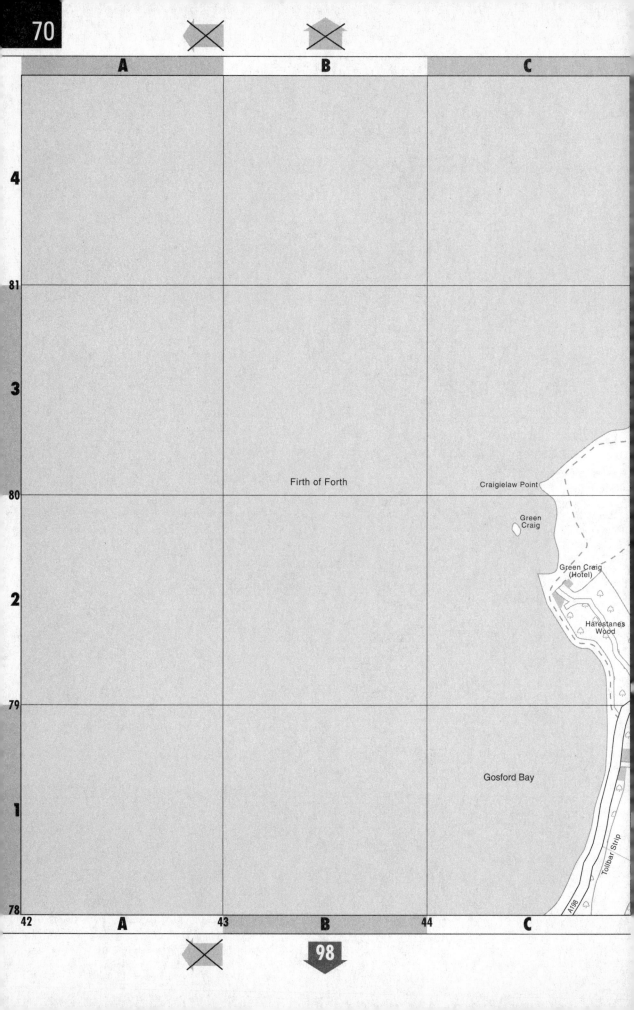

A

B

C

4

81

3

80

Firth of Forth

Craigielaw Point

Green
Craig

Green Craig
(Hotel)

2

Harestanes
Wood

79

Gosford Bay

Tollbar Strip

1

A198

78

42

A

43

B

44

C

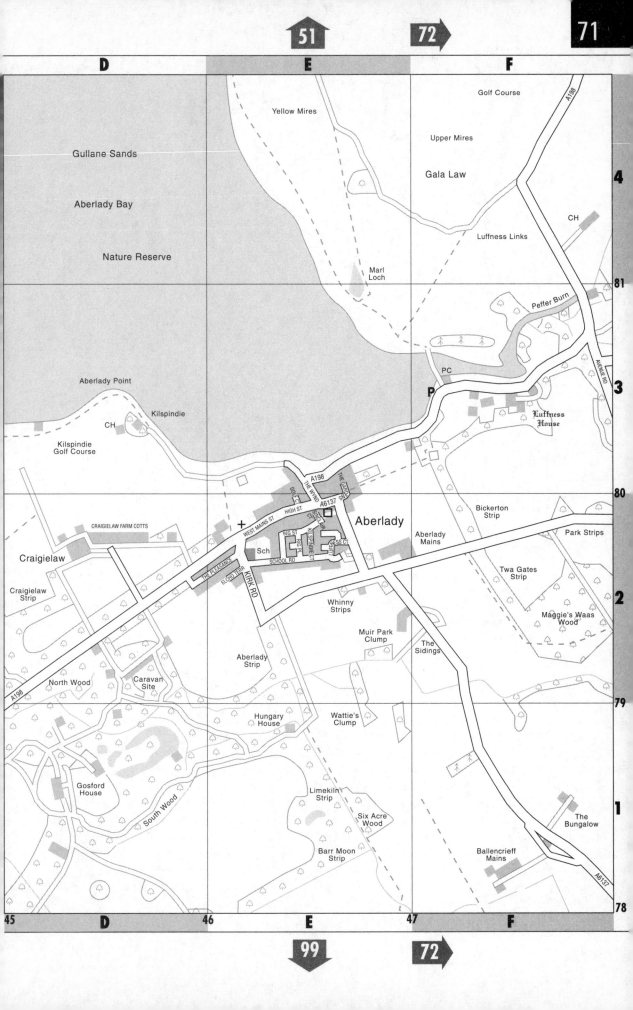

Golf Course

Yellow Mires

Upper Mires

Gullane Sands

Gala Law

4

Aberlady Bay

Luffness Links

CH

Nature Reserve

Marl Loch

81

Peffer Burn

PC

Aberlady Point

P

3

Kilspindie

Luffness House

CH

Kilspindie Golf Course

A198

THE WYND

GOLF CT

THE GABLES

SINCLAIR

80

Bickerton Strip

CRAIGIELAW FARM COTTS

WEST MAINS ST

HIGH ST

A6137

RIG PL

Aberlady

Park Strips

Craigielaw

Sch

RIG ST

KILSPINDIE CT

Aberlady Mains

Twa Gates Strip

Craigielaw Strip

THE PLEASANCE

ELCHO TERR

SCHOOL RD

KIRK RD

HESS CT

Maggie's Waas Wood

2

Whinny Strips

North Wood

Caravan Site

Muir Park Clump

The Sidings

Aberlady Strip

A198

79

Hungary House

Wattie's Clump

Gosford House

South Wood

Limekiln Strip

Six Acre Wood

The Bungalow

1

Ballencrieff Mains

Barr Moon Strip

A6137

78

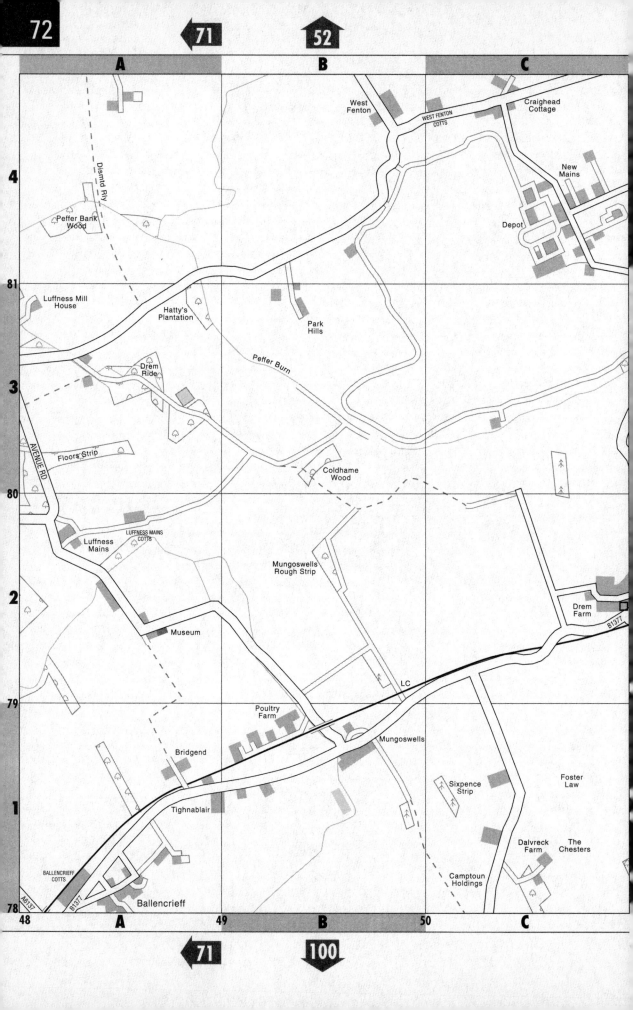

A   B   C

West
Fenton

WEST FENTON
COTTS

Craighead
Cottage

New
Mains

Depot

4

Dismtd Rly

Peffer Bank
Wood

81

Luffness Mill
House

Hatty's
Plantation

Park
Hills

Peffer Burn

Drem
Ride

3

Avenue Rd

Floors Strip

Coldhame
Wood

80

LUFFNESS MAINS
COTTS

Luffness
Mains

Mungoswells
Rough Strip

2

Drem
Farm

B1377

Museum

LC

79

Poultry
Farm

Mungoswells

Bridgend

Sixpence
Strip

Foster
Law

1

Tighnablair

Dalvreck
Farm

The
Chesters

Camptoun
Holdings

BALLENCRIEFF
COTTS

A6137

B1377

78

Ballencrieff

48   A   49   B   50   C

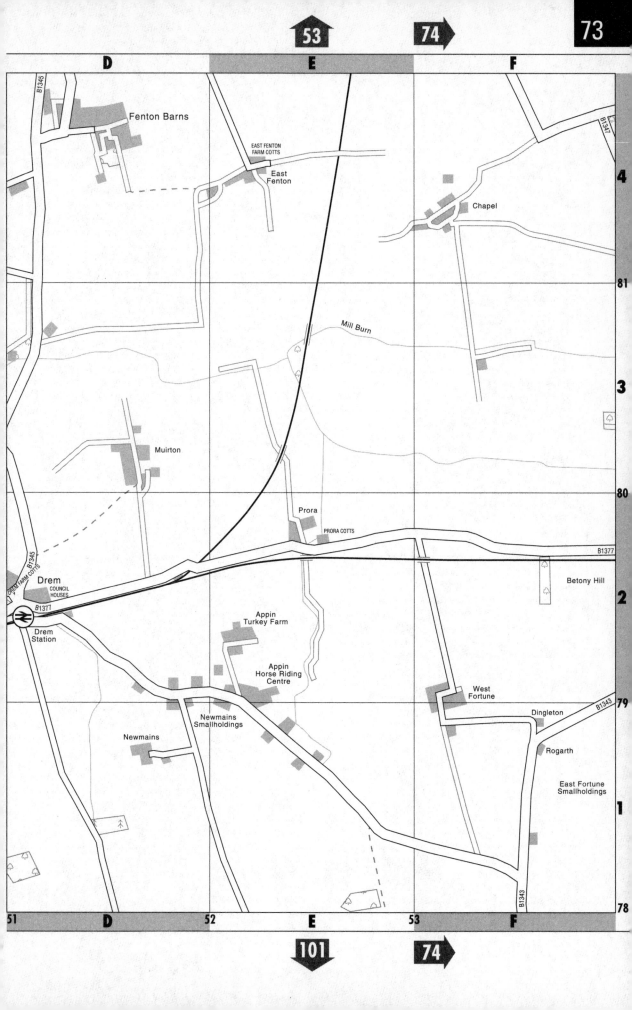

D
E
F

4

81

Fenton Barns

EAST FENTON
FARM COTTS

East
Fenton

Chapel

B1345

B1347

Mill Burn

3

Muirton

Prora

80

PRORA COTTS

B1377

Betony Hill

2

DREM FARM COTTS

Drem

COUNCIL
HOUSES

B1345

B1377

Appin
Turkey Farm

Drem
Station

Appin
Horse Riding
Centre

West
Fortune

Dingleton

79

Newmains
Smallholdings

B1343

Newmains

Rogarth

East Fortune
Smallholdings

1

B1343

78

51
D
52
E
53
F

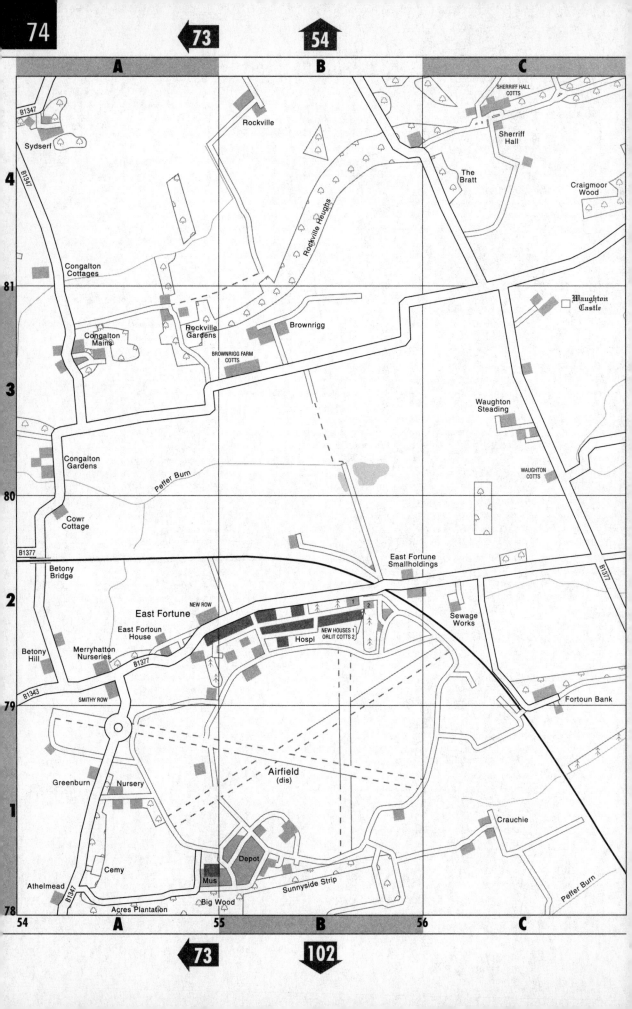

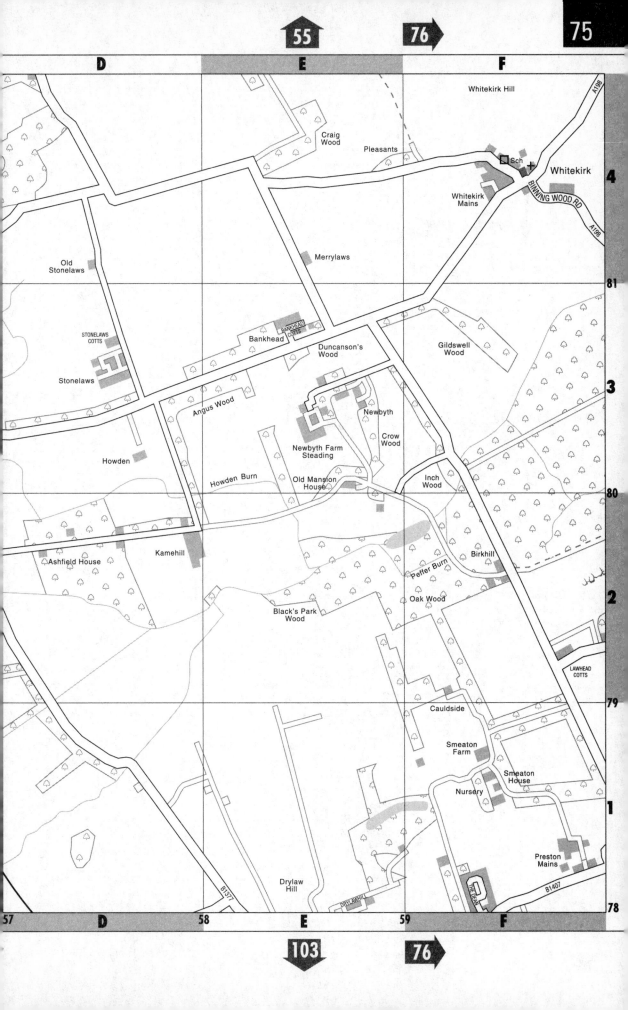

4

Whitekirk Hill

Craig Wood

Pleasants

Sch +

Whitekirk

Whitekirk Mains

BINNING WOOD RD

A198

A198

Old Stonelaws

Merrylaws

81

STONELAWS COTTS

BANKHEAD COTTS

Bankhead

Duncanson's Wood

Gildswell Wood

Stonelaws

Angus Wood

Newbyth

3

Howden

Newbyth Farm Steading

Crow Wood

Howden Burn

Old Mansion House

Inch Wood

80

Kamehill

Birkhill

Ashfield House

Peffer Burn

Oak Wood

2

Black's Park Wood

LAWHEAD COTTS

79

Cauldside

Smeaton Farm

Smeaton House

Nursery

1

Preston Mains

THE

Drylaw Hill

DRYLAWHILL

B1377

B1407

78

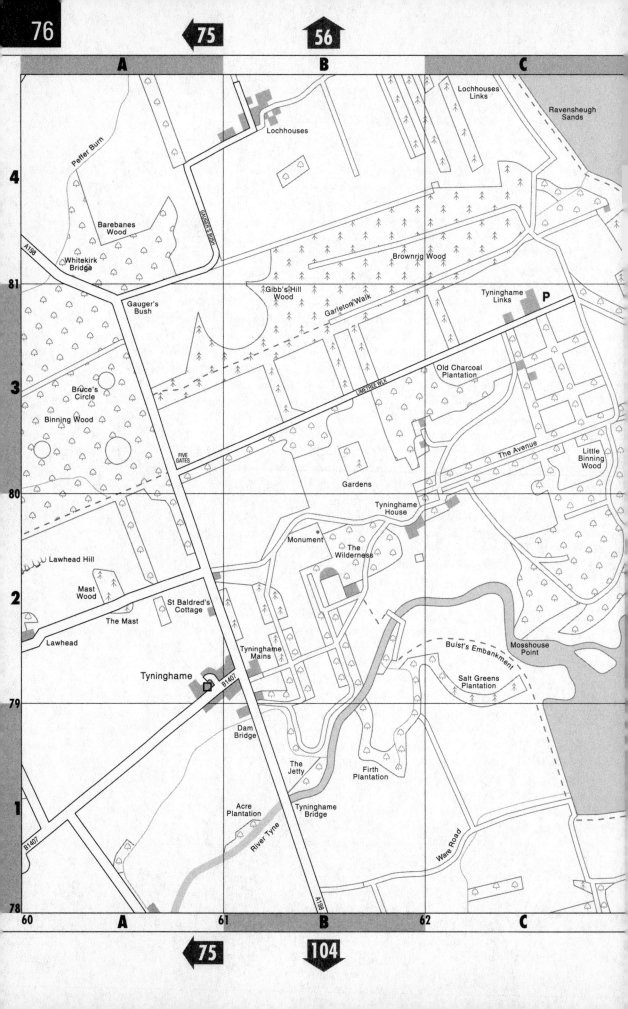

A   B   C

4

Peffer Burn

Lochhouses

Lochhouses Links

Ravensheugh Sands

Barebanes Wood

Whitekirk Bridge

A198

Brownrig Wood

81

Gibb's Hill Wood

Gauger's Bush

Garleton Walk

Tyninghame Links

P

GAUGER'S BUSH

Old Charcoal Plantation

3

Bruce's Circle

Binning Wood

LIMETREE WLK

The Avenue

Little Binning Wood

FIVE GATES

Gardens

80

Tyninghame House

Lawhead Hill

Monument

The Wilderness

2

Mast Wood

St Baldred's Cottage

The Mast

Lawhead

Tyninghame Mains

Mosshouse Point

Buist's Embankment

Salt Greens Plantation

Tyninghame

B1407

79

Dam Bridge

The Jetty

Firth Plantation

1

Acre Plantation

Tyninghame Bridge

B1407

River Tyne

Ware Road

78

60   A   61   B   62   C

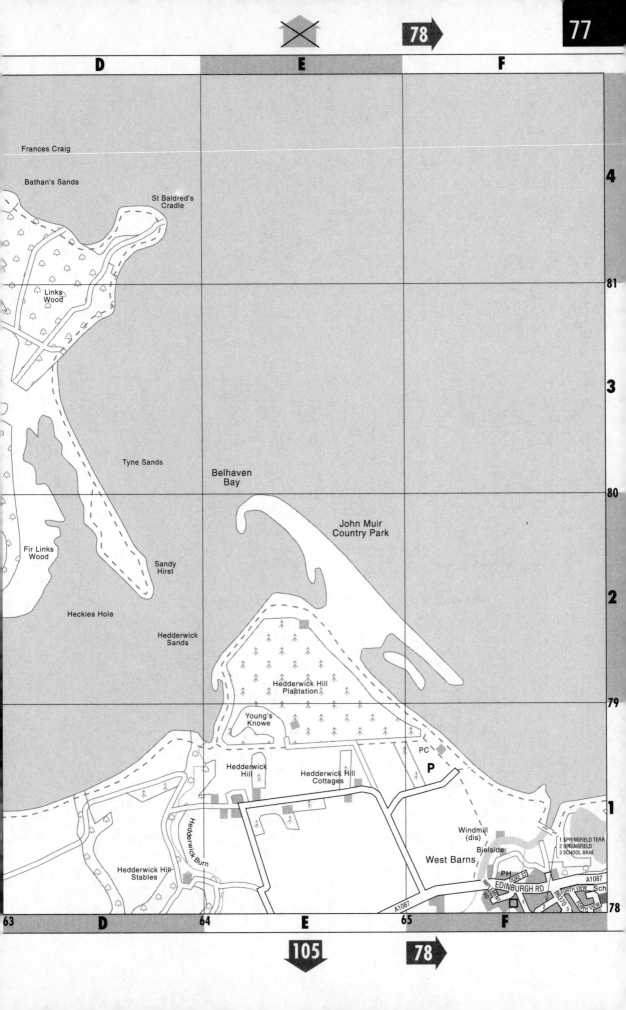

D
E
F

4

Frances Craig

Bathan's Sands

St Baldred's
Cradle

81

Links
Wood

3

Tyne Sands

Belhaven
Bay

80

John Muir
Country Park

Fir Links
Wood

Sandy
Hirst

2

Heckies Hole

Hedderwick
Sands

Hedderwick Hill
Plantation

79

Young's
Knowe

PC

Hedderwick
Hill

P

Hedderwick Hill
Cottages

1

Windmill
(dis)

1 SPRINGFIELD TERR
2 SPRINGFIELD
3 SCHOOL BRAE

Hedderwick Hill
Stables

Bielside

West Barns

Hedderwick Burn

PH

DUKE ST

A1087

Sch

EDINBURGH RD

A1087

B6370

FORTH VIEW

78

63
D
64
E
65
F

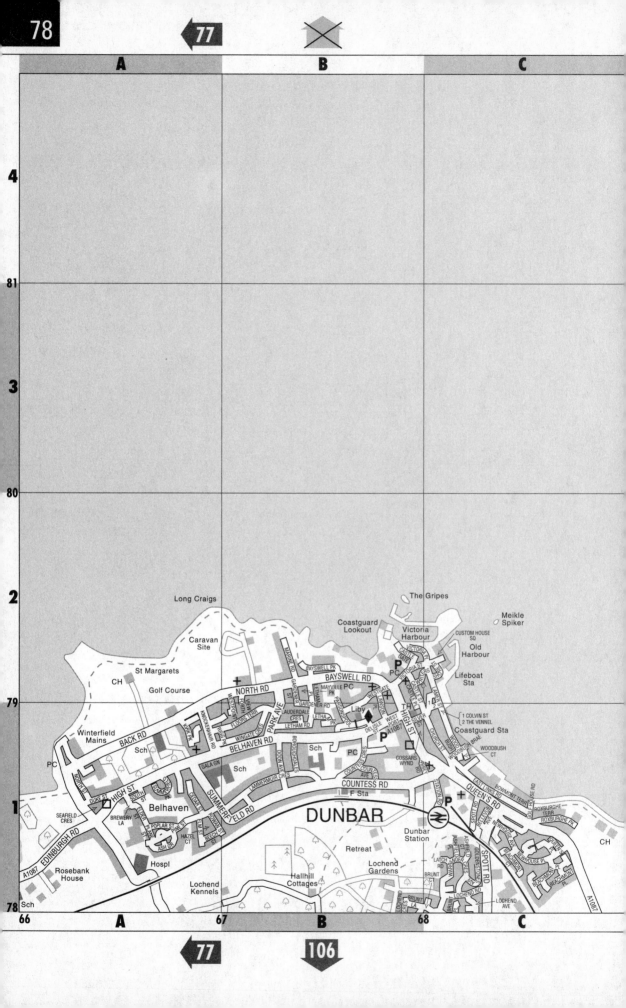

D   E   F

4

81

3

80

2

79

1

Lawrie's Den

The Vaults

Golf Course

West Links

Vaults Wood

Sports & Social Centre

78

69   D   70   E   71   F

A   B   C

4

Kilbean
Wood

Glenrig

Auchengean
Wood

Mast

Westerglen
Transmitting
Station

Masts

Wester
Strip

Westerglen

Easter
Strip

77

Auchengean

Rottenstocks

3

Barleyside

Greencraig

76

Darnrig
Moss

2

Masonfield

Works

High
Stanerig

Darnrig

75

Lochend

Strathavon

1

Nappiefaulds
House

Dismtd Rly

B803

Dyke

74

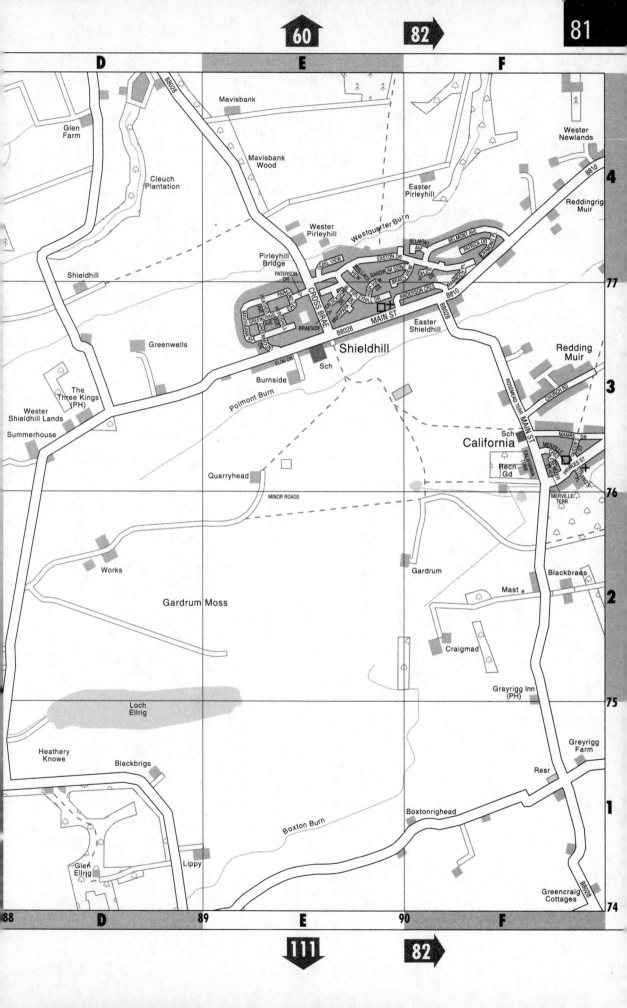

D E F

Mavisbank

Glen
Farm

Cleuch
Plantation

Wester
Newlands

B810

4

Easter
Pirleyhill

Reddingrig
Muir

Mavisbank
Wood

Westquarter Burn

Shieldhill

Wester
Pirleyhill

Pirleyhill
Bridge

PATERSON
DR

BELMONT
AVE

BELMONT AVE

PATRICK DR

RAINHAND PL

SCHIL VIEW

EASTON DR

GARDRUM
VIEW

WALLACE
DR

BRAE VIEW

HSLICK
DR

RAINNOD PL

77

CROSS BRAE

PARKHEAD DR

HEATHER AVE

GREENCRAIG
AVE

MAVISBANK AVE

GREENHILL

GREENBRN VINT

PIRLEYHILL DR

MUIRPARK PL

CALVICASTANK
DR

ANDERSON CRES

B810

B8028

Greenwells

BRAESIDE

ELIM DR

B8028

MAIN ST

Shieldhill

Easter
Shieldhill

Redding
Muir

Burnside

Sch

3

CHURCH RD

The
Three Kings
(PH)

Polmont Burn

ROSMEAD TERR

MAIN ST

Wester
Shieldhill Lands

Sch

MAMRES DR

Summerhouse

California

MERVILLE
CRES

PRINCES ST
TRANS

Quarryhead

Recn
Gd

CALIFORNIA
TERR

76

MINOR ROADS

MERVILLE
TERR

Works

Gardrum

Blackbraes

2

Mast

Gardrum Moss

Craigmad

Grayrigg Inn
(PH)

75

Greyrigg
Farm

Heathery
Knowe

Blackbrigs

Resr

Loch
Ellrig

1

Boxtonrighead

Boxton Burn

Glen
Ellrig

Lippy

B8028

Greencraig
Cottages

74

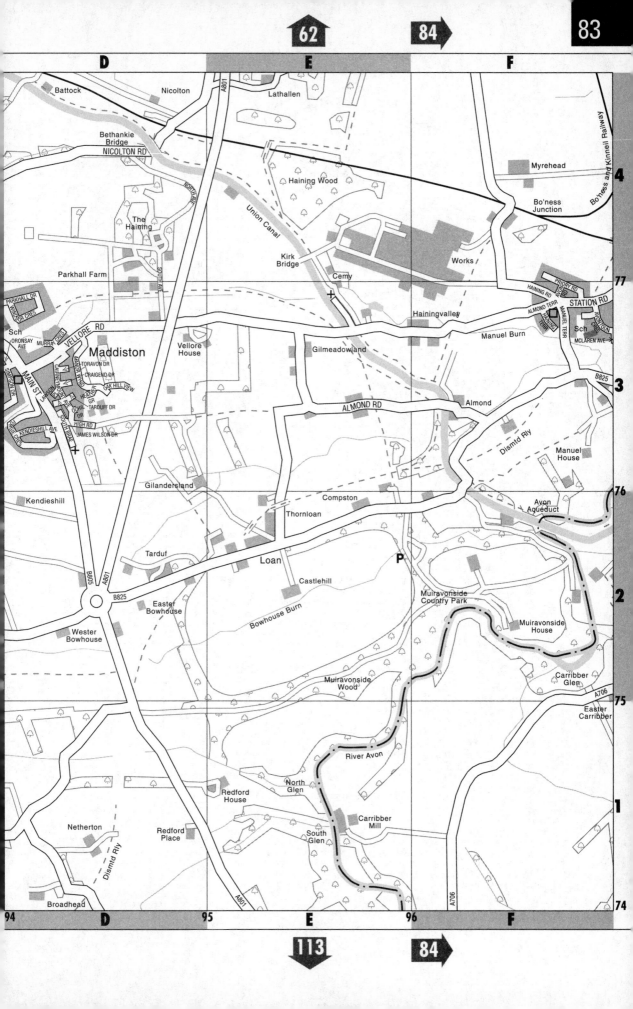

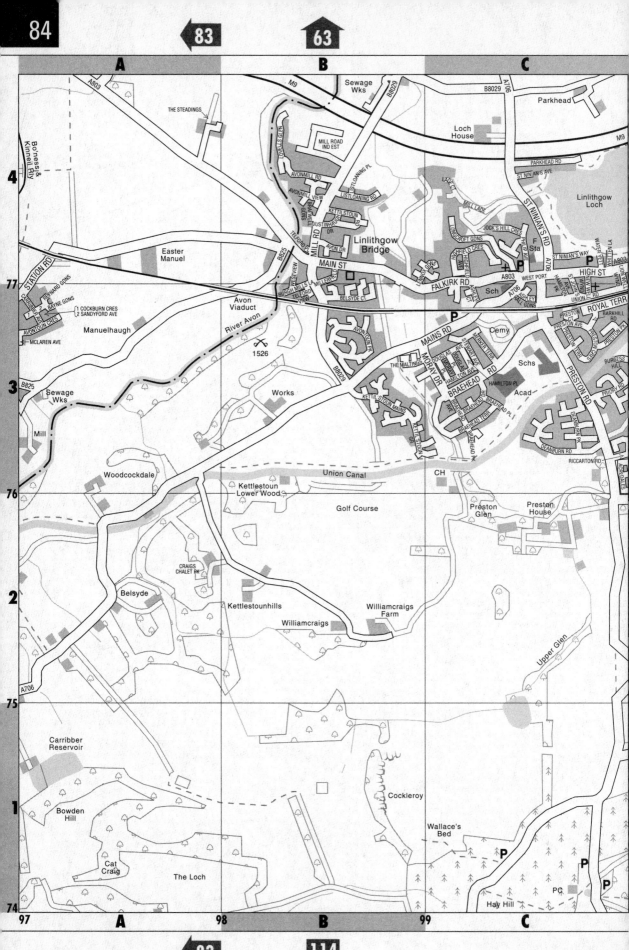

D E F

Mount Michael

Linlithgow Loch

M9

A803

Burgh Muir

Kingsfield

Barons Hill

Orange View

Boghall

Springfield Ct

Sheriffs Pk

Schs

Springfield Rd

Kingsfield

Bailielands

Bailielands

4

Burn Ave

Hay Burn Ave

Bell's Burn Ave

P
The Vennel
Dog Well Wynd
PC

TH
Kirkgate

High Port 1
St Michael's Wynd 2
Station Rd 3
Back Station Rd 4

Market La

PC Sch

P

Regent St

A803

Blackness Rd

Barons Hill Av

Barons Hill Ct

High St

The Cross

P

Edinburgh Rd

St Magdalene's

B9080

Linlithgow Station

Wilcoxholm

Towing Path

Park Farm

Union Canal

Pilgrim's Hill

77

Union Rd

Royal Terr

Strawberry Bank

Mus
PC

Manse Rd

Hospl

Rockville Gr

Clarendon Rd

LINLITHGOW

Porterside

B9080

3

Burgess Hill 1
Priory Rd 2

Friars Brae

Friars Loan

Friar's Brae

Clarendon House

Rivaldsgreen Cres

Wallace Ave

Friars Way

Manse Rd

Oatlands Pk

St Ninian's

Riccarton

Carmel

The Glebe

Beechwood

Parkly Craigs

Parkly Place

Jock's Hill

Nancy's Hill

76

Peat Hill

Haugh Burn

Carsie Hill

2

Hiltly

Cauldhame

Hillhouse Farm

Riccarton

Riccarton Burn

75

Riccarton Bridge

Caravan Park

Visitor Centre

P

Deer Parks

Fish Farm

Broomyknowes

Mochries Craig

1

Beecraigs Country Park

P

Beecraigs Loch

Broomy Knowes

Beecraigs Wood

74

00 D 01 E 02 F

D
E
F

4

Philpstoun
House

Hopetoun
Wood

The
Manse

Woodville

A904

B9020

Woodend

East
Philpstoun

Whitequarries
Ind Est

Sch

Galascrook

77

Duntarvie

Bailies
Muir

Philpstoun
Mill

Craigton

Philpstoun
Muir

Craigton
House

3

Fawnspark

M9

Union Canal

The
Den

Mounthooly

Myre

76

Trinlaymire

2

Garage

PC

Lampinsdub

TIPPET KNOWES CT

MAIN ST B9080

Glendevon

Schs

75

Glendevon
Cottages

Winchburgh

Tippet
Knowes

Millcraig

Cemy

PC

1

Niddry Burn

Kirklands

Niddry

Fauchel
Dean

B8020

74

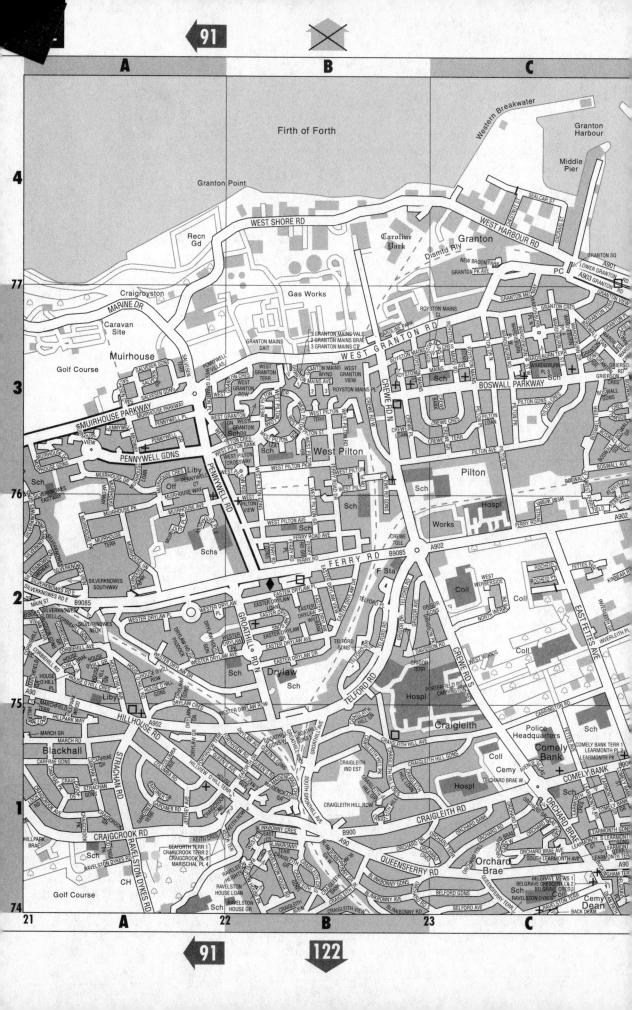

A   B   C

4

Works

Port of Leith

Firth of Forth

77

PC

Docks

East Sands
of Leith

PC

PC

Leith

PC

COMMERCIAL
ST
SAND
PORT
LOWER CONSTITUTION PL
LOWER STREET LA
TOWER ST
TIMBER
BUSH
TIMBER ST
SEAPORT
ST

A199
BROAD WYND
WATER'S
BURN'S
BERNARD ST
MARITIME ST
CHAPEL LA

3

BALTIC ST
A199
BATH RD
ALBERT RD

GILES ST
CHARLOTTE ST
MITCHELL ST
PATHSON'S
FOX ST
CARRON PL

QUEEN
CHARLOTTE ST
SALAMANDER ST

MARINE ESPL

KIRKGATE
NEWLINGTON ST
LINKS PL
LINKS GARDENS LA
CARRON PL

76

DUKE ST

South Leith
COCHRANE PL 1
ELM PL 2
FINGLES PL 3
ROSEVALE PL 4
PARKVALE PL 5
NOBLE PL 6
LINDEAN PL 7

Sch

LINKS GDNS

Leith
Links

Sch

Sewage
Works

LC

GORDON ST
ANDREW ST

Coll

HERMITAGE PL

Seafield

GLADSTONE PL
CLAREMONT PK
SEAFIELD RD

EAST HERMITAGE PL
INDUSTRIAL LA
1 2 3 4 5 6 7

CLAREMONT GDNS

SUMMERFIELD GDNS
BLACKIE RD
PIRNIEFIELD
TERR

Cemy
Grem

Seafield

BURNS TERR
ROSEVALE
TERR
PRIMROSE

PROSPECT BANK RD
PROSPECT BANK CRES

Claremont
Park

2

THORNTREE
HORNTREE ST
HEATHER PL
LOCHEND RD

RYEHILL TERR
CORNHILL TERR
RESTALRIG RD
EAST RESTALRIG

PROSPECT BANK PL
PROSPECT BANK TERR

CRAIGENTINNY AVENUE N

Acad

Coll

HERMITAGE
RYEHILL
FINDLAY COTTS
FINDLAY GDNS

Hospl

Golf Course

CH

FILLYSIDE RD

HALMYRE
ST
ST CLAIR AVE

Recn
Gd

Sch

Hermitage

FINDLAY AVE
FINDLAY MEDWAY DR

SEAFIELD WAY
PROMENADE

LORNE
ST
ST CLAIR RD

WOODVILLE TERR 1
WOODBINE TERR 2
THORNVILLE TERR 3

Recn
Gds

SEAFIELD ROAD E

A199

DALMENY
ST

Quaryholes

HANKHILL AVE

Cemy

RESTALRIG PK

FILLYSIDE TERR
NETHER
FILLYSIDE AVE

75

DRUM
TERR

ALBION

Stadium

Lochend

LOCHEND RD

SLEIGH DR

Restalrig

STAPELEY AVE

WAKEFIELD AVE

BOTHWELL

Drum

LOCHEND ROAD S

CASTLE BARNS
LOCHEND RD
QUADRANT

Craigentinny

SYDNEY
PK
SYDNEY
PL

KING'S TERR

Meadowbank

1 MARYFIELD
2 MARYFIELD PL
3 LADY MENZIES PL

MARIONVILLE RD

LOANING RD
LOANING CRES

Sch

CRAIGENTINNY RD

CHRISTIEMILLER AVE
VANDELEUR AVE
BRYCE AVE

INCHVIEW TERR
A1140

1

EDINA PL
ROSSIE PL

4 PITLOCHRY PL
5 SALMOND PL
6 EARLSTON PL

MARIONVILLE AVE
F Sta

Deanery

LOGANLEA TERR
LOGANLEA DR
LOGANLEA AVE

RESTALRIG AVE

CRAIGENTINNY AVE

CHRISTIEMILLER
GR

VANDELEUR
GR

MOIRA TERR

Tech
Inst

Abbeyhill
A1140 CADZOW

CAMBUSNETHAN ST
WHYTE PL
LOWER LONDON RD
STANLEY PL

DALGETY AVE

MARIONVILLE GR
MARIONVILLE DR

BRITWELL CRES

FISHWIVES' CSWY

BAILEYFIELD
RD

Sch

COMELY
GREEN PL

LONDON RD

PC

Sports
Centre
PC
Off

PARSONS GREEN TERR 1
MEADOWBANK AVE 2
CONSIDINE TERR 3
CONSIDINE GDNS 4
LISMORE AVE 5
WILFRED TERR 6

WILLOWBRAE RD

PIERSHILL
SQ W
PIERSHILL
SQ E

PORTOBELLO RD

PARKER AVE
PARKER TERR

WEST
TELFERTON

SIR HARRY LAUDER RD

Hospl

COMELY GREEN CRES
SPRING GDNS

CLOCKHILL
ROYAL PARK TERR
MEADOWBANK

WOLSELEY PL
LISMORE
SCONE GDNS

PIERSFIELD TERR
PIERSFIELD PL

Piershill
Cemy

MOUNTCASTLE
GN

MOUNTCASTLE
PK

EAST
TELFERTON

Montrose
Terr

WAVERLEY PARK
TERR

Parsons
Green
P

DUKE'S WLK
QUEEN'S PARK AVE
MEADOWBANK CR
QUEEN'S DR

BARONSCOURT RD
BARONSCOURT TERR

BROADWAY

Jock's
Lodge
P

PORTOBELLO RD

Piershill
PIERSHILL PL

Sch

MOUNTCASTLE
CRES

A199

74

27   A   28   B   29   C

D　　　　　E　　　　　F

4

77

3

76

Firth of Forth

2

75

1

74

1 ELECTRA PL
2 HILLCOAT LOAN
3 WESTBANK PL
4 WESTBANK LOAN
5 HILLCOAT PL
6 GREAT CANNON BANK

1 HARBOUR PL
2 WILLIAM JAMESON PL
3 BRICKFIELD
4 LAW PL
5 THE POTTERY
6 SPA PL
7 SHRUB MOUNT
8 AITCHISON'S PL
9 WHINS PL
10 RAMSAY PL

PROMENADE

KING'S RD

B6415 PORTOBELLO HIGH ST

FISHWIVES CSWY

P

NEW TOWER PL

BATH PL

REGENT ST

Sch

30　　　　　D　　　　　31　　　　　E　　　　　32　　　　　F

	A	B	C

4

77

3

76

Firth of Forth

2

75

SIR WALTER SCOTT PEND 1
FOWLERS CT 2
PYPERS WYND 3
CEMETERY RD 4
HARLAWHILL GDNS 5

PRESTONPANS

B1348

1

HIGH ST

KIRK ST

PC

Sch

Liby

NORTHFIELD CT 1
PRESTONTOWER 2

P

Off

WEST LOAN

THE POTTERY

ORCHARD

ROPE WLK

Cuthill

INCHVIEW N

INCHVIEW

BURNSIDE

NORTH GRANGE AVE

PRESTONGRANGE RD

SUMMERLEE

PRESTONGRANGE TERR

74

B1348

SOUTH GRANGE AVE

Sch

36	A	37	B	38	C

D   E   F

4

77

3

76

Firth of Forth

Liby
Harbour
P PC P
LINKS RD
B1348

Cockenzie
Harbour
Pier
Power Station
EDINBURGH RD
WHIN PARK
IND EST

MARSHALL ST
SOUTH DOORS
HIGH ST
NORTH LORIMER PL
EAST LORIMER PL
WEST LORIMER PL
LORIMER PL
WHIN PK
SCHOOL LA
ELCHO PL
HAREFIELD
NEW ST
HADLEY PL
OSBORNE PL
COCHRANE PL
WINTON PK
AVENUE RD
CEDAR DR
Sch
GOSFORD RD
NORTH SETON PK
SOUTH SETON PK
INGLIS AVE
THOMSON
WEMYSS PL
VIEWFORTH
SETON PL
PARK RD
CRES
PARK VIEW
JOHNS CT
Port Seton
FISHERS RD
BARRACKS ST
LINKS ST
GOLF DR
FORTH CRES
CASTLE RD
EAST CASTLE RD
CASTLE RD
SETON WYND
CRES
WLK
LONG CRES
SETON
SETON VIEW
LINKS VIEW
LINKS VIEW
LINKS VIEW
WK ST
WINFORTH
VIEW
GR
PC
Seton Sands
Caravan Park

Cockenzie

FISHERGATE RD
Chapel
formerly
Collegate Church
Seton
House

P
PC
HIGH ST
PETTERSHOT RD
CEMETERY RD
PLEASANT AVE
Cemy
Preston
LONGDYKES RD
MIDDLESHOT
PRESTON RD
PRESTON CRES
PRESTON AVE
Sch
PARK VIEW
SCHAW RD
BANKTON TERR
B1361
Coal Store
Seton
West Mains
Battle of
Prestonpans
1745
B6371
A198
Seton
East
75
Seton
A198
Works

1

HEDGEHILL VIEW
EAST CRES
NIMMO AVE
TILCRES
EAST LOAN
FOXWARTH CRES
PRESTON COTTS
WILSON AVE
PRESTON
TOWER
THORNTREE CRES
GARDNER TERR
B1361
Meadowmill
A198
Riggonhead

Opencast Workings

74

39   D   40   E   41   F

A   B   C

4

Firth of Forth

P
PC

Eventyr

Fernyness
Wood

A198

B1348

77

P   PC

CH

LYARS RD

GOSFORD RD

DOUGLAS RD

DOUGLAS RD

FORTHVIEW RD

WEMYSS RD

Liby

AMISFIELD

WEMYSS
TERR

3

Golf Course

CHURCHWALK

CHURCH
GDNS

PARK VIEW

Sch

SETON RD

JOHN KNOX RD

B1377

PC

CAMPBELL CT

EAST
LINKS RD

KITCHENER CRES

ELCHO CRES

P

KING'S RD

CAMPBELL RD

SONAM

ELCHO
TERR

P

Longniddry
Station

Longniddry

Seton Sands

P

KING'S RD

CAMPBELL

CHARTERIS RD

MAIN ST

A198

76

KING'S CR

KING'S

KING'S PK

CHARTERIS CT

ORCHARD CT

GLASSEL PK RD

STEVENSON
PK

Lorne
Bridge

Longniddry
Farm

B6363

Longniddry Dean

DEAN RD

DEAN PK

KING'S AVE

COLLINS PK

CUNNINGHAM CT

SILVERKNOWE

COLLINS AVE

STEVENSON
WAY

Redcoll

2

Caravan
Park

Seton Dean

CANTY
PL

Cantyhall
Bridge

Cantyhall

Canty Burn

SETON
MAINS

St Germains
Crossing

75

A198

LC

Chesterhall

THE
STEADING

Southfield

St Germains

St Germains
Farm

1

Opencast
Workings

74

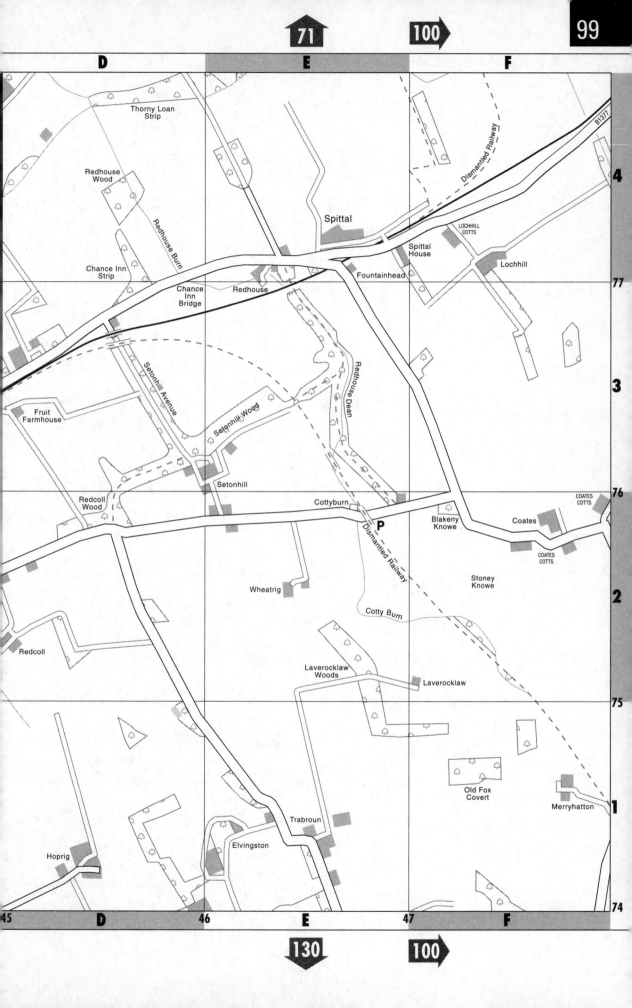

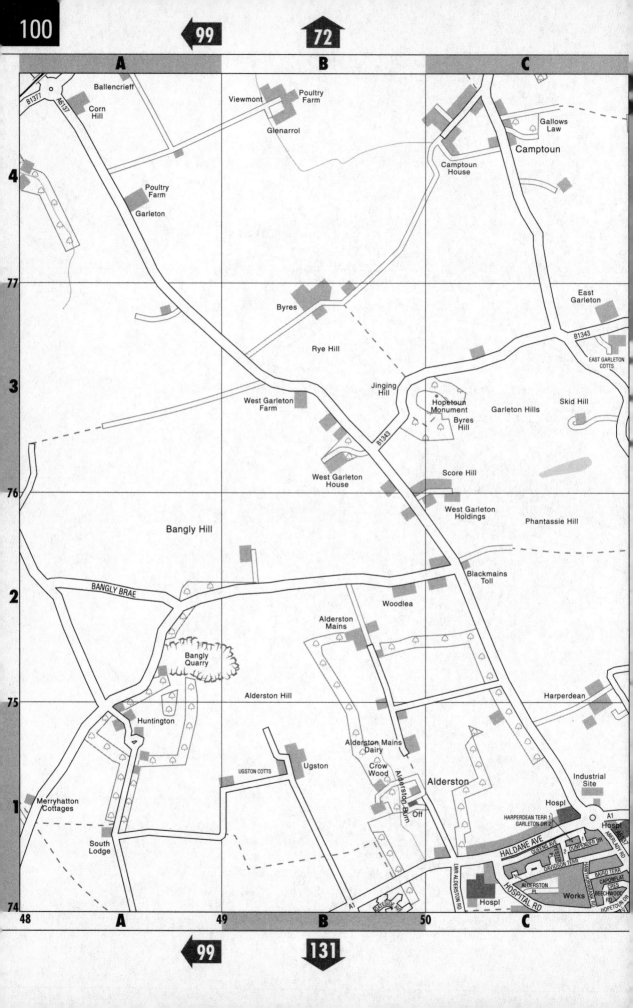

A   B   C

B1377
A6137
Ballencrieff
Corn
Hill

Viewmont
Poultry
Farm
Glenarrol

Gallows
Law
Camptoun
Camptoun
House

4

Poultry
Farm
Garleton

East
Garleton

77

Byres

B1343

Rye Hill

East Garleton
Cotts

Jinging
Hill

3

West Garleton
Farm

Hopetoun
Monument
Byres
Hill
Garleton Hills
Skid Hill

B1343

West Garleton
House

Score Hill

76

West Garleton
Holdings

Phantassie Hill

Bangly Hill

Blackmains
Toll

BANGLY BRAE

Woodlea

2

Alderston
Mains

Bangly
Quarry

Harperdean

75

Alderston Hill

Huntington

Alderston Mains
Dairy

UGSTON COTTS

Ugston

Crow
Wood

Industrial
Site

Merryhatton
Cottages

Alderston

Hospl

A1

1

Alderston Burn

Off

HARPERDEAN TERR 1
GARLETON DR 2
Hospl
A1

South
Lodge

HALDANE AVE
QUEENS AVE
DUNPENDER DR
DAVIDSON TERR
LWR ALDERSTON RD
ALDERSTON
PL
ALDERSTON
CRES
HOSPITAL RD
BAIRD TERR
CAPONFLAT
RD
BEECHWOOD
HOPETOUN DR
HAWTHORNBANK RD
Works

A1

Hospl

74

48   A   49   B   50   C

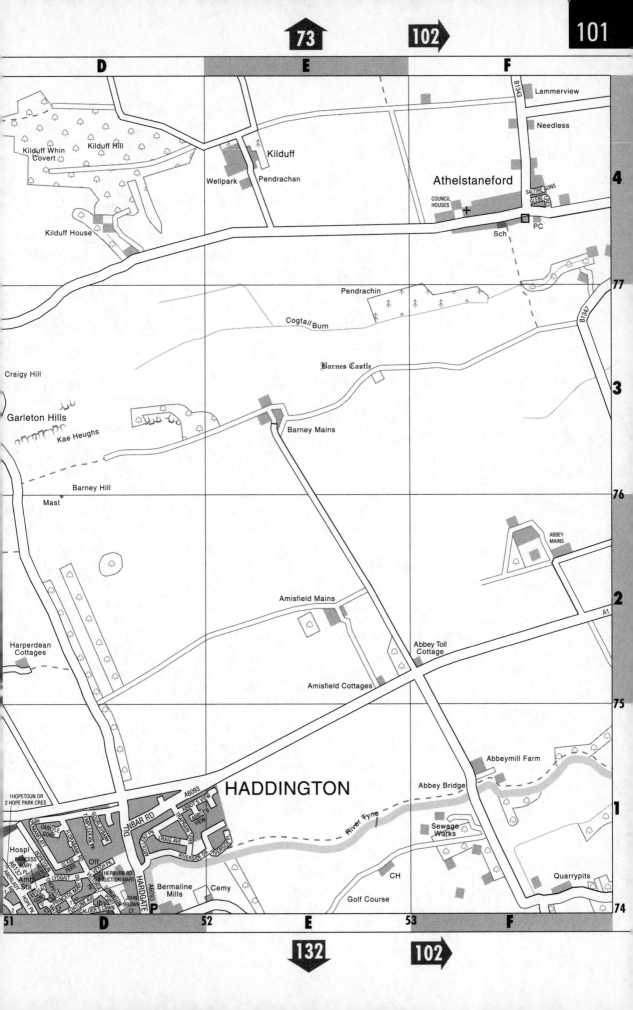

73
102

D
E
F

Kilduff Whin Covert

Kilduff Hill

Kilduff

Lammerview

Needless

Wellpark
Pendrachan

Athelstaneford

B1343

SALTIRE GDNS
GLEBE CO

COUNCIL
HOUSES

Sch
PC

4

Kilduff House

77

Pendrachin

Cogtail Burn

B1347

Craigy Hill

Barnes Castle

3

Garleton Hills

Kae Heughs

Barney Mains

Barney Hill

Mast

76

ABBEY
MAINS

2

Amisfield Mains

Harperdean
Cottages

Abbey Toll
Cottage

A1

Amisfield Cottages

75

Abbeymill Farm

HADDINGTON

Abbey Bridge

1

1 HOPETOUN DR
2 HOPE PARK CRES

A6093

ABBOT'S VIEW
ABBOT'S
VIEW

DUNBAR RD

River Tyne

Sewage
Works

Hospl

PRINCESS
MARY PL

CARLYLE
GDNS

GLEBE
TERR

Off

VEITCH PK

CRAIG AVE

RIVERSIDE DR

HEPBURN RD
AUCTION MART

CH

Amb
Sta

LYDGAIT

PRINCESS MARY

FORTUNE AVE

Quarrypits

Bermaline
Mills

Cemy

HARDGATE

JOHN
BROWN
CT

CALDER'S LAWN

Lib

Golf Course

74

51
52
53

D
E
F

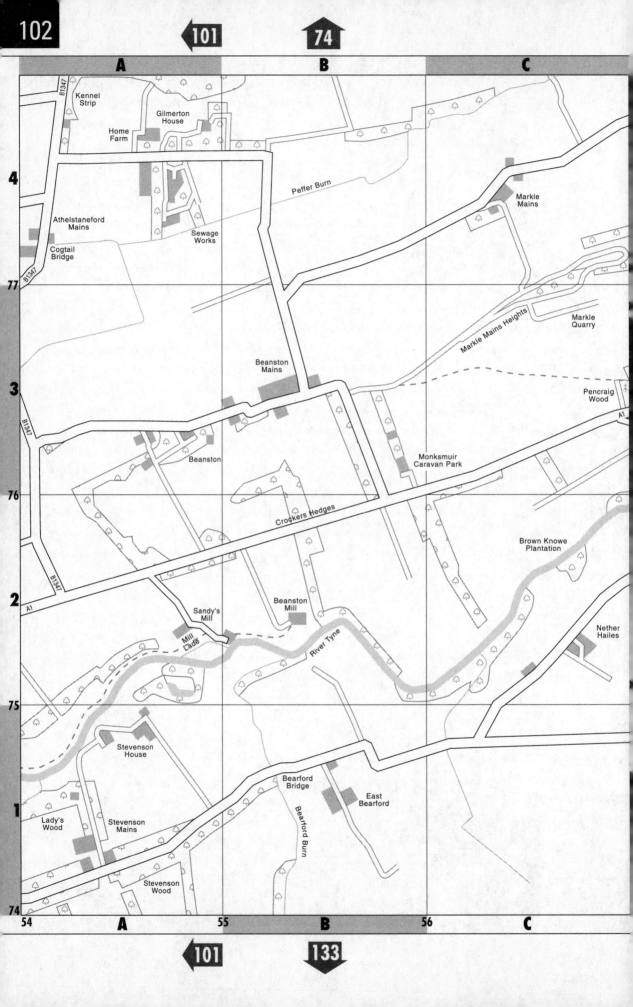

EAST LINTON

Markle
MARKLE STEADING
LC
Woodlaw

Sewage Works
Mill
THE DEAN
B1407
B1377
ROUNDENDER RD
KINGSBURGH CT
KINGSBURGH GDNS
RENNIE PL
DRYLAW TERR
BROWN'S PL
DRYLAW GDNS
HIGH ST
HAILES TERR
LANGSIDE
SALKELD TERR
KEMP CAU...
TERR GDNS
THE GLEBE
PRESTON RD
B1407
STONES PK
Dovecot
Phantassie
Sch
SCHOOL RD
BANK RD
TYNE CL
SQUARE
BRIDGE ST
MILL WYND
Phantassie Farm
Phantassie Sq
A1
EAST LINTON STA IND EST
Orchard Field
ORCHARD FIELD
B1407
HADDINGTON RD
STATION RD
ORCHARD CT
Hotel
LAUDER PL
B1377
PENCRAIG BRAE

Pencraig Wood
Picnic Area
PC

River Tyne
Brae Heads
BRAE HEADS LOAN

Overhailes

Hailes Mill
HAILES LOAN

Traprain

Hailes Castle (remains of)

Howkins Wood
Old Hailes Burn
Howkins

Kippielaw Farmhouse

Sunnyside

Hairy Craig

Luggate

Cairndinnis
Traprain Law

Luggate Burn

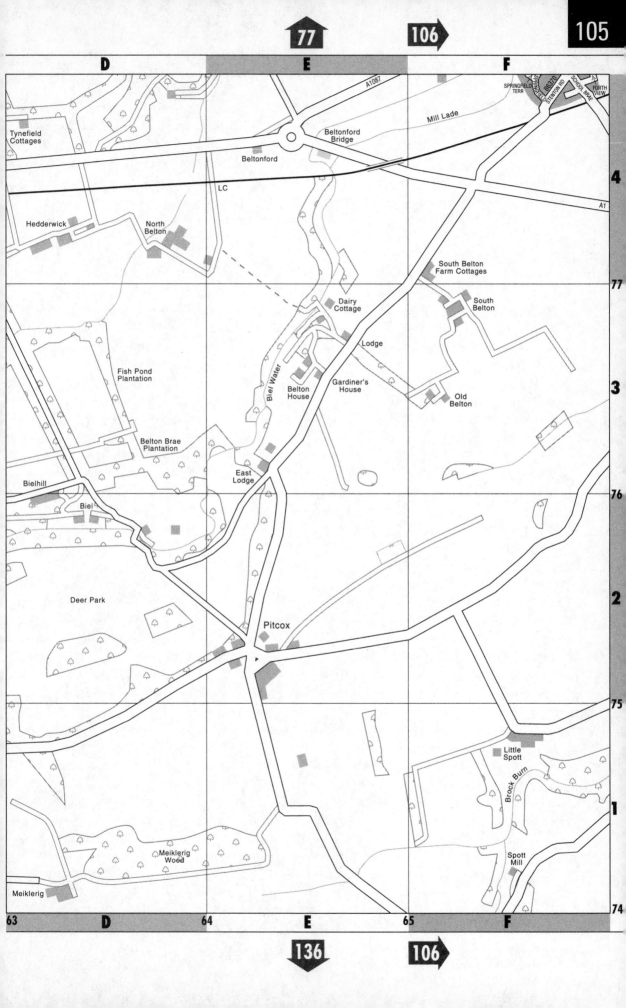

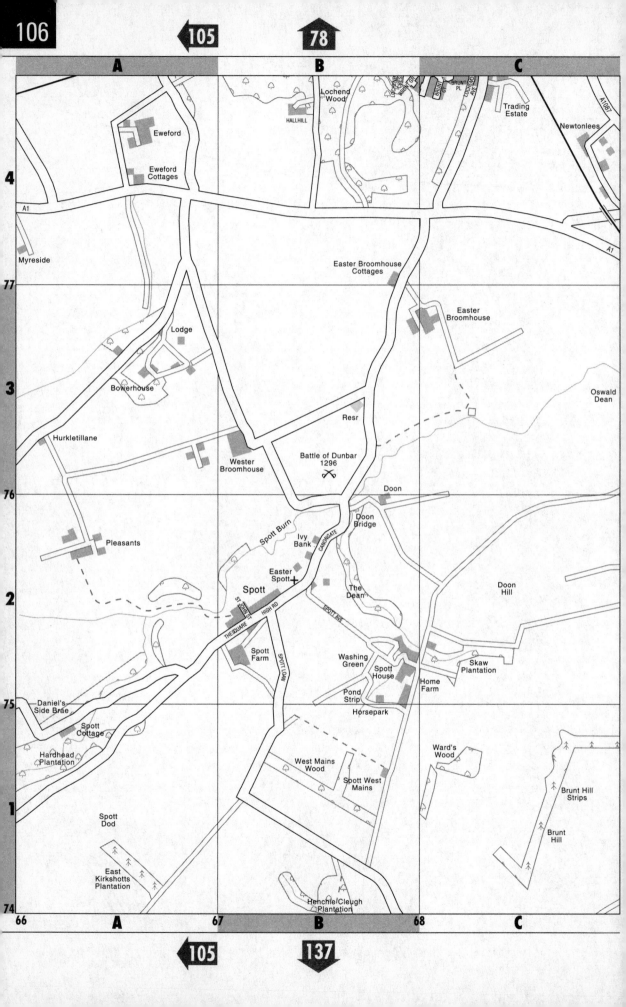
A   B   C

4

Eweford

Eweford
Cottages

Lochend
Wood

HALLHILL

BRUNT
PL

Trading
Estate

Newtonlees

A1

A1087

A1

Myreside

77

Easter Broomhouse
Cottages

Easter
Broomhouse

3

Lodge

Bowerhouse

Hurkletillane

Wester
Broomhouse

Resr

Battle of Dunbar
1296

Oswald
Dean

76

Doon

Pleasants

Spott Burn

Ivy
Bank

CANONGATE

Doon
Bridge

2

Spott

Easter
Spott

ST JOHN ST

HIGH RD

THE SQUARE

SPOTT LOAN

SPOTT AVE

The
Dean

Doon
Hill

Washing
Green

Spott
House

Skaw
Plantation

Spott
Farm

Home
Farm

Pond
Strip

75

Daniel's
Side Brae

Horsepark

Spott
Cottage

Ward's
Wood

Hardhead
Plantation

West Mains
Wood

Spott West
Mains

Brunt Hill
Strips

1

Spott
Dod

Brunt
Hill

East
Kirkshotts
Plantation

Henchie Cleugh
Plantation

74

66   A   67   B   68   C

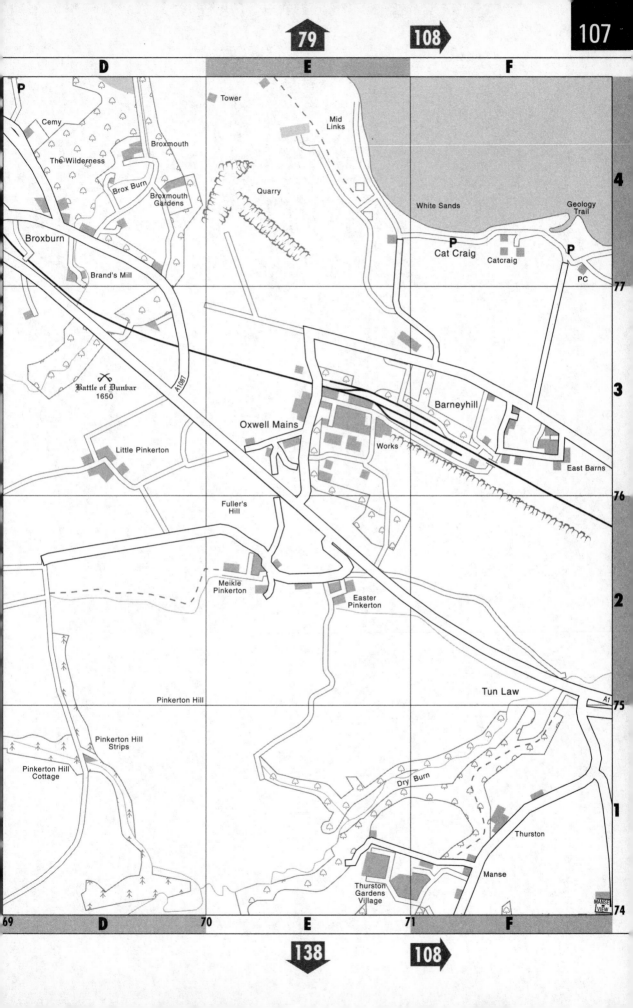

D
E
F

4

P

Cemy

Broxmouth

The Wilderness

Brox Burn

Broxmouth Gardens

Broxburn

Tower

Mid Links

Quarry

White Sands

Geology Trail

Cat Craig

P

Catcraig

P

PC

Brand's Mill

77

Battle of Dunbar 1650

A1087

Oxwell Mains

Barneyhill

3

Little Pinkerton

Works

East Barns

76

Fuller's Hill

Meikle Pinkerton

Easter Pinkerton

2

Pinkerton Hill

Tun Law

A1

75

Pinkerton Hill Strips

Pinkerton Hill Cottage

Dry Burn

Thurston

1

Manse

Thurston Gardens Village

MANSE VIEW

74

107

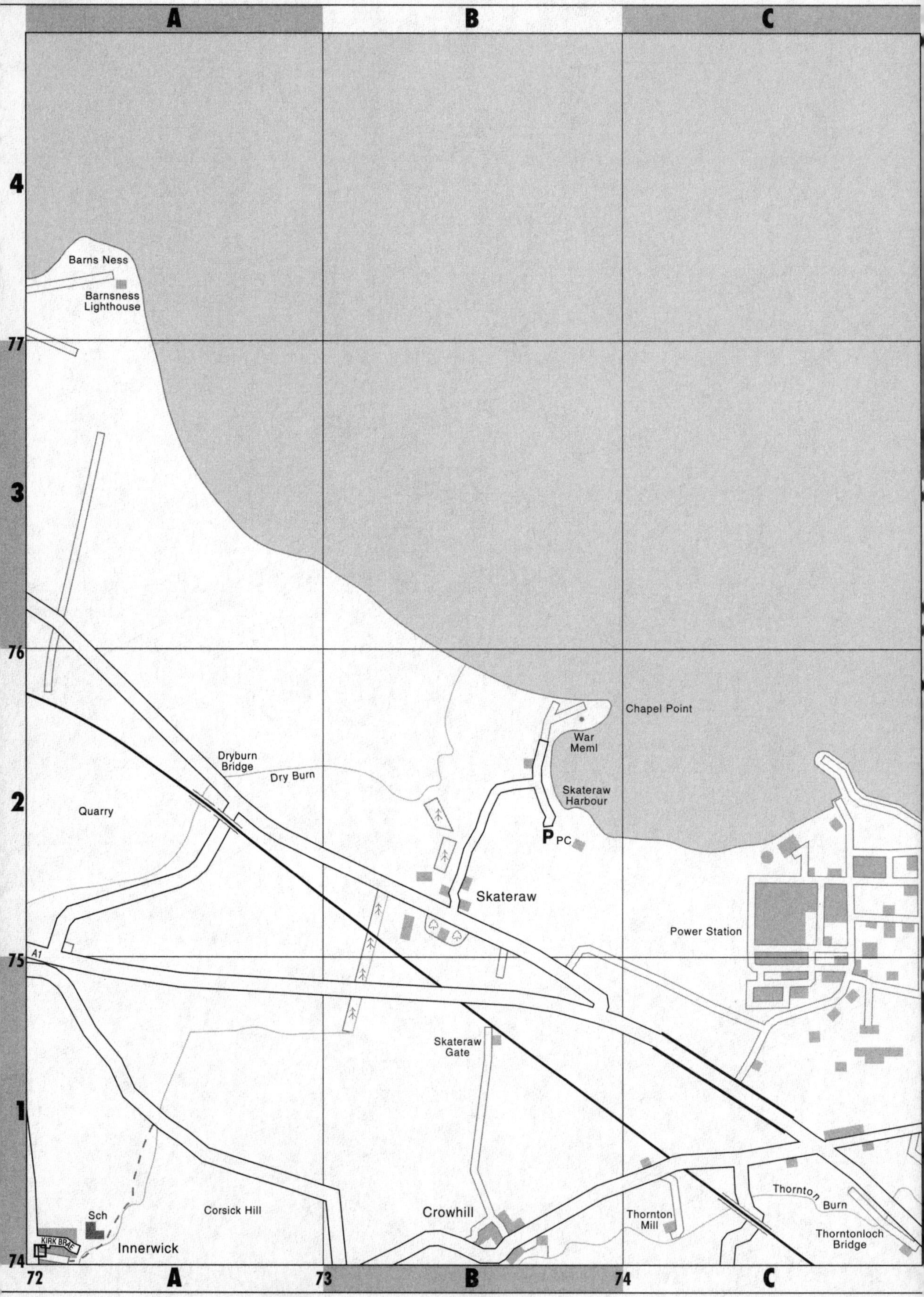

A　　　　　　　　B　　　　　　　　C

4

Barns Ness

Barnsness
Lighthouse

77

3

76

Chapel Point

Dryburn
Bridge

Dry Burn

War
Meml

Quarry

Skateraw
Harbour

2

P PC

Skateraw

Power Station

A1

75

Skateraw
Gate

1

Thornton Burn

Corsick Hill

Crowhill

Thornton
Mill

Thorntonloch
Bridge

Sch

KIRK BRAE

Innerwick

74

72　　　　　**A**　　　　73　　　　**B**　　　　74　　　　**C**

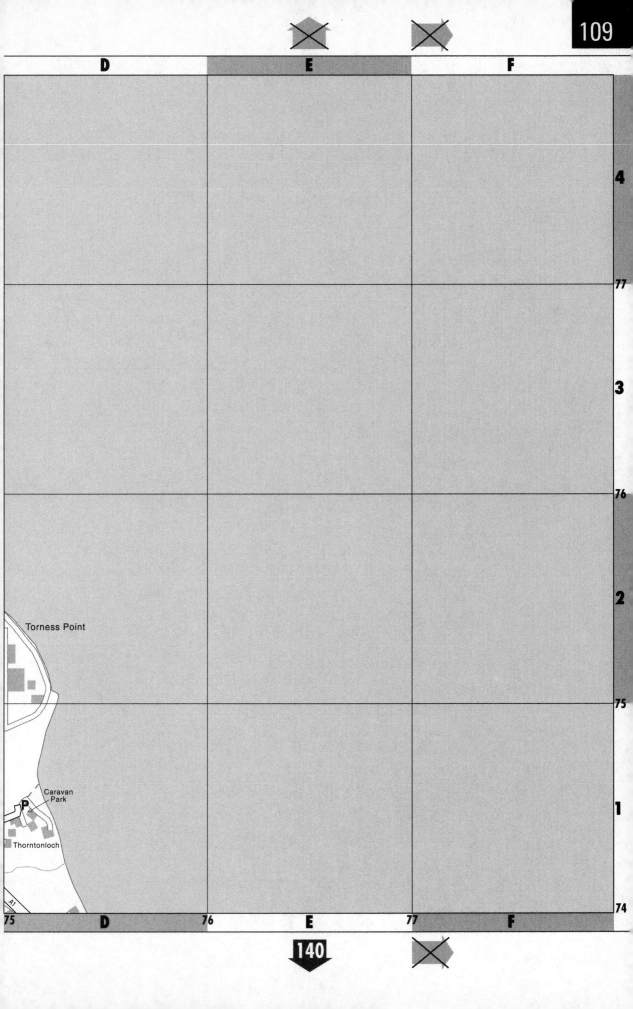

D

E

F

4

77

3

76

2

Torness Point

75

Caravan
Park

P

1

Thorntonloch

74

75   D   76   E   77   F

140

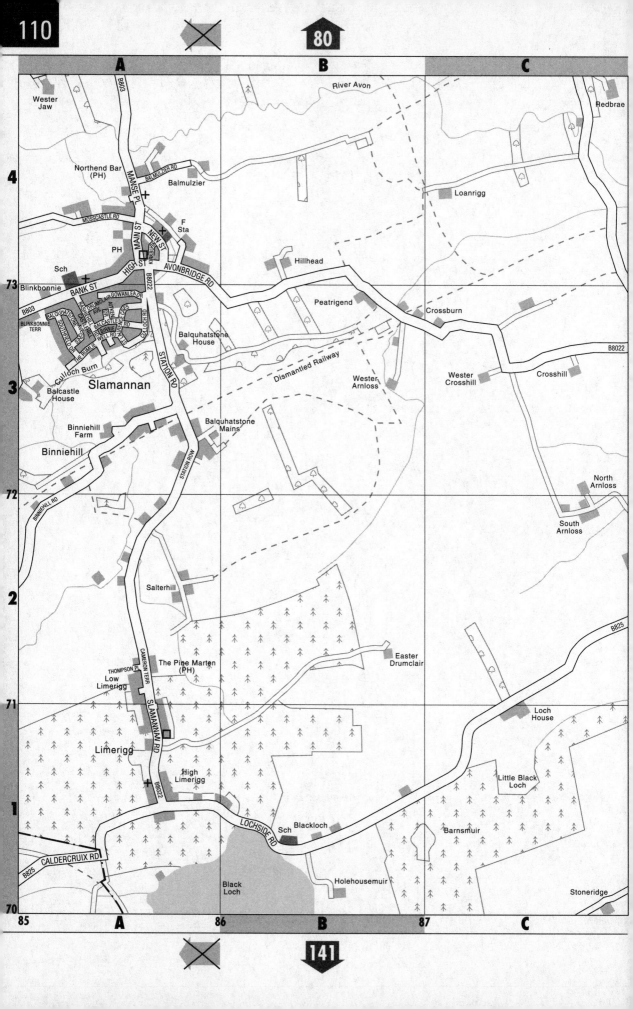

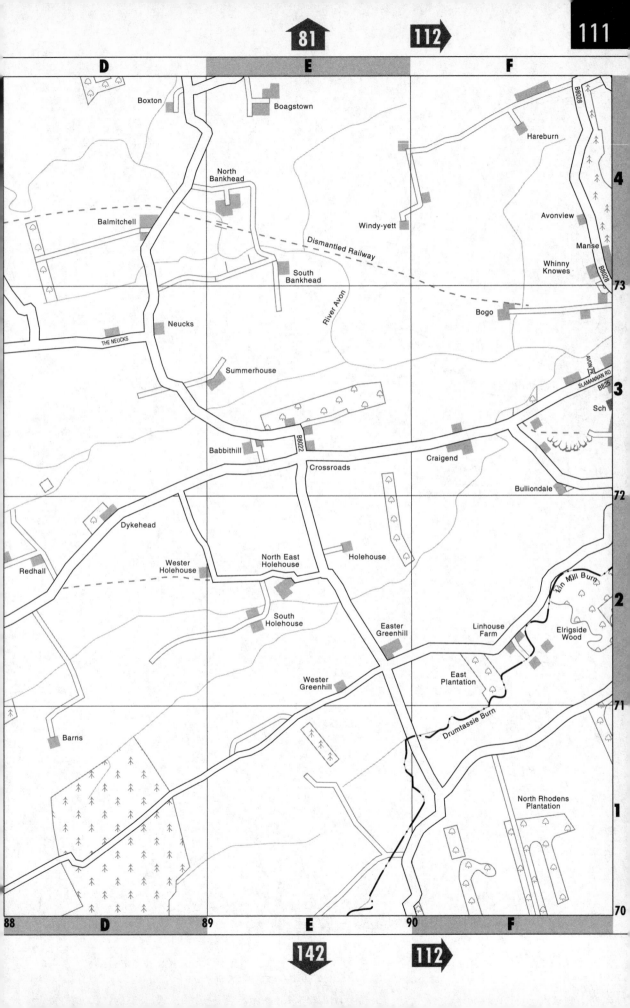

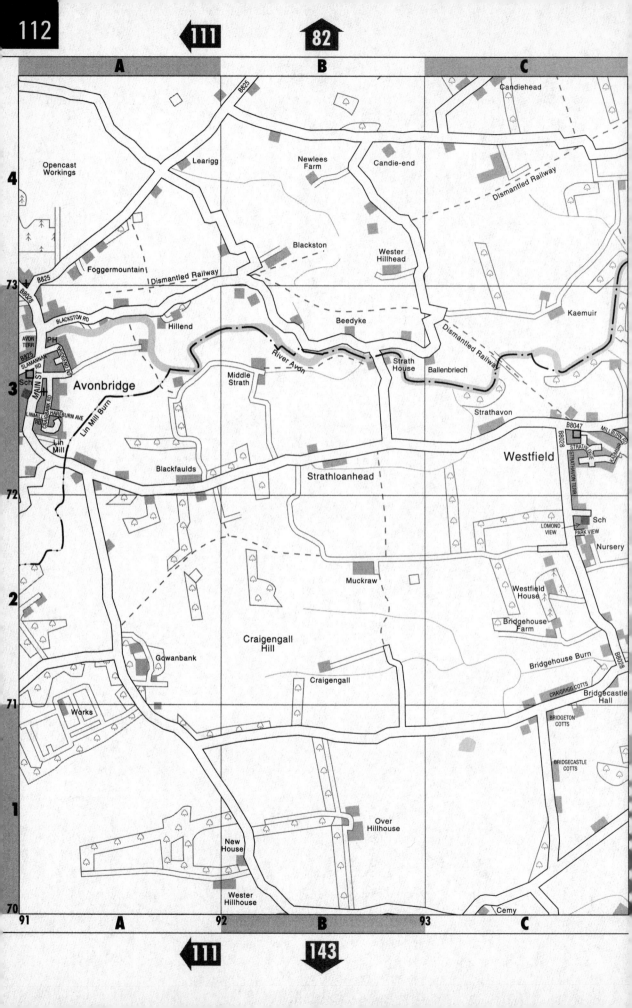

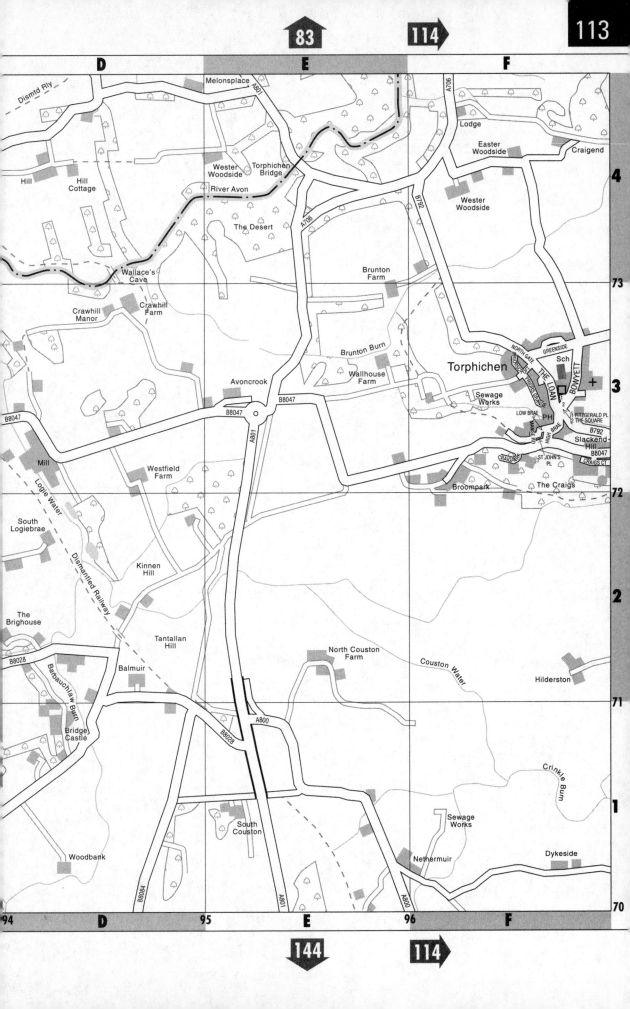

A   B   C

Cow Hill

Tower

Lochcote Resr

Kipps
(remains of)

Kipps
Farm

Kipps Hill

Beecraigs Wood

Beecraigs
Country Park

4

Refuge
Stone

Wairdlaw

Gormyre

73

Witch Craig
Wood

Hanging Rock
Plantation

Gormyre
Hill

Stoney Manuel
Plantation

3

Torpichen
Hills

Cathlaw
House

Craigmailing

B792

Slackend

CATHLAW LA

MALLEN'S BRAE

B8047

CRAIGS
CT

Cathlawhill

North Mine
Plantation

72

Bishopbrae
Strips

Cairnpapple
Hill

Mast

2

The Glebe

P

Hilderston
Hills

Knock

Bishopbrae

P

The
Knock

71

Resr

Crinkle Burn

Crinkle
Bridge

Ballencrieff
Mains

Sheddon Braes

Raven Craig
Wood

1

Bathgate
Hills

Resr

Resr

Galabraes

Wester
Drumcross

Golf Course

TORPHICHEN RD

B792

BALLENCRIEFF
TOLL

70

97   A   98   B   99   C

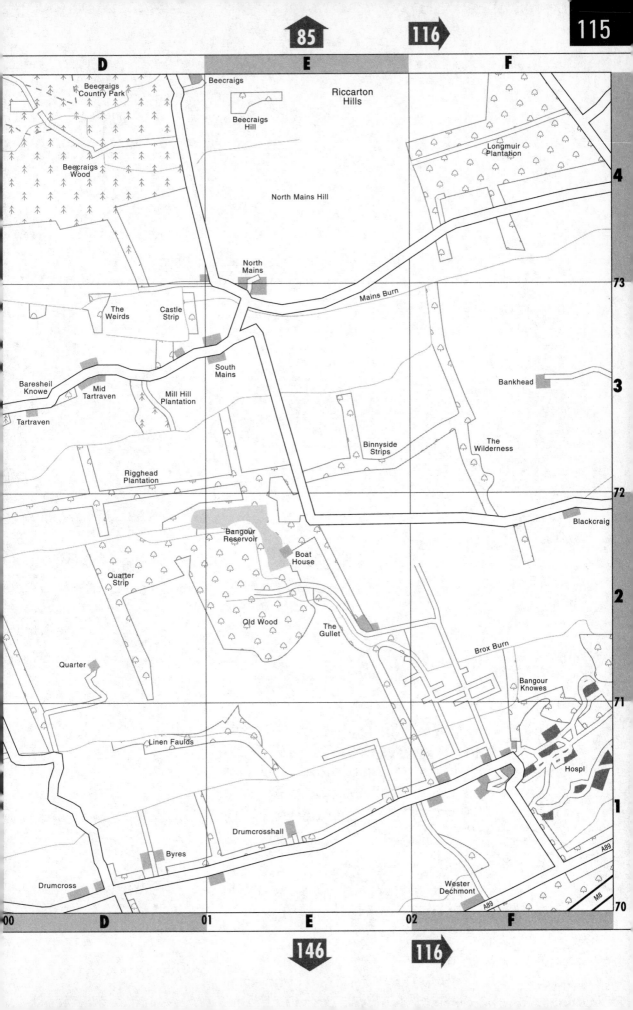

D

Beecraigs
Country Park

Beecraigs

Beecraigs
Wood

Beecraigs
Hill

Riccarton
Hills

E

North Mains Hill

Longmuir
Plantation

F

4

North
Mains

73

The Weirds

Castle
Strip

Mains Burn

South
Mains

Baresheil
Knowe

Mid
Tartraven

Mill Hill
Plantation

Bankhead

3

Tartraven

Rigghead
Plantation

Binnyside
Strips

The
Wilderness

72

Bangour
Reservoir

Blackcraig

Quarter
Strip

Boat
House

2

Old Wood

The
Gullet

Brox Burn

Quarter

Bangour
Knowes

71

Linen Faulds

Hospl

1

Drumcrosshall

Byres

Drumcross

Wester
Dechmont

A89

A89

M8

70

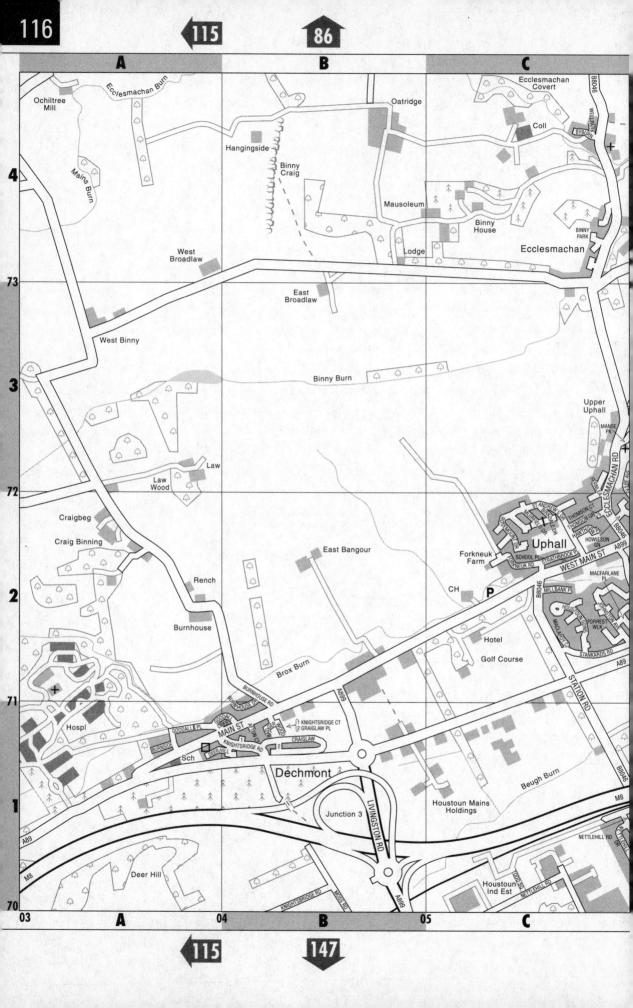

A

B

C

4

Niddry

Union Canal

Towing Path

Dismtd Rly

West Farm

West Wood

Newliston

Home Farm

Milrig

B800

Palace Wood

M9

73

BROCKS WYN

CLIFTON VIEW

YOUNGS RD

SIMPSON RD

Peniel Pl

Chesterlaw

BRIDGE ST

New Bridge

RIVERSIDE

3

DUNBEG RD

DROVERS WAY

East Mains Ind Est

FRESKYN PL

WESTERTON RD

Brox Burn

The Haugh

BT030

TARTRAVEN PL

Thistle Ind Est

LIGGAT SYKE PL

Newbridge Ind Est

A899

EAST MAIN ST

NEWHOUSES RD

HUNTER GDNS

KILPUNT VIEW

Almond Valley Viaduct

A89

72

BURNVALE

River Almond

Birdsmill Pig Farm

CLIFTONHALL RD

Clifton Trad Est

Burnside

NEWHOUSES RD

Kilpunt

Newhouses

Elm Cottage

BT072

2

Caw Burn

Motel

Birdsmill House

Loup-o-Lees

M8

M8

71

Muirend

Union Canal

Lin's Mill (dis)

Clifton Hall School

CLIFTONHALL RD

1

El Sub Sta

Lin's Mill Aqueduct

CLIFTON RD

Clifton Mains

B703U

TA Centre

Illieston

70

09

A

10

B

11

C

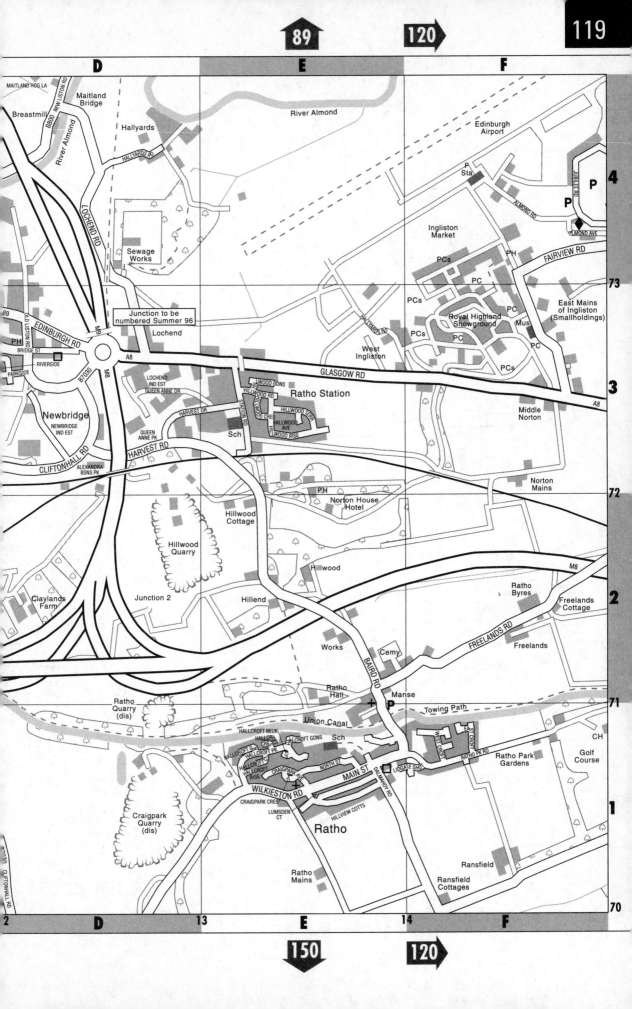

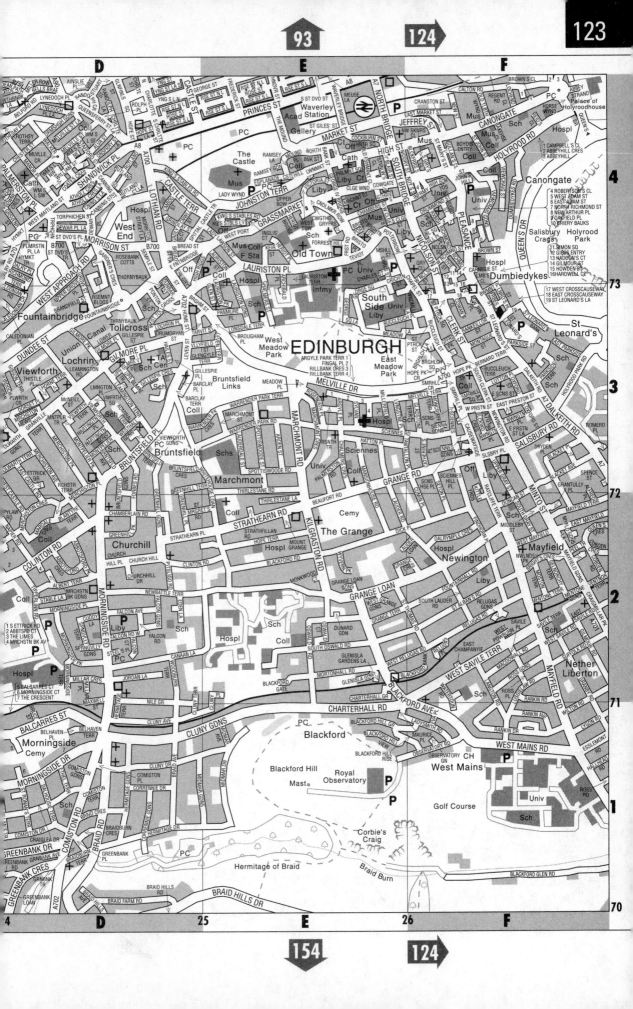

123
94

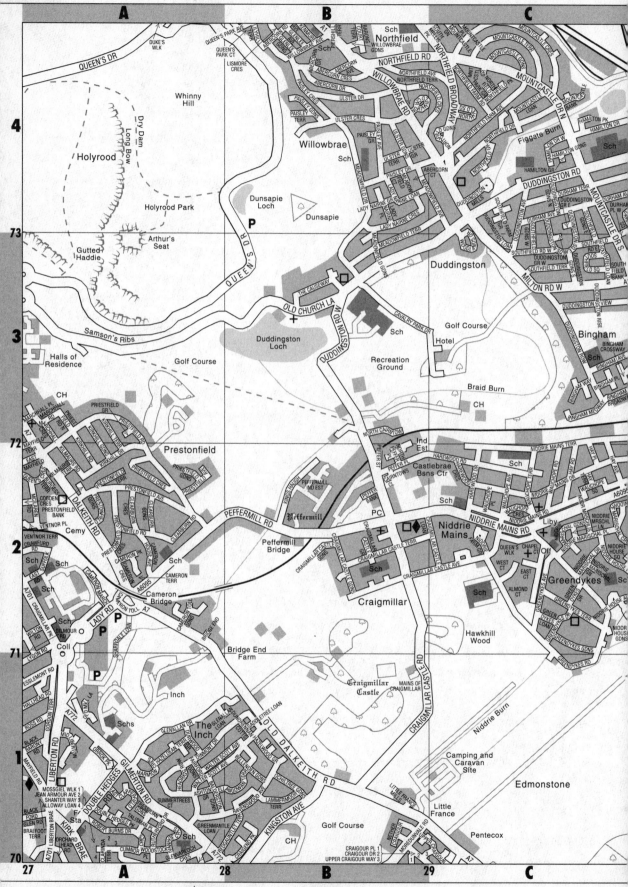

123
155

A   B   C

Firth of Forth

Fisherrow Sands

Ash Lagoons

4

MUSSELBURGH

Race Course

Goose Green
THE PADDOCK

Golf Course

CH

PC

Promenade

Harbour   BUSH TERR   **Fisherrow**

LINKFIELD RD   PITTENCRIEFF CT

73   A199   EDINBURGH RD

P   NEW ST   LINKS AVE

WATT'S CL   TH   NORTH HIGH ST

NORTH HIGH ST   LADYWELL WAY   BRIDGE ST   ESKSIDE W

A199

LINKFIELD CT   WOODSIDE
VICTORIA TERR 2
ALBERT TERR 3

WINDSOR GDNS
WINDSOR PARK TERR
ASHGROVE
WINDSOR PARK DR
A199

Sch

Newhailes   MAITLAND AVE   NEWHAILES AVE

MARKET ST   HERCUS LOAN   HIGH ST   Liby   Off

Pinkie House   THE GROVE

ASHGROVE VIEW   MACBETH MOIR RD   B6454

A6095   FISHERROW IND EST

Sch   WEST HOLMES GDNS   A199   KILWINNING PL   Sch

Pinkie Mains

3   A6095   NEWHAILES RD

OLIVE BANK RD   ESKVIEW TERR

P   MALL AVE   DALRYMPLE LOAN   MANSFIELD

INVERESK RD

PINKIE RD

PARK GROVE PL   CHAMPIGNY CT   COTTAGE LA

PINKIE AVE   PINKIE PL   PINKIE TERR

Eskview   STONEYHILL STEADINGS

Eskmills Park   INVERESK IND EST

St MICHAEL'S Churchyard   Oliver's Mound

Sch   PC   NEWBIGGING

LEWISVALE AVE   EDENHALL BANK   PINKIE DR

EDENHALL CRES

Stoneybank   ESKBANK

PC   Cemy   INVERESK VILLAGE RD

Inveresk   A6124   ANKERVILLE CRES   HILL CRES

72   1 CLAYKNOWES PL   2 CLAYKNOWES DR

MONKTONHALL TERR

A6124

Hospl

Sewage Wks

Musselburgh Station

River Esk

Windy Gowl   DOUBLE DYKES   CROOKSTON RD

Howe Mire

WHITEHILL FARM RD

Stoneybank   STONEYBANK AVE

Shire Haugh

Golf Course

WEDDERBURN TERR   BELLA PL   SMEATON GRV

CARBERRY RD

2   MUCKLETS RD   MUCKLETS AVE

MAYFIELD   LORETTO RC   **Monktonhall**

Wedderburn House

Dismtd Rly   MUCKLE

MONKTONHALL PL   CH   FERGUSON DR

FERGUSON GDNS

FERGUSON RD

COWPITS RD

71   A1   B6415   A1

B6415

Motel

Eastfield Wood

Hotel

SALTER'S RD   A6094

1   **Old Craighall**   OLD CRAIGHALL JUNC

East Field

COWPITS RD   Shiremiln Haugh

Whitecraig

WHITECRAIG RD   WHITECRAIG AVE   WHITECRAIG GDNS E

THE TERRACE   THE LANE   DEANTOWN PATH

OLD CRAIGHALL RD   THE CITY OF EDINBURGH BY-PASS   A720

Monkton House

70   B6415   A6094   Sch   DEANTOWN AVE   A6124

33   A   34   B   35   C

B1348
Prestongrange Terr
PRESTONGRANGE RD
NORTH GRANGE AVE
SOUTH GRANGE Sch
PRESTON RD
B1361
Bellfield Sq
RIGLEY TERR
ALEXANDER D
NORTHFIELD AVE
GRANGE
REDBURN RD

Morrison's Haven

CH

Cuthill

PRESTON CT 1
TURRET GDNS 2
NORTHFIELD CT 3
WEST LOAN 4
WEST LOAN CT 5

Mining Museum

Golf Course

Caravan and Camping Site

4

Rigley Hill

Levenhall Links Leisure Park

Drum-Mohr

LC

Dolphingstone Farm

A1

Westpans
B1348

73

Ravenshaugh Burn

A199

A199

Goshen

Ravenshaugh Burn

B1361

A199

Hotel

RAVENSHAUGH RD
MAYVILLE BANK
JOPE PL
MAYVILLE CRES
A199
HADDINGTON RD
MOIR TERR
MOIR PL
Pinkie Braes
MOIR CRES
MOIR AVE
MACBETH MOIR RD
P
DELTA VIEW
DELTA RD
VATRA RD
DELTA AVE
DELTA TERR
GALT DR
GALT RD
GALT TERR
GALT AVE
A6094

3

Wallyford Station

MILLER'S TERR
WEMYSS
INCHVIEW RD
INCHVIEW CRES
FARM COTTS

FORTHVIEW DR
DRUMMOHR GDNS
FORTHVIEW CRES
DRUMMOHR AVE
FORTHVIEW AVE
ALBERT CT
ALBERT CRES
ALBERT TERR
ALBERT PL

Sch

Wallyford

72

ST CLEMENT'S CRES

ST CLEMENT'S CRES
ST CLEMENT'S CONS
ST CLEMENT'S GDNS
ST CLEMENT TERR

Wallyford Ind Est

Barbachlaw

SALTER'S RD

FA'SIDE BLDGS
FA'SIDE AVE N
FA'SIDE AVE
FA'SIDE GDNS
FA'SIDE AVE S
FA'SIDE AVENUE CT
FA'SIDE TERR

Battle of Pinkie 1547

Rosehill Villa

St Clement's Wells

Whinny Loan

Mast

Myles Farm

2

Falside Hill

SALTER'S RD

71

Falside Castle

SALTER'S RD

Crookston

West Mains

1

Elphinstone Tower Farm Cottages
B6414

BARBERRY MAINS COTTS

70

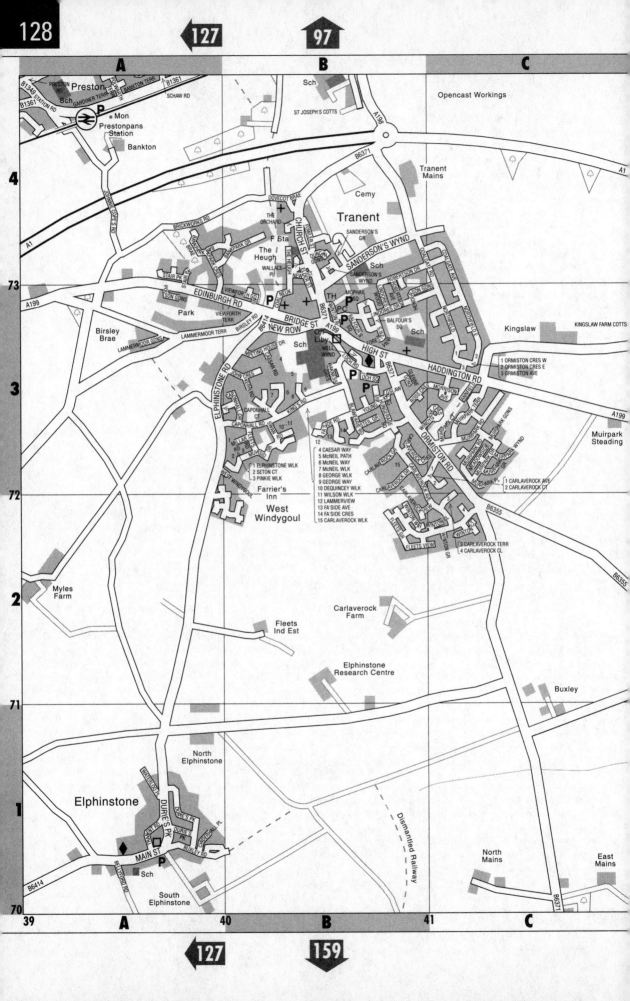

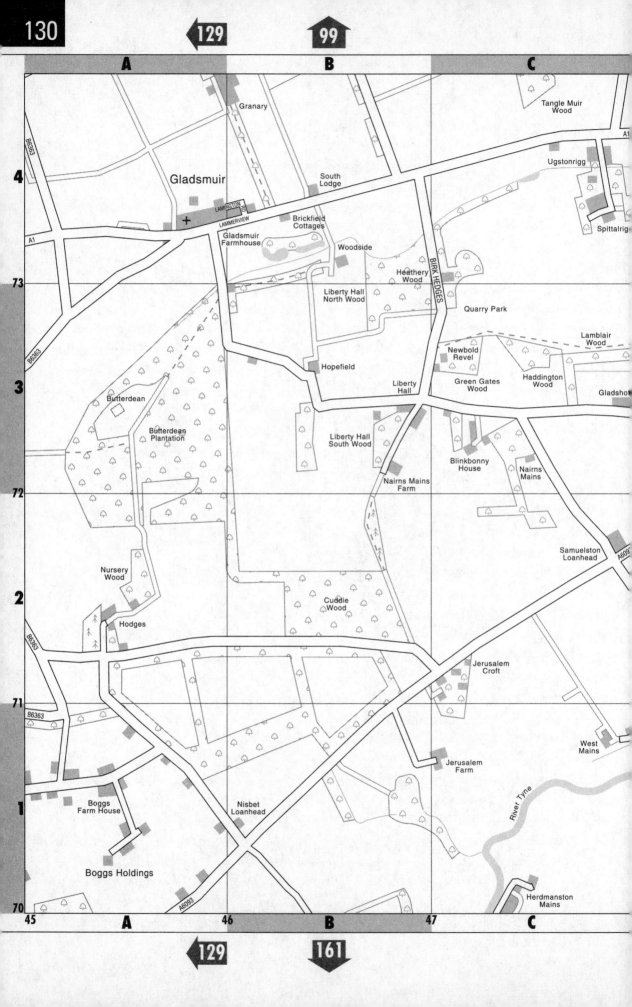

129
99

A   B   C

B6363

Granary

Tangle Muir Wood

A1

4

Ugstonrigg

Gladsmuir

South Lodge

LAMINGTON

LAMMERVIEW

Brickfield Cottages

Spittalrig

A1

Gladsmuir Farmhouse

Woodside

Heathery Wood

BIRK HEDGES

73

Liberty Hall North Wood

Quarry Park

B6363

Lamblair Wood

Newbold Revel

Hopefield

Green Gates Wood

Haddington Wood

3

Butterdean

Liberty Hall

Gladshot

Butterdean Plantation

Liberty Hall South Wood

Blinkbonny House

Nairns Mains

Nairns Mains Farm

72

Samuelston Loanhead

A6093

Nursery Wood

Cuddie Wood

2

Hodges

B6363

Jerusalem Croft

71

West Mains

B6363

Jerusalem Farm

Boggs Farm House

Nisbet Loanhead

River Tyne

1

Boggs Holdings

Herdmanston Mains

45   A   46   B   47   C

A6093

70

129
161

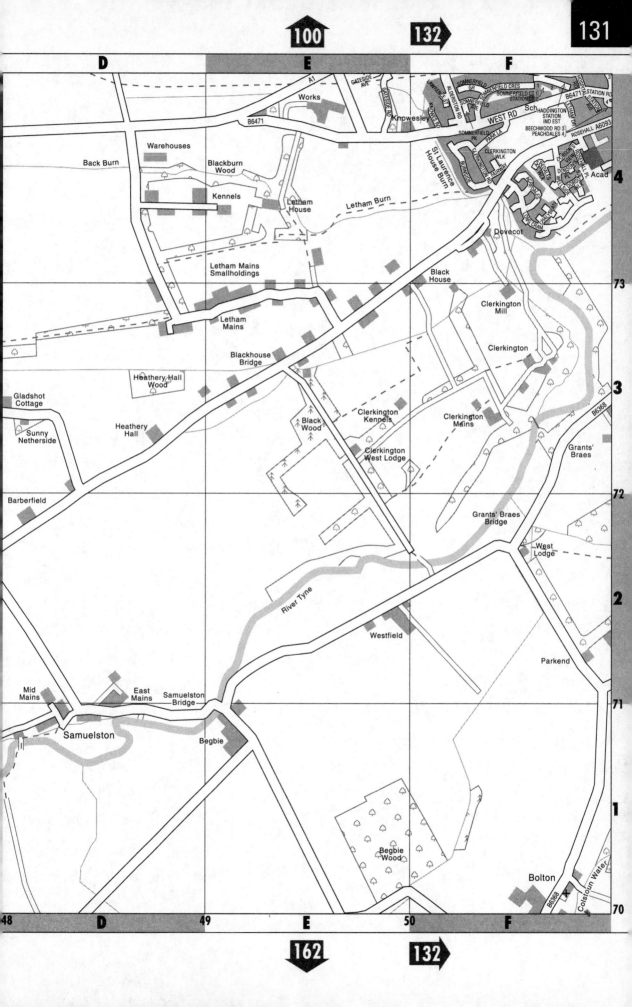

A   **B**   **C**

AUCTION MART
CRES
HOPE PK
PK
HILTON
CT
STATION RD
B6471
MARKET ST
HIGH ST A6093
COURT ST Off
KNOX PL
B6093
F Sta
VICTORIA RD
WEMYSS PL
NELSON'S PL
PEFFER'S PL
BREWERY
THE BUTTS
CARLYLE CT
ANGRIGOS
SIDEGATE
CHURCH ST
B6368
Sch
HARDGATE
VICTORIA TERR
ST MARTIN'S GATE
ST MARTIN'S
COLSTOUN RD
BRIDGE
FORD
SANDS
BRIDGE ST
LENNOX RD
KIRK VIEW
KIRK RD
PRIORY WLK
LAMMERMUIR CRES
WHITTINGHAME
Nungate
AMISFIELD PK
DR
LYNN LEA AVE
ST MARTIN'S PL
MONKMAINS RD
SEGGARSDEAN CT
SEGGARSDEAN PK
BEANSTON PL
EAGLESTON PL
AMISFIELD PL
SEGGARSDEAN

Golf Course

TV Mast

Schs
Sch
TYNEBANK RD
MILLFIELD
MILL WYND
POLDRATE
LENNOXMILE AVE
Sports Centre
Cheviot House Mill
River Tyne
Waterloo Bridge
Stevenson Bridge

Sch
Cemy
1 NEWTON PORT
2 JOHN BROWN CT
3 KILPAIR ST
4 BROWN ST
5 WHITTINGEHAME DR
6 TYNE CT
7 GOODALL'S PL
8 WATERSIDE

GIFFORD RD
BRIERY BANK
B6369
LENNOXLOVE
ACREDALES

Monkmains Cottage

1 SEGGARSDEAN TERR
2 SEGGARSDEAN CRES

73

Quarry Park Clump
EAST PORT AVE
Crow Wood
B6368
Saw Mill
Belvidere
Lennoxlove Mains
Lennoxlove

Monkrigg Steading
Monkrigg Farm
East Lodge
Monkrigg

COCKMILANE BRAE
MITCHELLHALL BRAE
Mitchell Hall

3

West Lodge

72

South Port Plantation
Colstoun Bridge
Colstoun House

B6369

Cockles
Sandersdean
The Dean
Colstoun Mains
Colstoun Mains Cottages

COCKLES BRAE

2

71

Colstoun Water
Weird's Wood
Boar's Cleugh
Colstoun Wood
Woodend

1

Clacherdean Cottage
Clacherdean Wood
Playmuir Wood
B6369

70

51   A   52   B   53   C

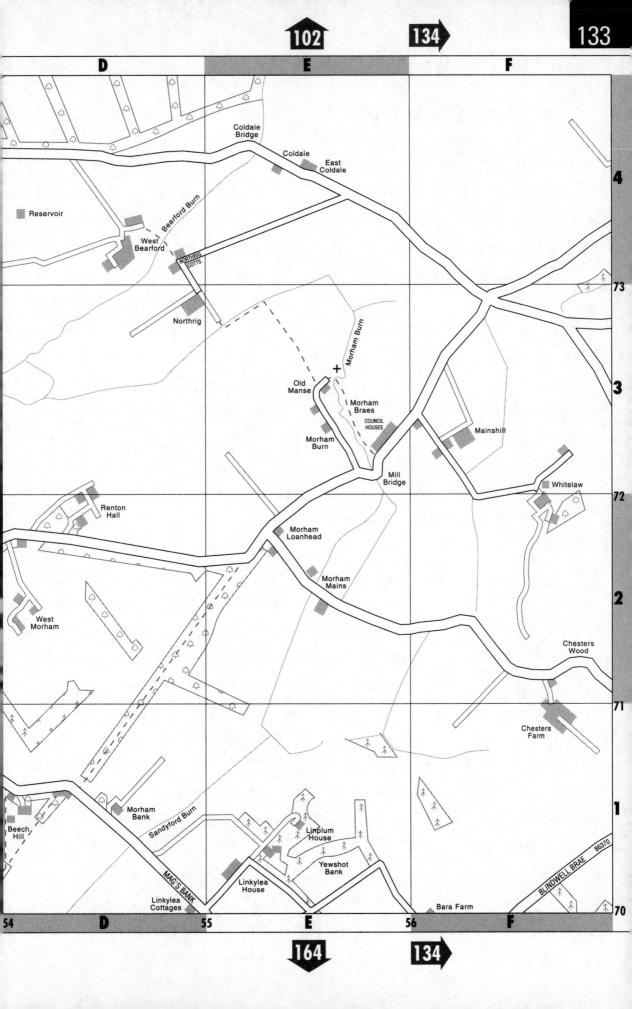

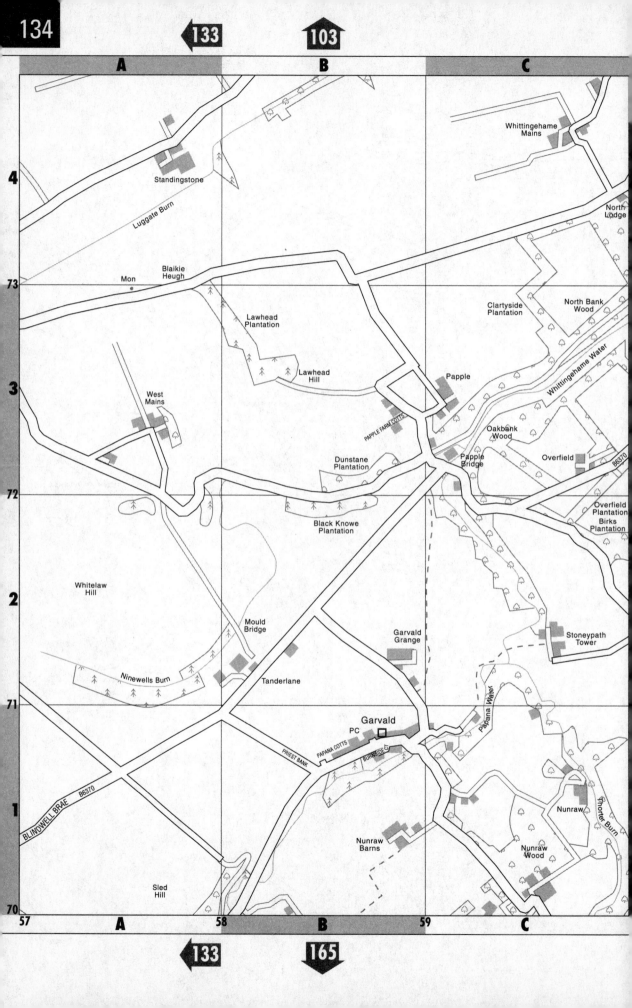

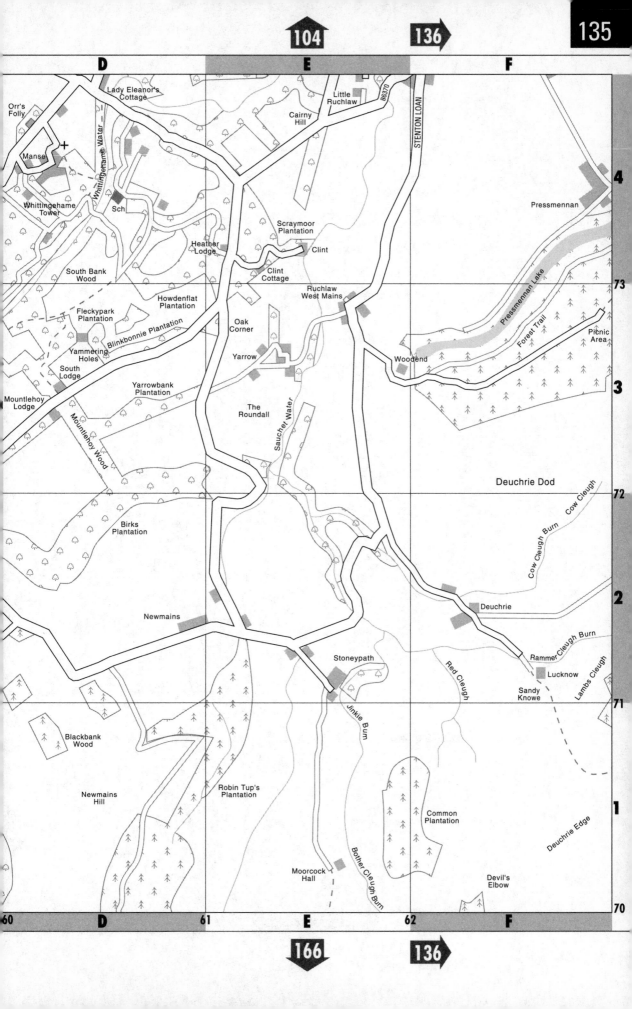

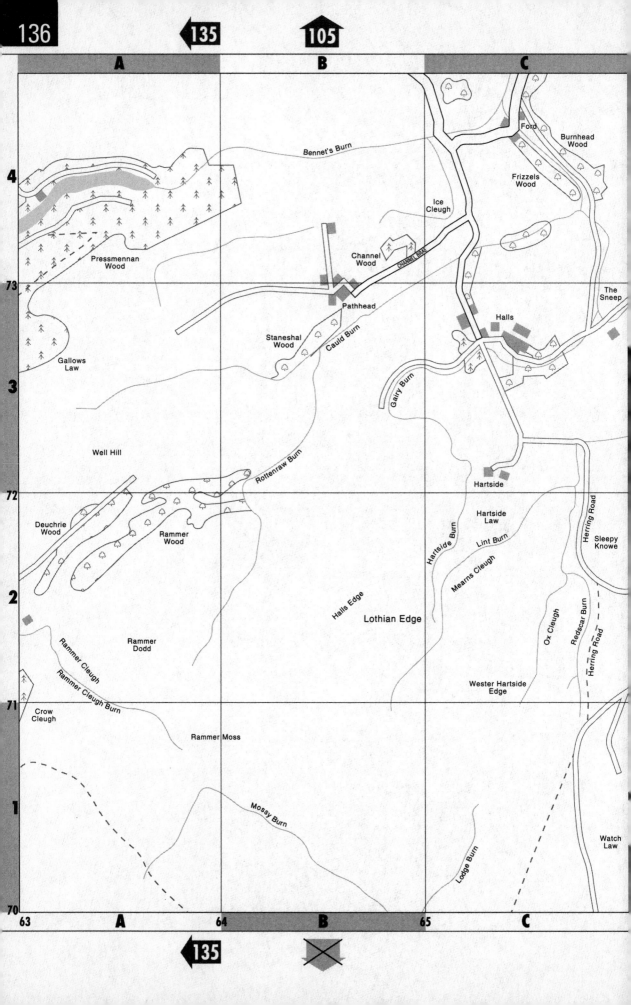

4

Bennet's Burn

Ford

Burnhead
Wood

Ice
Cleugh

Frizzels
Wood

Channel
Wood

CHANNEL BRAE

73

The
Sneep

Pathhead

Halls

Pressmennan
Wood

Staneshal
Wood

Cauld Burn

Gairy Burn

Gallows
Law

3

Hartside

Well Hill

Rottenraw Burn

72

Hartside
Law

Deuchrie
Wood

Hartside Burn

Lint Burn

Rammer
Wood

Mearns Cleugh

Sleepy
Knowe

Herring Road

2

Halls Edge

Lothian Edge

Ox Cleugh

Redscar Burn

Herring Road

Rammer
Dodd

Rammer Cleugh

Wester Hartside
Edge

Rammer Cleugh Burn

71

Crow
Cleugh

Rammer Moss

1

Mossy Burn

Lodge Burn

Watch
Law

70

D
E
F

The Chesters

Highside Plantation

Highside Hill

Black Loch

Under Brunt
Hillend Plantation

Oak Wood

The Brunt

4

73

How Burn

Spruce Cleugh

Woodhall Burn

Woodhall

The Dod

Bradeley Hill

Dean Burn

Meikle Hag Wood

Birkie Brae

Tinker's Leap

Weatherly Burn

Priest's Pulpit

Oak Wood

Cross Burn

3

72

Black Law

Dryden How

Weatherly

Croft Angry

Boonslie Shank

Boonslie Burn

Cockston Steel

Steel Cleugh

High Wood

Easter Hartside Edge

Highwood Burn

2

71

Boonslie

1

Thorter Cleugh

Bransly Hill

70

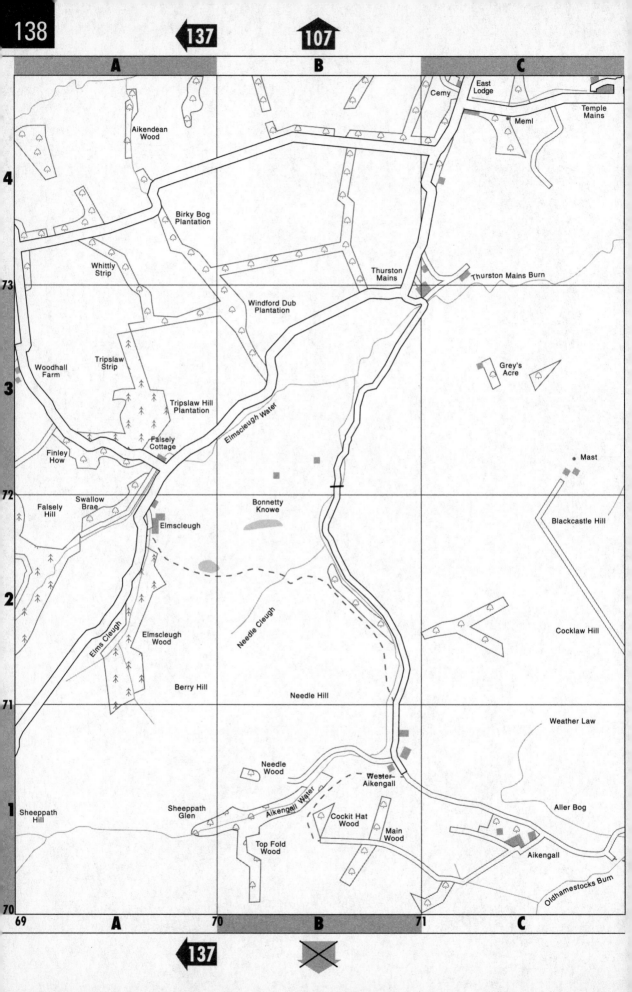

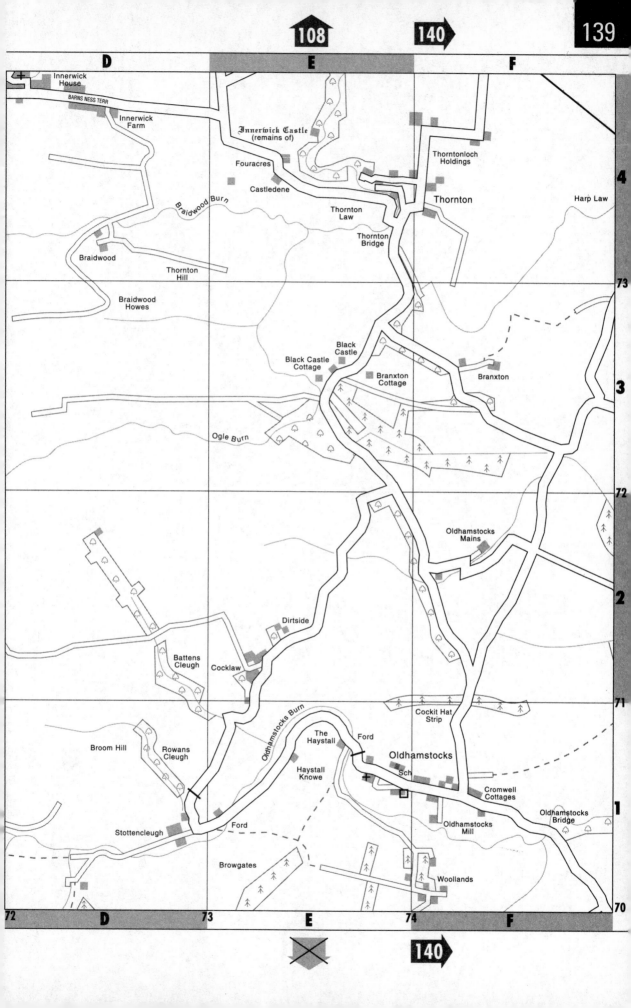

D

E

F

Innerwick
House

BARNS NESS TERR

Innerwick
Farm

Braidwood Burn

Braidwood

Thornton
Hill

Braidwood
Howes

Fouracres

Castledene

Innerwick Castle
(remains of)

Thornton
Law

Thornton
Bridge

Thorntonloch
Holdings

Thornton

Harp Law

4

73

Black
Castle

Black Castle
Cottage

Ogle Burn

Branxton
Cottage

Branxton

3

72

Oldhamstocks
Mains

2

Battens
Cleugh

Cocklaw

Dirtside

Broom Hill

Rowans
Cleugh

Oldhamstocks Burn

The
Haystall

Ford

Cockit Hat
Strip

Oldhamstocks

Sch

71

Haystall
Knowe

Cromwell
Cottages

Stottencleugh

Ford

Oldhamstocks
Mill

Oldhamstocks
Bridge

1

Browgates

Woollands

72

D

73

E

74

F

70

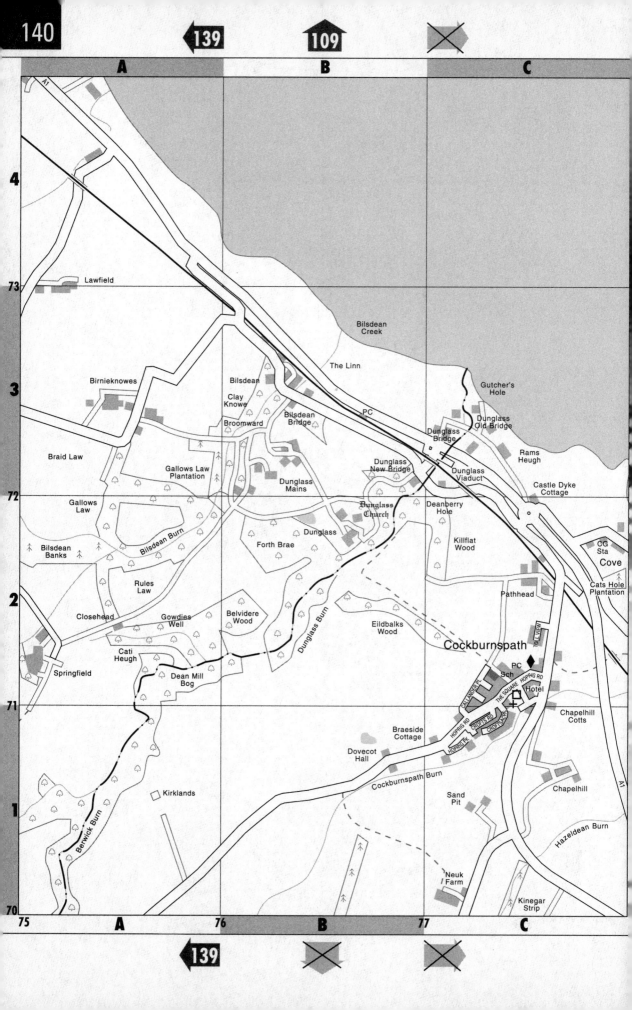

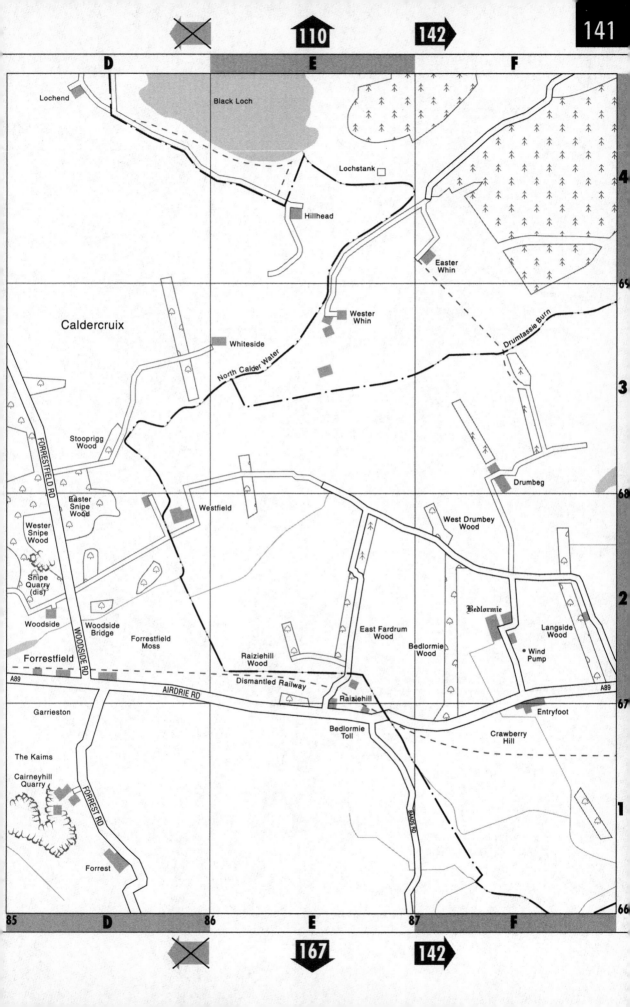

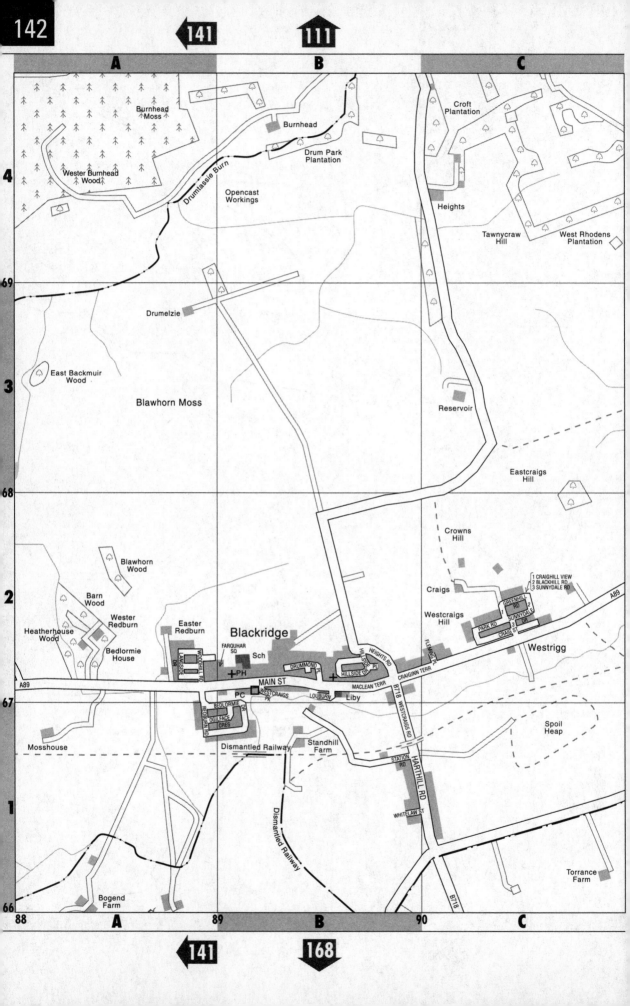

A
B
C

Burnhead Moss

Burnhead

Drum Park Plantation

Croft Plantation

Wester Burnhead Wood

4

Drumtassie Burn

Opencast Workings

Heights

Tawnycraw Hill

West Rhodens Plantation

69

Drumelzie

East Backmuir Wood

3

Blawhorn Moss

Reservoir

Eastcraigs Hill

68

Crowns Hill

Blawhorn Wood

Craigs

2

Barn Wood

Wester Redburn

Easter Redburn

Blackridge

Westcraigs Hill

1 CRAIGHILL VIEW
2 BLACKHILL RD
3 SUNNYDALE RD

GREENHILL RD

Westrigg

Heatherhouse Wood

Bedlormie House

FARQUHAR SQ

Sch

PH

DRUMMOND PL

HILLSIDE PL

HEIGHTS RD

HILLSIDE DR

FLEMING PL

CRAIGINN TERR

PARK RD

SUNNYDALE DR

CRAIG ST

LANGSIDE DR

WOODHILL RD

A89

MAIN ST

WESTCRAIGS PK

LOUBURN

MACLEAN TERR

Liby

A89

67

PC

BEDLORMIE DR

REDBURN RD

OGILFACE CRES

B718 WESTCRAIGS RD

Spoil Heap

Mosshouse

Dismantled Railway

Standhill Farm

STATION RD

HARTHILL RD

1

Dismantled Railway

WHITELAW ST

Torrance Farm

B718

66

Bogend Farm

88
A
89
B
90
C

D
E
F

East Rhodens
Plantation

Craigmarry

Nether
Hillhouse

Cemy

BRIDGECASTLE RD

4

Ferny
Hill

Spoil
Heap

Mad Burn

Sewage
Works
Whitockbrae

Woodend Colliery
(disused)

BAIRD DR
COLINSHIEL
VIEW

West Rhodens
Plantation

Spoil
Heap

Woodend
Farm

Birkenshaw

Nursery

Barbauchlaw

DROVE RD

69

Glencroft

DENHOLM McCALLUM
GR. CT
GLEN RD

PINE MAN CT
MILBURN CRES
GLENWOOD DR

WOODEND
WLK

BIRKENSHAW
WAY
SHAW AVE

NORTH ST
B8084

Dismantled Railway

Barbauchlaw Burn

Barbauchlaw
Glen

BURN
AVE
GLENSIDE CRES

MILL RD

BURNS AVE

MCNEIL
CRES

GLENSIDE CT
EASTER GRNS

HAILSTONES CRES

KING AVE

Sch

MANSE AVE

DELL AVE

Liby

A89 EAST MAIN ST

BARBAUCHLAW
AVE

Woodhead

WESTERMAC

WEST MAIN ST

Sch

PC

GEORGE ST

P

Off

CRAIG CRES

3

Acad

AVONDALE DR

AVONDALE CRES

WARDROP
CRES
MARGARET ST
ACADEMY ST
MANSE

Sch
HIGH ACADEMY ST
JAMES ST

MOUNT PLEASANT

Sch

SOUTH ST

WOTHERSPOON CRES

ARMADALE

MAYFIELD DR

68

MAYFIELD CT

B708 LOWER BATHVILLE

Standhill

Cowdenhead

Bathville

UPPER BATHVILLE

Works

Brownclair

Stonerigg

ANDERSON AVE

CAPERS

A89

Spoil
Heap

Works

HARE STANES RD

BROWN ST

SOUTH
PARK

STATION RD

2

Spoil
Heap

Dismantled Railway

B8084

Woodend
Junction

Black Moss Burn

Netherhouse
Cottage

Dismtd Rly

Northrigg
Farm

67

School
House

Netherhouses

Springfield

1

Southrigg
Farm

Blackbog
Wood

66

91
D
92
E
93
F

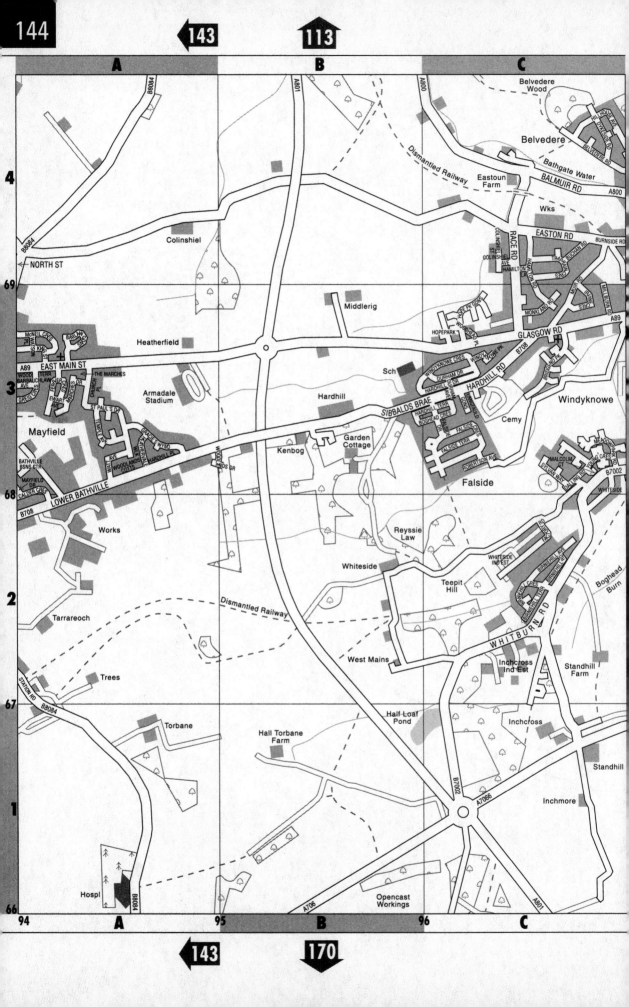

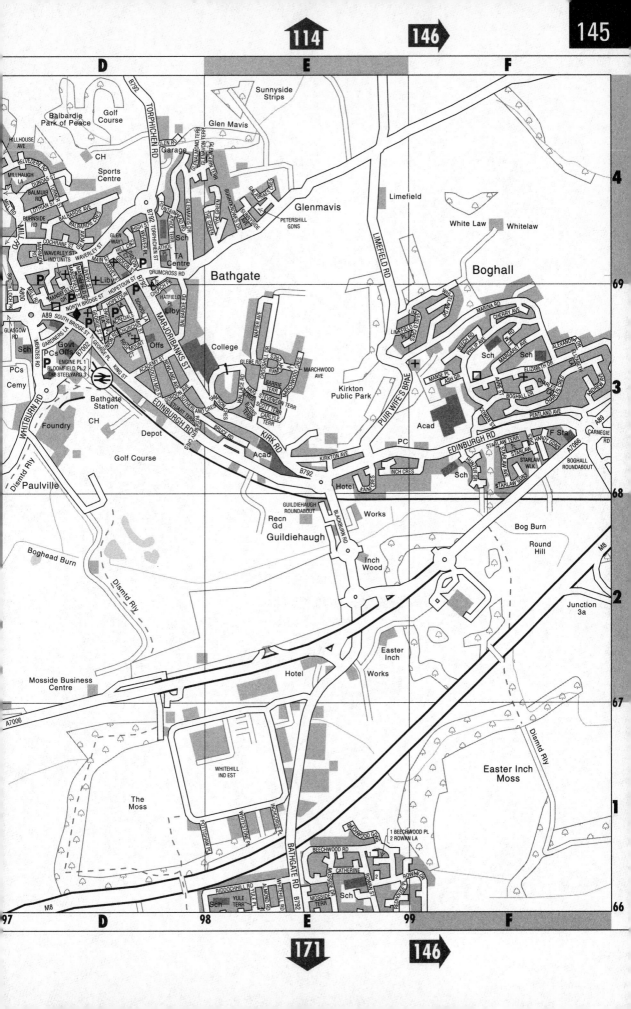

D
E
F

Sunnyside Strips

Balbardie Park of Peace
Golf Course
HILLHOUSE AVE
BELVEDERE RD
MILLHAUGH LA
DUNDAS ST
BALMUIR RD
LOTHIAN ST
TURNER ST
BALBARDIE AVE
BURNSIDE RD
COCHRANE ST
GLEN ST
WAVERLEY ST IND UNITS
MARMION RD
MANSEFIELD ST
NORTH BRIDGE ST
SOUTH BRIDGE ST
GARDNERS LA
MENZIES RD
WHITBURN RD
GLASGOW RD
Sch
PCs
Cemy
PCs
Govt Offs
ENGINE PL 1
BLOOMFIELD PL 2
THE STEELYARD 3

CH
Sports Centre

TORPHICHEN RD

B792
Garage
GLEN RD

Glen Mavis

Glenmavis

Limefield

White Law
Whitelaw

Boghall

LIMEFIELD RD

Bathgate

PETERSHILL GDNS
Sch

4

69

DRUMCROSS RD
Lib
HATFIELD PL
Offs
College
Libv
MARJORIBANKS ST
NAPIER AVE
MARCHWOOD AVE
GLEBE RD
CROSS RD

Kirkton Public Park

PUIR WIFE'S BRAE

MANSE PL
PHILIP AVE
MARINA RD
CHERRY AVE
BEECH RD
ASH GR
ANNE ST
ELIZABETH DR
BOGHALL DR
CHARLES CRES
PENTLAND AVE
ALEXANDRA DR
CARNEGIE RD

Sch
Sch
Sch
Acad

A89

3

Bathgate Station
CH
Depot
Golf Course

EDINBURGH RD

KIRK RD
Acad
B792
KIRKTON AVE
INCH CRES
KIAN CRES
PC
Hotel
Sch
EDINBURGH RD
HUNTER GR
STARLAW TERR
STARLAW AVE
STARLAW WLK
STARLAW GDNS
HARDY GDNS
Boghall Roundabout
F Sta

Foundry
Paulville
Dismd Rly

68

GUILDIEHAUGH ROUNDABOUT
Recn Gd
Guildiehaugh
BLACKBURN RD
Works

Bog Burn
Round Hill

M8

Boghead Burn
Dismtd Rly

Inch Wood

Junction 3a

2

Easter Inch
Works

Mosside Business Centre

Hotel

67

A7006

WHITEHILL IND EST

Easter Inch Moss

Dismtd Rly

The Moss

1

PATTISHAW PL
WHITESTONE PL
BATHGATE RD
B792
INCHCROSSE PL
BEECHWOOD GDNS
BEECHWOOD RD
MOSSIDE RD
ALMOND RD
CATHERINE
ROWAN ST
REDWING BRAE
ROWAN DR

1 BEECHWOOD PL
2 ROWAN LA

RIDDOCHHILL RD
YULE TERR
MOSSIDE TERR
Sch
Sch

M8

66

97
D
98
E
99
F

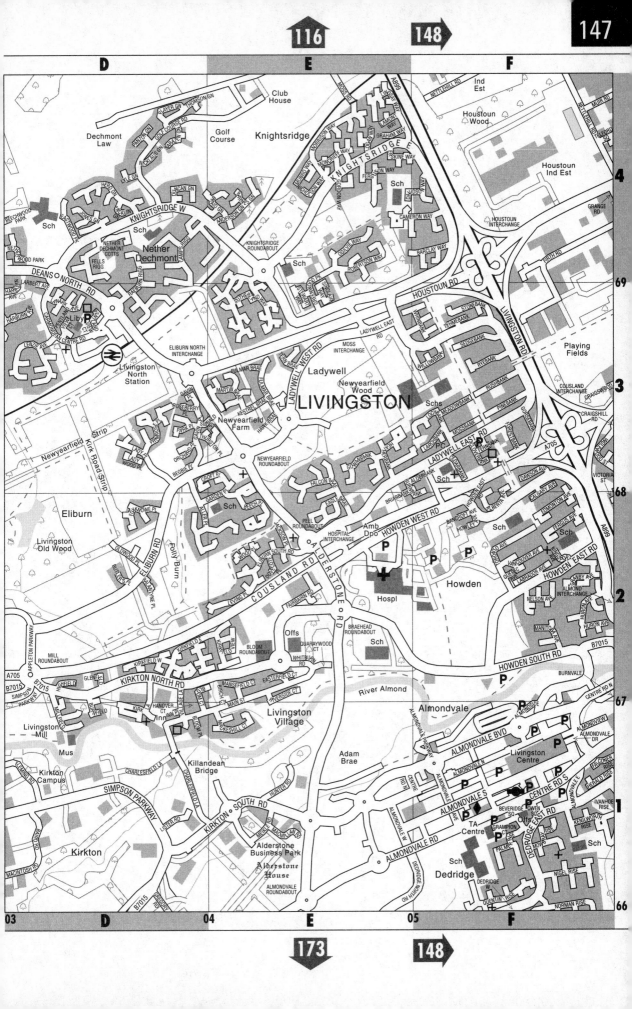

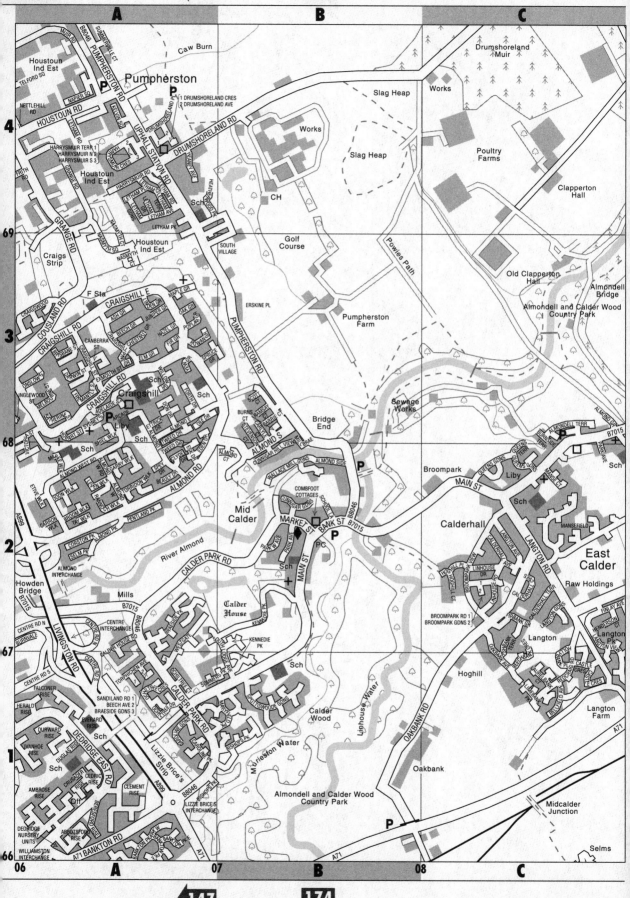

A B C

Caw Burn

Houstoun Ind Est
Telford Sq

Pumpherston

Drumshoreland Muir
Works

NETTLEHILL RD
HOUSTOUN RD
NAPIER SQ
KELVIN SQ
B8046
SUMMERVILLE CT
PUMPHERSTON RD
UPHALL STATION RD
1 DRUMSHORELAND CRES
2 DRUMSHORELAND AVE

Slag Heap
Works
Poultry Farms

4

HARRYSMUIR TERR 1
HARRYSMUIR N 2
HARRYSMUIR S 3
Houstoun Ind Est
DRUMSHORELAND RD
CRES
DRUMSHORELAND RD
Sch

Slag Heap
Clapperton Hall

FRITH RD
GRANGE RD
NASMYTH PL
LETHAM AVE
LETHAM PK
SOUTH VILLAGE

CH

69

Craigs Strip
COUSLAND RD
CRAIGSHILL RD
F Sta

Golf Course

HEATHERBANK
PUMPHERSTON RD
Powies Path

Old Clapperton Hall
Almondell Bridge
Almondell and Calder Wood Country Park

3

CRAIGSHILL RD
CRAIGSHILL E
MAPLE GR
ASH GR
BEECH GR
HAZEL GR
OAK GR
FIR GR
POPLAR GR
ELM GR
SPRUCE GR
JUNIPER GR
Sch
CANBERRA ST

Craigshill
ERSKINE PL

Pumpherston Farm

INGLEWOOD ST
ONSLOW
MELROSE
SYDNEY ST
ADELAIDE
Sch
Liby
SCOTT CT
WEMYSS CT
BARRIE CT
BURNS CT
STEVENSON CT

ALMONDELL TERR
ALMONDELL
B7015
QUEENS GDNS
QUEENS TERR

68

VICTORIA ST
HUBBARD ST
SHIEL WK
Sch
TWEED CT
CLYDE CT
ALMOND RD
ALMOND ST
ALMOND CT
CUNNIGAR HILL VIEW
ALMOND SIDE
WALLACE MILL GDNS

Sewage Works

Bridge End

Broompark
MAIN ST
Liby
Sch
Calderhall
MANSFIELD

2

ETTIE WALK
ALMOND WEST PK
ALMOND EAST PK
GARSON PK
CORSTON PK
SELM PK
TAY WLK
PENTLAND PK
ALMOND PK

River Almond

CALDER PARK RD

Mid Calder
COMBFOOT COTTAGES
CUNNIGAR GDNS
MARKET ST
BANK ST
SCHOOL LA
B7015
PARK AVE
PARK AVE
MAIN ST
PC

Broompark
HOGHILL PL
BROOMPARK VIEW
CALDERHALL AVE
LANGTON GDNS
LANGTON RD

East Calder
Raw Holdings

ALMOND INTERCHANGE
Howden Bridge
B7015
Mills
B7015

Calder House
KENNEDIE PK
Sch

BROOMPARK RD 1
BROOMPARK GDNS 2
Langton
Hoghill

FINLAY AVE
LANGTON PK
Langton View
LANGTON FARM

1

CENTRE RD N
BURNVALE
LIVINGSTON RD
CENTRE RD
CENTRE INTERCHANGE
CALDER HOUSE RD
CENTRE RD S
SANDILAND RD 1
BEECH AVE 2
BRAESIDE GDNS 3
CALDER PARK RD
Sch

WESTGATE
SOMMERS PK
SCOTTISWOODE GDNS
Calder Wood
Sch

Linhouse Water
OAKBANK RD

Oakbank

HERALD RISE
FALCONER RISE
IVANHOE RISE
DURWARD RISE
Sch
DEDRIDGE EAST RD
DOUGLAS RISE
CRUSADER RISE
CEDRIC RISE
CLEMENT RISE
A899
LIZZIE BRICE'S STRIP
BISHOPS PK
Murieston Water

Almondell and Calder Wood Country Park

Midcalder Junction

DEDRIDGE NURSERY UNITS
AMBROSE RISE
ABBOTSFORD RISE
A71 BANKTON RD
LIZZIE BRICE'S INTERCHANGE
Off
BANKTON PARK W
BANKTON PARK E

Selms

WILLIAMSTON INTERCHANGE

66

06 A 07 B 08 C

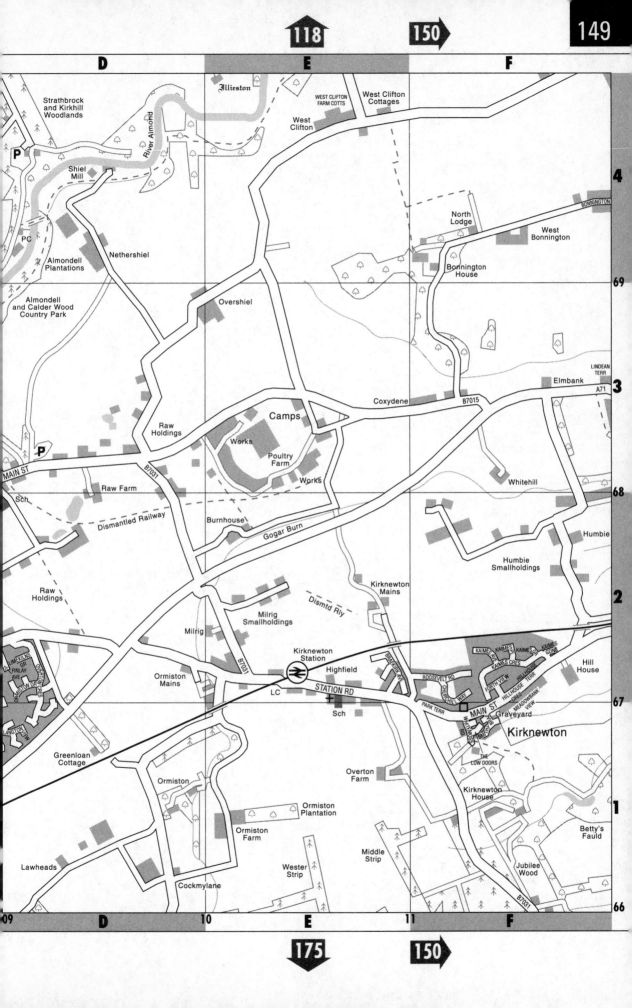

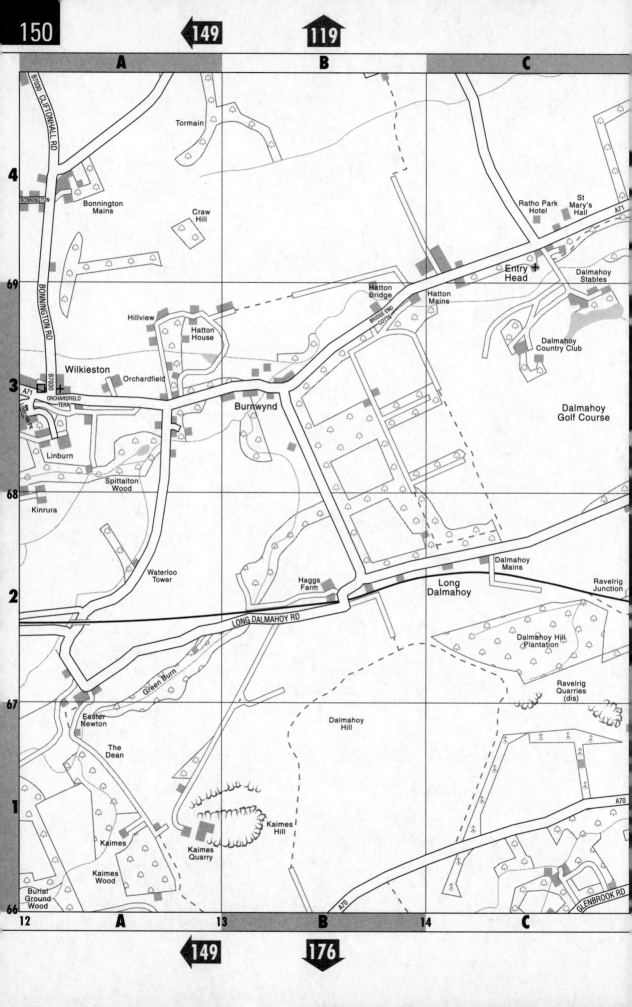

149
119

A   **B**   **C**

B7030 CLIFTONHALL RD

Tormain

4

Bonnington

Bonnington Mains

Craw Hill

Ratho Park Hotel

St Mary's Hall

A71

69

BONNINGTON RD

Hillview

Hatton House

Hatton Bridge

BRIDGE END COTTS

Hatton Mains

Entry Head

Dalmahoy Stables

Dalmahoy Country Club

Wilkieston

B7030

Orchardfield

3

A71

ORCHARDFIELD TERR

MILLBURN PK

Burnwynd

Dalmahoy Golf Course

Linburn

Spittalton Wood

68

Kinrura

Waterloo Tower

Haggs Farm

Dalmahoy Mains

Long Dalmahoy

Ravelrig Junction

2

LONG DALMAHOY RD

Dalmahoy Hill Plantation

Ravelrig Quarries (dis)

Green Burn

67

Easter Newton

Dalmahoy Hill

The Dean

1

A70

Kaimes Hill

Kaimes

Kaimes Quarry

Kaimes Wood

Burial Ground Wood

A70

GLENBROOK RD

66

12   **A**   13   **B**   14   **C**

149
176

120

152

D   E   F

Addiston Mains

Addiston Bridge

ADDISTON FARM RD

A71

Lodge

Crow Wood

Addistoun

Gogar Burn

Heriot-Watt University

FIRST GAIT

BOUNDARY RD N

RESEARCH AVE

RICCARTON MAINS RD

BOUNDARY RD N

EDGATE GAIT

THIRD GAIT

SECOND GAIT

RESEARCH PK RD

MEDKEBED

THE AVENUE

4

Riccarton

Liby

CAMERON SMAIL RD

Lover's Loan

Ellswood Cottage

69

Warriston

South Strip

Weaver's Knowe

Muir o' Dean

Malcomstone

3

Cocklaw

Currievale

Currieevale

CURRIEHILL RD

Gowanhill

Murray Burn

Curriehill Station

RICCARTON DR

Newhouse

Sch

68

Sch

CURRIEVALE DR

DOLPHIN GDNS E

DOLPHIN GDNS W

DOLPHIN RD

FORTH VIEW CRES

PALMER RD

FORTH AVE

FORTH VIEW RD

PENTLAND VIEW

A70

LC

NEWMILLS RD

Dismantled Railway

NEWMILLS RD

CURRIEVALE PARK GR

CASTLE DR

CURRIEHILL

NEWMILLS CRES

VALE GR

CHERRY TREE PK

ROWAN TREE AVE

CHERRY TREE LOAN

CHERRY TREE AVE

CHERRY TREE CRES

ROWAN TREE

STEWART CRES

STEWART GDNS

DOLPHIN RD

2

CHERRY TREE GDNS

Water of Leith Walkway

WAULKMILL LOAN

RAVELRIG RD

Ravelrig Hill

Pilmuir Farm

ADDISTON GR

ADDISTON CRES

HORSBURGH GDNS

HORSBURGH BK

DALMAHOY CRES

TURNER PK

TURNER AVE

STATION LOAN

LANARK RD W

Water of Leith

Lymphoy

Lennox Tower

Duncan's Belt

67

Hannah Field

LANARK RD W

RAVELRIG HILL

RAVELRIG PK

RAVELRIG RD

Ravelrig

Sch

BRIDGE RD

Sch

Mulleny House

Sawpit Wood

Black Wood

1

Larch Grove

Bankhead

Bankhead House

GLENBROOK RD

JOHNSBURN RD

LARCHFIELD NEUK

LARCHFIELD

BURDIEHOUSE

BAVELAW RD

LADYCROFT

Sch

LADYCROFT

DEANPARK GR

BAVELAW GDNS

Balerno

1 QUARRY HOWE
2 SLAESIDE

DEANPARK CRES

DEANPARK AVE

JOHNSBURN PK

DEANPARK CT

DEANPARK BANK

MANSFIELD RD

MALLENY RD

HARLAW RD

66

5   D   16   E   17   F

177

152

151
121

A   B   C

Murray Burn

A720

Westburn Middlefield
Westburn Gr

WESTBURN AVE
WESTBURN GR

B701

MURRAYBURN GATE
MURRAYBURN PK

Sch

WALKERS CT
WALKERS RIG

Golf Course

P
Off
Wester Hailes Sta

Wester Hailes

WESTER HAILES RD

CLOVENSTONE RD
CLOVENSTONE GDNS
CLOVENSTONE PK

HAILES PK
A70

Riccarton
Mains

BABERTON
MAINS BRAE

Baberton Mains

Baberton

BABERTON MAINS RISE
BABERTON MAINS WAY
BABERTON MAINS WOOD
BABERTON MAINS HILL
BABERTON MAINS GR

Sch

CLOVENSTONE DR

WESTER HAILES RD

Baberton
Mains View

GILLESPIE RD B701

HAILES GDNS
SPYLAW BANK RD
SPYLAW AVE

LC

Whitelaw

BABERTON MAINS
BABERTON MAINS PL
BABERTON MAINS CRES

Baberton
House

BABERTON MAINS DR

MAINS LOAN

BABERTON CRES

VIEWFIELD RD

THE CITY OF EDINBURGH BY-PASS

LANARK RD

69

Wilderness
Wood

Golf Course

BABERTON MAINS TWD
BABERTON MAINS BANK

CH Sch
Sch

FOULIS CRES

Woodall
Mill

WEST MILL RD

PENTLAN LA

RICCARTON MAINS RD

Corslet

Juniper
Green

JUNIPER PARK RD
JUNIPER GR
BELMONT RD
PC

BABERTON PK
JUNIPER AVE
JUNIPER PL
JUNIPER TERR

WOODHALL TERR
WOODHALL AVE
WOODHALL DR

Water of Leith

Woodall
Mill

Campbell
Park

CAMPBELL PK CRES
WOODFIELD

3

NETHER CURRIE CRES
MUIR WOOD RD
MUIR WOOD CRES
MUIR WOOD DR

PC
Baberton Loan
PC

Woodhall
Mains

WOODHALL RD

WOODHALL RD

Easter Currie PL
Weaver's
Knowe
Cres
CORSLET RD
CORSLET CT

THOMSON CRES
THOMSON DR

Sch

Water of Leith Walkway

TORPHIN RD

CH

A720

68

RICCARTON AVE
RICCARTON GR

EASTER CURRIE
EASTER CURRIE TERR
EASTER CURRIE CT

LANARK RD W

Kinleith
Ind Est

BLINKBONNY RD

Corby Hill

Schs

Off

Moidart
House

Blinkbonny

Torphin

FERNIELAW AVE

CURRIEHILL RD
A70
PC

PENTLAND
VIEW

Currie

Cemy

KIRKGATE

Hotel

Golf Course

2

Rosebank

Lennox Lea

Warklaw
Hill

Torduff
Reservoir

Torduff
Hill

Blacklaws Burn

Middle
Kinleith

Easter
Kinleith

Mast

67

Lodge

Wester
Kinleith

HARLAW RD

Kinleith Burn

Clubbiedean
Reservoir

Bonaly
Country Park

1

Clubbiedean Burn

Bonaly
Reservoir

66

18   A   19   B   20   C

151
178

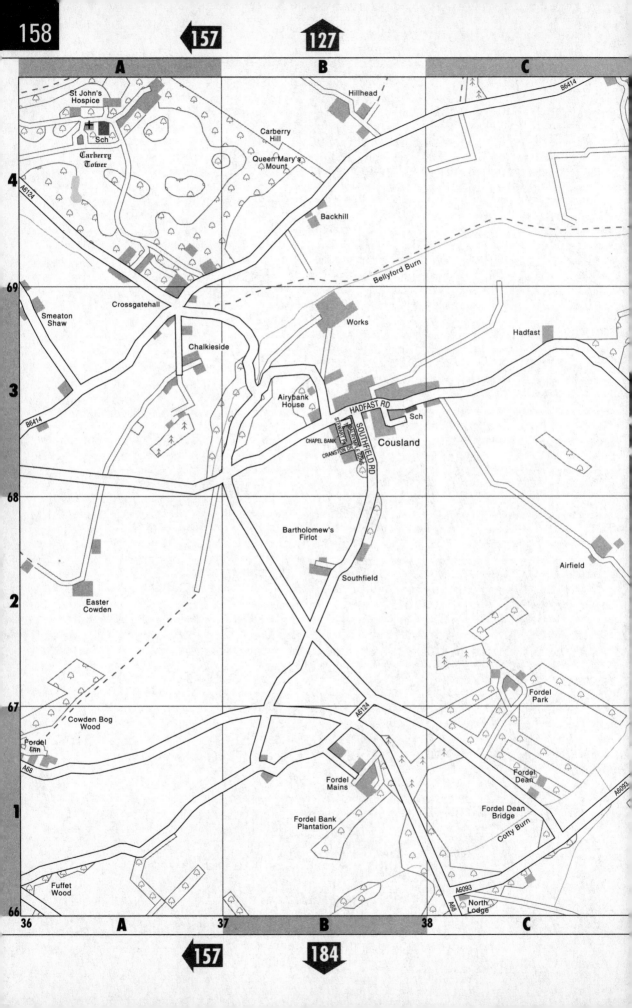

A   B   C

St John's
Hospice

Sch

Carberry
Tower

Hillhead

Carberry
Hill

Queen Mary's
Mount

Backhill

4

A6124

Bellyford Burn

69

Smeaton
Shaw

Crossgatehall

Works

Hadfast

Chalkieside

3

B6414

Airybank
House

HADFAST RD

SOUTHFIELD RD

Sch

CHAPEL BANK

STEWART PL

BALFOUR GDNS

CRANSTON DR

Cousland

68

Bartholomew's
Firlot

Southfield

Airfield

2

Easter
Cowden

Fordel
Park

67

Cowden Bog
Wood

A6124

Fordel
Dean

Fordel
Inn

A68

Fordel
Mains

Fordel Dean
Bridge

A6093

1

Fordel Bank
Plantation

Cotty Burn

Fuffet
Wood

A6093

North
Lodge

A68

66

36   A   37   B   38   C

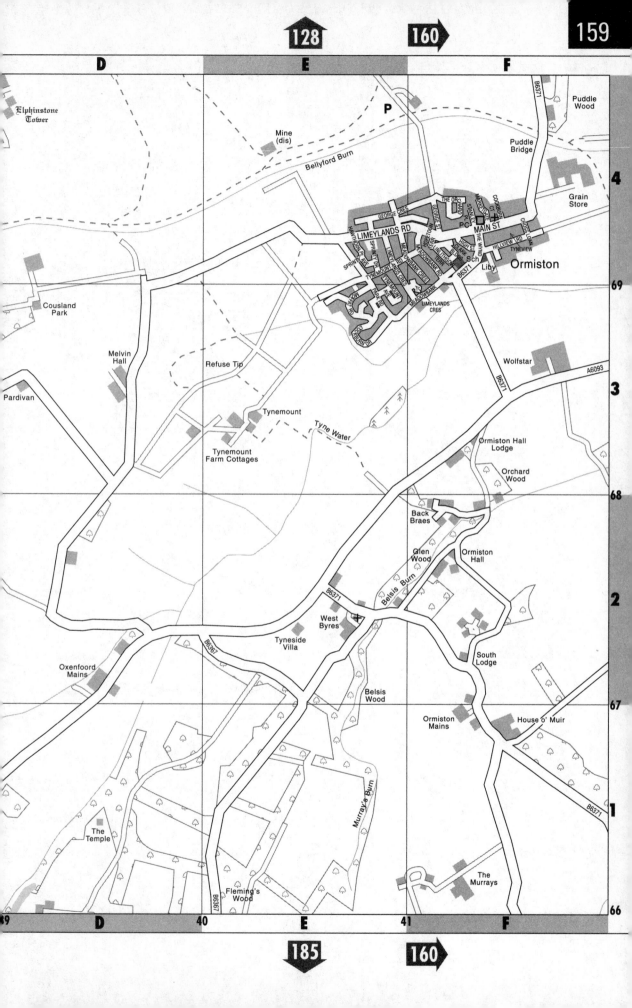

A   B   C

Mill

Winton West
Mains

Walk Plantation

4

Tyne Water

Winton
House

Pirnie
Braes

Puddle Burn

B6355

Dean Bridge
(New)

Dean Bridge
(Old)

Winton
Cottage

Red Mains

Holding
No. 31

B6363

A6093

PARK VIEW

B6355

VINEFIELDS

Sewage
Works

Rabbit
Knowe

Pencaitland

THE GLEBE

Sch

+

Easter
Pencaitland

THE GREEN

MILLWAY

69

BEECH TERR

FARM COTTS

DOVECOT WK

Broomrigg

CASTLE
VIEW

DOVECOT PK

WOODHALL

LEMPOCKWELLS RD

Kiloran

Roselea

Wester
Pencaitland

WOODHALL
RD

PL

Tyneholm

A6093

Picnic
Site

Blackford Burn

P

TREVELYAN CRES

QUEEN'S DR

TREVELYAN PL

HUNTLAW RD

LAMBERTON
CT

3

Black
Wood

BRUCE
GR

Woodhall

68

Big Wood

Burnt Wood

Fountainhall

2

Huntlaw

Lempockwells

67

Glenkinchie
Distillery

1

Kinchie Burn

Peastonbank

B6371

Temple Hall

66

42   A   43   B   44   C

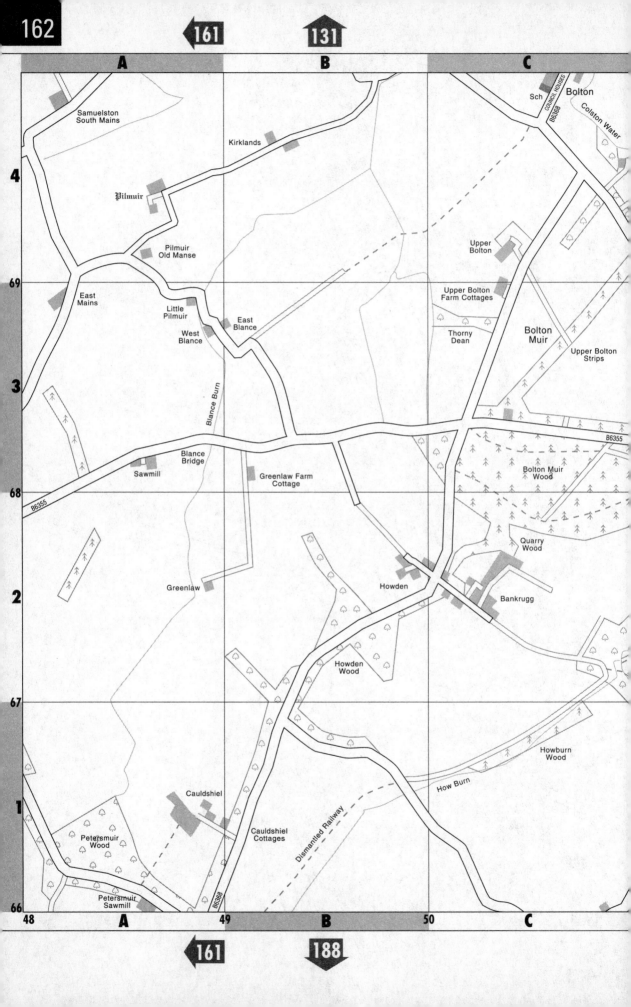

Samuelston
South Mains

Kirklands

Bolton

Sch

Colston Water

COUNCIL HOUSES

B6368

Pilmuir

Upper
Bolton

Pilmuir
Old Manse

Upper Bolton
Farm Cottages

East
Mains

Bolton
Muir

Little
Pilmuir

Thorny
Dean

East
Blance

Upper Bolton
Strips

West
Blance

Blance Burn

Blance
Bridge

B6355

Sawmill

Bolton Muir
Wood

Greenlaw Farm
Cottage

B6355

Quarry
Wood

Greenlaw

Howden

Bankrugg

Howden
Wood

Howburn
Wood

How Burn

Cauldshiel

Dismantled Railway

Petersmuir
Wood

Cauldshiel
Cottages

B6368

Petersmuir
Sawmill

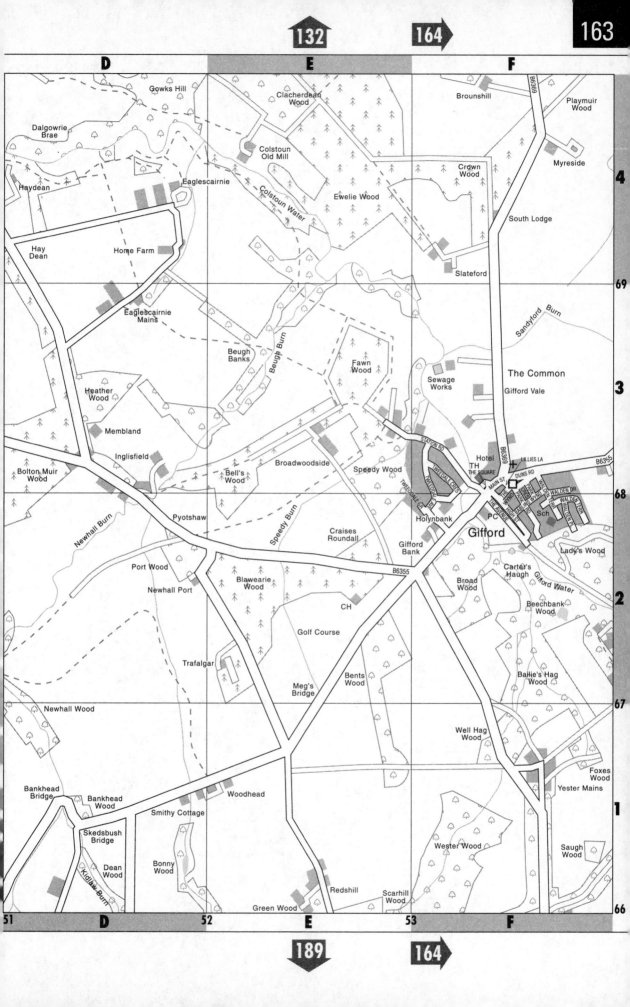

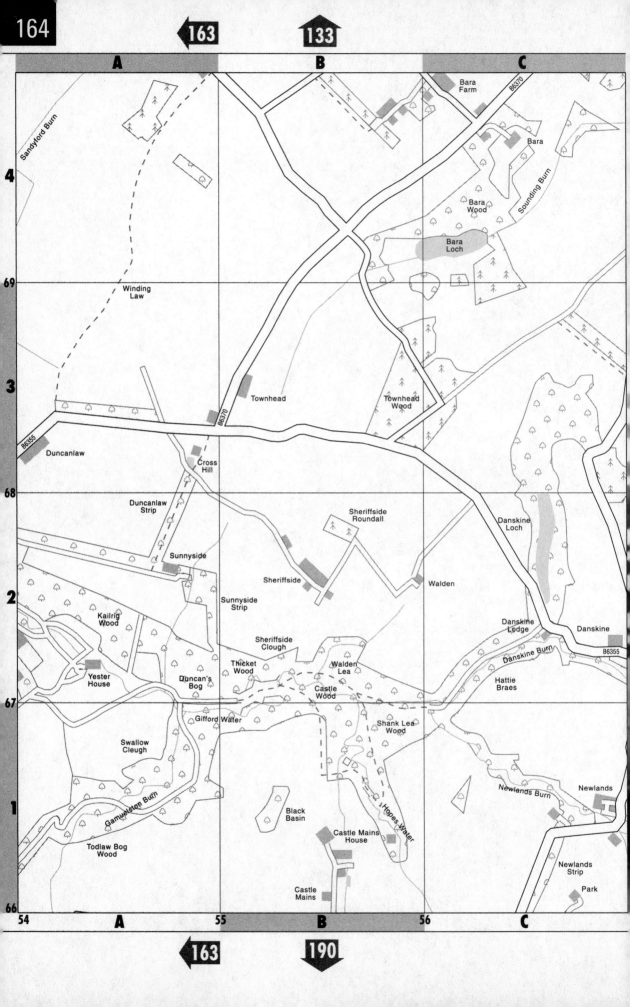

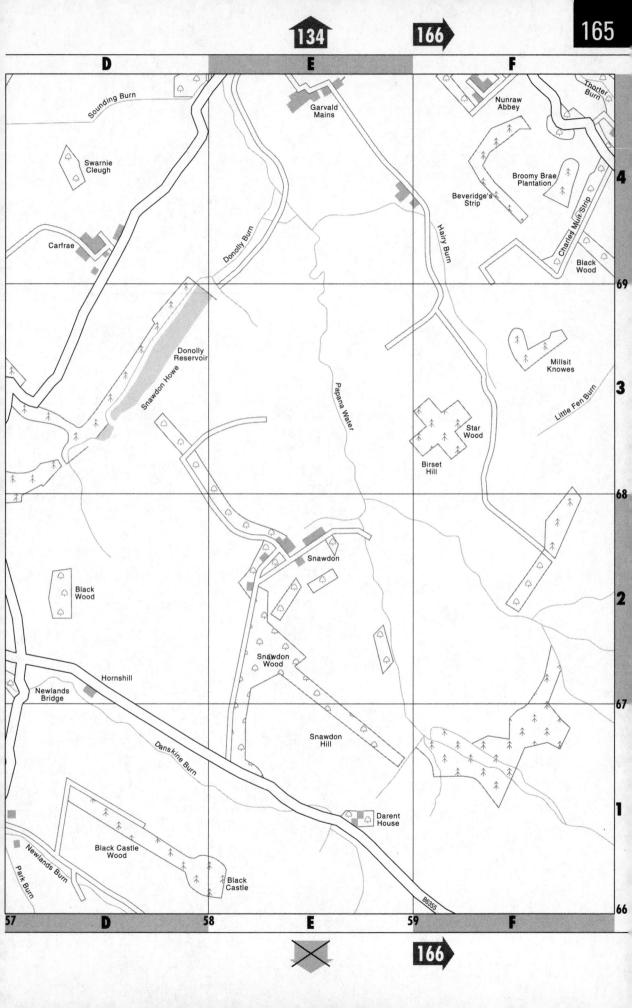

D
E
F

Sounding Burn

Garvald
Mains

Nunraw
Abbey

Thorter
Burn

Swarnie
Cleugh

Broomy Brae
Plantation

4

Beveridge's
Strip

Hairy Burn

Charlet Muir Strip

Black
Wood

Carfrae

Donolly Burn

69

Donolly
Reservoir

Snawdon Howe

Papana Water

Millsit
Knowes

Little Fen Burn

3

Star
Wood

Birset
Hill

68

Snawdon

Black
Wood

2

Snawdon
Wood

Hornshill

Newlands
Bridge

67

Danskine Burn

Snawdon
Hill

Darent
House

1

Newlands Burn

Black Castle
Wood

Park Burn

Black
Castle

B6355

66

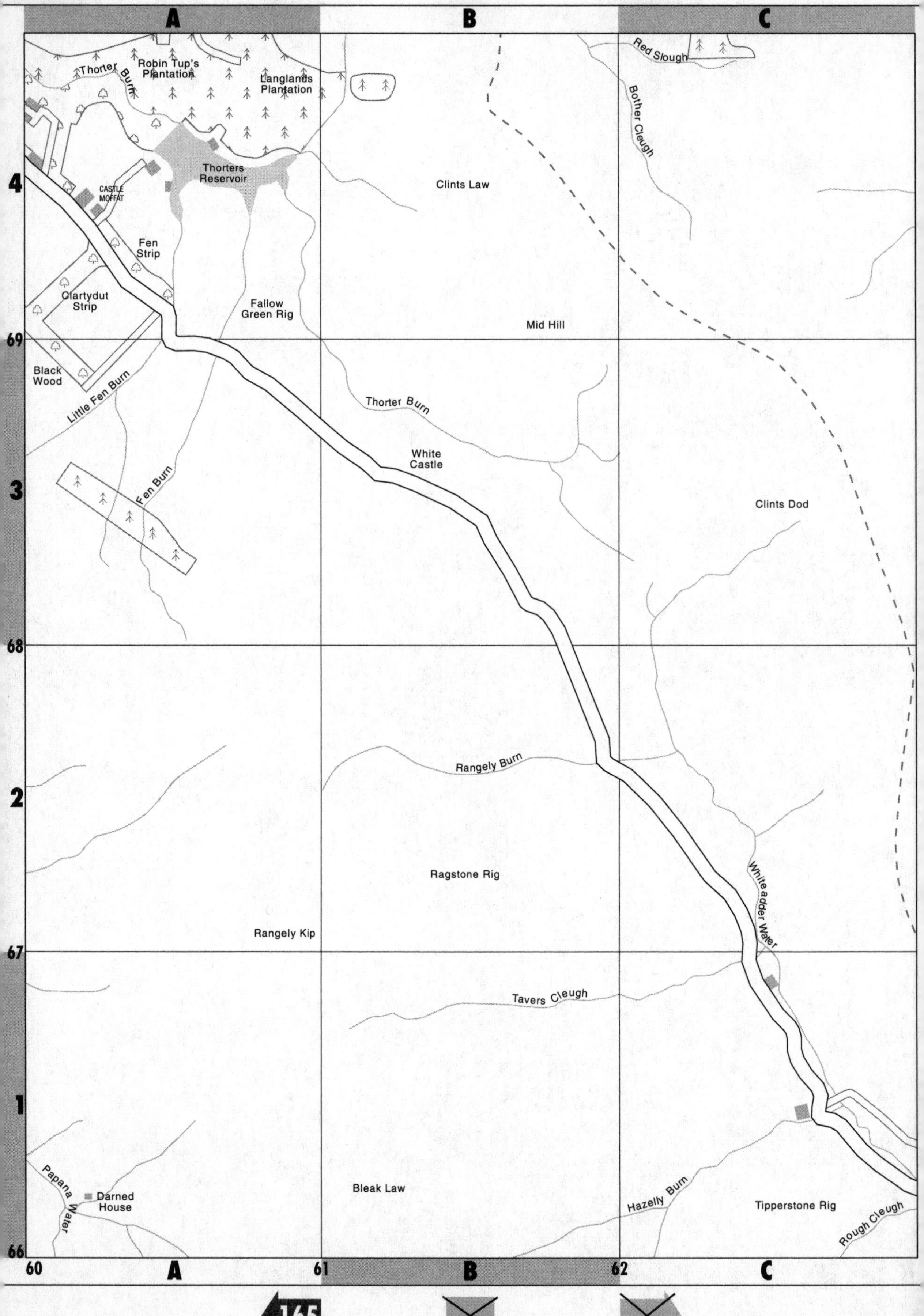

A

B

C

Thorter Burn

Robin Tup's Plantation

Langlands Plantation

Red Slough

Bother Cleugh

Thorters Reservoir

Clints Law

CASTLE MOFFAT

4

Fen Strip

Clartydut Strip

Fallow Green Rig

Mid Hill

69

Black Wood

Little Fen Burn

Thorter Burn

White Castle

Fen Burn

3

Clints Dod

68

Rangely Burn

2

Ragstone Rig

White adder Water

Rangely Kip

67

Tavers Cleugh

1

Bleak Law

Papana Water

Darned House

Hazelly Burn

Tipperstone Rig

Rough Cleugh

66

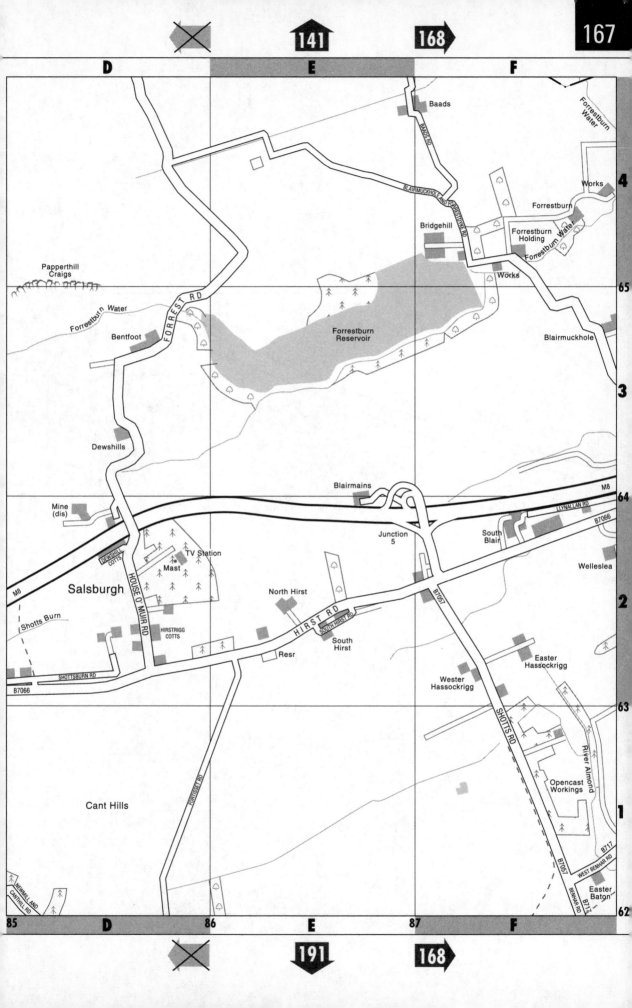

141
168

D E F

Baads

BAADS RD

Forrestburn Water

Works

BLAIRMUCKHOLE AND FORRESTDYKE RD

Forrestburn

Forrestburn
Holding

Bridgehill

Forrestburn Water

4

Works

Papperthill
Craigs

65

FORREST RD

Forrestburn Water

Bentfoot

Forrestburn
Reservoir

Blairmuckhole

3

Dewshills

Blairmains

M8

64

Mine
(dis)

LLYNALLAN RD

B7066

DEWSHILL COTTS

Junction
5

South
Blair

TV Station

Welleslea

HOUSE O MUIR RD

Mast

Salsburgh

North Hirst

HIRST RD

B7057

2

Shotts Burn

HIRSTRIGG
COTTS

SOUTH HIRST RD

South
Hirst

Easter
Hassockrigg

Resr

Wester
Hassockrigg

SHOTTSBURN RD

63

B7066

SHOTTS RD

FORTISSET RD

River Almond

Cant Hills

Opencast
Workings

1

B7057

B717

WEST BENHAR RD

NEWMILL AND
CANTHILL RD

BENHAR RD

B717

Easter
Baton

62

85 D 86 E 87 F

191
168

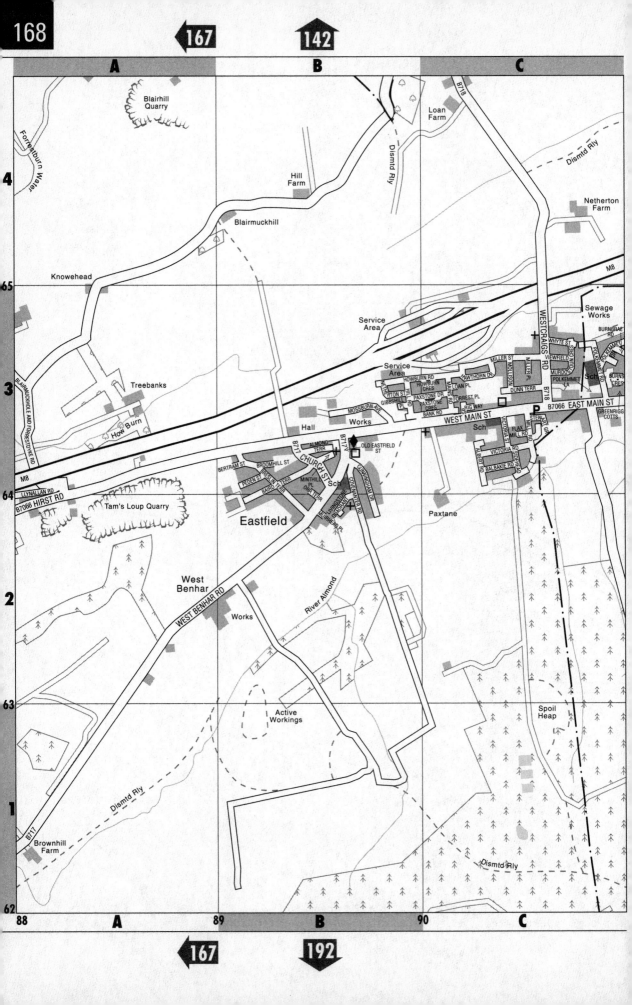

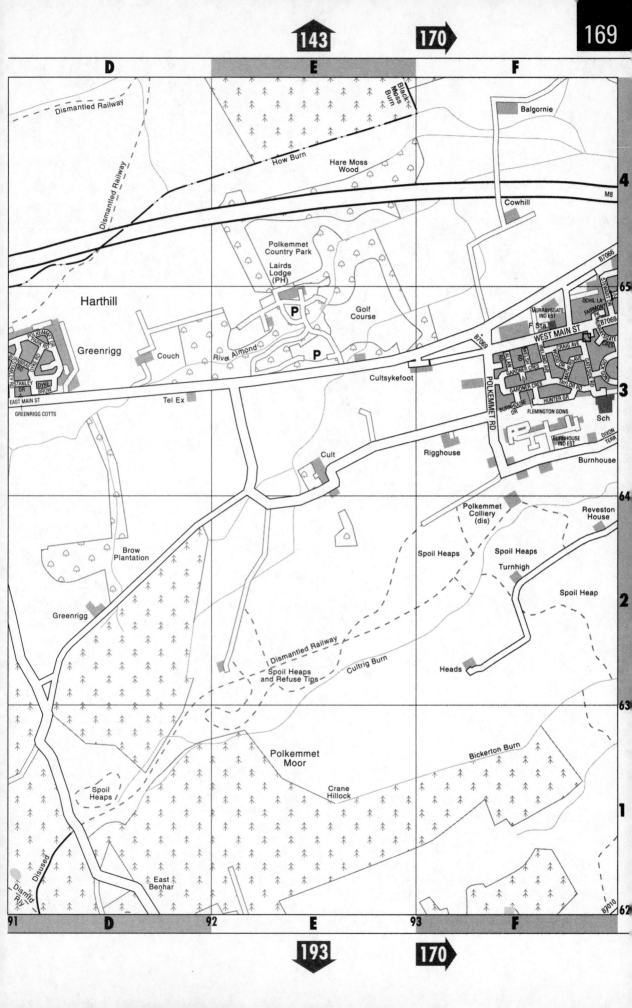

Dismantled Railway

Black Moss Burn

Balgornie

Dismantled Railway

How Burn

Hare Moss Wood

4

M8

Cowhill

Polkemmet Country Park

Lairds Lodge (PH)

B7066

B7069

STEWART PK

MURRAYSGATE IND EST

OCHIL LA

FAIRMONT PK

B7069

65

Harthill

P

Golf Course

F Sta

WEST MAIN ST

MURRAYSGATE CRES

Greenrigg

Couch

River Almond

P

CRAIG AVE

ALLAN RD

GARDNER CRES

REE ST

IRELAND AVE

WOOD DR

MATHERS AVE

TAYLOR RD

GATESIDE RD

POLKEMMET PARK RD

BURNBRAE RD

DYKE RD

STANLEY DR

DYKE BROW

Cultsykefoot

GARDNER CRES

HUNTER GR

Tel Ex

EAST MAIN ST

GREENRIGG COTTS

BURNHOUSE DR

FLEMINGTON GDNS

Sch

3

POLKEMMET RD

P

DIXON TERR

Cult

Rigghouse

BURNHOUSE IND EST

Burnhouse

64

Polkemmet Colliery (dis)

Reveston House

Brow Plantation

Spoil Heaps

Spoil Heaps

Turnhigh

Spoil Heap

2

Greenrigg

Dismantled Railway

Cultrig Burn

Heads

63

Polkemmet Moor

Bickerton Burn

Spoil Heaps and Refuse Tips

Spoil Heaps

Crane Hillock

1

Disused

Dismtd Rly

East Benhar

B7010

62

169 144

A   B   C

Drum
Tippethill
B8004 STATION RD
Torbanehill
Mains
A706
Pottishaw
The Roadhouse
(PH)
B8004 A706

Junction
4

4   Sewage
Works

LOCH AWE WAY 1
LOCH TROOL WAY 2
LOCH MAREE WAY 3
GARELOCH WAY 4
LOCH EARN WAY 5
LOCH FYNE WAY 6

River Almond

East
Whitburn

M8

B7066
Ellen St
WHITBURN
B7066
Acad
Hotel

1 DRUM PL
2 ALMOND CT

REDMILL
COTTS

OLD
MILL CT

A705

EAST MAIN ST
65   A705
WEST MAIN ST B7069
Liby
P
Cemy
Cemy
1 WOODMUIR RD
2 PENTLAND WLK
Latch Burn

B7069
Sch
White Burn

Museum

Depot

Cemy

Cemy
East Whitburn
Mains

3   BEECH GR
Schs
Dixon Terr
Wks
Blaeberryhill
Sch

Blaeberryhill Rd

West
Foulshiels

64

Bickerton Burn

Cairnie

2   Bickerton
Hall
Easter
Blacklaws

Spoil
Heap

Foulshiels Burn

Kepscaith
Blacklaws

63

Easter
Longridge

Rashierigg   Hotel

B7010
South East
Longridge

Fauldhouse Rd School Rd
Sch

1   Church Pl
Main St
Longridge
Back of
Moss

Garden City

Parkland
B7015

Bents

Northfield Meadons

Poultry
Farm

62   B7010
Stonehead

Dismtd Rly
B7015
Cannop Cres

94   A   95   B   96   C

169 194

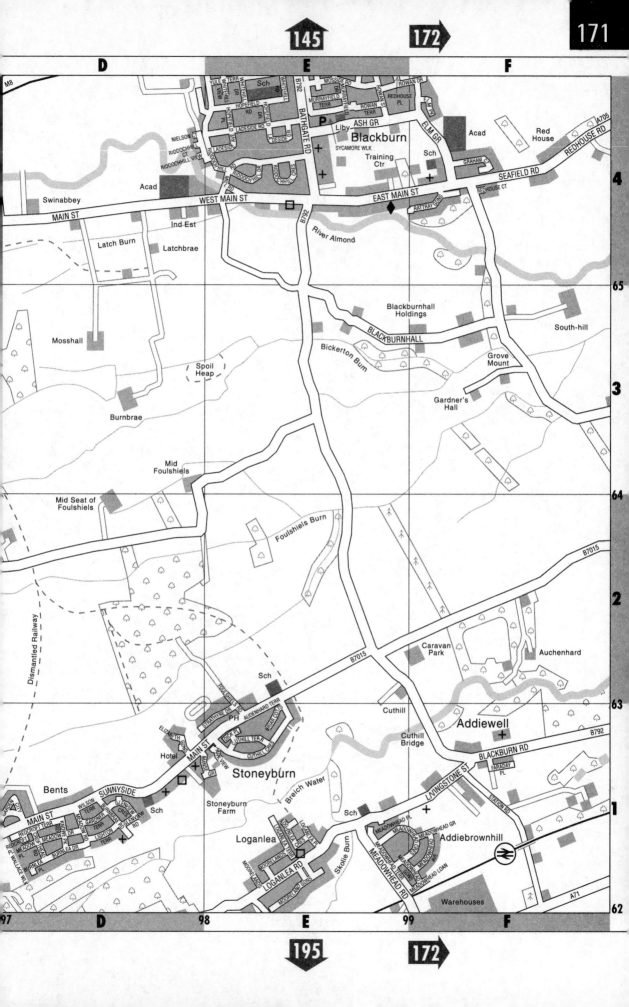

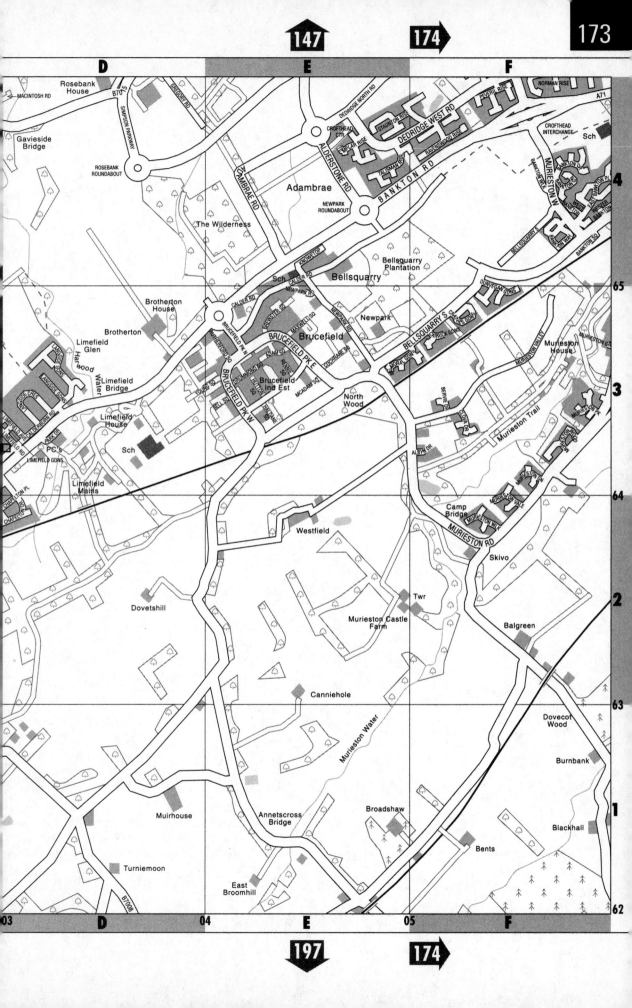

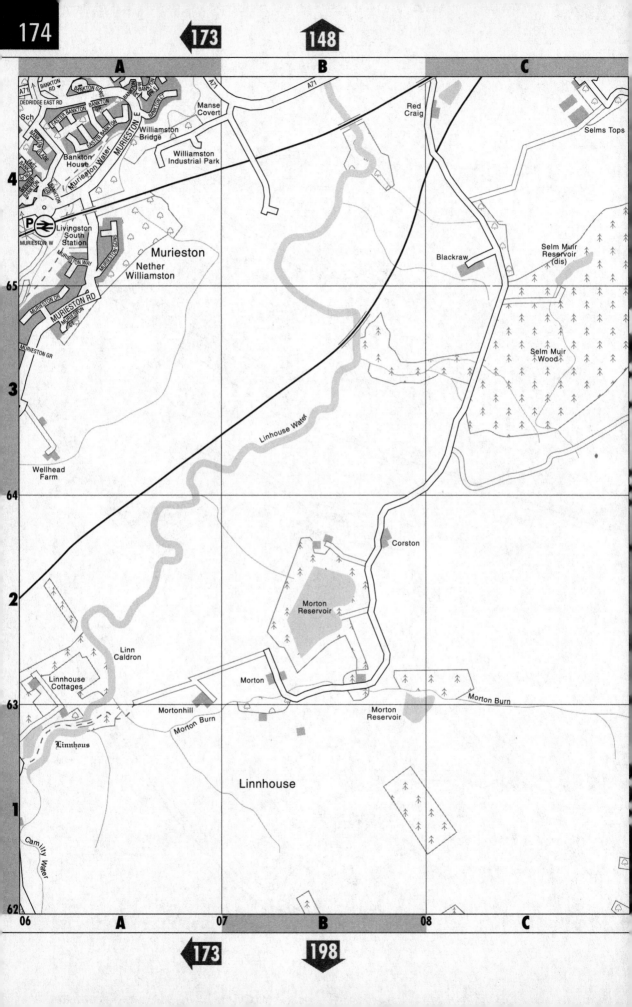

173
148

A   B   C

A71
DEDRIDGE EAST RD
Sch
BANKTON RD
EASTER BANKTON
BANKTON GDNS
BANKTON GR
BANKTON CT
BANKTON E
Manse Covert
A71
Red Craig
Selms Tops

Williamston Bridge
Williamston Industrial Park
MURIESTON E
Bankton House
MURIESTON Water
EAST BANKTON
EASTER BANKTON

4

Blackraw
Selm Muir Reservoir (dis)

P
Livingston South Station
MURIESTON W
MURIESTON WAY
MURIESTON GDNS
Murieston
Nether Williamston

65

MURIESTON RD
MURIESTON DR
MURIESTON CT

Selm Muir Wood

MURIESTON GR

3

Linhouse Water

Wellhead Farm

64

Corston

2

Morton Reservoir

Linn Caldron

Linnhouse Cottages
Morton

63

Mortonhill
Morton Burn
Morton Reservoir
Morton Burn

Linnhous
Morton Burn

Linnhouse

1

Camilty Water

62

06   A   07   B   08   C

173
198

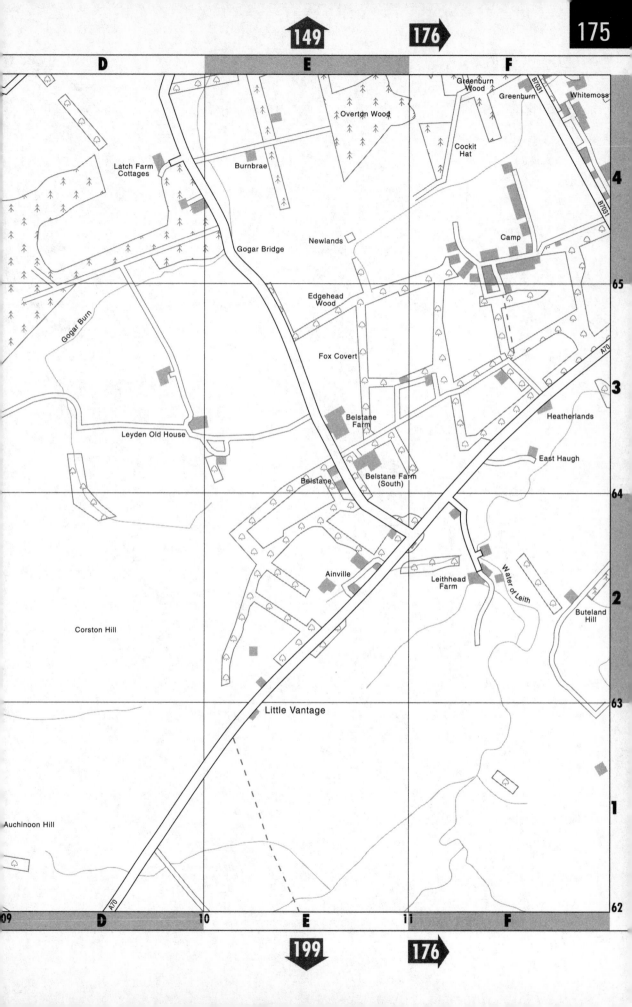

D   E   F

Greenburn
Wood
Greenburn
Whitemoss

Overton Wood

Cockit
Hat

Latch Farm
Cottages

Burnbrae

4

Camp

Gogar Bridge

Newlands

65

Edgehead
Wood

Gogar Burn

Fox Covert

A70

3

Belstane
Farm

Heatherlands

Leyden Old House

East Haugh

Belstane Farm
(South)

Belstane

64

Ainville

Water of Leith

Leithhead
Farm

Corston Hill

2

Buteland
Hill

63

Little Vantage

Auchinoon Hill

1

A70

09   D   10   E   11   F   62

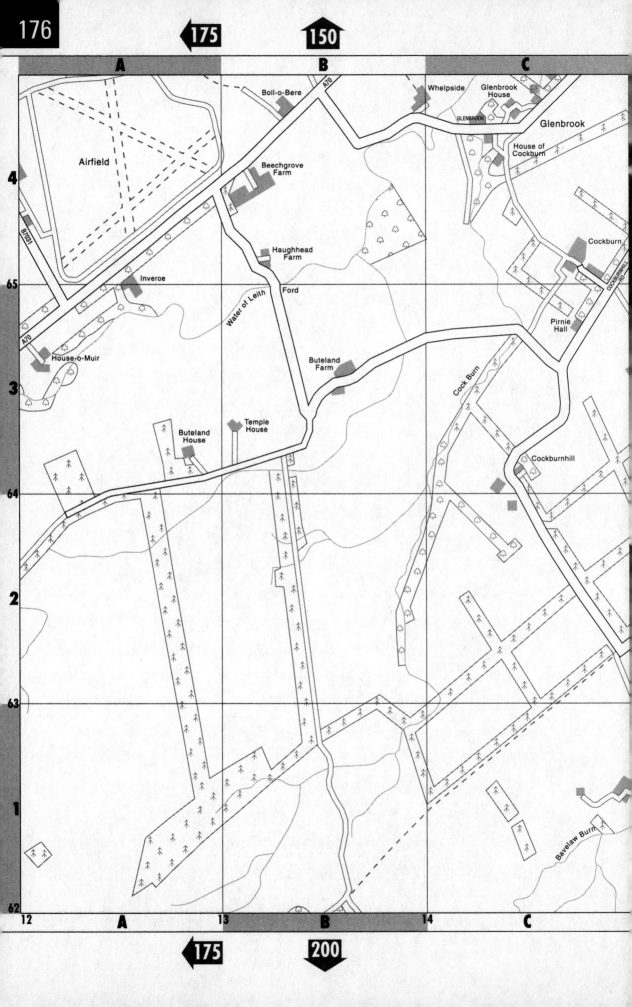

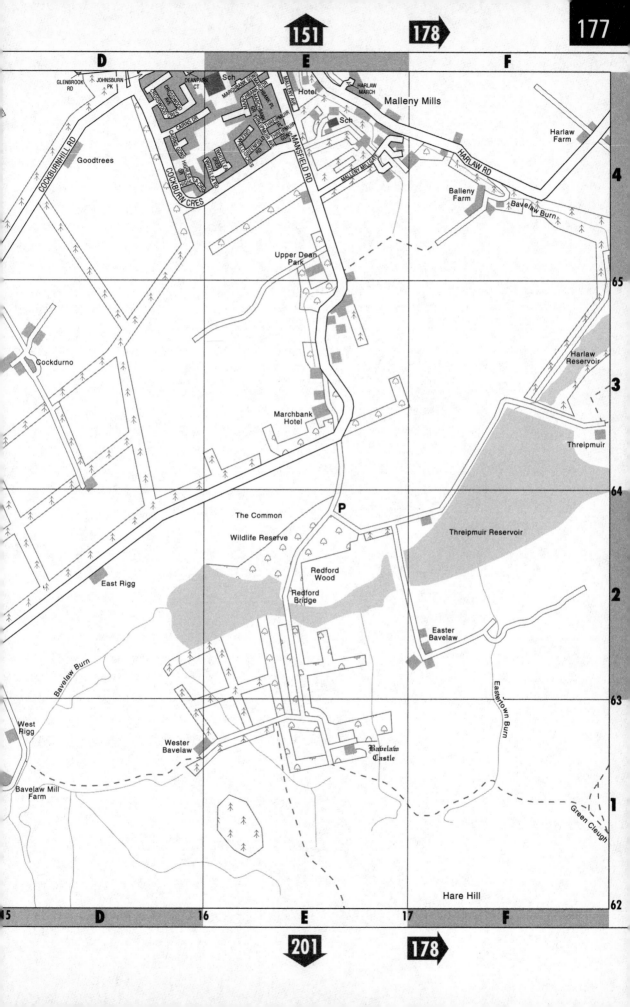

D
E
F

Glenbrook RD
Johnsburn PK
Crosswood Ave
Deanpark CT
Sch
Marchbank Gdns
Marchbank PL
Mally Ave
Hotel
HARLAW MARCH
Malleny Mills

Cairns Dr
Cairns Gdns
High Ridge Rd
Whitelea Rd
Greenfield Dr
Threipmuir
Greenfield Rd
Mansfield RD
Three Sisters Ct
Sch
Malleny Mill Cres
HARLAW RD
Harlaw Farm

Cockburnhill RD
Goodtrees
Cockburn Cres

Balleny Farm
Bavelaw Burn

4

Upper Dean Park

65

Cockdurno

Harlaw Reservoir

3

Marchbank Hotel

Threipmuir

64

P
The Common
Wildlife Reserve

Threipmuir Reservoir

Redford Wood
Redford Bridge

East Rigg

2

Easter Bavelaw

Bavelaw Burn

Eastertown Burn

63

West Rigg

Wester Bavelaw
Bavelaw Castle

Bavelaw Mill Farm

Green Cleugh

1

Hare Hill

62

45
D
16
E
17
F

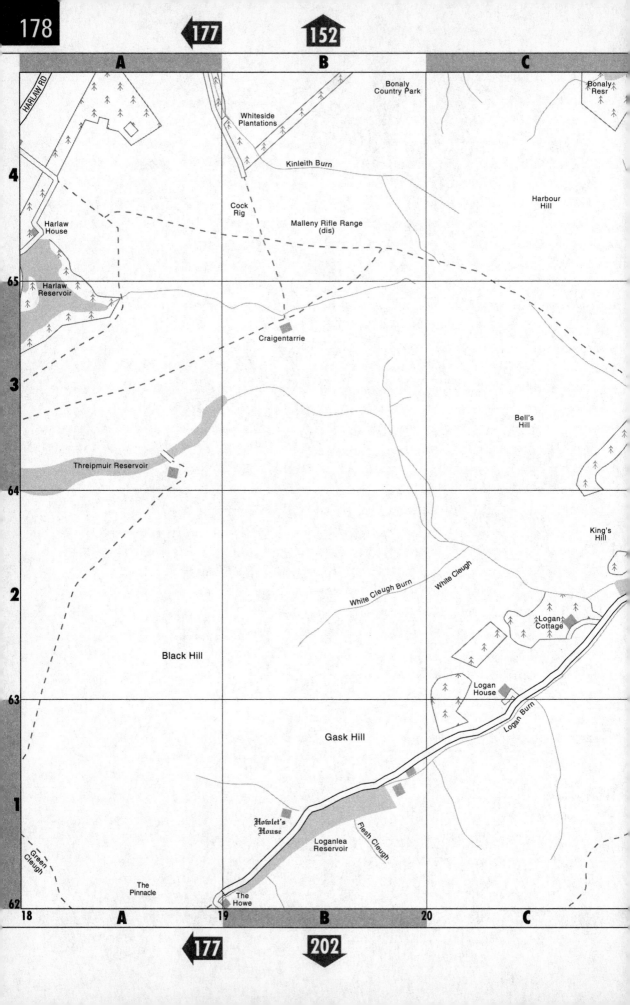

A   B   C

4

Bonaly
Country Park

Bonaly
Resr

HARLAW RD

Whiteside
Plantations

Kinleith Burn

Harbour
Hill

Cock
Rig

Harlaw
House

Malleny Rifle Range
(dis)

65

Harlaw
Reservoir

Craigentarrie

3

Bell's
Hill

Threipmuir Reservoir

64

King's
Hill

White Cleugh Burn   White Cleugh

2

Logan
Cottage

Black Hill

Logan
House

63

Logan Burn

Gask Hill

1

Howlet's
House

Flesh Cleugh

Green
Cleugh

Loganlea
Reservoir

The
Pinnacle

The
Howe

62

18   A   19   B   20   C

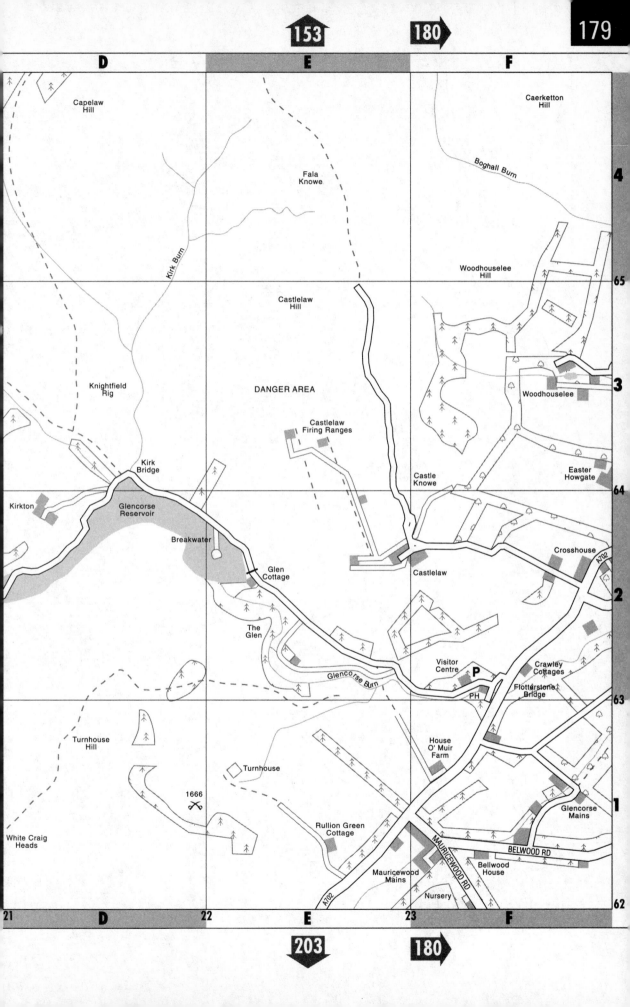

D
E
F

Capelaw
Hill

Fala
Knowe

Kirk Burn

Caerketton
Hill

Boghall Burn

4

Woodhouselee
Hill

Castlelaw
Hill

65

Knightfield
Rig

DANGER AREA

Woodhouselee

3

Castlelaw
Firing Ranges

Easter
Howgate

Kirk
Bridge

Castle
Knowe

64

Kirkton

Glencorse
Reservoir

Crosshouse

A702

Breakwater

Castlelaw

2

Glen
Cottage

The
Glen

Crawley
Cottages

Visitor
Centre

P

Glencorse Burn

Flotterstone
Bridge

PH

63

Turnhouse
Hill

House
O' Muir
Farm

Turnhouse

1666

Glencorse
Mains

1

White Craig
Heads

Rullion Green
Cottage

MAURICEWOOD RD

BELWOOD RD

Bellwood
House

Mauricewood
Mains

Nursery

A702

62

21
D
22
E
23
F

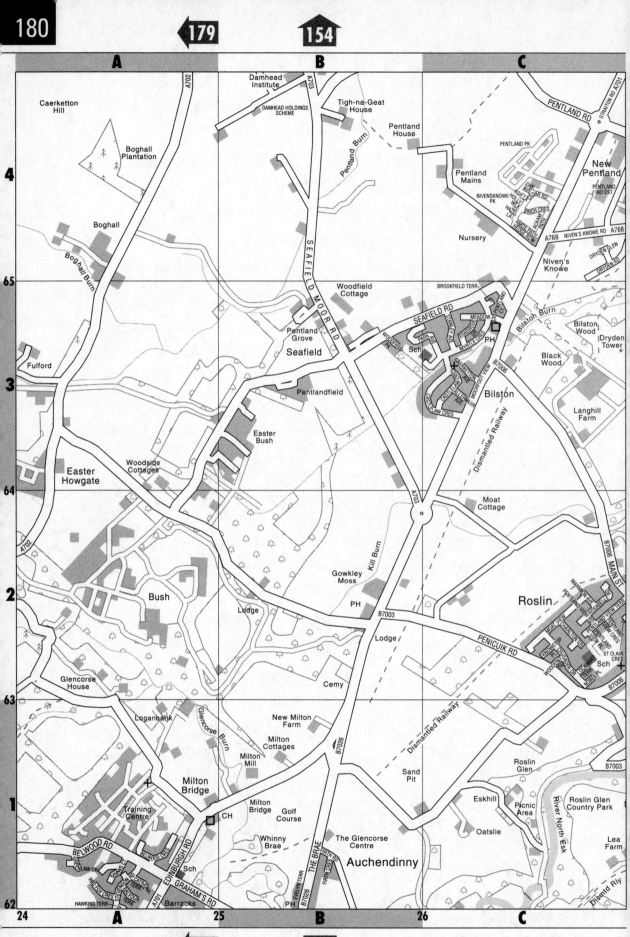

179
154

A   B   C

Caerketton Hill

Damhead Institute

DAMHEAD HOLDINGS SCHEME

Tigh-na-Geat House

Pentland House

A702

A703

Boghall Plantation

PENTLAND RD

STRAITON RD A701

Pentland PK

New Pentland

PENTLAND IND EST

Boghall

Pentland Mains

OAK BELMONT RD

ASH

HOLLY

NIVENSKNOWE PK

BIRCH CRES

HAZEL LA

MOSS PATH ACKAM PATH

HEDGE ROW

NIVEN'S KNOWE RD A768

A768

Nursery

Boghall Burn

Niven's Knowe

DRYDEN GLEN

DRYDEN RD

4

Fulford

65

SEAFIELD MOOR RD

Woodfield Cottage

BROOKFIELD TERR

Dryden Tower

SEAFIELD RD

Bilston Burn

Bilston Wood

MEADOW PL

PENTLAND CT

Pentland Grove

Seafield

WOODFIELD PK

PARK AVE

STANLEY AVE

ESKGROVE DR

MYRTLE CRES

Sch

PH

B7006

Black Wood

Pentlandfield

CASTLELAW AVE

MOORFOOT VIEW

CASTLELAW CRES

Bilston

Langhill Farm

3

Easter Bush

Woodside Cottages

Easter Howgate

A702

Moat Cottage

64

Kill Burn

A703

B7006 MAIN ST

Bush

Gowkley Moss

Roslin

Lodge

PH

MARMION AVE

PENTLAND VIEW TERR

PENTLAND VIEW CRES

PENTLAND HIGH RONEBELLE

B7003

MOAT VIEW

KNOWETOP

WESTER LOW GDN

PEDEN

NEW PL

NOBEL PL

ST CLAIR CRES

2

Lodge

PENICUIK RD

WOODSIDE

CRESSWELL

COCKMAIR TERR

Sch

B7006

Cemy

Glencorse House

63

Loganbank

New Milton Farm

Dismantled Railway

Roslin Glen

Glencorse Burn

Milton Cottages

B7026

B7003

Milton Mill

Sand Pit

Roslin Glen Country Park

River North Esk

Milton Bridge

Eskhill

Picnic Area

1

Training Centre

Milton Bridge

CH

Golf Course

Oatslie

Lea Farm

Whinny Brae

The Glencorse Centre

BELWOOD RD

BELWOOD CRES

Auchendinny

Dismtd Rly

GREENLAW DR

REDFORD CRES

STEELS TERR

SHANKS

ST CATHERINE'S

BALFOUR TERR

EDINBURGH RD

A701

GRAHAM'S RD

EVELYN TERR

THE BRAE

FIRTH CRES

FIRTH TERR

B7026

HAWKINS TERR

Sch

Barracks

PH

62

24   A   25   B   26   C

179
204

BONNYRIGG

Broomieknowe
HILLHEAD
Quarryhead
Eldindean
View Bank
Golf Course
ESKBANK RD
ESKBANK ROAD ROUNDABOUT
Works
Newbattle
Hardengreen
Sewage Works
HARDENGREEN JUNC
Lady Lothian's Plantation

POLTON RD
Dobbie's Knowe
Leisure Centre
HIGH ST
Offs
Liby
PO
DICKSON GR

Dalhousie Dairy
Dalhousie Mains
Lothian Bridge
Lothianbridge
Craigesk

Sch
Hopefield
Sch
1 WILLOW AVE
2 CHESTNUT GR
3 POPLAR TERR
SHERWOOD CT

Poltonhall
ROSEWELL RD
A6094
4 SKELTIEMUIR CT
5 COCKPEN PL
6 COCKPEN DR

Pittendriech Burn
Parsonspool Bridge
COCKPEN RD
SHERWOOD WLK
Dalhousie Courte

Grove Farm
Fancy Grove Wood
Catholes Wood

Cockpen Bridge
Burnbrae House
Dalhousie Grange

Little Wood
Dalhousie Chesters

Cockpen Farm
Cockpen Dean

Castle Park
Saw Mill
Dalhousie Castle
Anna Park
Blow Loun

Chesters Bog Wood
Dalhousie Burn
Dalhousie Strip Wood

RAMSAY COTTS
B704

Upper Dalhousie
Castle Dean Wood
Castle Dean Burn

Galladean Plantation
Young Bog Wood
Tore Hill Wood

Aikendean Glen
Kirkhill Hotel

Dalhousie Burn Plantation
Castle Dean Burn
Kirkhill Bank

River South Esk

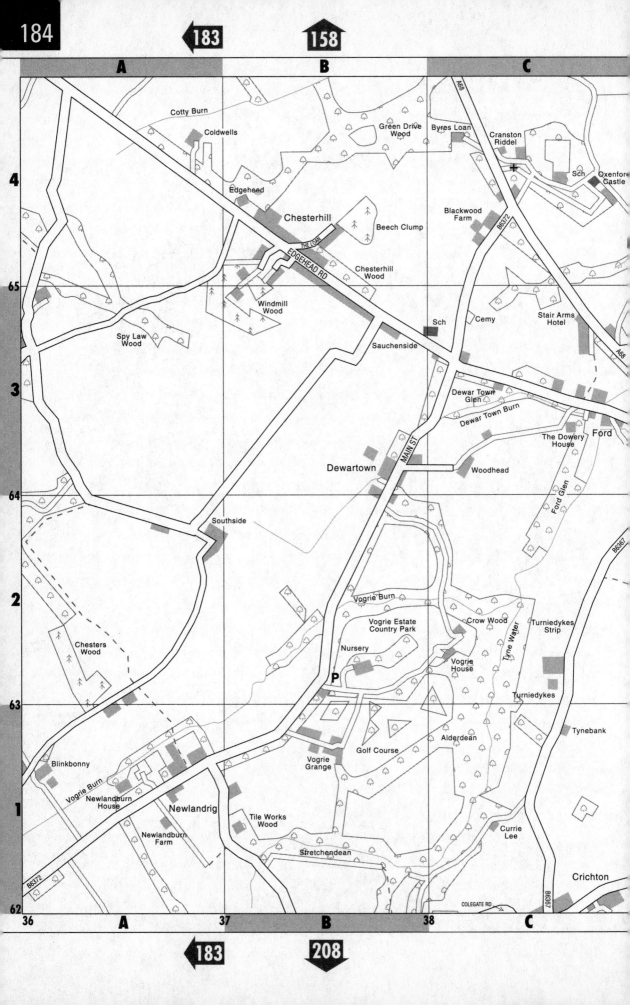

A
B
C

Cotty Burn

Coldwells

Green Drive
Wood

Byres Loan

Cranston
Riddel

Oxenfore
Castle

Sch

4

Edgehead

Blackwood
Farm

Chesterhill

Beech Clump

THE LOAN

EDGEHEAD RD

B6372

Chesterhill
Wood

65

Windmill
Wood

Sch

Cemy

Stair Arms
Hotel

Spy Law
Wood

Sauchenside

A68

3

Dewar Town
Glen

Dewar Town Burn

Ford

The Dowery
House

MAIN ST

Dewartown

Woodhead

Ford Glen

64

Southside

B6367

Vogrie Burn

2

Vogrie Estate
Country Park

Crow Wood

Turniedykes
Strip

Tyne Water

Chesters
Wood

Nursery

Vogrie
House

P

Turniedykes

63

Alderdean

Tynebank

Blinkbonny

Golf Course

Vogrie
Grange

Vogrie Burn

Newlandburn
House

1

Newlandrig

Tile Works
Wood

Currie
Lee

Newlandburn
Farm

Stretchendean

Crichton

B6372

COLEGATE RD

B6367

62

36

A

37

B

38

C

A B C

4

B6371

East
Peaston

West
Peaston

Keith
Mains

Sch

Witches Syke
Plantation

Dow Syke
Plantation

Flat
Kilns

65

Lochwood
Plantation

MOOR RD

Keith
View

Keith
Marischal

3

Juniper
Knowe

Windy Mains
Wood

South
Howes

Fir
Knowe

Old Windy
Mains

Windy
Mains

B6371

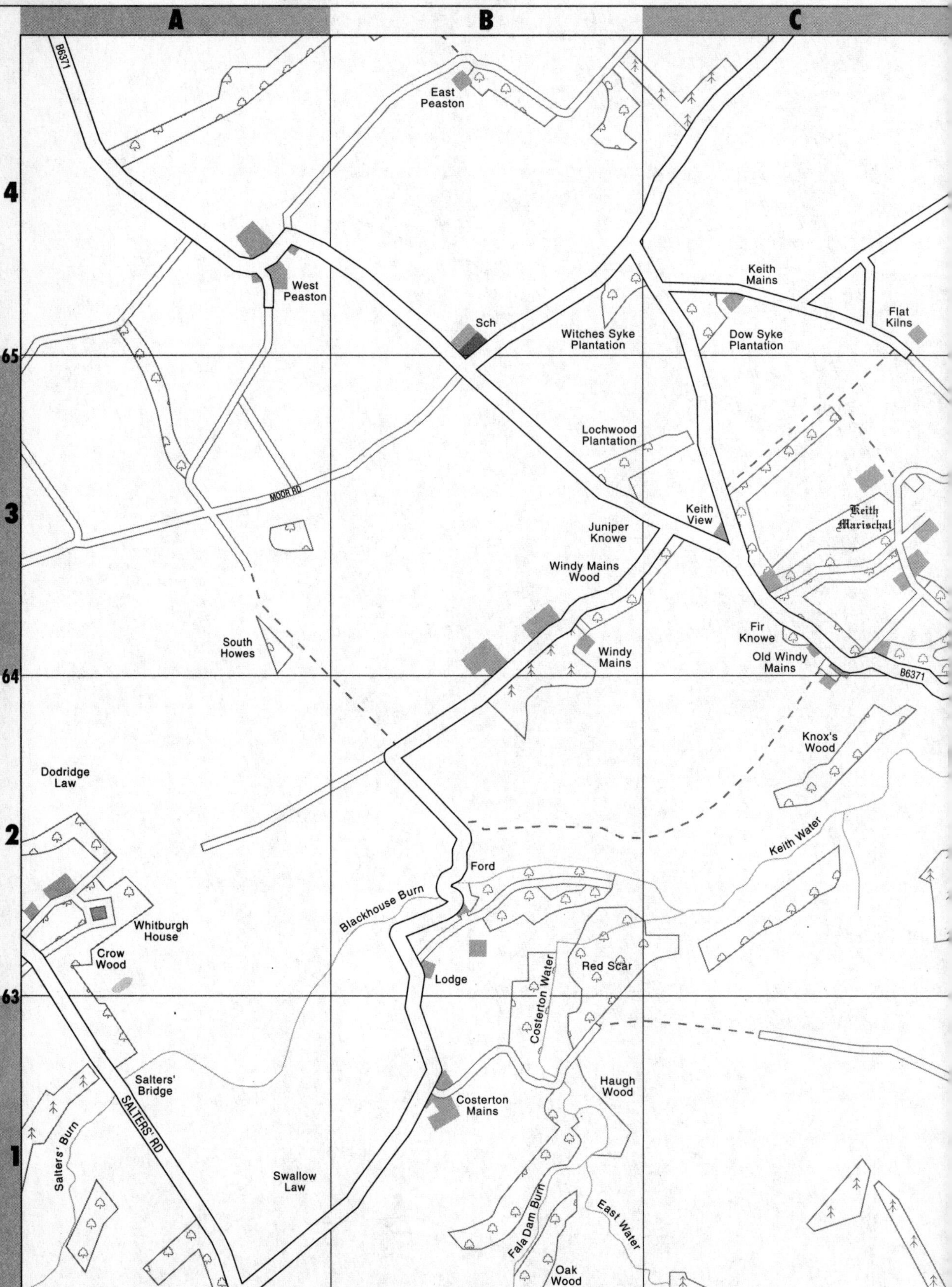

64

Knox's
Wood

Dodridge
Law

Keith Water

2

Ford

Blackhouse Burn

SALTERS' RD

Salters' Burn

Whitburgh
House

Crow
Wood

Lodge

Costerton Water

Red Scar

63

Salters'
Bridge

Haugh
Wood

Costerton
Mains

1

Swallow
Law

Fala Dam Burn

East Water

Oak
Wood

62

42 43 44

A B C

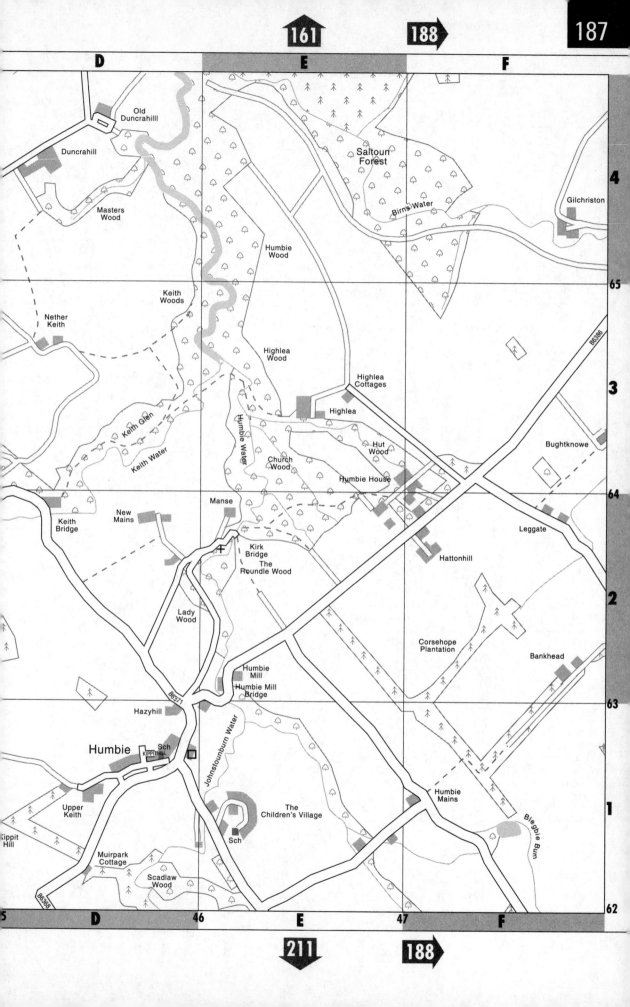

161
188

D
E
F

4

Old
Duncrahilll

Duncrahill

Saltoun
Forest

Gilchriston

Masters
Wood

Birns Water

65

Keith
Woods

Nether
Keith

Highlea
Wood

Humbie
Wood

B6368

Highlea
Cottages

3

Highlea

Bughtknowe

Keith Glen

Humbie Water

Hut
Wood

Keith Water

Church
Wood

Humbie House

64

Keith
Bridge

New
Mains

Manse

Leggate

Kirk
Bridge
The
Roundle Wood

Hattonhill

2

Lady
Wood

Corsehope
Plantation

Bankhead

B6371

Humbie
Mill

Hazyhill

Humbie Mill
Bridge

63

Humbie

Sch
KIPPITHILL

Johnstounburn Water

Upper
Keith

The
Children's Village

Humbie
Mains

1

Kippit
Hill

Sch

Blegbie Burn

Muirpark
Cottage

B6368

Scadlaw
Wood

62

D
46
E
47
F

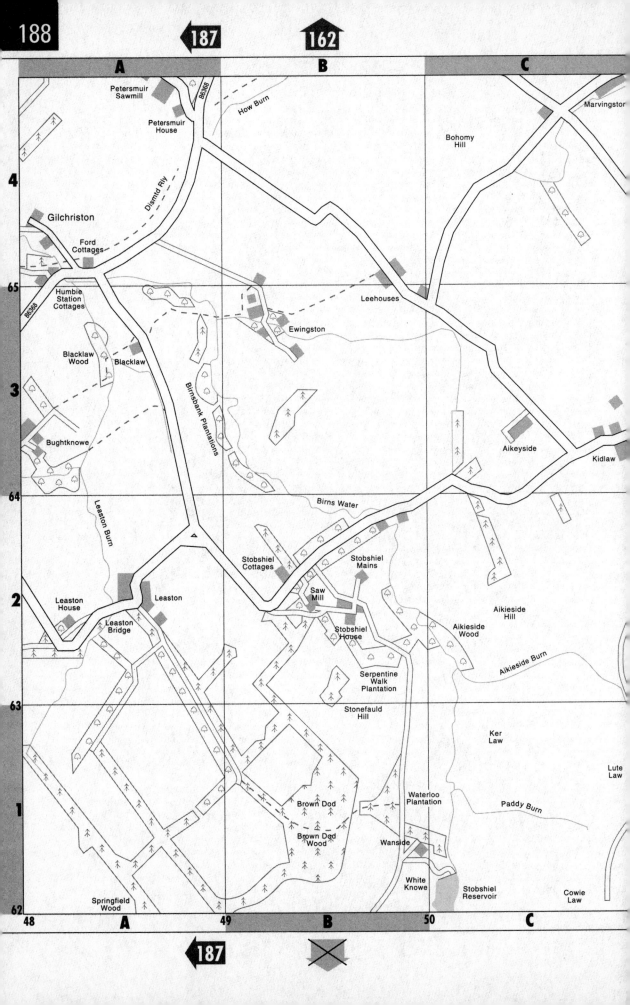

A   B   C

Little Todlaw
Wood

Baxtersyke

Quarryford

QUARRYFORD
FARM COTTS

The
Forge

Holly
Cottage

Park
Strips

4

Sch

Longyester

Dod
Law

65

Blinkbonny
Wood

Smiddy
Wood

Hopes Water

Brookside Burn

3

Stell
Wood

East
Hopes

Beech
Wood

Fawn's
Wood

Bentyhall

Nipper
Knowes

64

Harelaw Burn

Hopes

Knock
Hill

Mid Burn

Knockhill
Wood

Soon Hope Burn

Fennie
Law

2

Soon
Hope

Kingside
Rig

63

Hare
Law

Fennie Burn

Pyatshaw
Plantation

Sting Bank

Crow
Cairn

West
Hopes

Harestone
Hill

1

Long Grain

Fall Burn

𝔚hitestone
𝔠airn

Hopes
Reservoir

The
Fall

62

54   A   55   B   56   C

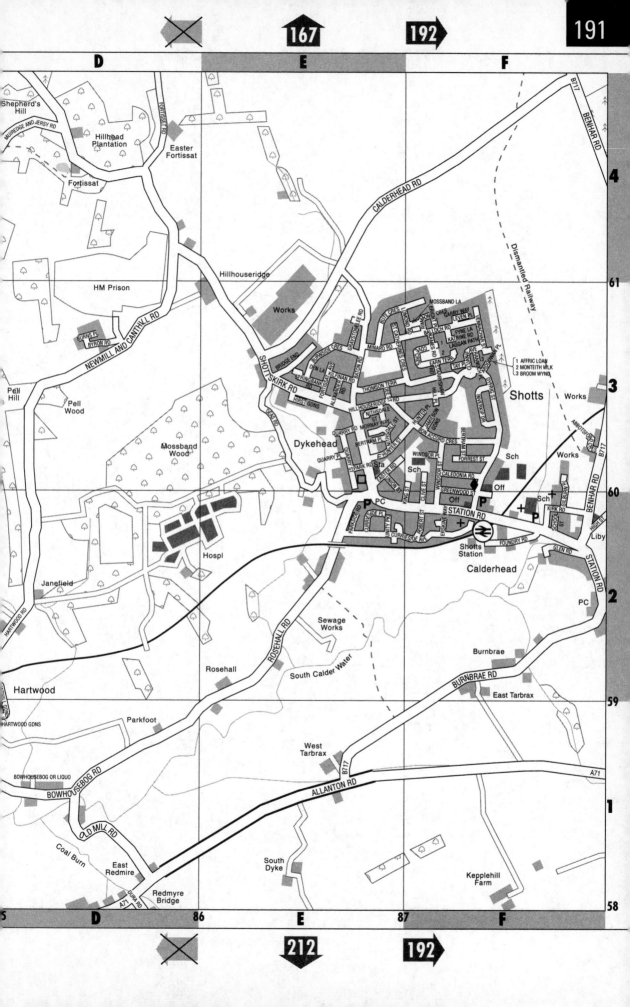

D   E   F

Shepherd's Hill

MUIREDGE AND JERSY RD

Hillhead Plantation

FORTISSAT RD

Easter Fortissat

Fortissat

4

Hillhouseridge

CALDERHEAD RD

Dismantled Railway

BENHAR RD

B717

61

HM Prison

Works

NEWMILL AND CANTHILL RD

BURNS PL

BYRON RD

SHOTTSKIRK RD

MOSSBAND LA

BARRY WAY

GARRY WAY

BULL CRES

LOMOND RD

BRIDGE CRES

ST CATHERINES CRES

MINARD RD

BALLOCH RD

JAMES RD

TENNACHERS

EVEN LA

FYNE LA

KATRINE RD

LAGGAN PATH

1 AFFRIC LOAN
2 MONTEITH WLK
3 BROOM WYND

BRIDGE END

BURNSIDE CRES

CORSTONE PEE

DEN LA

KILFINAN AVE

FORTISSAT AVE

ALEXANDER AVE

BATON RD

SPRINGBANK

HIRST GDNS

THOMSON TERR

STRATHSHAW

EARN TERS

TAY PL

AVE

GILMOUR PL

LOSSIE WAY

TWEED RD

Shotts

Works

3

Pell Hill

Pell Wood

Mossband Wood

PEAS RD

Dykehead

QUARRY RD

HILLHOUSERIDGE RD

NITHSDALE ST

MORNAY WAY

BERTRAM PL

HUNTER ST

LAMBTON

GDNS

BON ACCORD CRES

HILL PL

ABBOTSFORD RD

B717

Sch

Works

QUARRY PL

Park Rd Sta

WINDSOR PL

FORREST ST

BERTRAM RD

INVERKIP RD

Off

EASTER RD

UNION ST

KING ST

CLIVE ST

WINDSOR ST

CALEDONIA RD

Sch

Off

Sch

+

P

KIRK RD

SCHOOL ST

HIRST RD

60

P PC

PARKSIDE RD

CURRIESIDE PL

UNITY PK

CURRIESIDE AV

DEER ST

ERSKINE WAY

GREENWOOD ST

STATION RD

P
P

+

+

Liby

Janefield

HARTWOOD RD

Hospl

FOUNDRY RD

Shotts Station

GLEN RD

Calderhead

STATION RD

2

PC

ROSEHALL RD

Sewage Works

South Calder Water

Burnbrae

East Tarbrax

Hartwood

Rosehall

BURNBRAE RD

59

HARTWOOD GDNS

Parkfoot

BOWHOUSEBOG RD

West Tarbrax

B717

ALLANTON RD

A71

1

BOWHOUSEBOG OR LIQUO

OLD MILL RD

Coal Burn

East Redmire

South Dyke

Kepplehill Farm

DURA RD

Redmyre Bridge

A71

58

S   D   86   E   87   F

A   B   C

4

61

Golf Course

CH

BENHAR RD

B717

Amb Sta

Starryshaw Farm

South Calder Water

3

B717

Stanebent

Spoil Heap

Cairneyhead

Stane

STABLER RD

Torbothie

60

GRAY ST

HIGH ST

ULG WAY
GAIR WYND

Sch

SOUTHFIELD RD

SOUTHFIELD CRES

DOBBIE'S LN

TORBOTHIE RD

CLYDE DR

CALDER DR

KENMORE DR

HAWTHORN DR

SOUTHFIELD RD

Torbothie

PC

CEMETERY RD

2

MANSE RD

B7010

MAIN ST

CHARLOTTE ST

NEVIS PL

GARTEN DR

Cemy

1 ETIVE WAY
2 ULG WAY
3 GAIR WYND
4 BOWMORE WLK
5 TORRIN LOAN
6 DORNIE WYND
7 MORAR WAY
8 COIRE LOAN
9 SUNA PATH
10 SALEN LOAN

SANDYHILL GLENMAVIS RD

SANDYHILL AVE

SANDYVALE PL

Stane

BLINNY CT 1
TARBRAX PATH 2

BRIDGE PL

KNOLL CROFT RD

SHIEL CRES

NAVAR PL

LOCHABER CRES

APPIN TERR

HELFORD AVE

WYVIS PL

TULLOCH RD

LANSDOWNE CRES

HENRY

KINCATH AVE

LAGGAN AVE

SPRINGHILL RD

Springhill

B7010

STANE RD

Works

BLACKHALL ST

BELMONT DR

BROWN ST

BEECHMOUNT CT

MUIRDYKE

LARCHFIELD LA

NORTHFIELD AVE

ELMWOOD RD

ELMWOOD RD

BERRYHILL

Springhill

59

Springhill

SPRINGHILL AND LEADLOCH RD

B715 HEADLESSCROSS RD

B7

Dismantled Railway

A71

Works

Knowton Farm

Lingore Linn

A

1

Dismtld Rly

58

88   A   89   B   90   C

D   E   F

B7010

Spoil
Heap

Jubilee
Cottage

Fauldhouse
Moor

4

Moss

McKINNON RD
NORTH RD
PARK VIEW
SOUTH VIEW
LANRIGG AVE
LANRIGG RD
EASTFIELD VIEW
VICTORIA RD
VICTORIA PK

Tippet
Knowe

Fauldhouse
Hills

Disused

Sch
Liby

Sports
Ground

SCOTT PL
BARTON TERR
KIRKHILL CT

61

CROFTFOOT DR
EASTFIELD RD

CHURCH PL
GREENHILL CT
HARTHILL RD

BURNSIDE CRES
EARL'S CT

B7015

BELLONA TERR

Spoil
Heap

Spoil
Heap

Sch

Sch

GREENWELL ST
OGILVY CRES

SHEEPHOUSEHILL

B7015

QUARRY

Benhar
Junction

THORNTON PL

MAIN ST
BADALLAN
FALLA ST

BLACKFAULDS DR
BLACKFAULDS PL
BRIDGE DR
BURNSIDE
GREENHILL
GREENBURN

WILLOW PK

Dismtd Rly

3

CALEDONIAN RD
PORTLAND PL
WALKER RD

MEADOW CRES

BLACKFAULDS CT

Greenburn

Warehouse

ELDRICK CRES
BRAESIDE CRES
CEMETERY RD
ELDRICK AVE

CH

GOWANBRAE
GREENBURN PK
BOWANBRAE
HILL VIEW

Leadloch

Braehead

Fauldhouse
Station

CALEDONIAN TERR

Cemy

Fauldhouse

SHOTTS RD

Golf
Course

60

Meadowfoot

Bridge-end

Wayside

A71

2

Works

SPRINGHILL AND LEADLOCH RD

Dismantled Railway

East
Badallan

Breich Water

Meikle
Eldrick

Lingore Linn

West
Badallan

59

Wee
Eldrick

Muldron
Bridge

Headlesscross

Shafts
(dis)

Risland
Knowes

1

Muldron

B715

58

D   92   E   93   F

A   B   C

B7010

Northfield

A706

Burnhead

B7015

Stoneheap

Blackhill

4

Nursery

Holehouseburn

Blackhill
Bridge

Dismtd Rly

Breich Water

Rashiehill

A71

61

SHEEPHOUSEHILL B7015

Breich
Bridge

Glenhutch

RASHIEHILL TERR

RASHIEHILL CRES

Breich

Craighead

WOODMUIR PL

Breich
Station

Sch

WOODMUIR RD

Croftfoot

East
Handaxwood

Hotel

3

Sewage
Works

Croftfoot

Woodmuir Burn

Woodmuir
Farm

Dismtd Rly

60

West
Handaxwood

Rashiehill
Muir
(ruin)

A71

A704

Leven
Seat

2

Works

Levenseat
House

Longford Burn

Linn
Bridge

59

Miller's
Moss

Rashiehill
Muir

Woodmuir
Plantation

1

A704

A706

58

94   A   95   B   96   C

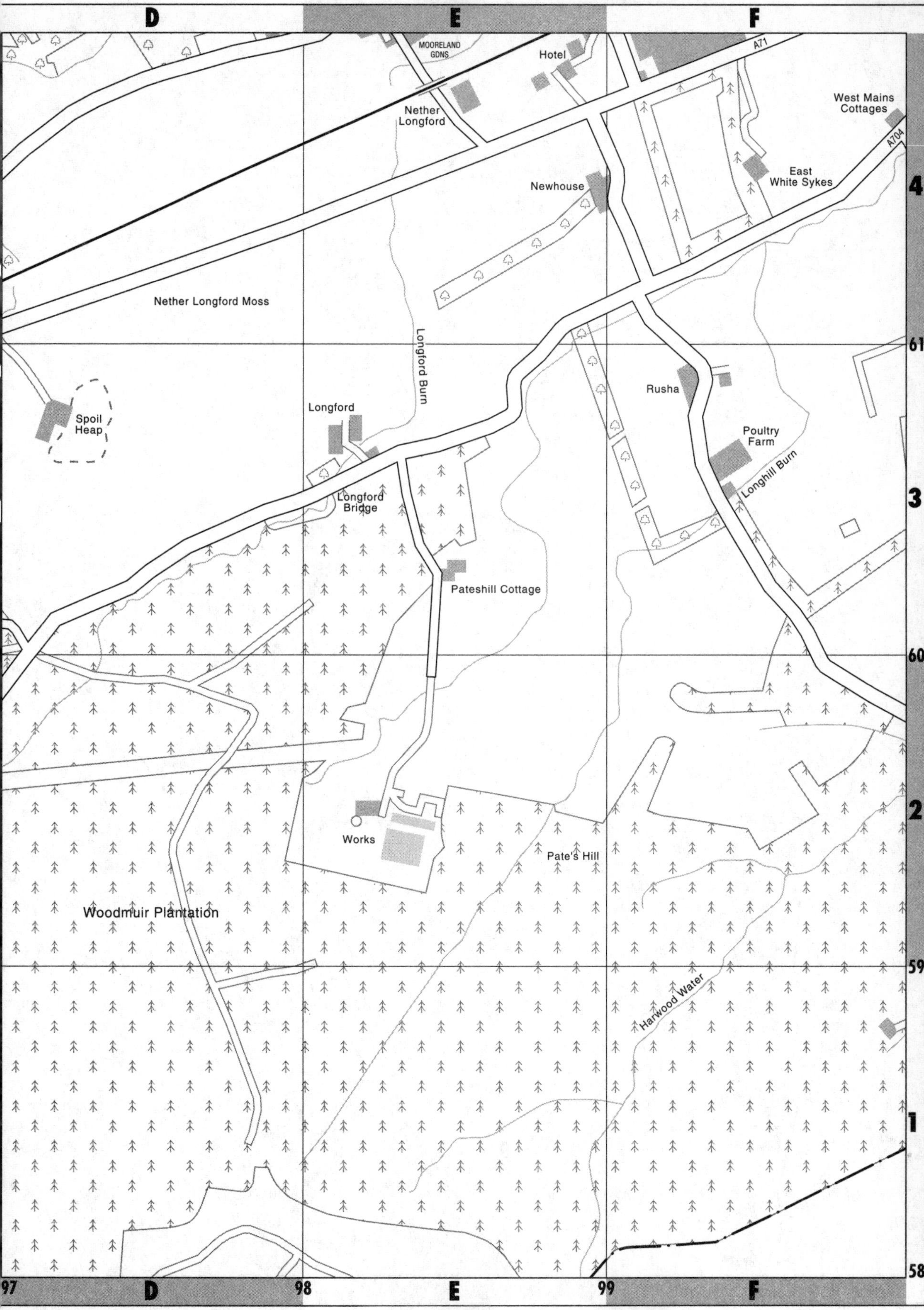
D
E
F
MOORELAND GDNS
Hotel
A71
West Mains Cottages
A704
Nether Longford
East White Sykes
Newhouse
4
Nether Longford Moss
Longford Burn
61
Rusha
Spoil Heap
Longford
Poultry Farm
Longhill Burn
Longford Bridge
3
Pateshill Cottage
60
2
Works
Pate's Hill
Woodmuir Plantation
59
Harwood Water
1
58
97
98
99
D
E
F

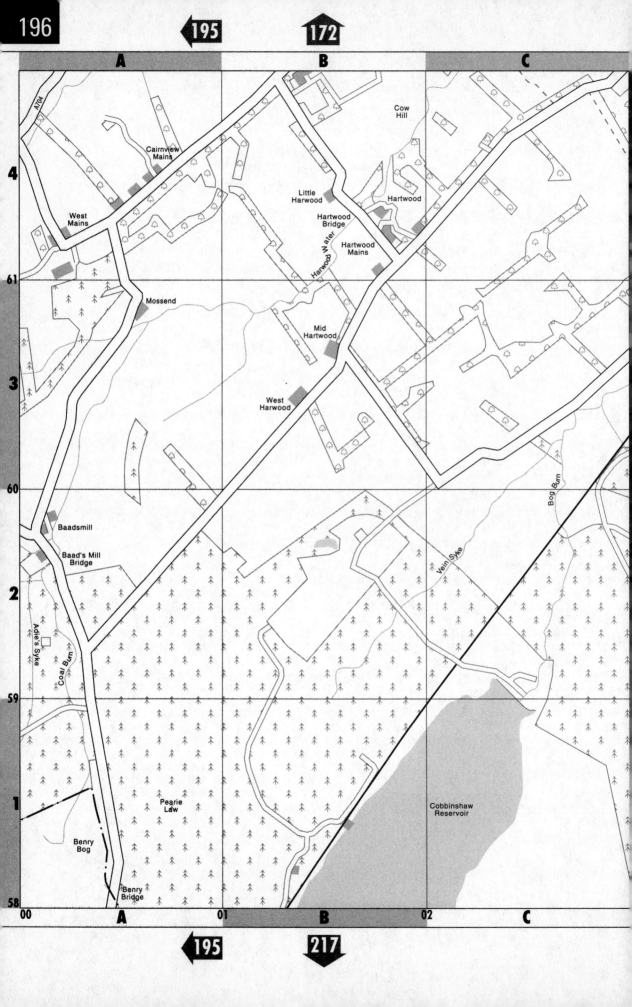

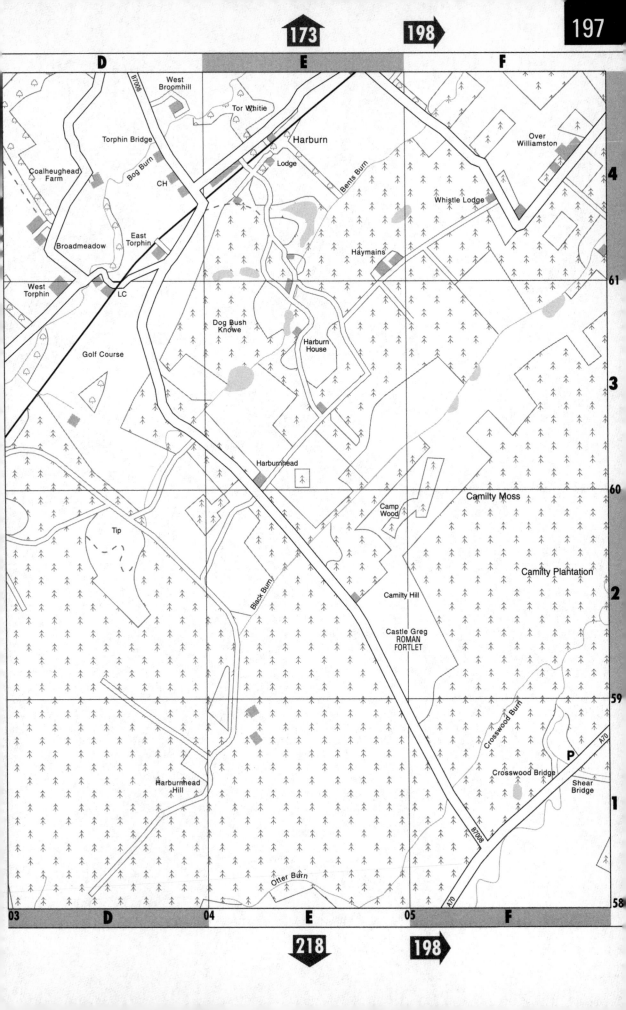

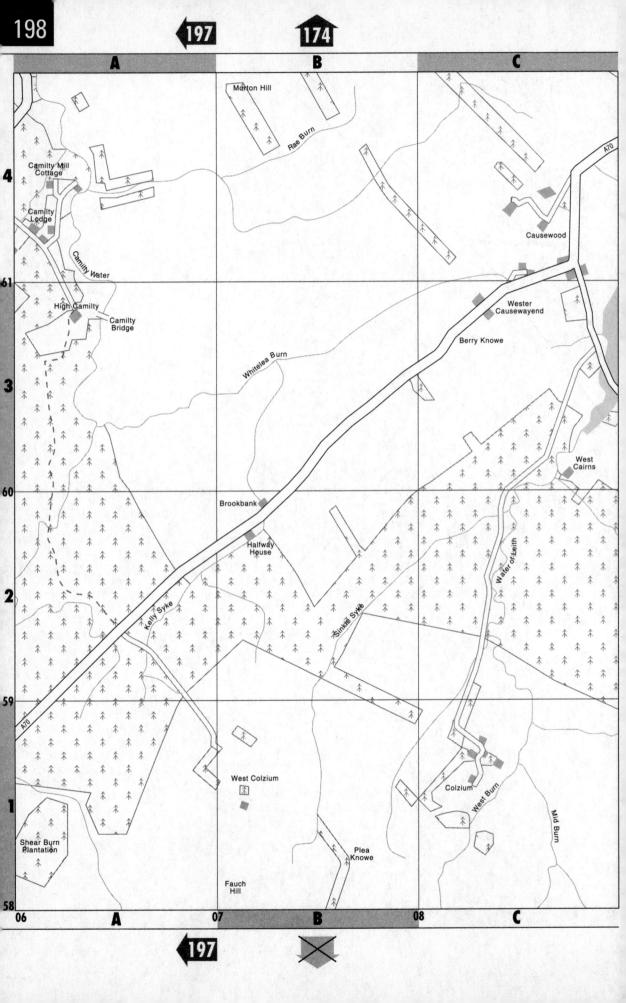

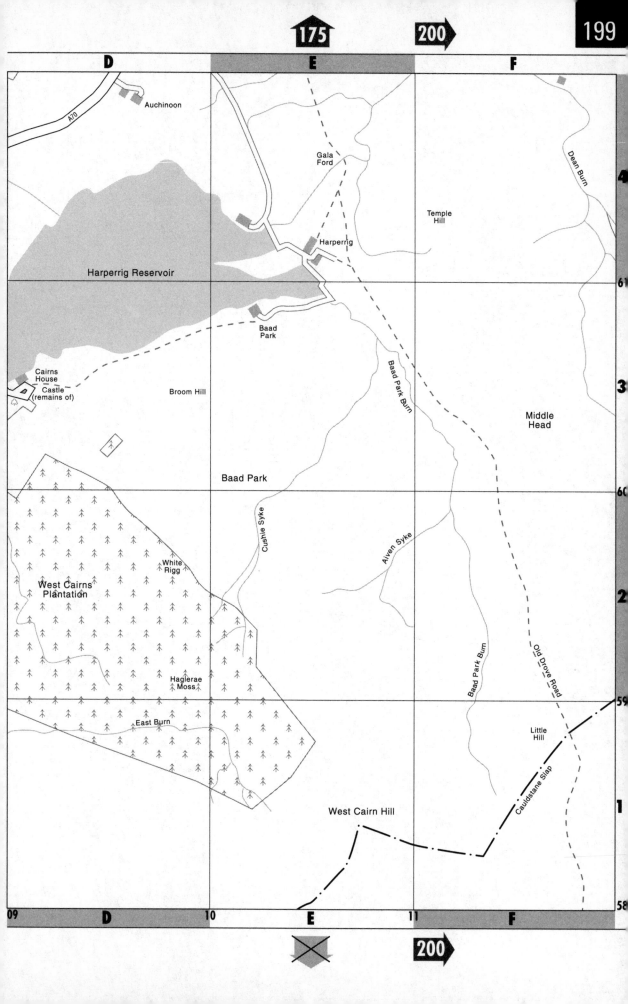

D
E
F

Auchinoon

A70

Gala
Ford

Temple
Hill

Dean Burn

Harperrig

4

Harperrig Reservoir

61

Baad
Park

Baad Park Burn

Cairns
House
Castle
(remains of)

Broom Hill

3

Middle
Head

Baad Park

60

Cushle Syke

Aiven Syke

2

West Cairns
Plantation

White
Rigg

Baad Park Burn

Old Drove Road

Haglerae
Moss

59

East Burn

Little
Hill

West Cairn Hill

1

Cauldstane Slap

199
176
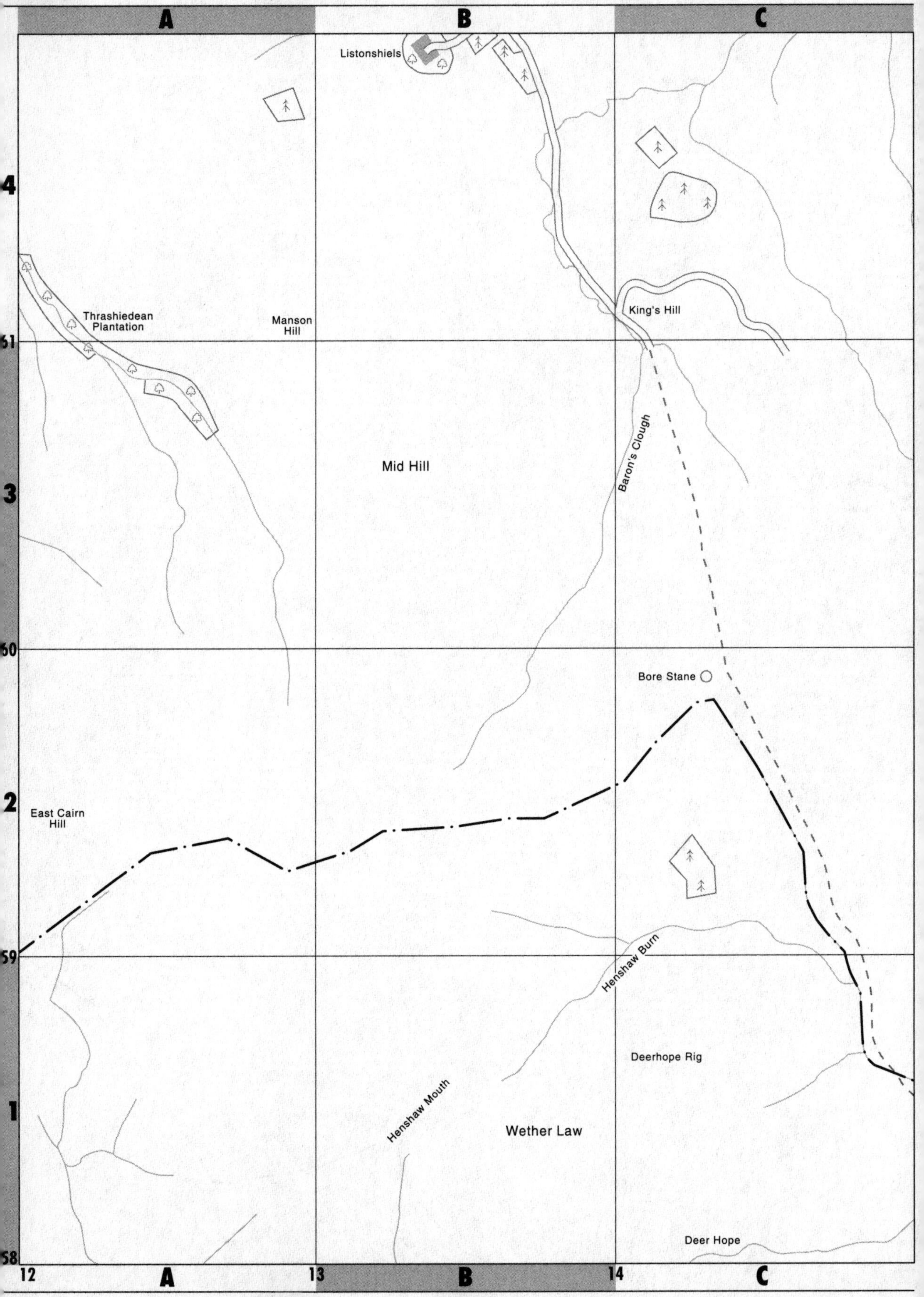
A
B
C
Listonshiels
King's Hill
Thrashiedean Plantation
Manson Hill
Mid Hill
Baron's Clough
Bore Stane
East Cairn Hill
Henshaw Burn
Deerhope Rig
Henshaw Mouth
Wether Law
Deer Hope
4
61
3
60
2
59
1
58
12
13
14
A
B
C
199
219

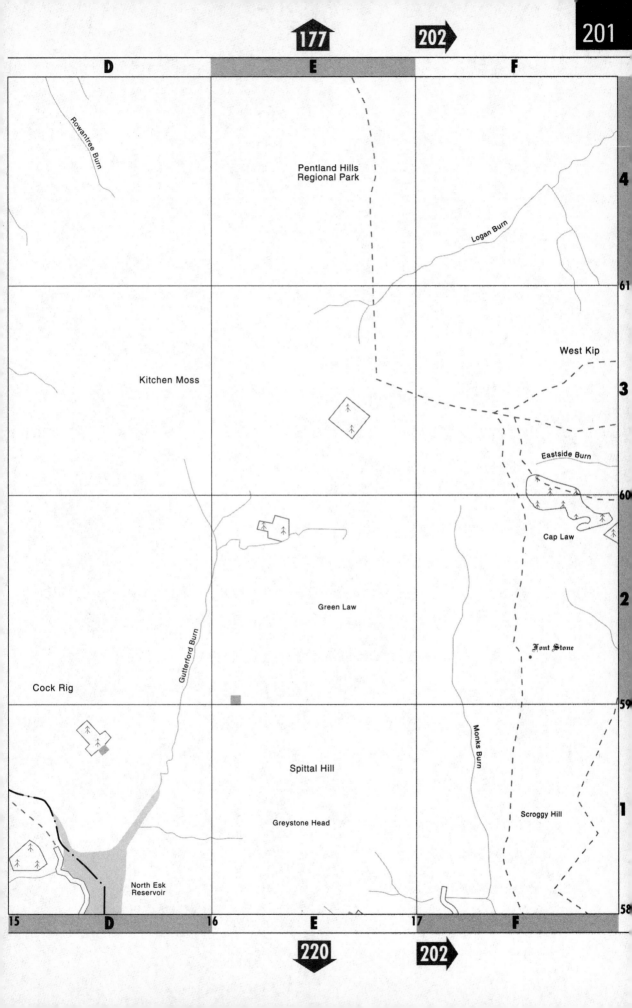

D
E
F

Rowantree Burn

Pentland Hills
Regional Park

Logan Burn

4

61

West Kip

Kitchen Moss

3

Eastside Burn

60

Cap Law

Green Law

2

Font Stone

Gutterford Burn

Cock Rig

59

Monks Burn

Spittal Hill

Greystone Head

Scroggy Hill

1

North Esk
Reservoir

58

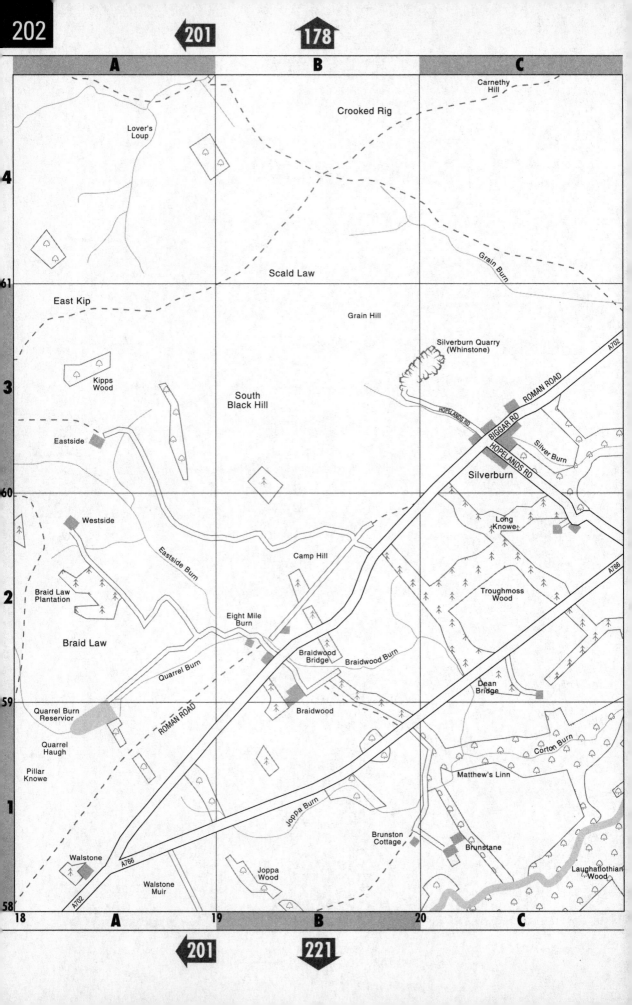

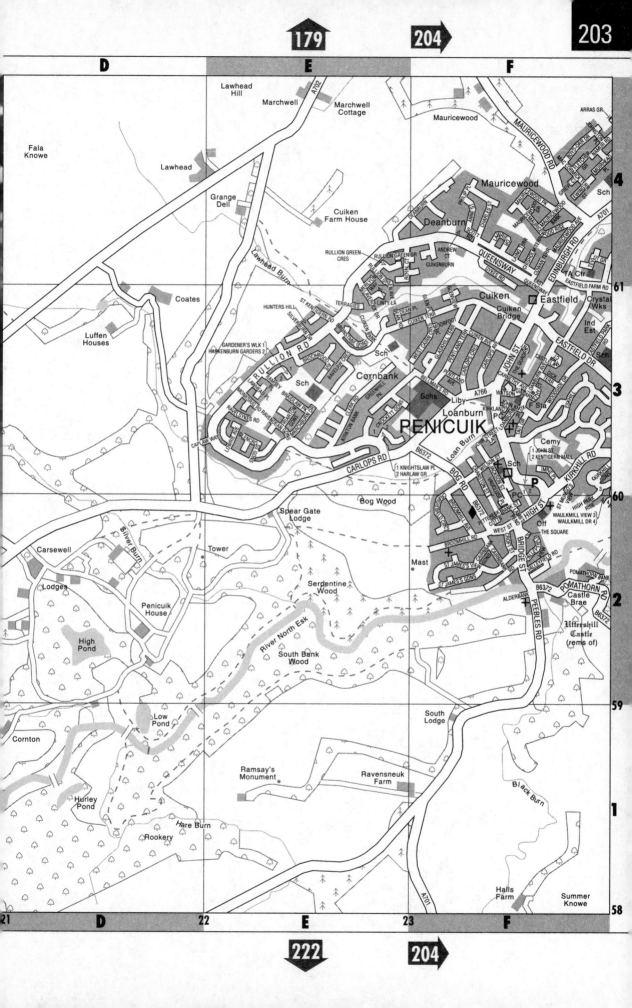

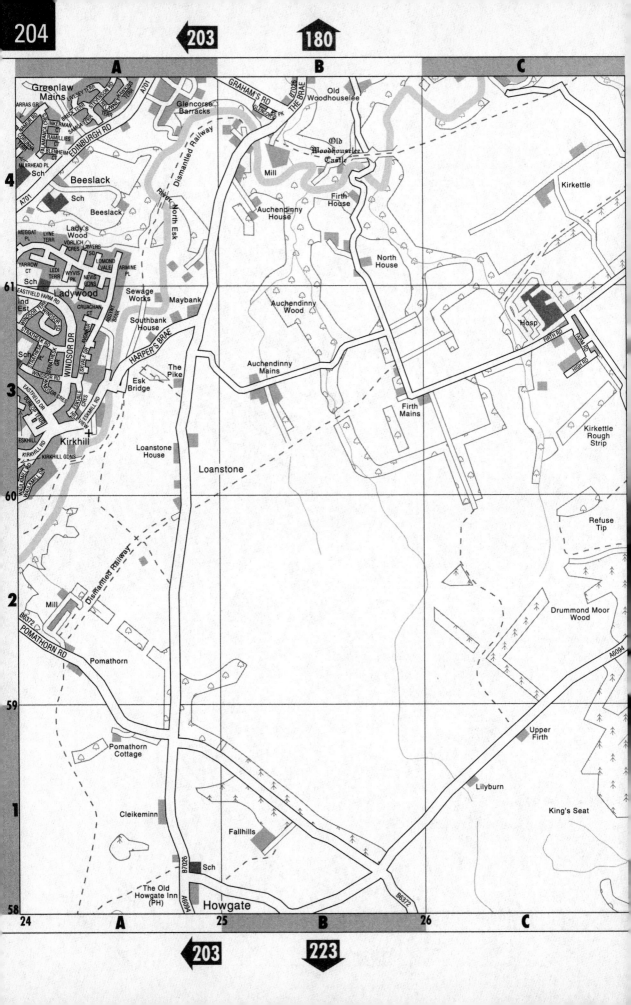

A · B · C

Greenlaw Mains
ARRAS GR
WESEY TERR
STEVENSON RD
HAWKINS TERR
A701
NAMUR RD
CRINKERMAN CT
SAMOA TERR
EDINBURGH RD
Glencorse Barracks
GRAHAM'S RD
B7026
THE BRAE
Old Woodhouselee
CORUNNA CT
JAMAICA CT
RAMILLIES CT
GLENCORSE PK

4

BLENHEIM CT
MUIRHEAD PL
Sch
A701
Beeslack
Sch
Beeslack
Dismantled Railway
Old Woodhouselee Castle
Mill
Auchendinny House
Firth House
Kirkettle

MEGGAT PL
LYNE TERR
VORLICH CRES
LAWERS
SO
Lady's Wood
ARMINE PL
River North Esk
North House

YARROW CT
LEDI TERR
NEVIS GDNS
LOMOND VALE
EASTFIELD FARM RD
Sch

61

Ind Est
Ladywood
Sewage Works
Maybank
Auchendinny Wood
Hosp
FIRTH RD
FARM RD

WINDSOR DR
STRATHESK RD
ASSYNT BANK
Southbank House
HARPER'S BRAE
Auchendinny Mains
HIGH RD

Sch
STRATHESK PL
AVENUE
WINDSOR RD
The Pike
Esk Bridge

3

EASTFIELD DR
DUNDOCK FIRTH
ESKVALE CRES
ESKVALE DR
ESKHILL
Firth Mains
Kirkettle Rough Strip

ESKHILL
Kirkhill
KIRKHILL RD
KIRKHILL GDNS
Loanstone House
WHLL KILL RD

60

Loanstone

Dismantled Railway

Refuse Tip

2

Mill
Drummond Moor Wood

B6372
Pomathorn
A6094

POMATHORN RD

59

Pomathorn Cottage
Upper Firth

Lilyburn

1

Cleikeminn
King's Seat

Fallhills

B7026

Sch

The Old Howgate Inn (PH)
A6094
Howgate
B6372

58

24 · A · 25 · B · 26 · C

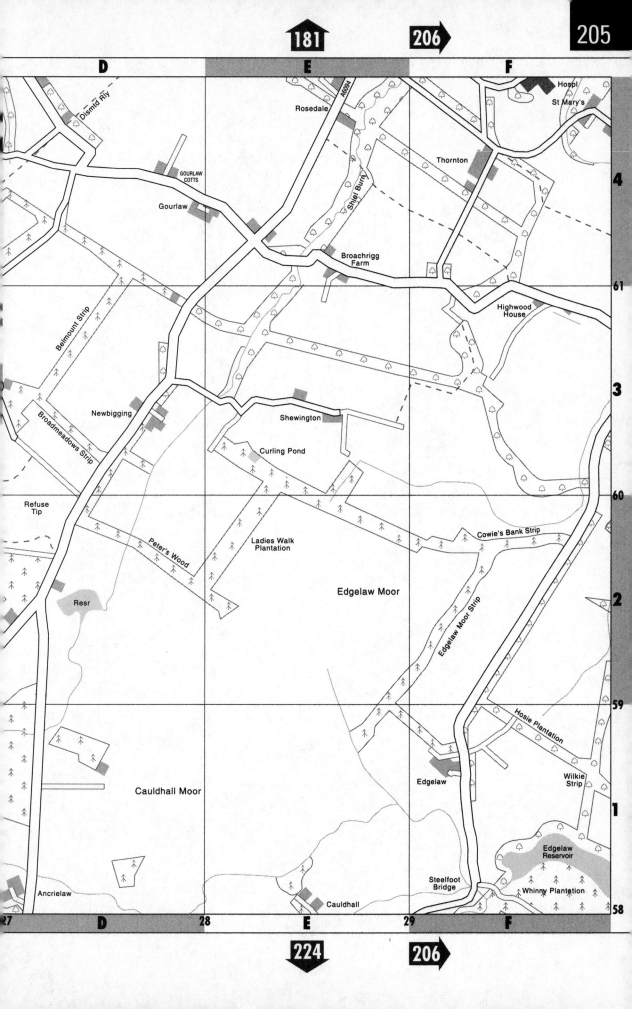

D E F

Dismtd Rly

Rosedale

GOURLAW COTTS

Gourlaw

Gourlaw

St Mary's

Hospl

Thornton

Shiel Burn

Broachrigg Farm

Highwood House

Belmount Strip

Broadmeadows Strip

Newbigging

Shewington

Curling Pond

Refuse Tip

Peter's Wood

Ladies Walk Plantation

Edgelaw Moor

Cowie's Bank Strip

Edgelaw Moor Strip

Resr

Hosie Plantation

Cauldhall Moor

Edgelaw

Wilkie Strip

Ancrielaw

Steelfoot Bridge

Edgelaw Reservoir

Cauldhall

Whinny Plantation

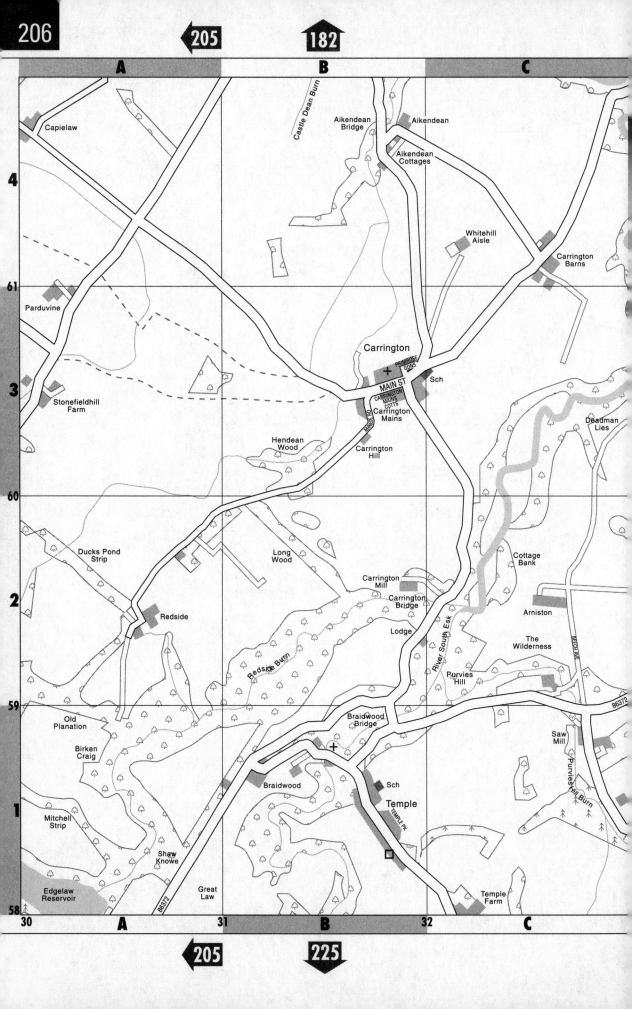

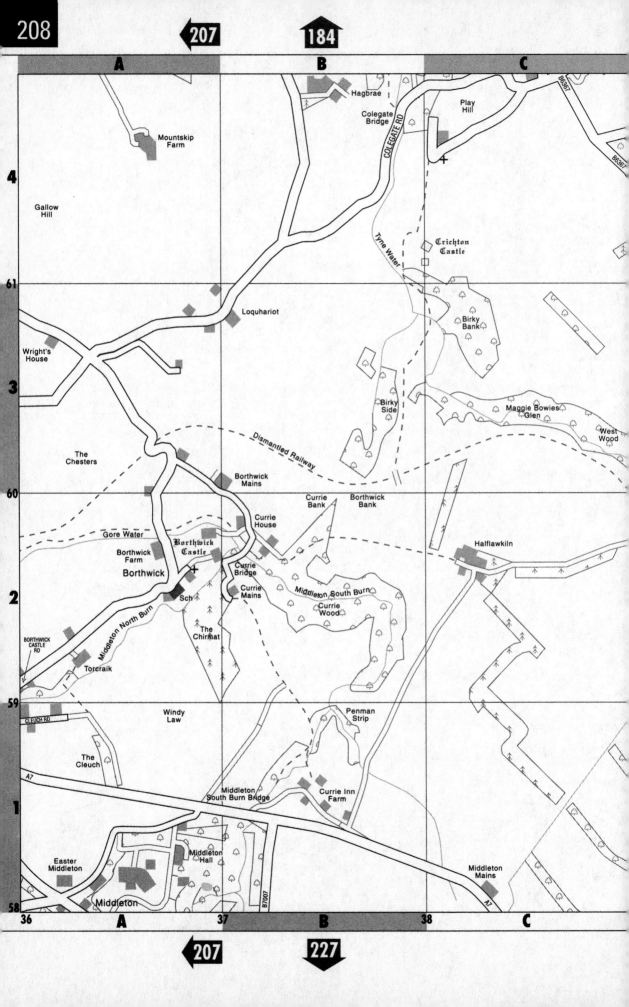

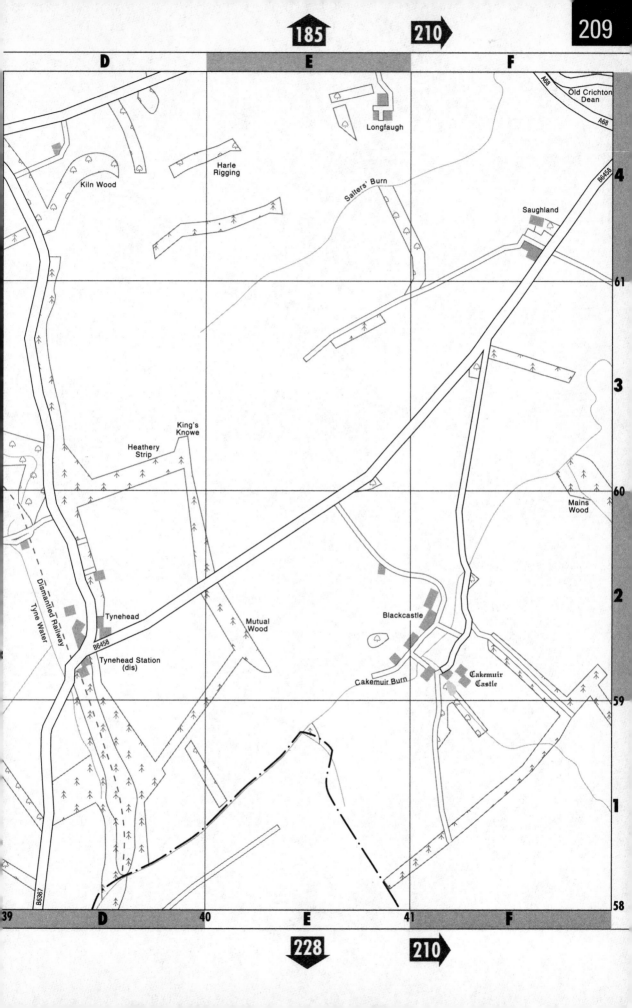

D E F

Old Crichton Dean

A68

A68

Longfaugh

Kiln Wood

Harle Rigging

Salters' Burn

B6458

4

Saughland

61

3

King's Knowe

Heathery Strip

Mains Wood

60

Dismantled Railway

Tyne Water

2

Blackcastle

Tynehead

Mutual Wood

B6458

Tynehead Station (dis)

Cakemuir Castle

Cakemuir Burn

59

1

B6367

58

39 D 40 E 41 F

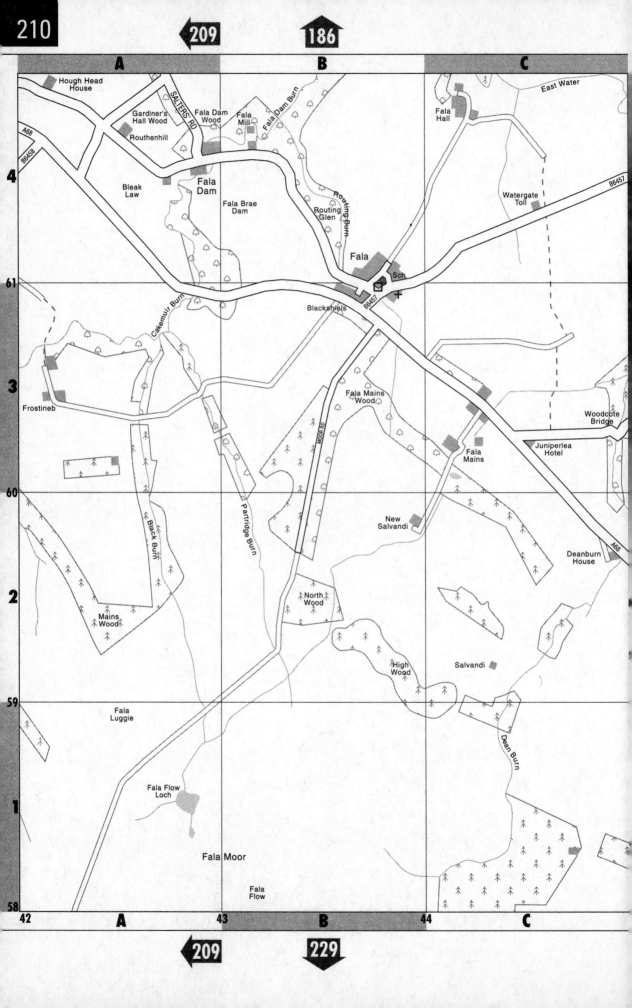

A

B

C

Hough Head House

Gardiner's Hall Wood

SALTERS RD

Fala Dam Wood

Fala Mill

Fala Dam Burn

Routhenhill

Fala Hall

East Water

A68

B6458

Bleak Law

Fala Dam

Fala Brae Dam

Routing Glen

Routing Burn

Fala

Watergate Toll

B6457

4

Sch

61

Cakemuir Burn

Blackshiels

B6457

3

Frostineb

Fala Mains Wood

Woodcote Bridge

Juniperlea Hotel

Fala Mains

60

Partridge Burn

Black Burn

New Salvandi

MOOR RD

Deanburn House

A68

2

Mains Wood

North Wood

High Wood

Salvandi

59

Fala Luggie

Dean Burn

1

Fala Flow Loch

Fala Moor

Fala Flow

58

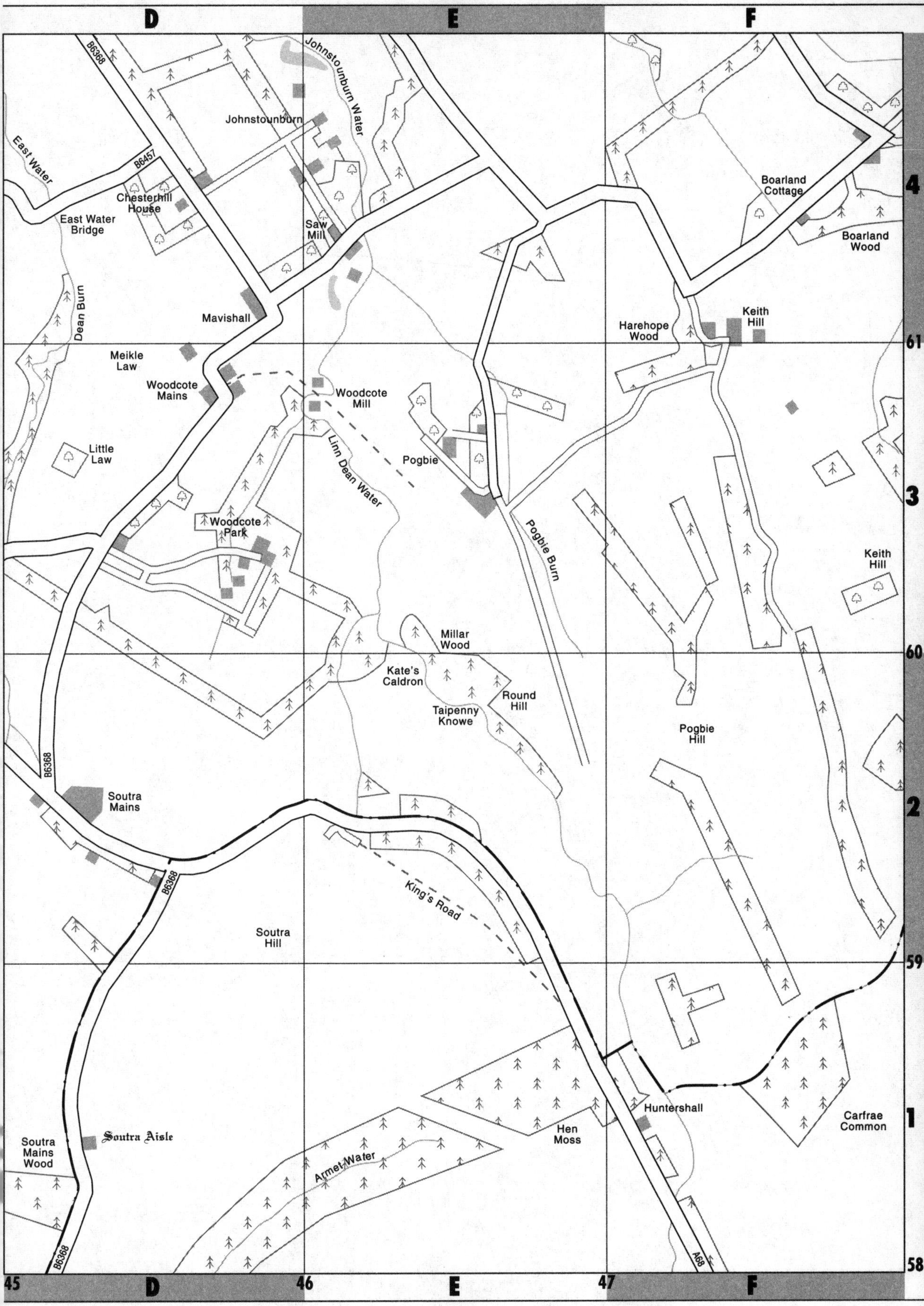

D E F

B6368
Johnstounburn Water
East Water
Johnstounburn
B6457
Chesterhill House
East Water Bridge
Saw Mill
Boarland Cottage
Boarland Wood
4
Dean Burn
Mavishall
Harehope Wood
Keith Hill
61
Meikle Law
Woodcote Mains
Woodcote Mill
Little Law
Linn Dean Water
Pogbie
Pogbie Burn
Keith Hill
3
Woodcote Park
Millar Wood
Kate's Caldron
Round Hill
60
Taipenny Knowe
Pogbie Hill
B6368
Soutra Mains
2
B6368
King's Road
Soutra Hill
59
Soutra Aisle
Soutra Mains Wood
Armet Water
Hen Moss
Huntershall
Carfrae Common
1
A68
B6368

45 D 46 E 47 F 58

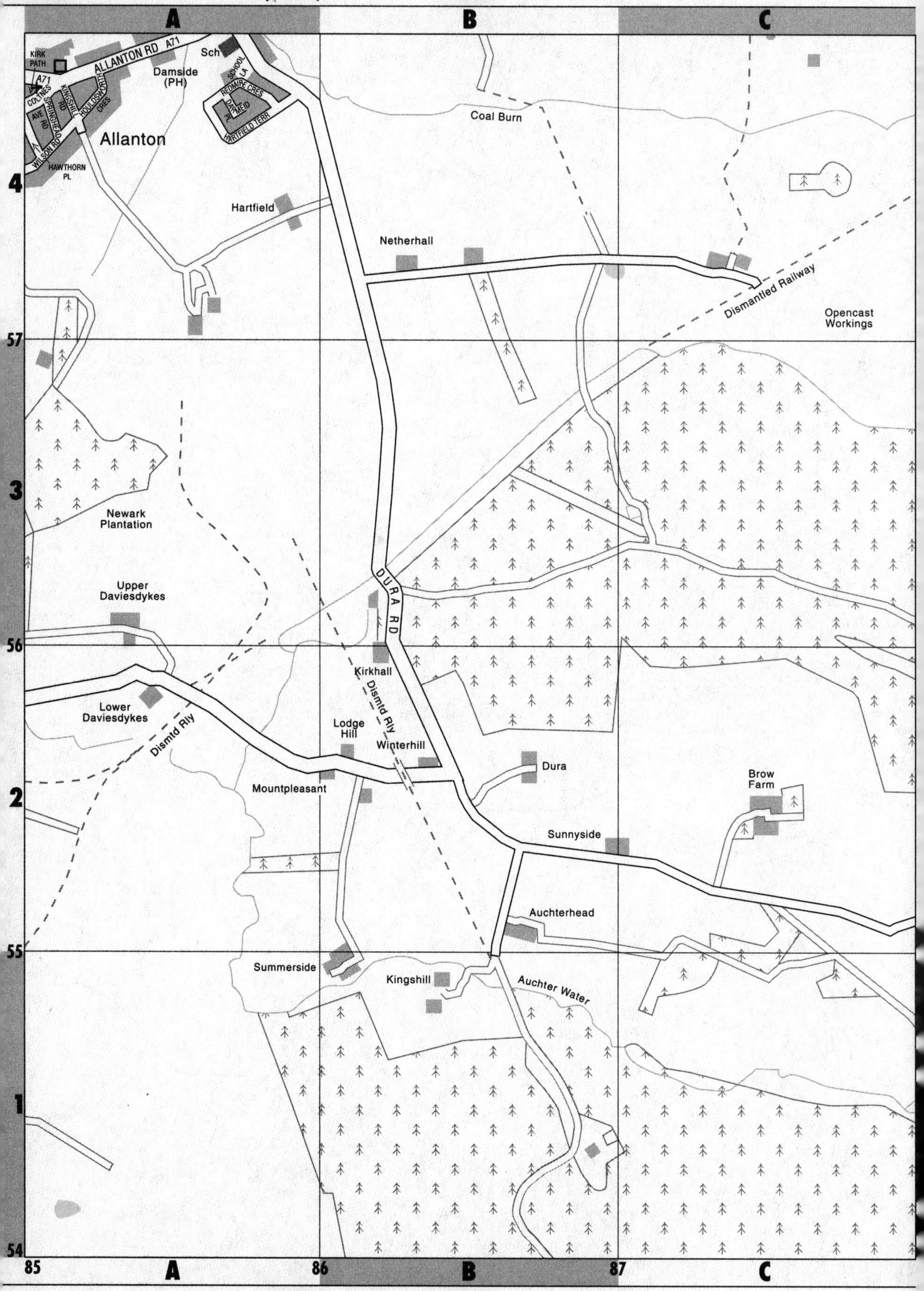

A   B   C

KIRK PATH
ALLANTON RD   A71
Sch
A71
Damside (PH)
SCHOOL LA
REDMIRE CRES
DRUMFIELD
COLTNESS RD
KINGSLAW AVE
AYR RD
SPRINGHEAD RD
HOLMQUARRY RD
CRES
CARFIELD TERR
Allanton
HAWTHORN PL
WILSON RD

Hartfield

Coal Burn

Netherhall

Dismantled Railway

Opencast Workings

4

57

Newark Plantation

3

Upper Daviesdykes

DURA RD

56

Lower Daviesdykes

Kirkhall

Dismtd Rly

Lodge Hill

Winterhill

Dismtd Rly

Mountpleasant

Dura

Brow Farm

2

Sunnyside

Auchterhead

55

Summerside

Kingshill

Auchter Water

1

54

D
E
F

Dismantled Railway

Opencast Workings

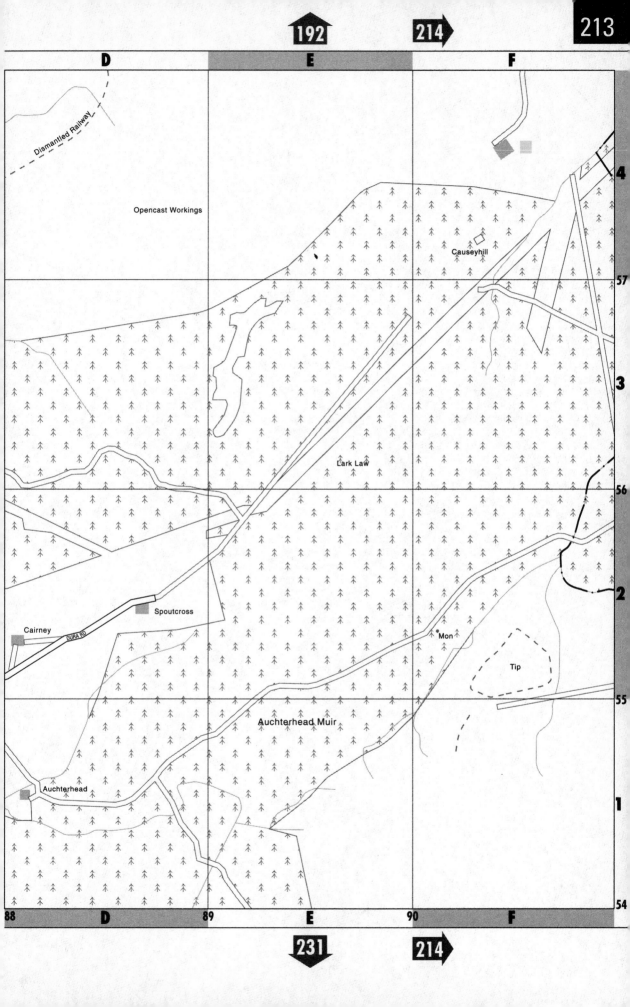

Causeyhill

4

57

Lark Law

3

56

Spoutcross

Cairney

DURA RD

Mon

Tip

2

55

Auchterhead Muir

Auchterhead

1

54

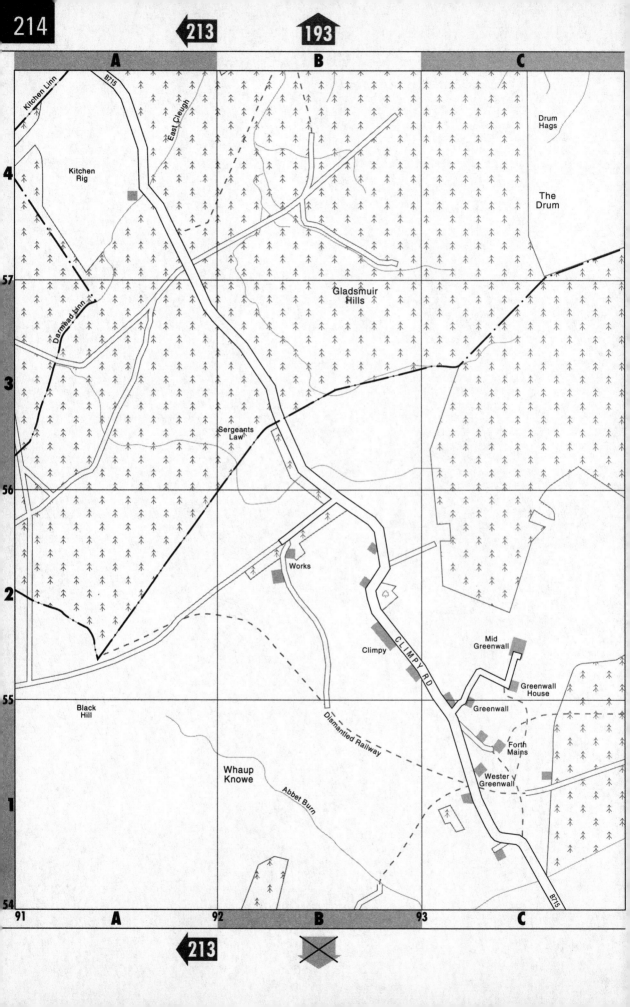

A   B   C

4

57

3

56

2

55

1

54

91   A   92   B   93   C

Kitchen Linn

B715

East Cleugh

Kitchen
Rig

Drum
Hags

The
Drum

Gladsmuir
Hills

Darmead Linn

Sergeants
Law

Works

Climpy

C L I M P Y R D

Mid
Greenwall

Greenwall House

Greenwall

Forth
Mains

Wester
Greenwall

Black
Hill

Whaup
Knowe

Abbet Burn

Dismantled Railway

B715

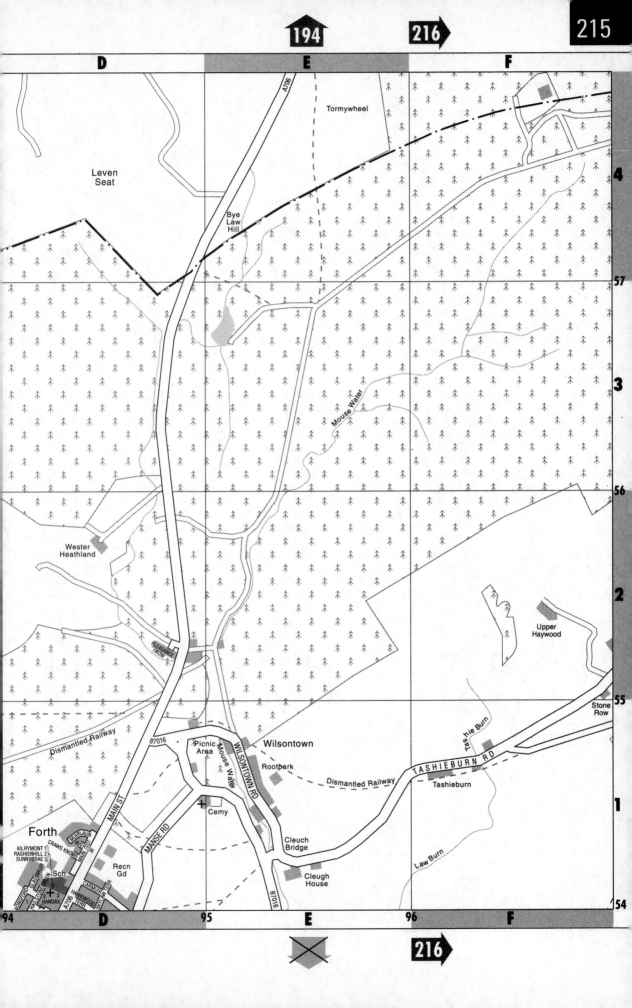

D

E

F

4

57

Tormywheel

Leven
Seat

Bye
Law
Hill

3

Mouse Water

56

Wester
Heathland

2

Upper
Haywood

55

Stone
Row

Dismantled Railway

B7016

Picnic
Area

Wilsontown

Rootpark

Mouse Water

WILSONTOWN RD

TASHIEBURN RD

Tashie Burn

Dismantled Railway

Tashieburn

1

MAIN ST

Cemy

Cleuch
Bridge

Law Burn

Forth

MANSE RD

KILRYMONT 1
RASHIENHILL 2
SUNNYBRAE 3

MUIRLAUN
WESTON
CRAWS KNOWE

Sch

Recn
Gd

Cleugh
House

RONEYFORD
GLADSMUIR
HALLSTONE BRAEN
HANDAX

CARMUIR
HAWKWOOD
SKYLAW TERR

B7016

A706

54

94

D

95

E

96

F

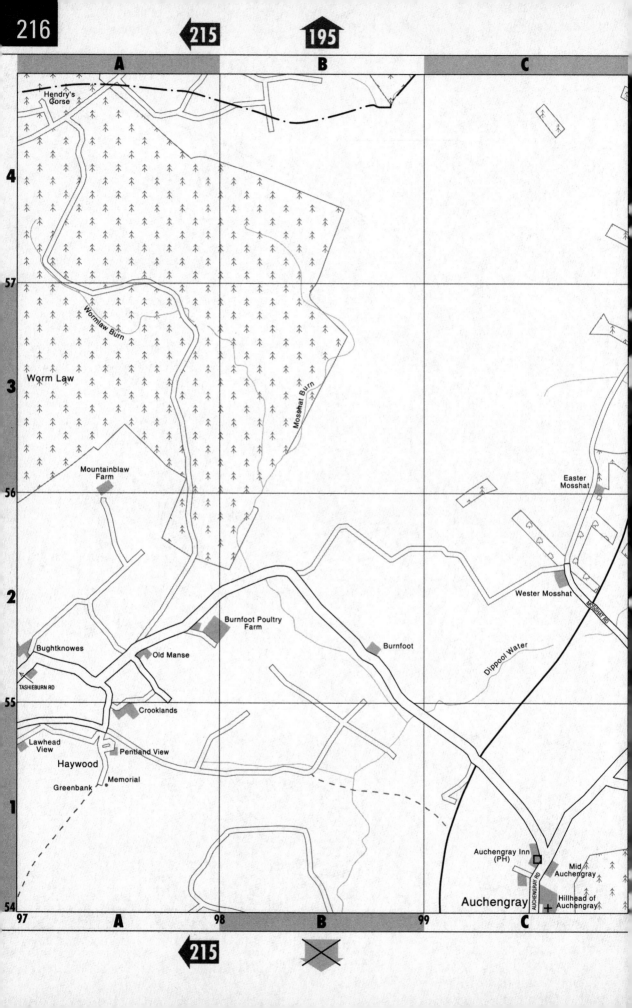

215
195

A
B
C

Hendry's Gorse

4

57

Wormlaw Burn

Mosehat Burn

3

Worm Law

Mountainblaw Farm

Easter Mosshat

56

Wester Mosshat

MOSSHAT RD

2

Burnfoot Poultry Farm

Burnfoot

Dippool Water

Bughtknowes

Old Manse

TASHIEBURN RD

55

Crooklands

Lawhead View

Pentland View

Haywood

Memorial

Greenbank

1

Auchengray Inn (PH)

Mid Auchengray

AUCHENGRAY RD

Hillhead of Auchengray

54

Auchengray

D
E
F

4

The Cottage

Cobbinshaw
Reservoir

North
Cobbinshaw

Benry Syke

Causeway

South
Cobbinshaw

57

WOOLFORDS
COTTS

Dismtd Rly

Birk Burn

Mine
(disused)

Woolfords

3

Dippool Water

Viewfield

Greenfield
House

56

Shafts
(dis)

2

Tarbrax

MOSSAT RD

Loanhead

PH

VIEWFIELD RD

CROSSWOOD TERR

LINKSIDE TERR

Benthead

Greenfield Burn

55

TARBRAX RD

Greenfield

The Manse

Easterhouse

The Old
Police House

Community
Centre

Polkelly

Maryfield
Cottage

Lawhead
Farm

1

Stallashaw
Moss

The
Lodge

Pidgeon
Tower

54

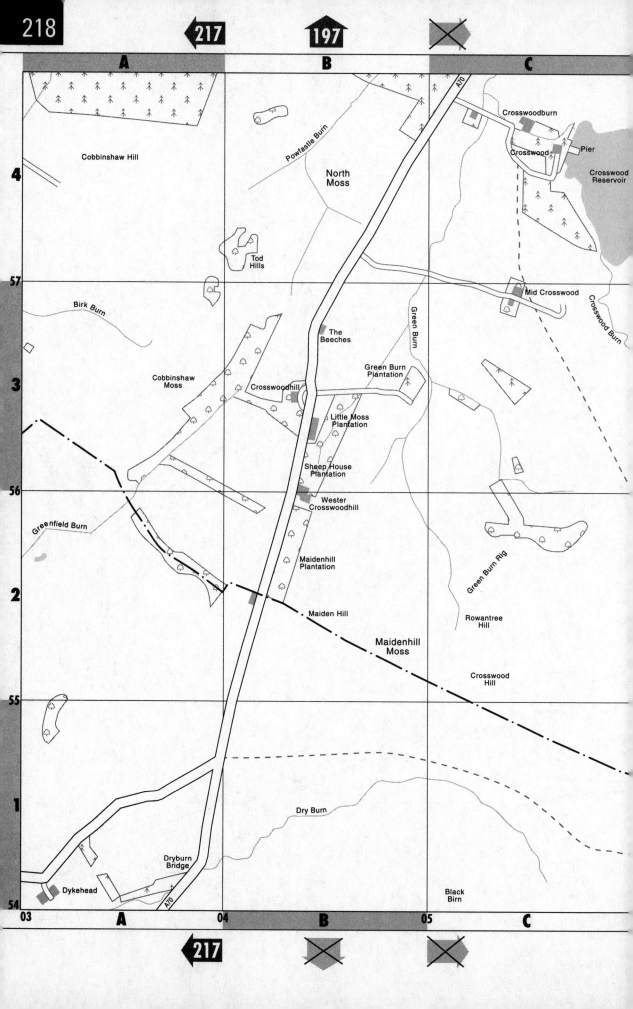

A | B | C

Cobbinshaw Hill

Powfastle Burn

North Moss

Crosswoodburn

Crosswood

Pier

Crosswood Reservoir

4

Tod Hills

57

Birk Burn

Mid Crosswood

Crosswood Burn

The Beeches

Green Burn

Green Burn Plantation

3

Cobbinshaw Moss

Crosswoodhill

Little Moss Plantation

Sheep House Plantation

56

Wester Crosswoodhill

Greenfield Burn

Green Burn Rig

Maidenhill Plantation

2

Maiden Hill

Rowantree Hill

Maidenhill Moss

Crosswood Hill

55

1

Dry Burn

Dryburn Bridge

A70

Dykehead

Black Birn

54

200

220

D

E

F

4

Ravendean Burn

Lyne Water

Cairn Muir

Lynslie Burn

The Mount

Little
Hill

Grain Heads

Fairliehope Burn

57

Hareshaw Sike

Glenmade Burn

Petrifying
Spring

3

56

Baddinsgill
Reservoir

Black Pots

Mount Maw

Little
Knock

OLD DROVE RD

Kennels

Colin's Rig

2

Baddinsgill Burn

55

Baddinsgill
House

Baddinsgill
Farm

Dipper
Wood

Lower Glen Ely
Wood

Glen Ely

Upper Glen Ely
Wood

Lyne Water

Faw Mount

Windy Gowl

1

ROMAN ROAD
(course of)

Wakefield

Cock
Rig

54

2

D

13

E

14

F

220

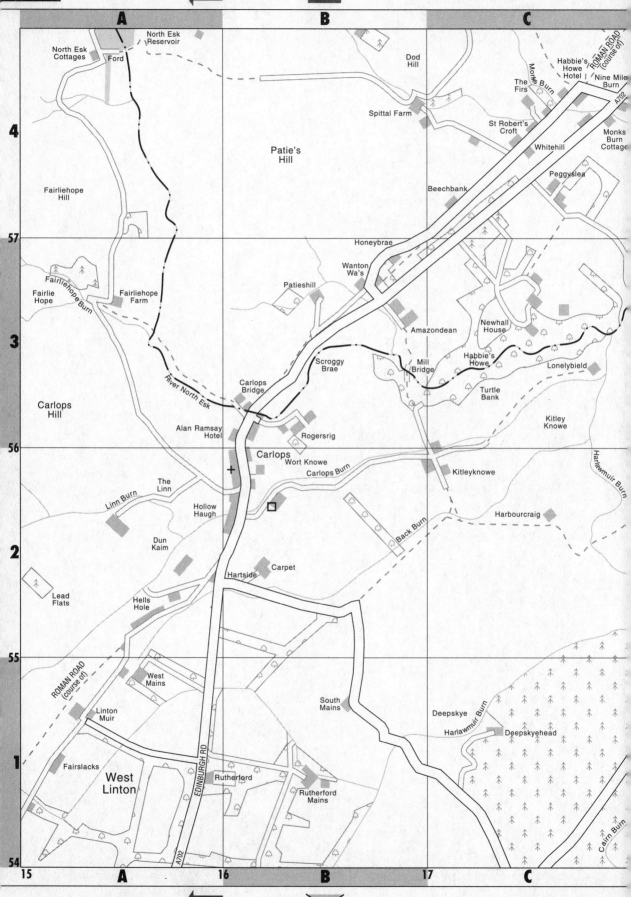

A   B   C

North Esk Cottages
North Esk Reservoir
Ford
Dod Hill
Habbie's Howe Hotel
ROMAN ROAD (course of)
The Firs
Monk Burn
Nine Mile Burn
Spittal Farm
St Robert's Croft
Monks Burn Cottage
Whitehill
A702
Patie's Hill
Fairliehope Hill
Beechbank
Peggyslea
Honeybrae
Wanton Wa's
Fairliehope Burn
Fairlie Hope
Patieshill
Fairliehope Farm
Newhall House
Amazondean
Habbie's Howe
Lonelybield
Scroggy Brae
Mill Bridge
River North Esk
Carlops Bridge
Turtle Bank
Carlops Hill
Kitley Knowe
Alan Ramsay Hotel
Rogersrig
Harlawmuir Burn
Carlops
Wort Knowe
Carlops Burn
Kitleyknowe
The Linn
Linn Burn
Hollow Haugh
Back Burn
Harbourcraig
Dun Kaim
Hartside
Carpet
Lead Flats
Hells Hole
Deepskye
West Mains
South Mains
Harlawmuir Burn
Deepskyehead
Linton Muir
ROMAN ROAD (course of)
Fairslacks
West Linton
EDINBURGH RD
Rutherford
Rutherford Mains
A702
Cairn Burn

D
E
F

Walstone Moss

Saw Mill

Walstone Muir

A702

Monks Burn

River North Esk

The Gawk Stone

4

Auchencorth

57

Marfield

Hare Moss

The Steele

Marfield Loch

Pillars

3

The Steele

56

Auchencorth Moss

Harlawmuir

Harlawmuir Burn

2

Harlaw Muir

55

Cairn Burn

1

Deepsyke Forest

54

Dykeneuk

Hare Burn

Netherton

Glen Rosslyn
Mink Farm

Bowles

4

57

Black Burn

SPRINGFIELD RD

Sch

Auchencorth
Moss

3

Springfield

Rose
View

Dismtd Rly

56

Springfield
Moss

Anne's Mill
Bridge

Newstead

Woodend

Hotel

Leadburn
House

Lead Burn

2

Leadburn
Mains

Leadburn

Rosemay

55

Rosehill

Dismtd Rly

1

Blaircochrane

Craigburn

Willow Burn

Dismtd Rly

Blairburn

Mitchell
Hill

Whim Park
Cottage

Whim
Pond

54

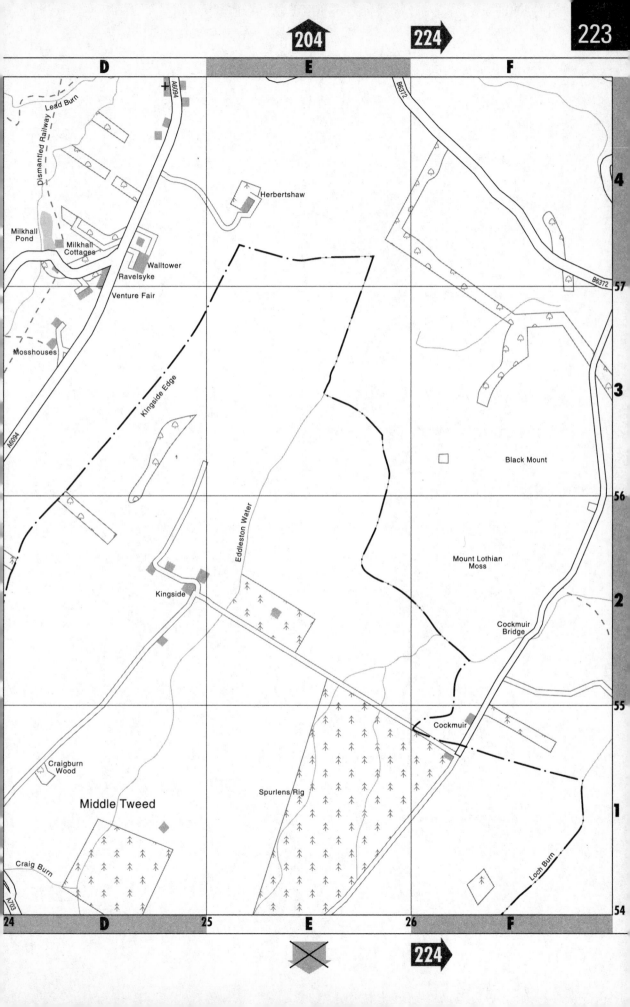

D
E
F

+ A6094

Lead Burn

Dismantled Railway

Herbertshaw

B6372

4

Milkhall
Pond

Milkhall
Cottages

Walltower

Ravelsyke

Venture Fair

57

B6372

Mosshouses

A6094

Kingside Edge

3

Black Mount

56

Eddleston Water

Mount Lothian
Moss

Kingside

Cockmuir
Bridge

2

55

Cockmuir

Craigburn
Wood

Middle Tweed

Spurlens Rig

1

Craig Burn

A703

Loch Burn

54

← 223
↑ 205

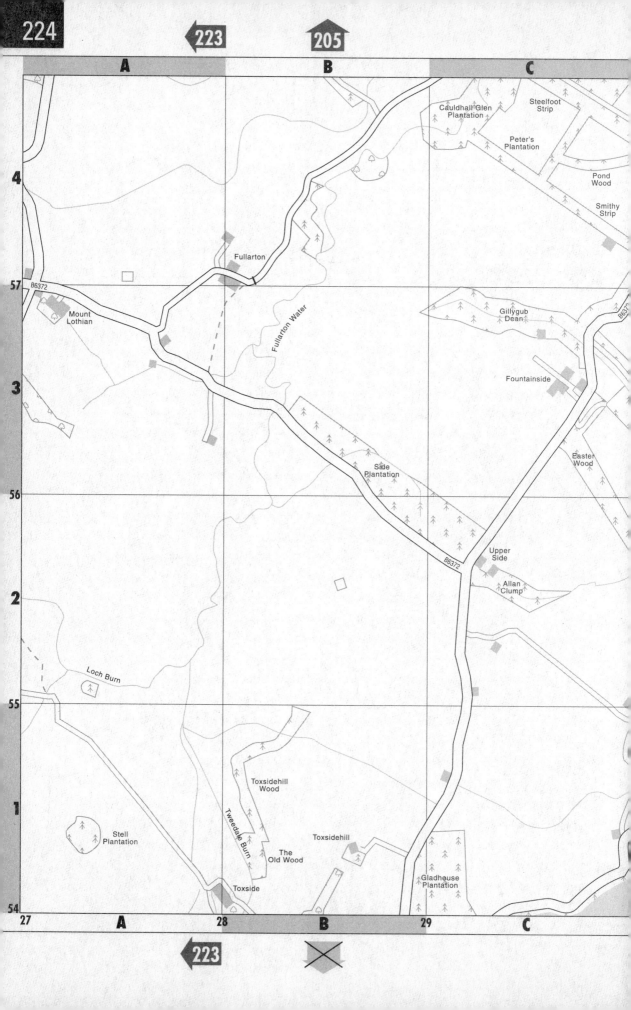

A
B
C

4

Cauldhall Glen
Plantation

Steelfoot
Strip

Peter's
Plantation

Pond
Wood

Smithy
Strip

Fullarton

57
B6372

Mount
Lothian

Fullarton Water

Gillygub
Dean

B6372

Fountainside

Easter
Wood

3

Side
Plantation

56

B6372

Upper
Side

Allan
Clump

2

Loch Burn

55

Toxsidehill
Wood

Tweedale Burn

Toxsidehill

1

Stell
Plantation

The
Old Wood

Gladhouse
Plantation

Toxside

54

27
A
28
B
29
C

D   E   F

Rocks Wood

Temple Farm

Walcot Burn

Well Wood

River South Esk

Saw Mill

4

Rosebery Farm

Rosebery

Mill Wood

Pikeham Wood

Dove Wood

Broadhead Wood

Fountain Strip

Outerston

Millbank Cottage

57

Rosebery Filters

Yorkston

Rosebery Reservoir

3

56

River South Esk

2

Cockmoor Wood

Howburn

Gladhouse Mains

55

Blackburn Strip

1

Gladhouse

Yorkston Moss

Gladhouse Reservoir

Black Burn

54

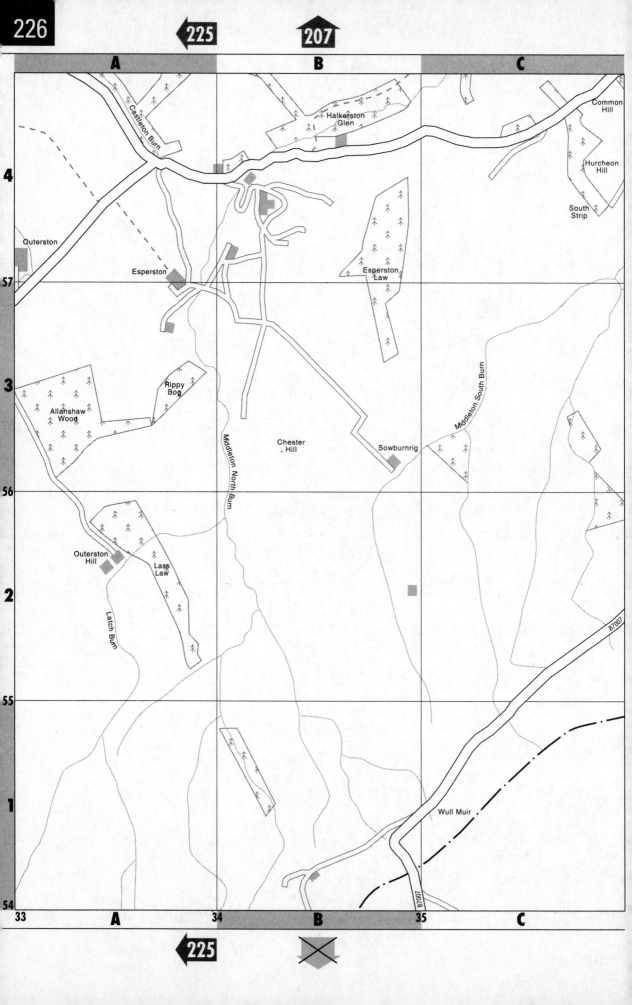

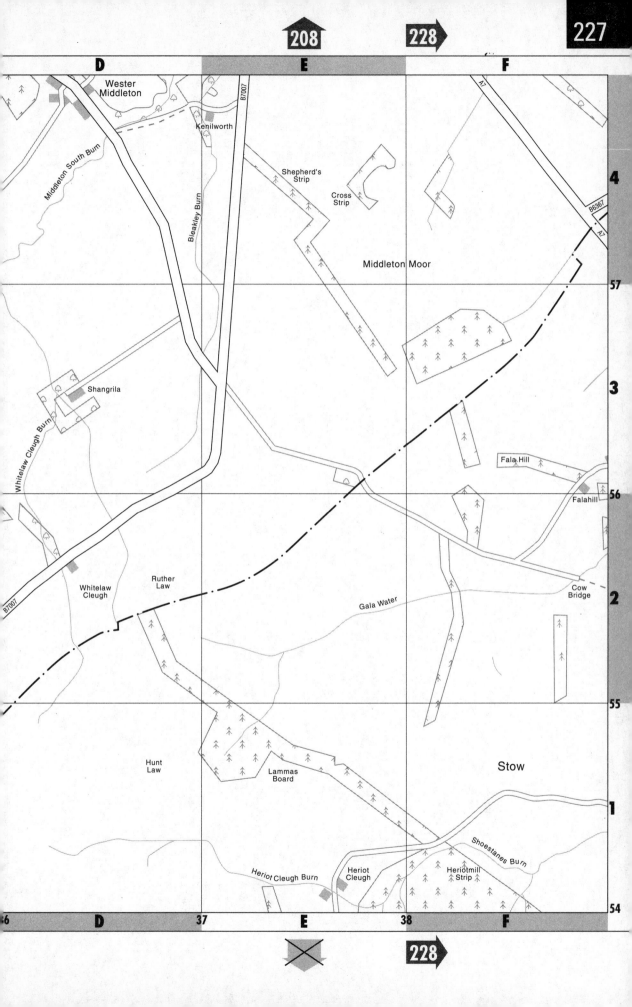

D
E
F

Wester
Middleton

Kenilworth

B7007

Shepherd's
Strip

Cross
Strip

Middleton South Burn

Bleakley Burn

A7

B6367

A7

4

Middleton Moor

57

Shangrila

3

Fala Hill

Whitelaw Cleugh Burn

Falahill

56

Whitelaw
Cleugh

Ruther
Law

B7007

Gala Water

Cow
Bridge

2

55

Hunt
Law

Lammas
Board

Stow

1

Shoestanes Burn

Heriot Cleugh Burn

Heriot
Cleugh

Heriotmill
Strip

54

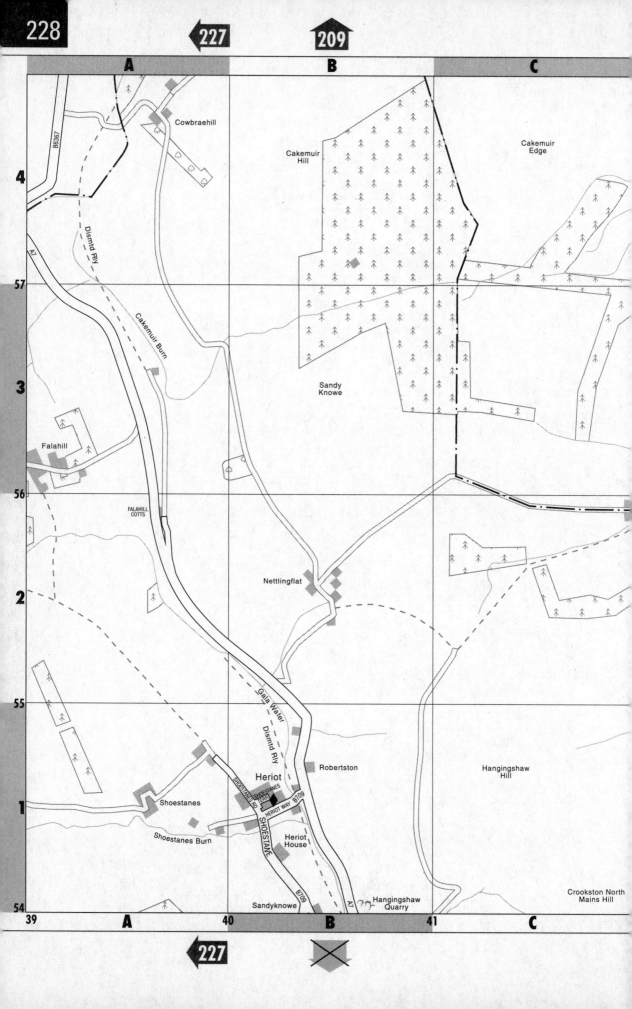

Master Cleugh Burn

Brothershiels Burn

4

57

Makimrich Wood

3

Lauder

Brotherstone Hill

Gilston Peel

Gilston

Gilston Cottages

Upper Brotherstone

56

Brothershiels

Brotherstone Wood

2

Arnet Water

Long Cleugh

Stobbindean Burn

55

Stobbin Dean

Nether Brotherstone

1

Radio Mast

Hartside Hill

B6368

54

212

A **B** **C**

4

Gair
Reservoirs

Kingshill Plantation

King's Law

Bowridge
Cottage

Bowridge Burn

53

Bowridge

Gair

Gair Farm

GAIR RD

3

Resr

52

Belstane Burn

Kingshaw Moss

Thorn

Under
Thorn

Belstane
Town
Farm

Honeybank
Bridge

ROMAN ROAD

HONEYBANK CRES

HYNDSHAW RD

GDNS

Sch

KILBORN RD

GDNS

GAIR CRES

Dyke

Fairyknowe
View

Moss-side Burn

2

BELSTANE RD

STONEHOUSE CRES

DEESIDE DR

BRAEMAR CRES

STONEDYKE RD

Moss-side

Thornhome

West
Highcross

WATERLANDS GDNS

Albert
Cottage

BELSTANE
PK

51

B7056

Carluke

PIKE ST

MYORSIDE ST

QUEEN'S CRES

WOODEND RD

King's
Cres

Yieldshields Burn

YIELDSHIELDS RD

Equestrian
Centre

CAIRNHILL CT

HIGH MILL RD

HILLHEAD AVE

CAIRNEYMOUNT RD

ST ANDREW'S RD

Sch

Hillhead

West
Quarter

Yieldshields

MILLER ST

Cauldron
Gill

Yieldshields
Farm

1

A721

CARNWATH RD

STRATHCLYDE AVE

Jock's Burn

1 STRAEHOUSE WYND
2 MUIRLEE RD
3 CARLIN LA
4 CROSSEN LA
5 JOHNSTONE LA
6 KELLY'S LA
7 DAVIDSON LA
8 CANDIMILNE CT

ROMAN ROAD

Coldstream Burn

GLENAFEOCH RD

BLENHEIM RD

PLACE

TANDORA CT

KILNCADZOW RD

KELSO DR

Croftfoot

GLENMAVIS CRES

HILLTOP

RAMILLIES

OUDENARDE CT

CORRUNA CT

RAMAGE RD

CAMELLIA AVE

WILTON RD

MEADOW CT

Coldstream
Bridge

LOGAN

GLENGONNAR

ANGUS RD

CHARLES CRES

Forest
Kirk

Hospl

BIRKFIELD

GORGIE

B7056

A721

1 EASTFIELD RD
2 TARBET PL

50

85 **A** 86 **B** 87 **C**

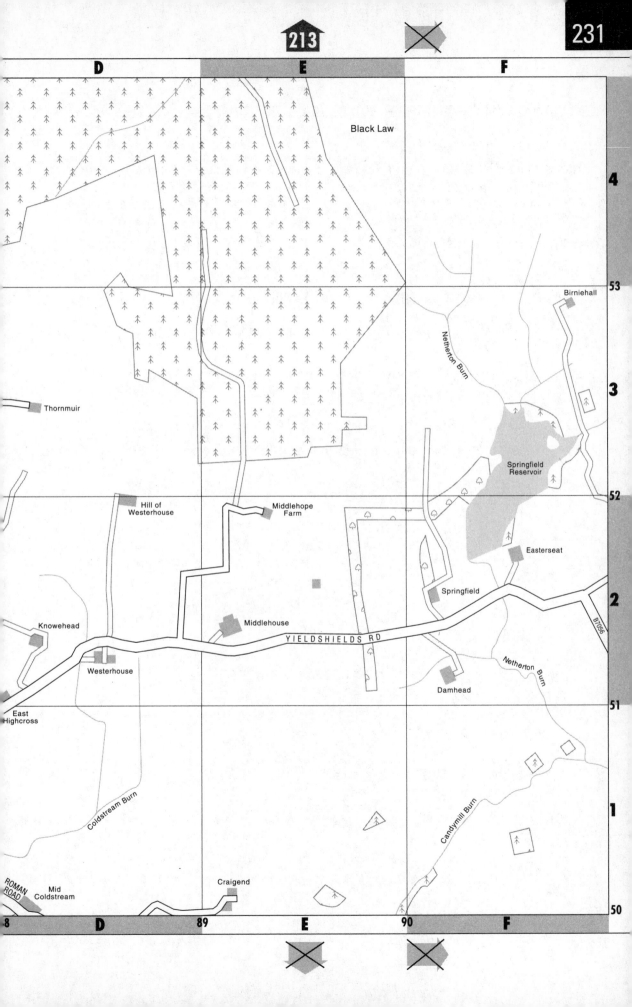

Black Law

Thornmuir

Netherton Burn

Birniehall

Springfield
Reservoir

Hill of
Westerhouse

Middlehope
Farm

Easterseat

Knowehead

Springfield

Middlehouse

YIELDSHIELDS RD

Westerhouse

Netherton Burn

B7056

Damhead

East
Highcross

Coldstream Burn

Candymill Burn

ROMAN
ROAD

Mid
Coldstream

Craigend

D   E   F

4

53

3

52

2

51

1

50

8   D   89   E   90   F

EXPLANATION OF THE STREET INDEX REFERENCE SYSTEM

Street names are listed alphabetically and show the locality, the page number and a reference to the square in which the name falls on the map page.

Example: Melville Dr. Edin...123 E3

Melville Dr
: This is the full street name, which may have been abbreviated on the map.

Edin
: This is the abbreviation for the town, village or locality in which the street falls.

123
: This is the page number of the map on which the street name appears.

E3
: The letter and figure indicate the square on the map in which the centre of the street falls..The square can be found at the junction of the vertical column carrying the appropriate letter and the horizontal row carrying the appropriate figure.

ABBREVIATIONS USED IN THE INDEX
Road Names

Approach	App	Green	Gn
Arcade	Arc	Grove	Gr
Avenue	Ave	Heights	Hts
Boulevard	Bvd	Industrial Estate	Ind Est
Buildings	Bldgs	Junction	Junc
Business Park	Bsns Pk	Lane	La
Business Centre	Bsns Ctr	North	N
Broadway	Bwy	Orchard	Orch
Causeway	Cswy	Parade	Par
Centre	Ctr	Park	Pk
Circle	Circ	Passage	Pas
Circus	Cir	Place	Pl
Close	Cl	Precinct	Prec
Common	Comm	Promenade	Prom
Corner	Cnr	Retail Park	Ret Pk
Cottages	Cotts	Road	Rd
Court	Ct	South	S
Courtyard	Ctyd	Square	Sq
Crescent	Cres	Stairs	Strs
Drive	Dr	Steps	Stps
Drove	Dro	Street,Saint	St
East	E	Terrace	Terr
Embankment	Emb	Trading Estate	Trad Est
Esplanade	Espl	Walk	Wlk
Estate	Est	West	W
Gardens	Gdns	Yard	Yd

Key to abbreviations of Town, Village and Rural locality names used in the index of street names.

Name	Abbr	No	Grid
Aberdour	Abe	49	E4
Aberlady	Aber	71	E2
Addiewell	Add	171	F1
Airth	Air	22	B2
Allanton	Alla	212	A4
Alloa	All	10	B3
Alva	Alva	5	D3
Armadale	Arm	143	F3
Athelstaneford	Ath	101	F4
Auchendinny	Auch	180	B1
Auchengray	Auc	216	C1
Auchtertool	Aucht	15	D1
Avonbridge	Avon	112	A3
Balerno	Bale	151	E1
Banknock	Bank	57	D2
Bannockburn	Bann	7	F1
Bathgate	Bath	145	E4
Blackburn	Black	171	E4
Blackridge	Blac	142	B2
Blairhall	Bla	26	A4
Bo'ness	B'ness	63	F4
Boghall	Bog	145	F4
Bonnybridge	Bon	58	A3
Bonnyrigg	Bonn	182	B4
Bridge of Allan	B of A	2	A4
Bridgend	Brid	86	B2
Broxburn	Brox	117	E3
Burntisland	Burn	50	C4
Caldercruix	Cald	141	D3
California	Cali	81	F3
Cambus	Camb	9	D4
Cambusbarron	Cam	6	B3
Cardenden	Card	15	E4
Carluke	Car	230	A1
Clackmannan	Clack	11	D2
Cockburnspath	Cock	140	C2
Cockenzie	Cocke	97	E2
Cowdenbeath	Cow	13	F2
Cowie	Cowie	20	B4
Crossford	Crossf	28	A1
Crossgates	Cross	30	C3
Culross	Cul	42	B4
Currie	Curr	152	A2
Dalgety Bay	D Bay	48	B2
Dalkeith	Dalk	157	D1
Dalmeny	Dal	89	F4
Danderhall	Dan	156	B4
Dechmont	Dech	116	B1
Denny	Den	36	C1
Dirleton	Dir	53	D2
Dunbar	Dunb	78	B1
Dunblane	Dun	1	B4
Dunfermline	Dunf	29	E2
Dunipace	Duni	36	B2
East Calder	E Cal	148	C2
East Linton	E Lin	103	E4
Eastfield	East	168	B2
Edinburgh	Edin	123	E3
Elphinestone	Elph	128	A1
Falkirk	Falk	60	B3
Fallin	Fall	8	B2
Fauldhouse	Fau	193	F3
Fishcross	Fish	5	F2
Forth	For	215	D1
Gifford	Giff	163	F2
Gladsmuir	Glad	130	A4
Gorebridge	Gore	207	E4
Grangemouth	Gran	61	E4
Gullane	Gull	52	A1
Haddington	Hadd	101	E1
Halbeath	Hal	30	A3
Harthill	Hart	169	D3
High Valleyfield	H Val	26	A1
Howgate	How	204	A1
Humbie	Hum	187	D1
Inverkeithing	Inver	47	E1
Kelty	Kel	12	B4
Kincardine	Kin	23	F2
Kinghorn	King	35	D2
Kirkcaldy	Kirk	17	E2
Kirkliston	Kirkl	89	D1
Kirknewton	Kir	149	F1
Larbert	Lar	38	A2
Lauder	Lau	229	F3
Laurieston	Laur	61	D2
Limekilns	Lime	45	F2
Linlithgow	Lin	85	D3
Linnhouse	Linn	174	B1
Livingston	Liv	147	E3
Loanhead	Loan	181	D4
Lochgelly	Loch	14	B4
Longniddry	Long	98	C3
Maddiston	Madd	83	D3
Mayfield	May	183	F3
Menstrie	Men	3	F3
Middle Tweed	M Twee	223	D1
Muirhouses	Muir	64	B3
Muirieston	Muri	174	A4
Musselburgh	Muss	126	B4
New Sauchie	N Sau	5	E1
Newton	New	88	A4
Newtongrange	Newt	183	D3
North Berwick	N Ber	54	B4
North Middleton	N Mid	207	F2
Oakley	Oak	26	C4
Ormiston	Orm	159	F4
Pathhead	Path	185	D3
Pencaitland	Pen	160	B4
Penicuik	Peni	203	F3
Plean	Plea	20	B2
Polmont	Pol	61	F1
Prestonpans	Pres	96	C1
Pumpherston	Pump	148	A4
Queensferry	Que	89	D4
Ratho	Rat	119	E1
Rosewell	Rose	181	D1
Roslin	Rosl	180	C2
Rosyth	Ros	46	C2
Salsburgh	Sals	167	D2
Shieldhill	Shi	81	E3
Shotts	Shot	191	F3
Slamannan	Slam	110	A3
Stenhousemuir	Sten	38	B2
Stirling	Stir	7	E4
Stoneyburn	Ston	171	E1
Stow	Stow	227	F1
Tillicoultry	Till	5	F4
Torphichen	Torp	113	F3
Torryburn	Torr	26	C1
Torwood	Tor	37	F3
Tranent	Tran	128	B4
Tullibody	Tull	4	B2
Uphall	Uph	116	C2
West Calder	W Cal	172	B1
West Linton	W Lin	220	A1
Westfield	West	112	C3
Whitburn	Whit	170	A4
Whitecraig	White	126	C1
Winchburgh	Winch	87	F1

1st St. Gran ... 62 A4
2nd St. B'ness ... 62 B3
2nd St. Gran ... 62 A4
3rd St. B'ness ... 62 B3
3rd St. Gran ... 62 A4
4th St. B'ness ... 62 C3
4th St. Gran ... 62 A4
5th St. B'ness ... 62 C3
5th St. Gran ... 62 A4
6th St. B'ness ... 62 C3
6th St. Gran ... 41 D1
7th St. B'ness ... 62 C3
7th St. Gran ... 62 B4
8th St. Gran ... 62 B4
Abbey Craig Rd. N Sau ... 5 D1
Abbey Cres. N Ber ... 54 A4
Abbey Ct. N Ber ... 54 A4
Abbey La. Edin ... 94 A1
Abbey Mains. Hadd ... 101 F2
Abbey Mews. N Ber ... 54 A4
Abbey Mill. Stir ... 7 E4
Abbey Park Pl. Dunf ... 29 D2
Abbey Rd. Dalk ... 157 D1
Abbey Rd. Dunb ... 78 B1
Abbey Rd. N Ber ... 54 A4
Abbey Rd Pl. Stir ... 7 E4
Abbey Rd. Stir ... 2 B1
Abbey St. Edin ... 94 A1
Abbey St. H Val ... 26 A1
Abbey Strand. Edin ... 123 F4
Abbey View. Crossf ... 28 B1
Abbey View. Dunf ... 29 F1
Abbeygrange. Newt ... 183 D3
Abbeyhill Cres. Edin ... 93 F1
Abbeyhill. Edin ... 93 F1
Abbeymount. Edin ... 93 F1
Abbot Rd. Bann ... 7 E2
Abbot St. Dunf ... 29 D2
Abbot's View. Hadd ... 101 D1
Abbots Cl. N Ber ... 53 F4
Abbots Ct. Falk ... 60 B4
Abbots Mill. Kirk ... 17 D2
Abbots Moss Dr. Falk ... 59 F1
Abbots Rd. Falk ... 60 B4
Abbots Rd. Gran ... 61 E4
Abbots View. Pol ... 61 F2
Abbots Wlk. Kirk ... 16 C2
Abbotsford Cres. Edin ... 123 D2
Abbotsford Cres. Shot ... 191 F3
Abbotsford Ct. Edin ... 123 D2
Abbotsford Dr. Gran ... 61 F3
Abbotsford Dr. Laur ... 61 D2
Abbotsford Gdns. Falk ... 39 D1
Abbotsford Pk. Edin ... 123 D2
Abbotsford Pk. N Ber ... 53 F4
Abbotsford Pl. Stir ... 2 B1
Abbotsford Rd. N Ber ... 53 F4
Abbotsford Rise. Muri ... 148 A1
Abbotsford St. Falk ... 60 A4
Abbotsgrange Rd. Gran ... 61 F4
Abbotshall Rd. Kirk ... 17 D1
Abbotsinch Rd. Gran ... 61 F4
Abden Ave. King ... 35 D2
Abden Ct. King ... 35 D2
Abden Pl. King ... 35 D2
Abel Pl. Dunf ... 29 F2
Abercairney Cres. Madd ... 82 C3
Abercairney Pl. Gran ... 61 F4
Abercorn Ave. Edin ... 124 B4
Abercorn Cres. Edin ... 124 B4
Abercorn Ct. Edin ... 124 B4
Abercorn Dr. Edin ... 124 B4
Abercorn Gr. Edin ... 124 B4
Abercorn Pl. Winch ... 87 F1
Abercorn Rd. Edin ... 124 B4
Abercorn Terr. Edin ... 125 E4
Abercrombie Pl. Men ... 3 F3
Abercrombie St. Falk ... 59 F3
Abercromby Dr. B of A ... 2 A4
Abercromby Pl. Edin ... 93 E1
Abercromby Pl. Stir ... 7 D4
Abercromby Pl. Tull ... 4 A1
Aberdour Cres. Dunf ... 29 E1
Aberdour Pl. Dunf ... 29 E1
Aberdour Rd. Burn ... 33 E1
Aberdour Rd. Dunf ... 29 F1
Aberlady Rd. Hadd ... 100 C1
Aberlour St. Ros ... 46 C2
Abinger Gdns. Edin ... 122 B4
Abington Rd. Dunf ... 28 C1
Aboyne Ave. Stir ... 2 B2
Aboyne Gdns. Kirk ... 16 C4
Academy La. Loan ... 181 E4
Academy Pk. Edin ... 94 A2
Academy Pl. Bann ... 7 F1
Academy Rd. B'ness ... 64 A4
Academy Sq. Lime ... 45 E2
Academy St. All ... 9 F4
Academy St. Arm ... 143 F3
Academy St. Bath ... 145 D3
Academy St. Edin ... 94 A2
Acheson St. Pres ... 127 F4
Achray Ct. All ... 10 B3
Achray Dr. Stir ... 2 A2
Ackam Path. Loan ... 180 C4
Acorn Cres. Lar ... 38 B1
Acre Rd. Muir ... 64 B3

Acredale. Bath ... 145 D3
Acredale. Lin ... 85 D3
Acredales. Hadd ... 131 F4
Acredales Wlk. Hadd ... 131 F4
Adam Cres. Sten ... 38 C1
Adam Pl. Loch ... 14 A4
Adam Sq. Muri ... 173 E3
Adam St. Falk ... 60 B3
Adambrae Rd. Muri ... 173 E3
Adamson Ave. Kirk ... 17 D3
Adamson Cres. Dunf ... 29 E3
Adamson Pl. Stir ... 2 A2
Adamson Rd. Loch ... 14 A4
Adelaide St. Liv ... 148 A3
Adelphi Gr. Edin ... 125 D4
Adelphi Pl. Edin ... 125 D4
Admiral Terr. Edin ... 123 D3
Admiralty Rd. Inver ... 47 E2
Admiralty Rd. Lime ... 46 B2
Admiralty Rd. Ros ... 46 B2
Admiralty St. Edin ... 93 F3
Affleck Ct. Edin ... 121 D4
Affric Dr. Falk ... 39 E1
Affric Loan. Shot ... 191 F3
Affric Way. Crossf ... 28 A1
Afton Ct. Dech ... 116 B1
Afton Ct. Stir ... 7 E3
Afton Dr. Bank ... 57 E4
Afton Gr. Dunf ... 29 F3
Afton Pl. Edin ... 93 D3
Afton Terr. Edin ... 93 D3
Agnew Terr. Edin ... 93 E3
Ailsa Gr. Kirk ... 16 C4
Ainslie Gdns. Pol ... 61 F2
Ainslie Pl. Edin ... 93 D1
Aird's Cl. Edin ... 123 E4
Airdrie Rd. Cald ... 141 D2
Airlie Dr. Pol ... 61 F1
Airth Dr. Stir ... 7 E2
Airthrey Ave. B of A ... 2 A3
Airthrey Dr. Sten ... 39 D2
Airthrey Rd. B of A ... 2 B3
Airthrey Rd. Stir ... 2 B2
Aitchison Dr. Lar ... 38 A2
Aitchison's Pl. Edin ... 95 D1
Aitken Cres. Stir ... 7 D1
Aitken Ct. Kirk ... 17 D1
Aitken Dr. Slam ... 110 A3
Aitken Dr. Whit ... 170 A4
Aitken Gdns. Falk ... 59 F3
Aitken Orr Dr. Brox ... 117 F3
Aitken Rd. Falk ... 59 E3
Aitken St. Kirk ... 17 F4
Aitken Terr. Falk ... 59 E3
Akarit Rd. Sten ... 38 C1
Alan Breck Gdns. Edin ... 91 E1
Albany La. Edin ... 93 E1
Albany St. Dunf ... 29 D2
Albany St. Edin ... 93 E1
Albert Cl. Muss ... 127 D3
Albert Cres. Muss ... 127* D3
Albert Pl. Muss ... 127 D3
Albert Pl. Stir ... 7 D4
Albert Rd. East ... 168 C3
Albert Rd. Edin ... 94 A1
Albert Rd. Falk ... 60 A2
Albert St. Edin ... 93 F2
Albert St. Ros ... 46 C2
Albert Terr. Edin ... 123 D2
Albert Terr. Muss ... 126 C3
Alberta Ave. Liv ... 147 F2
Albion Pl. Edin ... 94 A1
Albion Rd. Edin ... 94 A1
Albion Terr. Edin ... 94 A1
Albyn Cotts. Brox ... 117 F3
Albyn Dr. Muri ... 173 F3
Albyn Ind Est. Brox ... 117 F4
Albyn Pl. Edin ... 93 D1
Albyn Terr. Brox ... 117 F3
Alder Gr. Dunf ... 29 E1
Alder Gr. Laur ... 61 D2
Alderbank Gdns. Edin ... 122 C2
Alderbank. Liv ... 147 F3
Alderbank. Peni ... 203 F2
Alderbank Pl. Edin ... 122 C2
Alderbank Terr. Edin ... 122 C2
Alderston Dr. Dunf ... 29 E3
Alderston Pl. Hadd ... 100 C1
Alderston Rd. Hadd ... 131 F4
Alderstone Rd. Liv ... 147 F2
Alderstone Rd. Muri ... 173 E4
Alexander Ave. Falk ... 60 C3
Alexander Ave. Gran ... 61 E3
Alexander Dr. B of A ... 2 A4
Alexander Dr. Edin ... 122 B3
Alexander Dr. Pres ... 127 F4
Alexander Pk. Brox ... 117 F4
Alexander Pl. Ros ... 46 C2
Alexander Rd. Shot ... 191 E3
Alexander St. Cow ... 13 E3
Alexander St. Kirk ... 18 A4
Alexander St. Uph ... 117 D2
Alexander The Third St.

King ... 34 C1
Alexandra Bsns Pk. Kirkl ... 119 D3
Alexandra Dr. All ... 9 F4
Alexandra Dr. Bog ... 145 F3
Alexandra Pl. Stir ... 2 B1
Alexandra St. Dunf ... 29 D3
Alexandra St. Kirk ... 17 E3
Alford Ave. Kirk ... 16 C4
Alfred Pl. Edin ... 123 F2
Alice Cox Wlk. Dunf ... 29 E1
Alice Gr. Cross ... 30 C3
Aline Ct. D Bay ... 48 A1
Alison Gr. Crossf ... 28 A1
Alison St. Kirk ... 17 D1
Allan Barr Ct. Falk ... 60 A1
Allan Cres. Dunf ... 29 F1
Allan Cres. Duni ... 36 B2
Allan Ct. Gran ... 40 C1
Allan Park Cres. Edin ... 122 B2
Allan Park Dr. Edin ... 122 B1
Allan Park Gdns. Edin ... 122 B1
Allan Park Loan. Edin ... 122 B1
Allan Park Rd. Edin ... 122 B1
Allan Pk. Cow ... 13 D1
Allan Pk. Kirkl ... 89 D1
Allan Pk. Stir ... 7 D4
Allan Rd. Whit ... 169 F3
Allan St. Edin ... 93 D1
Allan Terr. Dalk ... 157 D2
Allanbank Rd. Lar ... 38 B3
Allandale Cotts. Bon ... 57 E1
Allanfield. Edin ... 93 F1
Allanton Rd. Shot ... 191 E1
Allanvale Rd. B of A ... 1 C4
Allanwater Gdns. B of A ... 2 A4
Allanwood Ct. B of A ... 2 A4
Allen Gr. Bla ... 26 C4
Aller Pl. Liv ... 147 D2
Allermuir Ave. Rosl ... 180 C3
Allermuir Rd. Edin ... 153 D3
Alloa Pl. Kirkl ... 89 D1
Alloa Rd. B of A ... 3 D1
Alloa Rd. Clack ... 11 D2
Alloa Rd. N Sau ... 5 E2
Alloa Rd. Sten ... 39 D2
Alloa Rd. Tull ... 4 B2
Alloway Cres. Bon ... 57 F3
Alloway Dr. Cowie ... 20 B4
Alma La. Falk ... 60 A3
Alma St. Falk ... 60 A3
Alma St. Inver ... 47 E2
Alma Terr. Falk ... 60 A3
Almond Ave. Kirkl ... 119 F4
Almond Bank Cotts. Edin ... 91 D3
Almond Cres. Bonn ... 182 A3
Almond Ct. Edin ... 124 C2
Almond Ct. Liv ... 148 B2
Almond Ct. Stir ... 7 E3
Almond Ct. Whit ... 170 C4
Almond E. Liv ... 148 A3
Almond Gn. Edin ... 121 D4
Almond Gr. E Cal ... 148 C3
Almond Gr. Que ... 89 E4
Almond Interchange. Liv ... 148 A2
Almond Pk. Liv ... 148 A2
Almond Pl. Kirk ... 17 E4
Almond Rd. Black ... 145 E1
Almond Rd. Dunf ... 29 F1
Almond Rd. Kirkl ... 119 F4
Almond Rd. Liv ... 148 A2
Almond Rd. Madd ... 83 E3
Almond S. Liv ... 148 B3
Almond Side. E Cal ... 148 B2
Almond Sq. Whit ... 170 C4
Almond Sq. Gran ... 61 E3
Almond St. Whit ... 170 A4
Almond Terr. East ... 168 B3
Almond Terr. Madd ... 83 E3
Almond View. Black ... 146 A1
Almond W. Liv ... 148 A2
Almond West Rd. Liv ... 148 A2
Almondbank Terr. Edin ... 122 C2
Almondell Ct. Brox ... 117 F3
Almondell Rd. Brox ... 117 F3
Almondell Terr. E Cal ... 148 C3
Almondhill Rd. Kirkl ... 89 D1
Almondside. Kirkl ... 89 D1
Almondside. Muri ... 147 F1
Almondvale Ave. Muri ... 147 F1
Almondvale Bvd. Muri ... 147 E1
Almondvale Dr. Muri ... 147 F1
Almondvale E. Muri ... 147 F1
Almondvale N. Muri ... 147 F1
Almondvale Parkway. Muri 147 F1
Almondvale Rd. Liv ... 147 E1
Almondvale Roundabout.
Muri ... 147 F1
Almondvale S. Liv ... 147 F1
Almondvale W. Muri ... 147 E1
Almondview. Muri ... 147 F1
Alness Gr. Dunf ... 28 C1
Alnwickhill Cres. Edin ... 154 C3
Alnwickhill Ct. Edin ... 154 C3
Alnwickhill Dr. Edin ... 154 C3
Alnwickhill Gdns. Edin ... 154 C3
Alnwickhill Gr. Edin ... 154 C3
Alnwickhill Loan. Edin ... 154 C3

Alnwickhill Pk. Edin ... 155 D3
Alnwickhill Rd. Edin ... 155 D4
Alnwickhill Terr. Edin ... 154 C3
Alnwickhill View. Edin ... 154 C3
Alpha St. B'ness ... 62 C3
Alva Pl. Edin ... 94 A1
Alva St. Edin ... 123 D4
Alyth Dr. Pol ... 62 A1
Amberley Path. Gran ... 61 F3
Ambrose Rise. Muri ... 148 A1
Amisfield Pk. Hadd ... 132 B4
Amisfield Pl. Hadd ... 132 B4
Amisfield Pl. Long ... 98 C3
Amos Path. Loan ... 180 C4
Amulree Pl. B' ness ... 63 E4
Ancrum Bank. Dalk ... 156 C1
Ancrum Rd. Dalk ... 156 C1
Anderson Ave. Arm ... 143 F2
Anderson Ave. Newt ... 183 D3
Anderson Cres. Cali ... 81 F3
Anderson Dr. Cow ... 13 D1
Anderson Dr. Den ... 36 C1
Anderson Dr. Sten ... 39 D1
Anderson Gn. Liv ... 147 E4
Anderson La. Kin ... 23 F2
Anderson La. Ros ... 46 B3
Anderson Park Rd. Den ... 36 C1
Anderson Pl. Edin ... 93 F3
Anderson Pl. Stir ... 7 D2
Anderson St. Bon ... 58 A3
Anderson St. Kirk ... 17 F3
Anderson St. Kirk ... 18 A4
Anderson Terr. Bank ... 57 D2
Andrew Ave. Bog ... 145 F3
Andrew Cres. Sten ... 38 B2
Andrew Ct. Peni ... 203 F4
Andrew Dodd's Ave. May .. 183 F4
Andrew St. Loch ... 14 A3
Andrew Wood Ct. Edin ... 93 E3
Angle Park Terr. Edin ... 122 C3
Angres Ct. Dan ... 156 B4
Angus Rd. Car ... 230 A1
Angus St. B' ness ... 63 E3
Ann St. Edin ... 93 D1
Annabel Ct. Inver ... 47 E1
Annan Ct. Falk ... 60 B1
Annandale St. Edin ... 93 F1
Annandale Street La. Edin .. 93 F1
Anne Dr. B of A ... 2 A3
Anne Dr. Sten ... 38 C2
Anne St. All ... 9 F4
Anne St. Bog ... 145 F3
Anne St. Peni ... 203 F4
Annet Rd. Bank ... 57 E3
Annfield Ct. Glad ... 129 E3
Annfield Dr. Stir ... 7 E3
Annfield. Edin ... 93 E3
Annfield Gdns. Stir ... 7 D3
Annfield St. Edin ... 93 E3
Annfield. Tran ... 128 C3
Anson Ave. Falk ... 59 F2
Antigua St. Edin ... 93 F1
Antonine Ct. B'ness ... 63 E3
Antonine Gdns. Falk ... 59 E3
Antonine Gr. Bon ... 57 F2
Antonine St. Falk ... 59 E3
Appin Cres. Dunf ... 29 D2
Appin Cres. Kirk ... 16 C4
Appin Gr. Pol ... 61 F2
Appin Terr. Edin ... 122 B2
Appin Terr. Shot ... 192 A2
Appleton Parkway. Liv ... 146 C2
Arboretum Ave. Edin ... 93 D1
Arboretum Pl. Edin ... 93 D2
Arboretum Rd. Edin ... 93 D2
Arbroath Cres. Stir ... 2 A2
Arbuthnot Rd. Loan ... 181 E4
Arbuthnot St. Falk ... 59 F3
Arcade. Liv ... 148 . A3
Arcade. Stir ... 7 D4
Archers Ave. Stir ... 7 E2
Archers Ct. Gull ... 52 A1
Archibald Pl. Edin ... 123 E4
Archibald Russell Ct. Pol ... 61 F1
Ard Ct. Gran ... 61 E3
Ardeer Pl. Dunf ... 29 E1
Arden St. Edin ... 123 E3
Ardgowan Pl. Shot ... 191 F3
Ardmillan Pl. Edin ... 122 C3
Ardmillan Terr. Edin ... 122 C3
Ardshiel Ave. Edin ... 91 E1
Ardvreck Pl. Sten ... 39 D2
Argyle Cres. Edin ... 125 E4
Argyle Park Terr. Edin ... 123 E3
Argyle Pl. Bonn ... 181 F3
Argyle Pl. Edin ... 123 E3
Argyle St. Edin ... 93 F3
Argyll Ave. Falk ... 60 B3
Argyll Ave. Stir ... 2 B1
Argyll Pl. All ... 10 B4
Argyll St. All ... 10 B4
Arkaig Dr. Crossf ... 28 B1
Arkwright Ct. N Ber ... 54 A4
Armadale Rd. Whit ... 170 A4
Armine Pl. Peni ... 204 A4
Armour Ave. Cowie ... 20 B4
Arneil Pl. Pol ... 82 B4

Arnot St. Falk ... 60 B2
Arnothill Ct. Falk ... 59 F3
Arnothill. Falk ... 60 A2
Arnothill Gdns. Falk ... 60 A2
Arnothill La. Falk ... 59 F2
Arnothill Mews. Falk ... 60 A2
Arnott Gdns. Edin ... 122 A1
Arnprior Rd. Gore ... 207 E4
Arns Gr. All ... 9 F4
Arnswell. N Sau ... 5 E1
Arran Cres. Kirk ... 16 C4
Arran Ct. All ... 10 A3
Arran Ct. Gran ... 61 E3
Arran. Liv ... 146 C3
Arran Pl. Edin ... 125 E4
Arran Terr. Falk ... 59 E2
Arras Gr. Auch ... 204 A4
Arrol Cres. All ... 10 B4
Arrol Pl. Que ... 89 E4
Arrol Sq. Liv ... 146 C3
Arthur Pl. Cow ... 13 E2
Arthur St. Cow ... 13 E2
Arthur St. Dunf ... 29 D3
Arthur St. Edin ... 93 F2
Arthur Street La. Edin ... 93 F2
Arthur View Cres. Dan ... 156 A4
Arthur View Terr. Dan ... 156 A4
Arthur's Dr. Sten ... 38 C1
Artillery Pk. Hadd ... 101 D1
Ash Braes. Kin ... 23 E2
Ash Gr. All ... 10 B3
Ash Gr. Black ... 171 E4
Ash Gr. Bog ... 145 F3
Ash Gr. Cow ... 13 D2
Ash Gr. Dunb ... 78 A1
Ash Gr. Dunf ... 46 B4
Ash Gr. Laur ... 61 D1
Ash Gr. Liv ... 148 A3
Ash Gr. Oak ... 27 E3
Ash Gr. Sten ... 38 C1
Ash La. Loan ... 180 C4
Ash Terr. Stir ... 6 C3
Ashbank Terr. E Cal ... 148 C2
Ashbrae Gdns. Stir ... 7 D1
Ashburnham Gdns. Que ... 68 B1
Ashburnham Rd. Que ... 89 E4
Ashfield Ct. Dunb ... 78 C1
Ashfield Pl. Dunb ... 78 C1
Ashgrove. May ... 183 F4
Ashgrove. Muss ... 126 C3
Ashgrove Pl. Muss ... 126 C3
Ashgrove View. Muss ... 126 C3
Ashley Ct. Lin ... 84 C3
Ashley Dr. Edin ... 122 C2
Ashley Gdns. Edin ... 122 C2
Ashley Gr. Edin ... 122 C2
Ashley Hall Gdns. Lin ... 84 C3
Ashley Pl. Edin ... 93 F2
Ashley Rd. Pol ... 61 F2
Ashley St. Bon ... 57 F3
Ashley Terr. All ... 10 A4
Ashley Terr. Edin ... 122 C2
Ashton Gr. Edin ... 124 A1
Ashville Terr. Edin ... 94 A2
Asquith St. Kirk ... 17 D2
Assembly St. Edin ... 94 A3
Assynt Bank. Peni ... 204 A3
Atheling Gr. Que ... 89 E4
Athol Cres. Laur ... 61 D2
Athol Pl. Dunf ... 29 E2
Athol Terr. Bath ... 145 D4
Atholl Cres. Edin ... 123 D4
Atholl Crescent La. Edin ... 123 D4
Atholl Pl. Stir ... 1 C1
Atholl Terr. Kirk ... 16 B4
Attlee Cres. May ... 183 F3
Auchengray Rd. Auc ... 216 C1
Auchingane. Edin ... 153 F3
Auchinleck Ct. Edin ... 93 E3
Auchterderran Rd. Loch ... 14 A4
Auction Mart. Hadd ... 101 D1
Audenhard Terr. Ston ... 171 E1
Auld Orch. Bonn ... 182 B4
Auldgate. Kirkl ... 89 D1
Auldhame Cotts. E Lin ... 55 F3
Auldhill Ave. Brid ... 86 B2
Auldhill Cotts. Brid ... 86 B2
Auldhill Cres. Brid ... 86 B2
Auldhill Dr. Brid ... 86 B2
Auldhill Entry. Brid ... 86 B2
Auldhill Pl. Brid ... 86 B2
Auldhill Rd. Brid ... 86 B2
Auldhill Terr. Brid ... 86 B2
Ava St. Kirk ... 17 D1
Aven Dr. Laur ... 60 C2
Avenue Pk. B of A ... 1 C4
Avenue Pk. E Cal ... 148 B2
Avenue Pk W. E Cal ... 148 B2
Avenue Rd. Cocke ... 97 D2
Avenue Rd. Dalk ... 156 C1
Avenue The. B of A ... 2 A4
Avenue The. Brid ... 86 B4
Avenue The. Giff ... 163 F2
Avenue The. Gore ... 183 D1
Avenue The. Inver ... 47 F2
Avenue The. Loch ... 14 B4

235

Avenue The. Rat — Bendameer Rd. Burn

Avenue The. Rat 151 F4
Avenue The. Sten 39 E1
Avenue The. Whit 170 A3
Avenue Villas. Edin 92 C1
Averton. For 215 D1
Avon Ct. Falk 60 B1
Avon Dr. Lin 84 B4
Avon Gr. Edin 91 D2
Avon Gr. Peni 204 A3
Avon Pk. Avon 111 F3
Avon Pl. B' ness 63 F4
Avon Pl. Edin 91 D2
Avon Rd. Bath 145 D4
Avon Rd. Edin 91 D2
Avon Rd. Gran 62 B4
Avon Rd. Madd 83 F3
Avon St. Duni 36 B2
Avon St. Gran 40 A1
Avon Terr. Avon 112 A3
Avonbank Ave. Gran 61 F3
Avonbridge Rd. Slam 110 A4
Avondale Cres. Arm 143 F3
Avondale Dr. Arm 143 F3
Avondale Pl. Edin 93 D1
Avondale Rd. Pol 62 A2
Avonlea Dr. Pol 61 F2
Avonmill Rd. Lin 84 B4
Avonmill View. Lin 84 B4
Avonside Dr. Duni 36 B3
Avontoun Cres. Madd 84 A3
Avontoun Pk. Lin 84 B3
Ayres Wynd. Pres 96 C1
Aytoun Cres. Burn 33 F1
Aytoun Gr. Dunf 28 C3

Baads Rd. Cald 141 E1
Baberton Ave. Curr 152 B3
Baberton Cres. Curr 152 C3
Baberton Loan. Curr 152 B3
Baberton Mains Ave. Curr 152 B3
Baberton Mains Bank. Curr 152 B4
Baberton Mains Brae. Curr 152 B4
Baberton Mains Cres. Curr 152 B4
Baberton Mains Ct. Curr 152 B4
Baberton Mains Dell. Curr 152 B4
Baberton Mains Dr. Curr 152 B4
Baberton Mains. Edin 152 B4
Baberton Mains Gdns. Curr 152 B4
Baberton Mains Gn. Curr 152 B4
Baberton Mains Gr. Curr 152 B4
Baberton Mains Hill. Curr 152 B4
Baberton Mains Lea. Curr 152 B4
Baberton Mains Loan. Curr 152 C4
Baberton Mains Pk. Curr 152 B4
Baberton Mains Pl. Curr 152 B4
Baberton Mains Rise. Curr 152 B4
Baberton Mains Row. Curr 152 B4
Baberton Mains View. Curr 152 C4
Baberton Mains View. Edin 152 C4
Baberton Mains Way. Curr 152 B4
Baberton Mains Wood. Curr 152 B4
Baberton Mains Wynd. Curr 152 B4
Baberton Pk. Curr 152 B3
Bablins Wynd. Giff 163 F2
Back Cswy. Cul 42 B4
Back Dean. Edin 122 C4
Back O' Hill Rd. Stir 2 A1
Back O' Yards. Inver 47 D1
Back Rd. Alva 4 C4
Back Rd. Dunb 78 A1
Back Station Rd. Lin 85 D4
Backdean Rd. Dan 156 A4
Backlee. Edin 155 D3
Backmarch Cres. Ros 46 C2
Backmarch Rd. Ros 46 C2
Backwood Ct. Clack 10 C3
Badallan Pl. Fau 193 F3
Badger Wood. Dech 116 B1
Baileyfield Cres. Edin 125 D4
Baileyfield Rd. Edin 94 C1
Baileyfield Rd. Edin 125 D4
Bailie Gr. Edin 125 D3
Bailie Path. Edin 125 D3
Bailie Pl. Edin 125 D3
Bailie Terr. Edin 125 D3
Bailielands. Lin 85 E4
Baillie St. Whit 170 A4
Baillie Waugh Rd. Stir 7 E2
Bain St. Loch 14 A4
Baingle Brae. Tull 4 A2
Baingle Cres. Tull 4 A2
Baird Ave. Edin 122 B3
Baird Dr. Arm 143 F4
Baird Dr. Edin 122 B3
Baird Gdns. Edin 122 B3
Baird Gr. Edin 122 B3
Baird Rd. Arm 143 F4
Baird Rd. Liv 147 D1
Baird Rd. Rat 119 E2
Baird St. Falk 59 E3
Baird Terr. East 168 B3
Baird Terr. Edin 122 B3
Baird Terr. Hadd 100 C1
Bairns Ford Ave. Falk 60 A4
Bairns Ford Ct. Falk 60 A4
Bairns Ford Dr. Falk 60 A4
Bakehouse Cl. Edin 123 F4
Baker St. B' ness 63 F3
Baker St. Stir 7 D4
Balantyne Pl. Liv 147 D2
Balbakie Rd. East 168 C3
Balbardie Ave. Bath 145 D4
Balbardie Cres. Bath 145 D4
Balbardie Rd. Bath 145 D3
Balbirnie Pl. Edin 122 C4
Balcarres Ct. Edin 123 D1
Balcarres Pl. Muss 126 B4
Balcarres Rd. Muss 126 B4
Balcarres St. Edin 123 D1
Balcastle Rd. Slam 110 A3
Balderston Gdns. Edin 124 A1
Balderstone's Wynd. N Ber 54 B4
Baldridgeburn. Dunf 28 C3
Baldwin Cres. Kirk 17 D3
Balfour Cres. Lar 38 B1
Balfour Cres. Plea 20 B2
Balfour Ct. Dunf 29 E3
Balfour Ct. Edin 91 D1
Balfour Pl. Edin 93 F2
Balfour St. All 10 B4
Balfour St. Bann 7 E1
Balfour St. Bon 57 F3
Balfour St. Edin 93 F2
Balfour St. Kirk 17 D3
Balfour St. N Ber 54 B4
Balfour St. Stir 1 C1
Balfour Terr. Auch 180 A1
Balfour's Sq. Tran 128 B3
Balfron Loan. Edin 91 E1
Balgone Barns Cotts. E Lin 54 B1
Balgreen Ave. Edin 122 A3
Balgreen Gdns. Edin 122 A3
Balgreen Pk. Edin 122 A3
Balgreen Rd. Edin 122 A3
Balgreen Rd. Edin 122 B2
Baliol St. King 34 C1
Ballantyne Rd. Edin 93 F3
Ballast Bank. Inver 47 E1
Ballater Dr. Stir 2 B2
Ballencrieff Toll. Bath 114 A1
Ballengeich Pass. Stir 2 A1
Ballengeich Rd. Stir 1 C1
Ballingry La. Loch 14 A4
Ballingry St. Loch 14 A4
Balloch Rd. Shot 191 F3
Balm Well Ave. Edin 155 D3
Balm Well Gr. Edin 155 D3
Balm Well Terr. Edin 155 D3
Balmoral Dr. Falk 59 F2
Balmoral Dr. Kirk 16 B3
Balmoral Gdns. Muri 173 E3
Balmoral Gdns. Pol 82 B4
Balmoral Pl. Edin 93 D1
Balmoral Pl. Sten 38 C2
Balmoral Pl. Stir 7 D4
Balmoral Rd. B'ness 62 C3
Balmoral St. Falk 59 F2
Balmuir Rd. Bath 144 C4
Balmulzier Rd. Slam 110 A4
Balnacraig. Crossf 28 A1
Balquhatstone Cres. Slam 110 A3
Balquhidderock. Stir 7 E2
Balsusney Rd. Kirk 17 D3
Baltic St. Edin 94 A3
Balure Cres. Fall 8 B2
Balvaird Pl. Dunf 29 E3
Balwearie Cres. Kirk 17 D1
Balwearie Gdns. Kirk 16 C1
Balwearie Rd. Kirk 17 D1
Banchory Cotts. King 34 C3
Banchory Pl. Tull 4 B2
Bancroft Ave. Liv 147 F2
Bandeath Rd. Fall 8 B2
Bandon Ave. Kirk 17 F4
Bangholm Ave. Edin 93 D3
Bangholm Bower Ave. Edin 93 D3
Bangholm Gr. Edin 93 E3
Bangholm Loan. Edin 93 E3
Bangholm Pk. Edin 93 D3
Bangholm Pl. Edin 93 D3
Bangholm Rd. Edin 93 D3
Bangholm Terr. Edin 93 D2
Bangholm View. Edin 93 E3
Bangly Brae. Ath 100 A2
Bangor Rd. Edin 93 F3
Bank Rd. E Lin 103 F4
Bank Rd. East 168 C3
Bank St. All 10 A3
Bank St. E Cal 148 B2
Bank St. Edin 123 E4
Bank St. Falk 60 A3
Bank St. Gran 40 A1
Bank St. Inver 47 E1
Bank St. Kin 23 E2
Bank St. Kirk 17 F4
Bank St. Loch 14 A4
Bank St. N Ber 54 A4
Bank St. Peni 203 F2
Bank St. Slam 110 A3
Bank St. Stir 7 D4
Bank St. Whit 170 A4
Bankhead Ave. Edin 121 E2
Bankhead Broadway. Edin 121 D2
Bankhead Cotts. E Lin 75 E3
Bankhead Cres. Bank 57 E3
Bankhead Crossway N. Edin 121 D2
Bankhead Crossway S. Edin 121 E1
Bankhead Dr. Edin 121 D2
Bankhead Gr. Dal 68 B1
Bankhead Ind Est. Edin 121 E2
Bankhead Medway. Edin 121 E2
Bankhead Pl. Edin 121 E1
Bankhead Rd. N Sau 5 E2
Bankhead St. Edin 121 E1
Bankhead Terr. Edin 121 D1
Bankhead Way. Edin 121 D1
Bankhill Ct. Gran 61 E3
Bankpark Brae. Tran 128 A4
Bankpark Cres. Tran 128 A4
Bankpark Gr. Tran 128 B4
Bankside Ct. Den 36 C1
Bankside. Falk 60 B4
Bankton Ct. Muri 174 A4
Bankton Dr. Muri 173 F4
Bankton Gdns. Muri 174 A4
Bankton Glade. Muri 174 A4
Bankton Gn. Muri 173 F4
Bankton Gr. Muri 174 A4
Bankton Park E. Muri 148 A1
Bankton Pk W. Muri 148 A1
Bankton Rd. Muri 173 E4
Bankton Sq. Muri 173 F4
Bankton Terr. Pres 128 A4
Bankton Way. Muri 173 F4
Bankton Wlk. Muri 173 F4
Bannerman Ave. Inver 47 E2
Bannerman St. Dunf 29 D3
Bannoch Brae. Dunf 29 E2
Bannock Rd. Fall 8 B2
Bannockburn Rd. Cowie 20 B4
Bannockburn Rd. Stir 7 E2
Bannockburn Station Rd. Fall 8 A2
Bantaskine Dr. Falk 59 F2
Bantaskine Gdns. Falk 59 F2
Bantaskine Rd. Falk 59 F2
Bantaskine St. Falk 59 F2
Banton Pl. Bon 58 A2
Baptie Pl. B' ness 63 F3
Barassie Dr. Kirk 17 D4
Barbauchlaw Ave. Arm 143 F3
Barbour Ave. Stir 7 E2
Barbour Gr. Dunf 28 C3
Barclay Pl. Edin 123 D3
Barclay Rd. King 34 C2
Barclay St. Cow 13 D2
Barclay Terr. Edin 123 D3
Barclay Way. Liv 147 F4
Barham Rd. Ros 46 B1
Barkhill Rd. Lin 84 C3
Barkin Ct. Falk 60 A1
Barlaw Gdns. Arm 144 A3
Barleyhill. Bon 58 A3
Barleyknowe Cres. Gore 183 E1
Barleyknowe Gdns. Gore 183 E1
Barleyknowe La. Gore 183 E1
Barleyknowe Pl. Gore 183 E1
Barleyknowe Rd. Gore 183 E1
Barleyknowe St. Gore 183 E1
Barleyknowe Terr. Gore 183 E1
Barn Rd. Stir 7 D4
Barnbougle Ride. Dal 90 B4
Barnego Rd. Duni 36 B2
Barnes Gn. Liv 147 E4
Barnet Cres. Kirk 17 D1
Barnhill Dr. Tull 4 B1
Barnhill Pl. D Bay 48 B2
Barnhill Rd. D Bay 48 B2
Barns Ct. Whit 170 C4
Barns Ness Terr. E Lin 139 D4
Barns Pk. D Bay 48 A1
Barnsdale Rd. Stir 7 D2
Barnshot Rd. Edin 153 D3
Barnton Ave. Edin 91 E2
Barnton Ave W. Edin 91 D2
Barnton Brae. Edin 91 D2
Barnton Ct. Edin 91 D2
Barnton Gdns. Edin 91 F2
Barnton Gr. Edin 91 D2
Barnton La. Falk 60 A2
Barnton Loan. Edin 91 F2
Barnton Park Ave. Edin 91 E2
Barnton Park Cres. Edin 91 E2
Barnton Park Dell. Edin 91 E2
Barnton Park Dr. Edin 91 E2
Barnton Park Gdns. Edin 91 E2
Barnton Park Gr. Edin 91 E2
Barnton Park Pl. Edin 91 E2
Barnton Park View. Edin 91 E2
Barnton Park Wood. Edin 91 D1
Barnton Pk. Edin 91 F2
Barnton St. Stir 7 D4
Barntongate Ave. Edin 91 D1
Barntongate Dr. Edin 91 D1
Barntongate Terr. Edin 91 D1
Barnwell Rd. Stir 2 B2
Barons Hill Ave. Lin 85 D4
Barons Hill Ct. Lin 85 D4
Baronscourt Rd. Edin 94 B1
Baronscourt Terr. Edin 124 B4
Barony Ct. B' ness 63 F3
Barony Pl. Edin 93 E1
Barony St. Edin 93 E1
Barony Terr. Edin 121 E4
Barr Cres. Inver 47 E1
Barra Pl. Sten 39 D2
Barracks Roundabout. Liv 146 C3
Barracks St. Cocke 97 E2
Barrie Ct. Liv 148 B3
Barrie Pl. Dunf 28 C3
Barrie Pl. Gran 61 E3
Barrie Rd. Sten 38 C2
Barrie St. Dunf 28 C3
Barrie Terr. Bath 145 E3
Barton Rd. Ros 46 A1
Barton Terr. Fau 193 F3
Bass Rock View. N Ber 55 D4
Bastion Wynd. Stir 7 D4
Bath Pl. Edin 95 D1
Bath Rd. Edin 94 A3
Bath St. Edin 125 D4
Bath St La. Edin 125 D4
Bathfield. Edin 93 F3
Bathgate Rd. Black 171 E4
Bathgate Rd. Whit 170 C4
Bathville Bsns Ctr. Arm 144 A3
Baton Rd. Shot 191 E3
Battery Rd. Gran 62 B4
Battery Rd. Inver 68 B3
Battock Rd. Madd 82 C4
Bavelaw Cres. Peni 203 E3
Bavelaw Gdns. Bale 151 E1
Bavelaw Rd. Bale 151 E1
Baxter Cres. Den 36 B1
Baxter St. Fall 8 B2
Baxter's Pl. Edin 93 F1
Baxter's Wynd. Falk 60 A2
Bayne Gdns. Madd 84 A3
Bayne St. Stir 2 A1
Bayswell Pk. Dunb 78 B2
Bayswell Rd. Dunb 78 B2
Beach La. Edin 95 D1
Beach La. Muss 126 A4
Beach Rd. Gran 41 D1
Beach Rd. N Ber 54 A4
Beachmont Ct. Dunb 78 C1
Beachmont Pl. Dunb 78 C1
Bean Row. Falk 60 A2
Beancross Rd. Gran 61 E3
Bearcroft Gdns. Gran 61 F4
Bearcroft Rd. Gran 62 B4
Bearford Pl. Hadd 132 B4
Bearside Rd. Stir 7 D2
Beath View. Dunf 29 F2
Beath View Rd. Cow 13 D1
Beatlie Rd. Winch 88 A2
Beaton Ave. Bann 7 E1
Beatty Ave. Stir 2 A1
Beatty Cres. Kirk 17 E4
Beatty Ct. Kirk 17 E4
Beatty Pl. Dunf 29 E3
Beauchamp Gr. Edin 155 D4
Beauchamp Rd. Edin 155 D4
Beauclerc St. Alva 5 D4
Beaufort Cres. Kirk 16 B3
Beaufort Dr. Sten 39 D2
Beaufort Rd. Edin 123 E2
Beauly Ct. Falk 60 B1
Beauly Ct. Gran 61 E2
Beauly Dr. Liv 148 A2
Beauly Pl. Kirk 16 C4
Beaumont Dr. Sten 39 D1
Beaverbank Pl. Edin 93 E2
Beaverhall Rd. Edin 93 E2
Beck Cres. Dunf 29 E3
Beda Pl. Fall 8 B3
Bedford Ct. All 10 A3
Bedford Ct. Edin 93 D1
Bedford Pl. All 10 A3
Bedford St. Edin 93 D1
Bedford Terr. Edin 125 E4
Bedlormie Dr. Blac 142 B1
Beech Ave. Abe 48 C3
Beech Ave. D Bay 48 C3
Beech Ave. E Cal 148 A1
Beech Ave. N Mid 206 C2
Beech Ave. Plea 20 B2
Beech Cres. Duni 36 B2
Beech Cres. Lar 59 E4
Beech Gr Ave. Dalk 156 B1
Beech Gr. Dunf 46 B4
Beech Gr. Liv 148 A3
Beech Gr. Whit 170 B3
Beech La. Stir 2 A2
Beech Loan. Bonn 182 A3
Beech Pl. Black 146 A1
Beech Pl. Gran 61 E3
Beech Pl. Liv 147 E2
Beech Rd. Bog 145 F3
Beech St. Dunb 78 A1
Beech Terr. Pen 160 B3
Beech Way. D Bay 48 A3
Beechbank Cres. E Cal 148 C1
Beeches The. D Bay 48 B2
Beeches The. Gull 52 A2
Beeches The. Newt 183 D4
Beechgrove Rd. May 183 F3
Beechmount Cres. Edin 122 A4
Beechmount Ct. Shot 192 A1
Beechmount Pk. Edin 122 A3
Beechwood. Crossf 28 A1
Beechwood Gdns. Black 145 E1
Beechwood Gr. Pump 117 D1
Beechwood. Lin 85 D3
Beechwood Mains. Edin 122 A4
Beechwood. N Sau 5 E1
Beechwood Pk. Liv 146 C4
Beechwood Pk. Newt 183 D3
Beechwood Pk. Pump 117 D1
Beechwood Pl. Black 145 E1
Beechwood Rd. Black 145 E1
Beechwood Rd. Hadd 131 F4
Beechwood Terr. Edin 94 A2
Begbie Pl. Liv 147 D3
Begg Ave. Falk 59 F2
Beldorney Pl. Dunf 29 E3
Belfield Ct. Muss 126 A3
Belford Ave. Edin 92 C1
Belford Gdns. Edin 92 C1
Belford Pk. Edin 122 C4
Belford Pl. Edin 122 C4
Belford Rd. Edin 122 C4
Belford Terr. Edin 122 C4
Belgrave Cres. Edin 93 D1
Belgrave Crescent La. Edin 93 D1
Belgrave Gdns. Edin 121 F4
Belgrave Mews. Edin 92 C1
Belgrave Pl. Edin 92 C1
Belgrave Rd. Edin 121 F3
Belhaven Pl. Edin 123 D1
Belhaven Rd. Dunb 78 B1
Belhaven Terr. Edin 123 D1
Bell Ct. Gran 40 C1
Bell Pl. Edin 93 D1
Bell Rd. Ros 46 A1
Bell Sq. Muri 173 E3
Bell Stane. Que 68 A1
Bell's Mill Terr. Winch 87 F1
Bell's Mills. Edin 122 C4
Bell's Wynd. Falk 60 A2
Bellaknowes Ind Est. Inver 47 D2
Bellamond Cres. Whit 170 B4
Bellenden Gdns. Edin 124 B1
Bellevue Ave. Dunb 78 C1
Bellevue Cres. Edin 93 E1
Bellevue. Edin 93 E1
Bellevue Gdns. Edin 93 E2
Bellevue Gr. Edin 93 E1
Bellevue. Madd 82 C4
Bellevue Pl. Edin 93 E1
Bellevue Rd. All 9 F3
Bellevue Rd. Edin 93 E2
Bellevue St. Edin 93 E1
Bellevue St. Falk 60 B2
Bellevue Terr. Edin 93 E1
Bellfield Ave. Dalk 156 C1
Bellfield Ave. E Cal 148 C1
Bellfield Ave. Muss 126 A3
Bellfield Cres. Kirk 18 A4
Bellfield La. Edin 125 D4
Bellfield Rd. Bann 7 F1
Bellfield Rd. Stir 7 D3
Bellfield Sq. Pres 127 F4
Bellfield St. Edin 125 D4
Bellfield Terr. Edin 125 D4
Bellfield View. Bonn 182 B4
Bellhouse Rd. Abe 49 D4
Bellman Way. D Bay 48 A3
Bellman's Rd. Peni 203 F3
Bellona Terr. Fau 193 F3
Bells Brae. Edin 123 D4
Bells Burn Ave. Lin 85 E4
Bellsdyke Rd. Air 39 E3
Bellsdyke Rd. Lar 38 B2
Bellsdyke Rd. Sten 38 B2
Bellsmains. N Mid 207 E3
Bellsmeadow Rd. Falk 60 B2
Bellsquarry S. Muri 173 F3
Bellyeoman La. Dunf 29 E3
Bellyeoman Rd. Dunf 29 E3
Bellyford Rd. Elph 128 A1
Belmont Ave. Edin 122 A4
Belmont Ave. Shi 81 F4
Belmont Cres. Edin 122 A4
Belmont Dr. Shot 192 A1
Belmont Gdns. Edin 122 A4
Belmont Pk. Edin 122 A4
Belmont Rd. Curr 152 B3
Belmont St. Falk 60 B2
Belmont Terr. Edin 122 A4
Belmont View. Edin 122 A4
Belstane Pk. Car 230 A2
Belstane Rd. Car 230 A2
Belsyde Ct. Lin 84 B3
Belvedere Pk. Edin 93 E3
Belvedere Rd. Bath 144 C4
Belwood Cres. Auch 180 A1
Belwood Rd. Auch 179 F1
Ben Alder Pl. Kirk 16 C3
Ben Ledi Rd. Kirk 16 C3
Ben Lomond View. Oak 27 D3
Ben Nevis Pl. Kirk 16 C3
Ben Sayers Pk. N Ber 54 C3
Benarty St. Kirk 16 C3
Bendachin Dr. Dunf 29 F3
Bendameer Rd. Burn 33 E1

236

Benhar Rd. East Broomfield Terr. Edin

Benhar Rd. East 167 F1
Benhar Rd. Shot 192 A3
Benjamin Dr. B' ness 63 F3
Bennett Wood Terr. Winch 87 F2
Bennochy Ave. Kirk 17 D3
Bennochy Ct. Kirk 17 D3
Bennochy Gdns. Kirk 17 D3
Bennochy Rd. Kirk 16 C3
Bentheads. Bann 19 F4
Benview. Bann 7 E1
Benview Terr. Fish 5 F2
Beresford Ave. Edin 93 E3
Beresford Gdns. Edin 93 E3
Beresford Pl. Edin 93 D3
Beresford Rise. Muri 148 A1
Berkeley St. Stir 7 D2
Bernard Shaw St. Dunf 28 C3
Bernard St. Edin 94 A3
Bernard Terr. Edin 123 F3
Berry St. Loch 14 A4
Berryhill. Cowie 20 C4
Berryhill Cres. Gran 61 F3
Berryhill Pl. Shot 192 A1
Berrylaw Pl. Dunf 28 C2
Berrylaw Rd. Crossf 28 B2
Bertram Pl. Shot 191 E3
Bertram St. East 168 B3
Bertram St. Shot 191 F3
Bervie Dr. Muri 173 F3
Berwick Pl. Kirk 17 E3
Berwick Pl. Kirk 18 A4
Beulah. Muss 126 C3
Bevan Dr. Alva 5 E4
Bevan Pl. Ros 46 C2
Bevan Rd. May 183 E3
Bevan-lee Ct. Dalk 157 D2
Beveridge Ave. May 183 F3
Beveridge Cl. May 183 F3
Beveridge Rd. Kirk 17 D2
Beveridge Sq. Muri 147 F1
Beveridge St. Dunf 29 E1
Bickerton Terr. Whit 170 A3
Bickram Cres. Bla 26 B4
Biggar Rd. Edin 154 A2
Biggar Rd. Peni 202 C3
Biggin Wa's. Kirk 17 F4
Bingham Ave. Edin 124 C3
Bingham Broadway. Edin 125 D3
Bingham Cres. Edin 125 D3
Bingham Crossway. Edin 124 C3
Bingham Dr. Edin 125 D3
Bingham Medway. Edin 124 C3
Bingham Pl. Edin 124 C3
Bingham Way. Edin 124 C3
Binn Ave. Burn 33 F1
Binnie Pl. Gran 39 F1
Binniehill Rd. Slam 110 A3
Binning Rd. Inver 47 D2
Binning Wood Rd. E Lin 75 F4
Binny Park. Brid 116 C4
Birch Ave. Stir 6 C3
Birch Cres. Loan 180 C4
Birch Ct. Edin 91 D1
Birch Ct. Liv 147 E1
Birch Gr. Dunf 46 B4
Birchbank. Cow 13 D1
Birchwood. N Sau 5 E1
Birk Hedges. Hadd 130 C3
Birkdale Dr. Uph 116 C2
Birkenshaw Way. Arm 143 F3
Birkenside. Gore 207 E3
Birkfield Loan. Car 230 B1
Birkfield Pl. Car 230 B1
Birkhill Cres. B' ness 63 F3
Birkhill Rd. Cam 6 C3
Birkhill Rd. Stir 6 C3
Birkhill St. B' ness 63 F3
Birnam Ct. Falk 39 E1
Birnam Rd. Kirk 16 C4
Birnie Brae. Loch 14 A4
Birnie St. Loch 14 A4
Birniehill Ave. Bath 144 C2
Birniehill Cres. Bath 144 C2
Birniehill Rd. Bath 144 C2
Birniehill Terr. Bath 144 C2
Birniewell Rd. Slam 110 A3
Birrell Dr. Dunf 29 E1
Birrell Street Wynd. Kirk 17 E3
Birrell's La. Kirk 17 F4
Birsley Rd. Tran 128 B3
Bishops Pk. E Cal 148 A1
Bishops Pk. E Cal 148 B1
Black Craigs. Kirk 16 B4
Blackbarony Rd. Edin 124 A1
Blackburn Ave. Dunf 28 B3
Blackburn Dr. Cow 13 D2
Blackburn Rd. Add 171 F1
Blackburn Rd. Bog 145 E2
Blackburnhall. Ston 171 E3
Blackchapel Cl. Edin 125 D2
Blackchapel Rd. Edin 125 D2
Blackcot Ave. May 183 E3
Blackcot Dr. May 183 E3
Blackcot Pl. May 183 E3
Blackcot Rd. May 183 E3
Blacket Ave. Edin 123 F3
Blacket Pl. Edin 123 F3
Blackfaulds Ct. Fau 193 F3
Blackfaulds Dr. Fau 193 F3
Blackfaulds Pl. Fau 193 F3
Blackford Ave. Edin 123 E2
Blackford Bank. Edin 123 E2
Blackford Gate. Edin 123 E2
Blackford Glen Rd. Edin 123 F1
Blackford Hill Gr. Edin 123 E1
Blackford Hill Rise. Edin 123 E1
Blackford Hill View. Edin 123 E1
Blackford Rd. Edin 123 E2
Blackfriars St. Edin 123 F4
Blackhall St. Shot 192 A2
Blackhill Rd. Blac 142 C2
Blackie Rd. Edin 94 A2
Blacklaw Rd. Dunf 29 E1
Blackmill Cres. Sten 39 D2
Blackmount Terr. Madd 82 C3
Blackmuir Pl. Tull 4 B2
Blackness Rd. Lin 85 D4
Blackston Rd. Avon 112 A3
Blackthorn Ct. Edin 91 D1
Blackwood Cres. Edin 123 F3
Blackwood Gn. Dunf 46 C4
Blaeberry Gdns. Edin 91 D1
Blaeberryhill Rd. Whit 170 B3
Blaefaulds Cres. Den 57 E4
Blair Ave. B' ness 63 F3
Blair Dr. Dunf 29 D3
Blair Dr. Kel 12 B4
Blair Pl. Kirk 16 B3
Blair St. Edin 123 E4
Blair St. Kel 12 B4
Blair Terr. Sten 39 D2
Blair's Cotts. Laur 61 E1
Blairdenon Cres. Falk 59 F2
Blairdenon Dr. N Sau 5 D1
Blairdenon Rd. Alva 4 C3
Blairforkie Dr. B of A 1 C4
Blairlodge Ave. Laur 82 B4
Blairlodge Ave. Pol 82 B4
Blairmore Rd. Kirk 16 B4
Blairmuckhole And Forrestdyke Rd. Sals 167 F4
Blairwood Wlk. Oak 26 C4
Blake St. Dunf 29 E1
Blamey Cres. Cow 13 D1
Blantyre Terr. Edin 123 D2
Blawearie Rd. Tran 128 B3
Bleachfield. Edin 93 E2
Bleachfield. Falk 60 A3
Blenheim Ct. Auch 204 A4
Blenheim Pl. Sten 38 C3
Blenheim Rd. Car 230 A1
Blindwell Brae. Giff 133 F1
Blindwells. Alva 4 B2
Blinkbonnie Terr. Slam 110 A3
Blinkbonny Ave. Edin 92 B1
Blinkbonny Cres. Edin 92 B1
Blinkbonny Gdns. Edin 92 B1
Blinkbonny Gr. Edin 92 B1
Blinkbonny Gr W. Edin 92 B1
Blinkbonny Rd. Curr 152 A2
Blinkbonny Rd. Falk 59 F2
Blinkbonny Terr. Edin 92 B1
Blinny Ct. Shot 192 A2
Bloom Ct. Liv 147 D2
Bloom Pl. Liv 147 D1
Bloom Roundabout. Liv 147 E2
Bloomfield Pl. Bath 145 D3
Blyth St. Kirk 17 F4
Bo'mains Rd. B' ness 63 F3
Bo'ness Rd. Gran 62 A3
Bo'ness Rd. Pol 61 F2
Bo'ness Rd. Que 67 F1
Boat Gn. Edin 93 E2
Bog Rd. Falk 60 B3
Bog Rd. Falk 60 C2
Bog Rd. Peni 203 F3
Bog Rd. Whit 170 A3
Bog The. B'ness 64 A4
Bogend Rd. Bann 19 F4
Bogend Rd. Lar 38 A4
Bogend Rd. Tor 37 F4
Boghall Dr. Bog 145 F3
Boghall Roundabout. Bog 145 F3
Boghead Cres. Bath 144 C3
Bogies Wynd. Kirk 17 E3
Boglily Rd. Kirk 16 C2
Bogpark Rd. Muss 126 A3
Bogsmill Rd. Edin 122 A1
Bogwood Ct. May 183 E4
Bogwood Dr. Crossf 28 A1
Bogwood Rd. May 183 F3
Bohun Ct. Bann 7 E2
Bolam Dr. Burn 33 F1
Bolan Sq. Loch 14 A4
Bomar Ave. B'ness 64 A4
Bon Accord Cres. Shot 191 F3
Bonaly Ave. Edin 153 D3
Bonaly Brae. Edin 153 D3
Bonaly Cres. Edin 153 D3
Bonaly Dr. Edin 153 D3
Bonaly Gdns. Edin 153 D3
Bonaly Gr. Edin 153 D3
Bonaly Rd. Edin 153 D3
Bonaly Rise. Edin 153 D3
Bonaly Steading. Edin 153 D3
Bonaly Terr. Edin 153 D3
Bonaly Wester. Edin 153 D3
Bonar Pl. Edin 93 E3
Bonnar St. Dunf 29 D2
Bonnington Ave. Edin 93 E3
Bonnington Gr. Edin 93 E3
Bonnington Ind Est. Edin 93 F2
Bonnington. Rat 150 A4
Bonnington Rd. E Cal 150 A3
Bonnington Rd. Edin 93 F2
Bonnington Rd. Rat 150 A3
Bonnington Road La. Edin 93 F2
Bonnington Terr. Edin 93 E3
Bonnybank Ct. Gore 207 E4
Bonnybank Rd. Gore 207 E4
Bonnybridge Rd. Bank 57 F3
Bonnybridge Rd. Bon 57 F3
Bonnyfield Rd. Bon 57 F3
Bonnyhaugh. Edin 93 E2
Bonnyhaugh La. Edin 93 E2
Bonnyhill Rd. Bon 58 B2
Bonnyhill Rd. Falk 59 D2
Bonnyrigg Rd. Dalk 156 C1
Bonnyside Rd. Bon 58 A3
Bonnyton Pl. Dunf 29 E2
Bonnytoun Ave. Lin 85 E4
Bonnytoun Terr. Lin 85 E4
Bonnyview Gdns. Bon 58 A3
Bonnywood Ave. Bon 58 A4
Booth Ave. Ros 46 B3
Booth Pl. Falk 60 A2
Boothacre La. Edin 94 B2
Boreland Pk. Inver 47 E2
Boreland Rd. Inver 47 E2
Boreland Rd. Kirk 18 A4
Borestone Cres. Stir 7 D2
Borestone Ct. Stir 7 D1
Borestone Pl. Stir 7 D1
Boroughdales. Dunb 78 B1
Boroughloch La. Edin 123 F3
Boroughloch Sq. Edin 123 F3
Borrowlea Rd. Stir 7 E4
Borrowmeadow Rd. Stir 7 F4
Borrowstoun Cres. B' ness 63 F3
Borrowstoun Pl. B' ness 63 F3
Borrowstoun Rd. B'ness 64 A3
Borthwick Castle Pl. N Mid 207 F2
Borthwick Castle Rd. N Mid 207 F1
Borthwick Castle Terr. N Mid 207 F2
Borthwick Pl. Edin 122 C4
Boswall Ave. Edin 92 C3
Boswall Cres. Edin 92 C3
Boswall Dr. Edin 93 D3
Boswall Gdns. Edin 92 C3
Boswall Gn. Edin 93 D3
Boswall Gr. Edin 92 C3
Boswall Loan. Edin 92 C3
Boswall Parkway. Edin 92 C3
Boswall Pl. Edin 92 C3
Boswall Quadrant. Edin 92 C3
Boswall Rd. Edin 93 D3
Boswall Sq. Edin 92 C3
Boswall Terr. Edin 92 C3
Boswell Dr. King 35 D2
Boswell Dr. Oak 26 C3
Boswell Rd. Loch 14 A4
Bothkennar Rd. Air 39 F2
Bothkennar Rd. Sten 39 F2
Bothwell St. Dunf 29 D1
Bothwell St. Edin 94 A1
Boundary Rd E. Rat 151 F4
Boundary Rd N. Rat 151 F4
Boundary St. B'ness 64 A4
Bouprie Rise. D Bay 48 A2
Bourtree Gr. Bla 26 B4
Bow St. Stir 7 D4
Bowhill Terr. Edin 93 D3
Bowhouse Gdns. All 10 A3
Bowhouse Rd. All 10 A3
Bowhouse Rd. Gran 61 F3
Bowhouse Sq. Gran 61 E3
Bowhousebog Or Liquo. Shot 191 D1
Bowhousebog Rd. Shot 191 D1
Bowling Green Rd. Kirkl 89 D1
Bowling Green Rd. Whit 170 A3
Bowling Green St. Cow 13 E2
Bowling Green The. Edin 93 F3
Bowmont Pl. Edin 123 F3
Bowmont Terr. Dunb 78 C1
Bowmore Wlk. Shot 192 A2
Bowyett. Torp 113 F3
Boyd Pl. Loch 14 A4
Boyd St. Falk 60 A3
Boyd St. Laur 61 D2
Boyd's Entry. Edin 123 F4
Boyd-Orr Dr. Auch 203 F4
Brackenlees Rd. Air 40 A3
Brackensbrae. Uph 117 D3
Bradbury St. Sten 39 D1
Brae Heads Loan. E Lin 103 E3
Brae Pk. Edin 91 D2
Brae Rd. B'ness 62 B3
Brae The. Auch 180 B1
Brae The. Bann 7 E1
Brae The. Cam 6 B3
Braefoot Gr. D Bay 48 A1
Braefoot Rd. B'ness 64 A3
Braefoot Terr. Edin 124 A1
Braehead. All 4 B1
Braehead. Alva 5 D4
Braehead Ave. Edin 91 D2
Braehead Ave. Lin 84 C3
Braehead Ave. Tull 4 B1
Braehead. B' ness 63 F4
Braehead Bank. Edin 91 D2
Braehead Cres. Edin 91 D2
Braehead Dr. Edin 91 D2
Braehead Dr. Lin 84 C3
Braehead Gr. B' ness 63 F4
Braehead Gr. Edin 91 D2
Braehead Loan. Edin 91 D2
Braehead Pk. Edin 91 D2
Braehead Pk. Lin 84 C3
Braehead Pl. Lin 84 C3
Braehead Rd. Edin 91 D2
Braehead Rd. Lin 84 C3
Braehead Rd. Stir 7 E2
Braehead Roundabout. Liv 147 E2
Braehead Row. Edin 91 D2
Braehead Terr. Lin 84 C3
Braehead View. Edin 91 D2
Braekirk Ave. Kir 149 E1
Braemar Cres. Car 230 A2
Braemar Cres. Falk 60 B3
Braemar Dr. Falk 60 B3
Braemar Gdns. Duni 36 B2
Braemar Gdns. Pol 82 B4
Braemar Pl. Sten 39 D2
Braemount. Cow 13 D1
Braepark Rd. Edin 91 D2
Braes The. Tull 4 B2
Braes View. Den 57 E4
Braes View. Shi 81 F4
Braeside Cres. Fau 193 E3
Braeside Gdns. E Cal 148 A1
Braeside. N Sau 5 E1
Braeside Pk. E Cal 148 A2
Braeside Pl. Laur 61 D1
Braeside Pl. Laur 61 D2
Braeside Pl. Shi 82 A4
Braeside Rd. Gore 207 E4
Braeside Rd. Loan 181 E4
Braeside Rd N. Gore 207 E4
Braeside Rd S. Gore 207 E4
Braeside. Shi 81 E3
Braeview. E Lin 103 E4
Braeview. Lar 38 B1
Braeview. Laur 60 C2
Braewell Gdns. Lin 84 B4
Braid Ave. Edin 123 D1
Braid Cres. Edin 123 D1
Braid Farm Rd. Edin 123 D1
Braid Gn. Liv 147 E4
Braid Hills App. Edin 154 A4
Braid Hills Ave. Edin 123 D1
Braid Hills Cres. Edin 154 A4
Braid Hills Dr. Edin 154 B4
Braid Hills Rd. Edin 154 A4
Braid Mount Crest. Edin 154 A4
Braid Mount. Edin 154 A4
Braid Mount Rise. Edin 154 A4
Braid Mount View. Edin 154 A4
Braidburn Cres. Edin 123 D1
Braidburn Terr. Edin 123 D1
Braidlaw Pk. Peni 203 E3
Braigh Gdns. Dunf 28 B3
Bramble Dr. Edin 91 D1
Bramdean Gr. Edin 154 A4
Bramdean Pl. Edin 154 A4
Bramdean Rise. Edin 154 A4
Bramdean View. Edin 154 A4
Brand Dr. Edin 125 D4
Brand Gdns. Edin 125 E4
Brandfield St. Edin 123 D3
Brandon St. Edin 93 E1
Brandon Terr. Edin 93 E2
Brands Row. Cross 30 C4
Brandy Riggs. Crossf 27 E1
Brandy Wells. Crossf 27 E1
Brandyhill. Fish 5 F2
Brankholm Brae. Ros 46 B2
Brankholm Cres. Ros 46 B3
Brankholm La. Ros 46 B1
Branning Ct. Kirk 17 E3
Branshill Rd. N Sau 10 A4
Bravo St. B'ness 62 C3
Bread St. Edin 123 D4
Bread Street La. Edin 123 D4
Breadalbane Pl. Pol 61 F1
Breadalbane St. Edin 93 F2
Breakers Way. D Bay 47 F1
Brechin Dr. Pol 62 A1
Breck Terr. Auch 204 A4
Brentham Ave. Stir 7 D3
Brentham Cres. Stir 7 D3
Breslin Terr. East 168 B3
Breton Ct. Falk 60 B2
Brewery La. Dunb 78 A1
Brewery Pk. Hadd 132 A4
Brewlands Ave. B' ness 63 E3
Brewster Pl. Den 36 B1
Brewster Sq. Muri 173 E3
Briar Brae. Pol 82 B4
Briar Cotts. Ston 171 E1
Briar Pl. Dunf 29 E2
Briarbank. Liv 147 E3
Briarbank Terr. Edin 122 C2
Briarcliff St. Kirk 17 F3
Briardene. Laur 61 D2
Briarhill Ave. D Bay 48 A2
Briars Rd. All 4 C1
Brickfield. Edin 95 D1
Brickworks Rd. Tran 128 A4
Bridge Cres. Den 36 B1
Bridge End Cotts. Rat 150 B3
Bridge End. Edin 124 A2
Bridge End. Shot 191 E3
Bridge End. Whit 170 B4
Bridge Pl. Brox 117 E3
Bridge Pl. Den 36 B1
Bridge Pl. Edin 93 D1
Bridge Pl. Shot 192 A2
Bridge Rd. Bale 151 E1
Bridge Rd. Edin 153 D3
Bridge St. Bon 58 A3
Bridge St. Cow 13 E2
Bridge St. Dunf 28 C2
Bridge St. E Lin 103 F4
Bridge St. Edin 95 D1
Bridge St. Fau 193 F3
Bridge St. Hadd 132 B4
Bridge St. Kin 23 E2
Bridge St. Kirk 17 D1
Bridge St. Kirkl 119 D3
Bridge St La. Edin 95 D1
Bridge St. Muss 126 B3
Bridge St. Peni 203 F2
Bridge St. Tran 128 B3
Bridge View. Inver 68 B3
Bridgecastle Cotts. West 112 C1
Bridgecastle Rd. Arm 143 F4
Bridgehaugh Rd. Stir 2 A1
Bridgend Pk. Bath 144 C3
Bridgend Pl. Whit 170 B4
Bridgend Rd. Avon 112 A3
Bridgeness Cres. B'ness 64 B4
Bridgeness La. B'ness 64 B4
Bridgeness Rd. B'ness 64 B4
Bridges The. D Bay 48 A1
Bridgeside Ave. Whit 170 A3
Bridgeton Cotts. West 112 C1
Brierbush Cres. Glad 129 E3
Brierbush Rd. Glad 129 E3
Briery Bank. Hadd 132 B4
Briery Bauks. Edin 123 F4
Brig-O-Doon Gr. Cowie 20 C4
Bright's Cres. Edin 123 F2
Brighton Pl. Edin 125 D4
Brighton St. Edin 123 E4
Brisbane St. Liv 148 A3
Bristo Pl. Edin 123 E4
Bristo Port. Edin 123 E4
Britwell Cres. Edin 94 B1
Broad St. All 10 A3
Broad St. Cow 13 E1
Broad St. Den 36 C1
Broad St. Stir 7 D4
Broad Wynd. Edin 94 A3
Broad Wynd. Kirk 17 E3
Broadgait Ct. Gull 52 A2
Broadgait Gn. Gull 52 A2
Broadgait. Gull 52 A2
Broadhurst Rd. May 183 E4
Broadleys Rd. Stir 7 E4
Brock Pl. Stir 7 D1
Brock St. Inver 68 A3
Brocks Way. Brox 118 A4
Brockwood Ave. Peni 203 E3
Brodick Pl. Falk 59 E2
Brodick Rd. Kirk 16 C4
Brodie Ave. N Ber 54 B3
Brodie St. Falk 60 A4
Broich The. Alva 4 C4
Bronte Pl. Sten 39 D2
Brook St. Alva 5 D3
Brook St. Men 3 F3
Brookbank Terr. Car 230 A1
Brooke La. Gran 61 E3
Brooke St. Gran 61 E3
Brookfield Pl. Alva 5 D3
Brookfield Terr. Rosl 180 C3
Brookside. Pol 61 F1
Broom Ct. Stir 7 E2
Broom Gr. Dunf 46 C4
Broom Pk E. Men 4 A3
Broom Pk W. Men 4 A3
Broom Pl. Kirk 16 B4
Broom Rd. Kirk 16 B4
Broom Rd. Stir 7 E2
Broom Wlk. Liv 148 A2
Broom Wynd. Shot 191 F3
Broomage Ave. Lar 38 A2
Broomage Cres. Lar 38 A2
Broomage Dr. Lar 38 A2
Broomage Pk. Lar 38 B1
Broombank Terr. Edin 121 E2
Broomburn Gr. Edin 121 F2
Broomfield Cres. Edin 121 F2
Broomfield Dr. Dunf 29 D3
Broomfield Rd. Cow 13 E3
Broomfield Terr. Edin 121 F3

Broomhall Ave. Edin 121 F2
Broomhall Bank. Edin 121 E3
Broomhall Cres. Edin 121 E3
Broomhall Dr. Edin 121 E3
Broomhall Gdns. Edin 121 E3
Broomhall Loan. Edin 121 E3
Broomhall Pk. Edin 121 E3
Broomhall Pl. Edin 121 E3
Broomhall Rd. Edin 121 E3
Broomhall Terr. Edin 121 E3
Broomhead Dr. Dunf 28 C3
Broomhead Pk. Dunf 28 C3
Broomhill Ave. Burn 33 F1
Broomhill Ave. Lar 38 A1
Broomhill Ave. Peni 203 F2
Broomhill. Burn 50 C4
Broomhill Dr. Dalk 156 C1
Broomhill Pk. Dalk 156 C1
Broomhill Pl. Duni 36 B2
Broomhill Pl. Stir 6 C3
Broomhill Rd. Bon 58 A2
Broomhill Rd. Peni 203 F2
Broomhill St. East 168 B3
Broomhouse Ave. Edin 121 E2
Broomhouse Bank. Edin 121 F2
Broomhouse Cres. Edin 121 F2
Broomhouse Ct. Edin 121 F2
Broomhouse Dr. Edin 121 F2
Broomhouse Gdns E. Edin 121 F2
Broomhouse Gdns W.
    Edin 121 E2
Broomhouse Gr. Edin 121 E2
Broomhouse Loan. Edin 121 F2
Broomhouse Market. Edin . 121 F2
Broomhouse Medway.
    Edin 121 F2
Broomhouse Path. Edin 121 F2
Broomhouse Pk. Edin 121 F2
Broomhouse Pl N. Edin 121 F2
Broomhouse Pl S. Edin 121 F2
Broomhouse Rd. Edin 121 E2
Broomhouse Row. Edin 121 F2
Broomhouse Sq. Edin 121 F2
Broomhouse St N. Edin 121 F2
Broomhouse St S. Edin 121 F1
Broomhouse Terr. Edin 121 F2
Broomhouse Way. Edin 121 F2
Broomhouse Wlk. Edin 121 F2
Broomhouse Wynd. Edin .. 121 F2
Broomieknowe. Bonn 182 A4
Broomieknowe. Dunf 29 E2
Broomieknowe. Bonn 182 A4
Broomieknowe Pk. Bonn .. 182 A4
Broomieknowe. Tull 4 B2
Broomknowe Dr. Kin 23 E3
Broomlea Cres. Edin 121 E3
Broompark Gdns. Den 36 C1
Broompark Gdns E Cal 148 C2
Broompark Rd E Cal 148 C2
Broompark Rd. Edin 121 F3
Broompark View. E Cal ... 148 C2
Broomridge Rd. Stir 7 E2
Broomside. Kirk 16 B4
Broomside Pl. Lar 38 B1
Broomside Rd. Bon 182 A2
Broomside Terr. Edin 121 F2
Broomyknowe Dr. Liv 146 C3
Broomyknowe. Edin 153 D4
Brora Pl. Crossf 28 B1
Brosdale Ct. Falk 60 A1
Brougham Pl. Edin 123 E3
Brougham St. Edin 123 D3
Broughton Market. Edin ... 93 E1
Broughton Pl. Edin 93 E1
Broughton Place La . Edin   93 E1
Broughton Rds. Edin 93 E2
Broughton St. Edin 93 E1
Broughton Street La. Edin .. 93 E1
Brown Ave. All 4 C1
Brown Ave. Stir 2 A1
Brown St. Arm 143 F2
Brown St. Edin 123 F4
Brown St. Falk 59 E3
Brown St. Hadd 132 A4
Brown St. Shot 192 A2
Brown St. Whit 170 A3
Brown's Cl. Edin 123 F4
Brown's Pl. E Lin 103 E4
Brownrigg Farm Cotts. E Lin 74 B3
Bruart Ave. Sten 38 C2
Bruce Cres. Plea 20 B2
Bruce Cres. Sten 39 D2
Bruce Dr. Fall 8 B3
Bruce Dr. Sten 38 C2
Bruce Gdns. Dalk 157 D1
Bruce Gdns. Pol 82 B4
Bruce Gr. Pen 160 C3
Bruce Pl. Gran 61 F4
Bruce Rd. B'ness 62 C3
Bruce Rd. Bath 145 E3
Bruce St. All 10 B4
Bruce St. Bann 7 F1
Bruce St. Clack 11 D2
Bruce St. Dunf 28 C2
Bruce St. Edin 123 D1
Bruce St. Falk 60 B3
Bruce St. King 35 D2
Bruce St. Plea 20 B2

Bruce St. Stir 2 A1
Bruce Terr. Cam 6 B3
Bruce Terr. King 35 D2
Brucefield Ave. Dunf 29 D1
Brucefield Cres. Clack 11 D2
Brucefield Dr. Whit 170 A3
Brucefield Feus. Dunf 29 E2
Brucefield Pk E. Muri 173 E3
Brucefield Pk N. Muri 173 E3
Brucefield Pk W. Muri 173 E3
Brucefield Terr. Loch 13 F3
Brucehaven Cres. Lime 45 F2
Brucehaven Rd. Lime 45 E2
Brunstane Bank. Edin 125 E3
Brunstane Cres. Edin 125 E3
Brunstane Dr. Edin 125 E3
Brunstane Gardens Mews.
    Edin 125 E4
Brunstane Gdns. Edin 125 E4
Brunstane Gdns. Peni 203 E3
Brunstane Rd. Edin 125 E4
Brunstane Rd N. Edin 125 E4
Brunstane Rd S. Edin 125 E3
Brunswick Pl. Edin 93 F1
Brunswick St. Edin 93 F1
Brunswick Street La. Edin . 93 F1
Brunswick Terr. Edin 93 F1
Brunt Gr. Dunb 106 B4
Brunt La. Dunb 78 B1
Brunt Pl. Dunb 106 C4
Brunton Pl. Edin 93 F1
Brunton Terr. Edin 93 F1
Brunton's Cl. Dalk 157 D2
Bruntsfield Ave. Edin 123 D3
Bruntsfield Cres. Edin 123 D3
Bruntsfield Gdns. Edin ... 123 D3
Bruntsfield Pl. Edin 123 D3
Bruntsfield Terr. Edin 123 D3
Bryans Ave. Newt 183 D3
Bryans Rd. Newt 183 D3
Bryce Ave. Edin 94 C1
Bryce Ave. Sten 39 D1
Bryce Cres. Curr 152 A3
Bryce Gdns. Curr 152 A3
Bryce Gr. Edin 94 C1
Bryce Pl. Curr 152 A3
Bryce Rd. Curr 152 A3
Bryony The. Tull 4 A1
Bryson Rd. Edin 122 C3
Buccleuch Pl. Edin 123 E3
Buccleuch St. Dalk 157 D2
Buccleuch St. Edin 123 F3
Buccleuch Terr. Edin 123 F3
Buchan La. Brox 117 F3
Buchan Pl. Gran 61 F3
Buchan Rd. B'ness 62 B3
Buchan Rd. Bath 144 C4
Buchan Rd. Brox 117 F3
Buchanan Ct. B' ness 63 F3
Buchanan Ct. Falk 60 A4
Buchanan Ct. Kirk 17 D1
Buchanan Dr. Stir 2 A2
Buchanan Gdns. Pol 61 E1
Buchanan St. Dunf 29 D2
Buchanan St. Edin 93 F2
Buckie Rd. May 183 F3
Buckingham Terr. Edin 93 D1
Buckstane Pk. Edin 154 A4
Buckstone Ave. Edin 154 A3
Buckstone Bank. Edin 154 A4
Buckstone Circ. Edin 154 A3
Buckstone Cl. Edin 154 B3
Buckstone Cres. Edin 154 A4
Buckstone Crook. Edin ... 154 B3
Buckstone Ct. Edin 154 A3
Buckstone Dell. Edin 154 A4
Buckstone Dr. Edin 154 A4
Buckstone Gate. Edin 154 B3
Buckstone Gdns. Edin 154 A3
Buckstone Gn. Edin 154 A4
Buckstone Gr. Edin 154 A4
Buckstone Hill. Edin 154 B4
Buckstone Howe. Edin ... 154 B3
Buckstone Lea. Edin 154 B3
Buckstone Loan E. Edin .. 154 B3
Buckstone Loan. Edin 154 A3
Buckstone Neuk. Edin 154 B4
Buckstone Pl. Edin 154 A3
Buckstone Rd. Edin 154 A3
Buckstone Rise. Edin 154 B3
Buckstone Row. Edin 154 B4
Buckstone Shaw. Edin ... 154 B3
Buckstone Terr. Edin 154 A3
Buckstone View. Edin 154 A4
Buckstone Way. Edin 154 A4
Buckstone Wood. Edin ... 154 A3
Buckstone Wynd. Edin ... 154 B3
Buffies Brae. Dunf 28 C2
Bughtknowes Dr. Bath ... 145 E4
Bughtlin Dr. Edin 91 D1
Bughtlin Gdns. Edin 121 D4
Bughtlin Gn. Edin 91 D1
Bughtlin Loan. Edin 121 D4
Bughtlin Pk. Edin 121 D4
Bughtlin Pl. Edin 91 D1
Builyeon Rd. Que 89 D2
Buller St. Loch 14 A4

Bullet Loan. Hadd 132 B4
Bulloch Cres. Den 36 B1
Buntine Cres. Stir 7 D2
Burdiehouse Ave. Edin ... 155 D2
Burdiehouse Cres. Edin .. 155 D2
Burdiehouse Crossway.
    Edin 155 D2
Burdiehouse Dr. Edin 155 D2
Burdiehouse Loan. Edin .. 155 D2
Burdiehouse Medway. Edin 155 D2
Burdiehouse Pl. Edin 155 D2
Burdiehouse Rd. Edin 155 D2
Burdiehouse Sq. Edin 155 D2
Burdiehouse St. Edin 155 D2
Burdiehouse Terr. Edin ... 155 D2
Burgess Hill. Lin 85 D3
Burgess Rd. Que 89 E4
Burgess St. Edin 94 A3
Burgess Terr. Edin 124 A2
Burgh Mews. All 10 A3
Burgh Mills La. Lin 84 B3
Burgh Rd. Cow 13 E2
Burghlee Cres. Loan 181 D4
Burghlee Cres. Loan 181 E4
Burghlee Terr. Loan 181 E4
Burghmuir Ct. Lin 85 E4
Burghmuir Rd. Stir 7 D3
Burghtoft. Edin 155 F3
Burleigh Cres. Inver 47 E2
Burleigh Way. All 10 B3
Burlington St. Edin 93 F3
Burn Dr. Stir 7 E2
Burnbank. Liv 147 E3
Burnbank. Oak 27 E4
Burnbank Rd. Falk 60 A4
Burnbank Rd. Gran 61 E3
Burnbrae. Edin 121 D4
Burnbrae. Fau 193 F3
Burnbrae Gdns. Alva 5 D3
Burnbrae Gdns. Falk 60 A3
Burnbrae. N Sau 10 A3
Burnbrae Pk. Kin 23 F2
Burnbrae Rd. Falk 60 A3
Burnbrae Rd. Hart 169 D3
Burnbrae Rd. Shot 191 F2
Burnbrae Rd. Ston 171 D1
Burnbrae Terr. Whit 170 B3
Burndene Dr. Edin 155 D1
Burnee. Fish 5 F2
Burney Pl. Ros 46 C2
Burnfield. Liv 147 D1
Burnfield Pl. Falk 60 B4
Burnfoot Ct. Gran 61 E3
Burnfoot La. Falk 60 A2
Burngrange Cotts. W Cal 172 B1
Burngrange Ct. W Cal 172 B1
Burngrange Gdns. W Cal   172 A1
Burnhead Cres. Edin 155 D3
Burnhead Gr. Edin 155 D3
Burnhead La. Falk 60 B2
Burnhead Loan. Edin 155 D3
Burnhead Path E. Edin ... 155 D3
Burnhead Path W. Edin .. 155 D3
Burnhead Rd. Lar 38 B2
Burnhouse Dr. Dech 116 B1
Burnhouse Dr. Whit 169 F3
Burnhouse Ind Est. Whit . 169 F3
Burnhouse Rd. Dech 116 A1
Burnlea Dr. Ston 171 D1
Burnlea Pl. Ston 171 D1
Burns Ave. Arm 143 F3
Burns Ave. Gran 61 E3
Burns Cres. Hart 168 C3
Burns Cres. Laur 60 C2
Burns Cres. Whit 170 A3
Burns Ct. Liv 148 B3
Burns Pl. Shot 191 D3
Burns St. Dunf 28 C3
Burns St. Edin 94 A2
Burns St. H Val 26 A1
Burns St. Stir 2 A1
Burns Terr. Bath 145 E3
Burns Terr. Cowie 20 B4
Burnside Ave. Arm 143 E3
Burnside Ave. King 34 C2
Burnside Ave. May 183 E4
Burnside Ave. W Cal 172 C3
Burnside Cres. Clack 11 D3
Burnside Cres. Fau 193 F3
Burnside Cres. May 183 E4
Burnside Cres. Plea 20 B2
Burnside Cres. Ros 47 D3
Burnside Cres. Shot 191 F3
Burnside Ct. Giff 134 B1
Burnside. Dech 116 A1
Burnside. Edin 121 D4
Burnside. Hadd 131 F4
Burnside La. W Cal 172 C3
Burnside Pk. Bale 151 E1
Burnside Pl. Ros 47 D3
Burnside Pl. Sten 39 D2
Burnside. Pres 96 C1
Burnside Rd. Bath 144 C4
Burnside Rd. Gore 183 E1
Burnside Rd. Men 3 F3
Burnside Rd. Uph 117 D2
Burnside Rd. W Cal 172 C3
Burnside St. N Sau 5 E1

Burnside St. Ros 47 D3
Burnside St. Stir 7 E3
Burnside Terr. Cow 13 D1
Burnside Terr. E Cal 148 C3
Burnside Terr. Falk 59 F3
Burnside Terr. Fau 193 F3
Burnside Terr. Laur 61 D1
Burnside Terr. Oak 27 D4
Burnside Terr. W Cal 172 C3
Burnsknowe. Liv 146 C3
Burntisland Rd. King 34 C1
Burnvale. Brox 118 A2
Burnvale. Muri 147 F2
Burt Ave. King 34 C2
Burt Gr. Dunf 29 F1
Burt St. Dunf 29 D3
Bush St. Muss 126 A3
Bush Terr. Muss 126 A3
Bute Cres. Dunf 29 F2
Bute Cres. Shot 191 E3
Bute. Liv 146 C3
Bute Pl. Gran 61 E3
Bute St. Falk 60 A3
Bute Wynd. Kirk 17 D1
Butler's Pl. Liv 147 D2
Butlerfield Ind Est. Newt 183 D2
Butts The. Hadd 132 A4
Buxley Rd. Elph 128 A1
By-Pass Rd. Bank 57 F3
Byburn. Brid 116 C4
Byres The. Ros 46 B3
Byron Rd. Shot 191 D3

Cables Wynd. Edin 93 F3
Caddell's Row Cotts. Edin . 91 D3
Cadell Dr. Sten 39 D3
Cadell Pl. Cocke 97 E2
Cadgers Loan. Plea 20 A1
Cadiz St. Edin 94 A3
Cadogan Rd. Edin 155 D4
Cadzow Ave. B' ness 63 F4
Cadzow Cres. B' ness 63 F4
Cadzow La. B' ness 63 F4
Cadzow Pl. Edin 94 A1
Caerketton Ave. Rosl 180 C3
Caerlaverock Ct. Edin ... 121 D4
Caesar Rd. Tran 128 B3
Caesar Way. Tran 128 B3
Caird's Row. Muss 126 A4
Cairn Gr. Crossf 28 B1
Cairn's La. B'ness 64 A4
Cairnbank Gdns. Peni ... 203 F2
Cairnbank Rd. Peni 203 F2
Cairncubie Rd. Dunf 29 E4
Cairneyhill Rd. Crossf 28 A1
Cairneymount Ave. Madd . 83 D3
Cairneymount Rd. Car 230 A1
Cairngorm Cres. Kirk 16 C3
Cairngorm House. Edin ... 93 F3
Cairngorm Rd. Gran 61 F3
Cairnhill Ct. Car 230 A1
Cairnie Pl. Whit 170 A3
Cairnmuir Rd. Edin 121 F4
Cairnoch Way. Bann 7 F1
Cairnoch Wlk. Den 36 B1
Cairns Dr. Bale 177 D4
Cairns Gdns. Bale 177 D4
Cairns Street E. Kirk 17 E4
Cairns Street W. Kirk 17 E4
Cairns The. Lime 45 D2
Cairns The. Men 4 A3
Cairntows Cl. Edin 124 B2
Cairnwell Pl. Crossf 27 E1
Cairnwell Pl. Kirk 16 C4
Caithness Ct. Kirk 17 F4
Caithness Pl. Edin 93 D3
Caithness Pl. Kirk 17 F4
Caiyside. Edin 154 A2
Caiystane Ave. Edin 154 A3
Caiystane Cres. Edin 154 A3
Caiystane Dr. Edin 153 F3
Caiystane Gdns. Edin 154 A3
Caiystane Hill. Edin 154 A3
Caiystane Terr. Edin 154 A3
Caiystane View. Edin 154 A3
Calais View. Dunf 29 F1
Calaisburn Pl. Dunf 29 F1
Calder Cres. Arm 144 A3
Calder Cres. Edin 121 E1
Calder Ct. Edin 121 E1
Calder Ct. Stir 7 E3
Calder Dr. Edin 121 E1
Calder Dr. Shot 192 A2
Calder Gdns. Edin 121 E1
Calder Gr. Edin 121 E1
Calder House Rd. E Cal .. 148 A2
Calder Park Rd. E Cal ... 148 A1
Calder Pk. Edin 121 E1
Calder Pl. D Bay 48 A2
Calder Pl. Edin 121 E1
Calder Pl. Falk 60 B1
Calder Pl. Edin 121 E1
Calder Rd Gdns. Edin ... 122 A2
Calder Rd. Muri 173 E3
Calder Rd. Rat 121 D1
Calder View. Edin 121 E1
Calder's Lawn. Hadd 101 D1
Calderburn Rd. W Cal ... 173 D3

Burnside St. Ros 47 D3
Caldercruix Rd. Cald 110 A1
Calderhall Ave. E Cal ... 148 C2
Calderhall Cres. E Cal ... 148 C2
Calderhall Terr. E Cal ... 148 C2
Calderhead Rd. Shot 191 E4
Caledonia Rd. Ros 46 A1
Caledonia Rd. Shot 191 F3
Caledonia Way. Ros 46 A2
Caledonian Cres. Edin ... 123 D3
Caledonian Gdns. All 9 F3
Caledonian Pl. Edin 123 D3
Caledonian Rd. All 9 F3
Caledonian Rd. Edin 123 D3
Caledonian Rd. Fau 193 E3
Caledonian Terr. Fau 193 E3
Calgary Ave. Liv 147 F2
California Rd. Madd 82 C3
California Terr. Cali 81 F3
Callander Dr. Lar 59 E4
Callander Pl. Cock 140 C2
Callander Ave. Falk 60 A1
Callendar Rd. Falk 60 B2
Callendar Riggs. Falk 60 B2
Callender Bsns Pk. Falk ... 60 C2
Calliope Rd. Ros 46 A1
Calton Cres. Stir 7 D2
Calton Hill. Edin 93 F1
Calton Rd. Edin 123 F4
Calum Macdonald Ct. Ros . 46 C2
Cambridge Ave. Edin 93 F2
Cambridge Gdns. Edin 93 F2
Cambridge St. Edin 123 D4
Cambusnethan St. Edin ... 94 A1
Camdean Cres. Ros 46 B3
Camdean La. Ros 46 B3
Camelon Rd. Falk 59 F3
Cameron Cres. Bonn 181 F3
Cameron Cres. Edin 124 A2
Cameron House Ave. Edin 124 A2
Cameron March. Edin ... 124 A2
Cameron Pk. Edin 124 A2
Cameron Pl. Sten 39 D1
Cameron Smaill Rd. Rat . 151 F4
Cameron St. Dunf 28 C2
Cameron Terr. Edin 124 A2
Cameron Terr. Slam 110 A2
Cameron Toll. Edin 124 A2
Cameron Toll Gdns. Edin 124 A2
Cameron Way. Liv 147 F4
Cameronian Dr. Car 230 A1
Cameronian St. Stir 7 D4
Camilla Gr. Aucht 15 E1
Cammo Bank. Edin 91 D1
Cammo Brae. Edin 91 D1
Cammo Gdns. Edin 91 D1
Cammo Hill. Edin 90 C1
Cammo Parkway. Edin 91 D1
Cammo Pl. Edin 91 D1
Cammo Rd. Edin 90 C1
Cammo Wlk. Edin 90 C1
Camp Rd. Lime 44 B3
Camp Rd. May 183 F4
Camp Wood View. May .. 183 F3
Campbell Ave. Edin 122 B4
Campbell Cres. Laur 60 C2
Campbell Ct. Long 98 B3
Campbell Ct. Stir 6 C2
Campbell Dr. Lar 38 A1
Campbell Pk Cres. Edin .. 152 C3
Campbell Pk Dr. Edin 152 C3
Campbell Rd. Bonn 182 B4
Campbell Rd. Long 98 B3
Campbell St. Dunf 29 D2
Campbell's Cl. Edin 123 F4
Camperdown Rd. Ros 46 B1
Campfield St. Falk 60 A3
Campie Gdns. Muss 126 A3
Campie La. Muss 126 A3
Campie Rd. Muss 126 A3
Campie Terr. Gran 39 F1
Camps Rd. Oak 27 E3
Camps Rigg. Liv 147 D4
Campsie Cres. Kirk 16 C3
Campsie Rd. Gran 61 F3
Campus Roundabout. Muri 147 E1
Campview. Dan 156 A4
Campview Cres. Dan 156 B4
Campview. Dan 156 A4
Campview Gdns. Dan 156 A4
Campview Gr. Dan 156 B4
Campview Rd. Bonn 182 A3
Campview Terr. Dan 156 A4
Camus Ave. Edin 154 A3
Camus Pk. Edin 154 A3
Camus Pl E. Edin 154 A3
Camus Rd E. Edin 154 A3
Camus Rd W. Edin 154 A3
Canaan La. Edin 123 D2
Canal St. Falk 59 E3
Canal St. Falk 60 A4
Canavan Ct. Stir 7 E2
Canberra St. Liv 148 A3
Candie Cres. Gran 61 F3
Candie Rd. Gran 62 A4
Candimiline Ct. Car 230 A1
Candlemaker Row. Edin 123 E4

Candlemaker's Cres. Edin 155 F3
Candlemaker's Pk. Edin 155 F3
Candleriggs. All 10 A3
Caneluk Ave. Car 230 A1
Canmore Dr. Sten 38 C2
Canmore Gr. Dunf 29 D3
Canmore St. Dunf 29 D2
Canmore St. King 34 C1
Canmore St. Que 89 D4
Canmore Terr. Dunf 29 D4
Canning St. Edin 123 D4
Canning Street La. Edin 123 D4
Cannon Wynd. Edin 93 F3
Cannons Way. Falk 39 D1
Cannop Cres. Ston 170 C1
Canon La. Edin 93 E1
Canon Lynch Ct. Dunf 28 C2
Canon St. Edin 93 E1
Canongate. Edin 123 F4
Canonmills. Edin 93 E2
Canthill Gdns. Shot 191 D2
Cantlie Pl. Ros 46 C2
Canty Gr. Que 98 B2
Capelaw Rd. Edin 153 D3
Caplaw Way. Peni 203 E3
Caponflat Cres. Hadd 100 C1
Caponhall Ct. Tran 128 B3
Caponhall Dr. Tran 128 B3
Caponhall Rd. Tran 128 B3
Cappers Ct. Arm 143 F2
Captain's Dr. Edin 155 D3
Captain's Loan. Edin 155 D3
Captain's Rd. Edin 155 D3
Captain's Row. Edin 155 D3
Caputhall Rd. Liv 146 B1
Carberry Ct. White 157 F4
Carberry Mains Cotts.
  White 127 D1
Carberry Pl. Edin 122 C4
Carbrook Dr. Plea 20 B2
Carbrook Pl. Gran 61 F3
Carcraig Pl. D Bay 48 A2
Cardross Ave. Uph 117 D3
Cardross Cres. Brox 117 E3
Cardross Rd. Brox 117 E3
Cardrowan Rd. Plea 20 B1
Carfrae Gdns. Edin 92 A1
Carfrae Gr. Edin 92 A1
Carfrae Pk. Edin 92 A1
Carfrae Rd. Edin 92 A1
Cargil Terr. Edin 93 D3
Carhowden Rd. Laur 61 D2
Carlaverock Ave. Tran 128 B3
Carlaverock Cres. Tran 128 B3
Carlaverock Ct. Tran 128 B3
Carlaverock Dr. Tran 128 B3
Carlaverock Gr. Tran 128 B3
Carlaverock Terr. Tran 128 C2
Carlaverock View. Tran 128 B2
Carlaverock Wlk. Tran 128 B3
Carledubs Ave. Uph 117 D3
Carledubs Cres. Uph 117 D3
Carlie Ave. B of A 2 A3
Carlin Craig. King 34 C1
Carlin Cres. King 34 C1
Carlin La. Car 230 A1
Carlingnose Pk. Inver 68 A3
Carlingnose Point. Inver 68 B3
Carlingnose Way. Inver 68 B3
Carlops Ave. Peni 203 F3
Carlops Cres. Peni 203 F3
Carlops Rd. Peni 203 E3
Carlowrie Ave. Dal 89 F4
Carlowrie Cres. Dal 89 F4
Carlowrie Pl. Gore 207 E4
Carlton St. Edin 93 D1
Carlton Terr. Edin 93 F1
Carlton Terrace La. Edin 93 F1
Carlton Terrace Mews. Edin 93 F1
Carlyle Ct. Hadd 132 A4
Carlyle Ct. Liv 148 B3
Carlyle Gdns. Hadd 101 D1
Carlyle La. Dunf 28 C3
Carlyle Pl. Edin 94 A1
Carlyle Pl. Muss 126 B3
Carlyle Rd. Kirk 17 D2
Carlyle St. H Val 26 A1
Carlyle Terr. Bath 145 E3
Carmel Ave. Kirkl 89 D1
Carmel Rd. Kirkl 89 D1
Carmelaws. Lin 85 D3
Carmelite Rd. Que 89 D4
Carmondean Centre Rd.
  Liv 147 D3
Carmuir. For 215 D1
Carmuirs Ave. Falk 59 E3
Carmuirs Dr. Falk 59 E3
Carmuirs St. Falk 59 E3
Carnaughton Pl. Alva 4 C3
Carnbee Pl. Dunf 29 E2
Carnbee Ave. Dunf 46 C4
Carnegie Dr. Dunf 29 D2
Carnegie Dr. Falk 59 E3
Carnegie Rd. Bog 146 A3
Carnegie St. Edin 123 F4
Carneil Rd. Oak 27 E4

Carneil Terr. Oak 27 E3
Carnethie St. Rose 181 F1
Carnethy Ave. Edin 153 D3
Carnethy Ave. Peni 203 F3
Carnethy Cres. Kirk 16 C4
Carnethy Ct. Peni 203 F3
Carnock Rd. Dunf 28 A3
Carnock Rd. Oak 27 F3
Carnock St. Cowie 20 C4
Carnwath Rd. Car 230 A1
Caroline Cres. Alva 4 C3
Caroline Gdns. E Cal 148 A1
Caroline Gdns. Edin 121 F4
Caroline Park Gr. Edin 92 B3
Caroline Pk. E Cal 148 A1
Caroline Pl. Edin 121 F4
Caroline Terr. Edin 121 E4
Carpet La. Edin 94 A3
Carradale Ave. Falk 59 E2
Carribber Ave. Madd 84 A3
Carrick Cres. May 183 E4
Carrick Ct. Stir 7 E3
Carrick Dr. D Bay 48 A2
Carrick Gdns. Muri 173 F3
Carrick Gr. D Bay 48 A2
Carrick Knowe Ave. Edin ... 121 F3
Carrick Knowe Dr. Edin 121 F3
Carrick Knowe Gdns. Edin   121 F3
Carrick Knowe Gr. Edin 121 F3
Carrick Knowe Hill. Edin 121 F3
Carrick Knowe Loan. Edin . 121 F3
Carrick Knowe Parkway.
  Edin 121 F3
Carrick Knowe Pl. Edin 121 F3
Carrick Knowe Rd. Edin 121 F3
Carrick Knowe Terr. Edin ... 121 F3
Carrick Pl. Falk 59 E2
Carrick Pl. Sten 39 D2
Carriden Brae. Muir 64 B3
Carriden Glade. B'ness 64 B4
Carrington Cres. Edin 92 C2
Carrington Mains Cotts.
  Newt 206 B3
Carrington Rd. Edin 92 C1
Carron Ind Est. Sten 39 D1
Carron La. Dunf 29 F2
Carron Pl. Edin 94 A3
Carron Pl. Gran 61 E2
Carron Pl. Kirk 16 C4
Carron Pl. Stir 7 D1
Carron Rd. Falk 60 A4
Carron Terr. Madd 82 C4
Carron View. Madd 82 C4
Carron Wlk. Liv 148 A2
Carronbank Ave. Sten 39 D1
Carronbank Cres. Den 36 C2
Carronbank Ct. Sten 39 D1
Carronflats Rd. Gran 61 F4
Carrongrove Ave. Sten 39 D1
Carrongrove Rd. Sten 39 D1
Carronhall Ave. Sten 39 E2
Carronlea Dr. Sten 39 D1
Carronshore Rd. Sten 39 D1
Carronside Pl. Duni 36 C2
Carronside St. Falk 60 A4
Carronvale Ave. Lar 38 B1
Carronvale Rd. Lar 38 B1
Carronview. Lar 38 B1
Carse Cres. Laur 61 D2
Carse Knowe. Lin 85 E4
Carse Terr. All 9 F4
Carse View. Air 22 C2
Carse View. B'ness 63 E3
Carsebridge Rd. N Sau 10 B4
Carseview. Bann 7 F1
Carseview. Tull 4 A1
Carson Pl. Ros 46 B3
Carswell Pl. Dunf 28 C3
Cart The. Rose 181 E3
Castings Ave. Falk 60 A4
Castings Ct. Falk 60 A4
Castings Dr. Falk 60 A3
Castings Pl. Falk 60 A3
Castings Rd. Falk 60 C3
Castings The. Dunf 28 B3
Castlandhill Rd. Ros 47 D1
Castle Ave. Cocke 97 F2
Castle Ave. Edin 121 E3
Castle Ave. Sten 39 E2
Castle Cres. Den 36 B1
Castle Cres. E Cal 148 C1
Castle Cres. Falk 60 B4
Castle Cres. Tor 37 F4
Castle Ct. Falk 60 B4
Castle Ct. Men 3 F3
Castle Dr. Falk 60 B4
Castle Dr. Sten 38 C1
Castle Gate. Dunb 78 B2
Castle Mains Pl. Dir 53 D3
Castle Moffat Rd. Giff 166 A4
Castle Pk. Dir 53 D2
Castle Pl. Dunb 78 B2
Castle Pl. Falk 60 B1
Castle Rd. Cocke 97 F2

Castle Rd. Falk 60 B4
Castle Rd. Men 3 F3
Castle Rd. Ros 46 C1
Castle Rd. Stir 2 B2
Castle Rd. Winch 88 A1
Castle Row. Dunf 28 B3
Castle St. All 10 A3
Castle St. Clack 11 D2
Castle St. Dunb 78 B2
Castle St. Edin 123 D4
Castle Terr. Clack 11 D2
Castle Terr. Cocke 97 F2
Castle Terr. Den 36 B1
Castle Terr. Edin 123 E4
Castle Terr. Winch 88 A1
Castle View. Cocke 97 F2
Castle View. Fall 8 B2
Castle View. Pen 160 B3
Castle Wlk. Cocke 97 F2
Castle Wynd. Stir 7 D4
Castleblair. Dunf 28 C2
Castleblair La. Dunf 28 C3
Castleblair Mews. Dunf 28 C3
Castleblair Pk. Dunf 28 C3
Castlegait. Stir 7 D4
Castlehill Ave. Slam 110 A3
Castlehill. B'ness 63 E4
Castlehill. Edin 123 E4
Castlelaurie St. Falk 60 B4
Castlelaw Cres. Rosl 180 C3
Castlelaw Ct. Peni 203 F3
Castlelaw Rd. Edin 153 D3
Castlemains Pl. Dir 53 E3
Castlemount Terr. Kirk 16 B4
Castlepark. Kin 23 E3
Castlerig. King 34 C1
Castleton Cres. Gran 61 E3
Castleview. B of A 2 A2
Castleview Dr. B of A 2 A4
Castleview Terr. Bank 57 D2
Cathcart Pl. Edin 122 C3
Cathedral La. Edin 93 E1
Catherine St. Bann 7 E1
Catherine Terr. Black 145 E1
Cathlaw La. Torp 114 A3
Cathrine Gr. B'ness 64 A3
Catriona Terr. Auch 180 A1
Cattle Market. Clack 11 D3
Cauldhame Cres. Cam 6 B3
Causeway The. B of A 2 B3
Causeway The. Edin 124 B3
Causewayhead Rd. Stir 2 B3
Causewayside. Edin 123 F3
Cavalry Park Dr. Edin 124 B3
Cawder Gdns. B of A 1 C4
Cawder Rd. B of A 1 C4
Cawdor Cres. Kirk 16 C3
Cecil St. Stir 7 D3
Cedar Ave. Kirk 17 E4
Cedar Ave. Stir 6 C1
Cedar Cres. Laur 61 D1
Cedar Cres. Loch 13 E3
Cedar Cres. Whit 170 B3
Cedar Dr. Cocke 97 E2
Cedar Gr. Dunf 46 B4
Cedar Gr. Lar 38 B1
Cedar Rd. Loan 180 C4
Cedar St. Dunb 78 A1
Cedar St. Gran 61 E4
Cedarbank. Liv 147 F3
Cedars The. Tull 4 A1
Cedric Rise. Muri 148 A1
Cemetery Rd. Dalk 156 C1
Cemetery Rd. Fau 193 E3
Cemetery Rd. Pres 96 C1
Cemetery Rd. Shot 192 A2
Central Ave. Gran 61 E3
Central Dock Rd. Gran 40 C1
Central Dr. Sten 38 C2
Central Rd. Lime 44 B4
Central Way. D Bay 48 B3
Centre Interchange. E Cal . 148 A1
Centre Rd N. Liv 147 F1
Centre Rd S. Muri 147 E1
Chacefield St. Bon 58 A3
Chacefield Wood. Bank 57 F4
Chalmers Cres. Edin 123 E3
Chalmers Sq. Liv 146 B3
Chalmers St. Dunf 28 C2
Chalmers St. Edin 123 E3
Chalmerston Rd. Cam 1 A2
Chalton Rd. B of A 2 A4
Chalybeate. Hadd 131 F4
Chamberfield Rd. Dunf 29 E3
Chamberlain Rd. Edin 123 D2
Chambers Dr. Sten 39 D1
Chambers St. Edin 123 E4
Champigny Ct. Muss 126 C3
Chancelot Cres. Edin 93 E3
Chancelot Gr. Edin 93 E3
Chancelot Terr. Edin 93 E3
Channel Brae. E Lin 136 B4
Chapel Bank. Path 158 B3
Chapel Cres. Sten 39 D2
Chapel Ct. Edin 124 C2
Chapel Dr. Sten 38 C2
Chapel La. Edin 94 A3
Chapel La. Falk 60 A3

Chapel Level. Kirk 16 C4
Chapel Loan. Rosl 181 D2
Chapel Pl. H Val 26 A1
Chapel Pl. Inver 47 E2
Chapel Pl. Inver 68 B3
Chapel Pl. Kirk 16 B4
Chapel Pl. Path 185 D3
Chapel Rd. Kirk 16 B4
Chapel St. Cow 13 E2
Chapel St. Dunf 28 C2
Chapel St. Edin 123 F3
Chapel St. H Val 26 A1
Chapel St. Kin 23 F2
Chapel St. Loch 14 A4
Chapel Villas. D Bay 48 A1
Chapelfauld Gn. Dunf 29 F2
Chapelhill. Clack 11 D2
Chapelhill. Dir 53 D2
Chapelhill. Kirk 16 B4
Chapelhill St. Kin 23 E3
Chapelton Ave. W Cal 172 C2
Chapelton Dr. W Cal 172 C2
Chapelton Gdns. W Cal 172 C2
Chapelton Gr. W Cal 172 C2
Chapelton Pl. W Cal 173 D2
Chapelton Terr. W Cal 172 C2
Chapelwell Pl. Dunf 29 F2
Charing Cross. Gran 40 B1
Charles Ave. W Cal 172 C2
Charles Cres. Bog 145 F3
Charles Cres. Car 230 A1
Charles Ct. Lime 45 E4
Charles Dr. Lar 59 E4
Charles La. Bog 145 F3
Charles Rodger Pl. B of A 2 A3
Charles St. All 9 F4
Charles St. Dunf 29 D1
Charles St. Edin 123 E4
Charles St. Peni 203 F4
Charles St. Shot 192 A2
Charles St. Stir 7 D3
Charles Street La. Edin 123 E4
Charles Way. Lime 45 E4
Charles Way S. Lime 45 E4
Charlesfield La. Liv 147 D1
Charlotte Dundas Ct. Gran .. 61 F3
Charlotte La. Edin 123 D4
Charlotte Sq. Edin 123 D4
Charlotte St. Kirk 17 D2
Charlotte St. Pol 82 B4
Charlotte St. Shot 192 A2
Charlton Gr. Rosl 180 C2
Charter St. Stir 7 D2
Charterhall Gr. Edin 123 E2
Charterhall Rd. Edin 123 E1
Charteris Ct. Long 98 B3
Charteris Pk. Long 98 B3
Charteris Rd. Long 98 B3
Chartershall Rd. Bann 7 D1
Chartershall Rd. Bann 19 D3
Chattan Ave. Stir 2 A2
Cherry Ave. Bog 145 F3
Cherry La. May 183 F3
Cherry Pl. Cow 13 E2
Cherry Rd. Bonn 182 A3
Cherry Tree Ave. Curr 151 F2
Cherry Tree Cres. Curr 151 F2
Cherry Tree Gdns. Curr 151 E2
Cherry Tree Gr. Curr 151 E2
Cherry Tree Loan. Curr 151 F2
Cherry Tree Pk. Curr 151 E2
Cherry Tree Pl. Curr 151 F2
Cherry Tree View. Curr 151 F2
Cherrybank. Dunf 29 E3
Cherryton Dr. Clack 11 D3
Chesser Ave. Edin 122 B2
Chesser Cres. Edin 122 B2
Chesser Gdns. Edin 122 A2
Chesser Gr. Edin 122 A2
Chesser Loan. Edin 122 A2
Chester Ct. Bonn 182 A3
Chester Dr. May 183 E3
Chester Gr. Bonn 182 A3
Chester St. Edin 123 D4
Chester View. May 183 E3
Chesters View. Bonn 182 A3
Chestnut Ave. Kirk 17 E4
Chestnut Ave. Whit 170 B3
Chestnut Cres. Duni 36 B2
Chestnut Gr. B'ness 63 E3
Chestnut Gr. Bonn 182 A3
Chestnut Gr. Dunf 46 C4
Chestnut Gr. Liv 148 A3
Chestnut Gr. Sten 38 C2
Chestnut Gr. Winch 87 F1
Chestnut St. Edin 92 C4
Cheviot Pl. Gran 61 E3
Cheviot Rd. Kirk 16 C4
Cheyne St. Edin 93 D1
Chisholm Ave. Stir 2 A2
Chisholm Cres. Loch 14 A4
Chisholm Pl. Gran 61 D3
Chisholm St. Dunf 29 E4
Chisholm Terr. Peni 203 F4
Christian Cres. Edin 125 E4
Christian Gr. Edin 125 E4
Christie Pl. Kirk 17 E4
Christie St. Dunf 29 D3

Christiemiller Ave. Edin 94 C1
Christiemiller Gr. Edin 94 C1
Christiemiller Pl. Edin 94 C1
Church Ct. Brid 86 B3
Church Gdns. Long 98 C3
Church Gr. Burn 33 E1
Church Gr. N Sau 5 E1
Church Hill. Edin 123 D2
Church Hill Pl. Edin 123 D2
Church La. Duni 36 B2
Church La. Kirk 17 E2
Church La. Lime 45 E2
Church Pk. Bath 145 D3
Church Pl. Arm 144 A3
Church Pl. Bath 145 D3
Church Pl. Cross 30 C4
Church Pl. Falk 60 A3
Church Pl. Fau 170 B1
Church Pl. Fau 193 F3
Church Rd. B' ness 63 F4
Church Rd. Bonn 155 F1
Church Rd. Cali 81 F3
Church Rd. N Ber 54 B4
Church St. All 10 A3
Church St. Bon 58 B2
Church St. Brox 117 F3
Church St. Burn 33 E1
Church St. Cow 13 E2
Church St. Dunb 78 C1
Church St. East 168 B3
Church St. Hadd 132 A4
Church St. Hal 12 A1
Church St. Inver 47 E2
Church St. Kirk 17 E2
Church St. Lime 45 E2
Church St. Loan 181 E4
Church St. Loch 14 A4
Church St. Sten 38 C2
Church St. Sten 39 E1
Church St. Tran 128 B4
Church Wlk. Den 36 C1
Church Wlk. King 35 D2
Church Wynd. B'ness 63 F4
Churchill Dr. Edin 123 D2
Churchill Dr. B of A 2 A3
Churchill Pl. Ros 46 C2
Churchill St. All 9 F4
Churchill Way. Kir 149 F2
Churchway. Long 98 C3
Cinderhall Pl. Elph 128 A1
Circle The. Dan 156 A4
Circus Gdns. Edin 93 D1
Circus La. Edin 93 D1
Circus Pl. Edin 93 D1
Citadel Pl. Edin 93 F3
Citadel St. Edin 93 F3
City Of Edinburgh By-Pass The.
  Dan 156 C3
City Of Edinburgh By-Pass The.
  Edin 154 B2
City Of Edinburgh By-Pass The.
  Kirkl 120 C2
City Of Edinburgh By-pass The.
  Rat 121 D1
City Of Edinburgh By-Pass The.
  White 126 A1
Clackmae Gr. Edin 154 C4
Clackmae Rd. Edin 154 C4
Clackmannan Rd. All 10 A3
Clare Ct. N Ber 54 B4
Clarebank Cres. Edin 94 A3
Claremont. All 9 F4
Claremont Bank. Edin 93 E2
Claremont Cres. Edin 93 E2
Claremont Ct. Edin 93 E2
Claremont Dr. B of A 2 B4
Claremont Gdns. Edin 94 B2
Claremont Gr. Edin 93 E2
Claremont Pk. Edin 94 A2
Claremont Rd. Edin 94 A2
Claremont St. Bon 57 F3
Clarence St. Edin 93 D1
Clarendon Cres. Edin 93 D1
Clarendon Cres. Lin 85 D3
Clarendon Pl. Stir 7 D4
Clarendon Rd. Lin 85 D3
Clarendon Rd. Stir 7 D4
Claret Rd. Gran 61 F3
Claret Rd. Gran 62 B4
Clarinda Ave. Falk 59 D3
Clarinda Gdns. Dalk 157 E2
Clarinda Terr. Edin 124 A1
Clark Ave. Edin 93 E3
Clark Bldgs. Orm 159 F4
Clark Pl. Edin 93 D3
Clark Pl. Kirk 17 D3
Clark Rd. Edin 93 D3
Clark Rd. Inver 47 D1
Clark St. Stir 7 D1
Claverhouse Dr. Edin 155 D4
Clayhills Gr. Bale 151 D1
Clayhills Pk. Bale 151 D1
Clayknowes Ave. Muss 126 A3
Clayknowes Cres. Muss 126 A3
Clayknowes Ct. Muss 126 A2
Clayknowes Dr. Muss 125 F3
Clayknowes Pl. Muss 125 F3
Clayknowes Way. Muss 126 A3

Claymore Dr. Bann 7 E2
Clearburn Cres. Edin 124 A2
Clearburn Gdns. Edin 124 A2
Clearburn Rd. Edin 124 A2
Clearburn Rd. Gore 183 D1
Cleaves The. Tull 4 A1
Cleekim Dr. Edin 125 D2
Cleekim Rd. Edin 125 D2
Cleghorn Dr. Uph 117 D3
Cleikiminrig. Edin 125 D2
Cleish Gdns. Kirk 16 C3
Cleish Pl. Dunf 29 F1
Cleish Rd. Dunf 29 F1
Cleland St. Whit 170 A4
Clement Rise. Muri 148 A1
Clerics Hill. Kirkl 89 D1
Clerk Dr. Dunf 29 F1
Clerk Rd. Peni 203 E3
Clerk St. Edin 123 F3
Clerk St. Loan 181 E4
Clerkington Rd. Hadd 131 F4
Clerkington Wlk. Hadd 131 F4
Clermiston Ave. Edin 91 E1
Clermiston Cres. Edin 91 F1
Clermiston Dr. Edin 91 E1
Clermiston Gdns. Edin 91 E1
Clermiston Gn. Edin 91 E1
Clermiston Gr. Edin 91 E1
Clermiston Hill. Edin 91 F1
Clermiston Loan. Edin 91 E1
Clermiston Medway. Edin 91 E1
Clermiston Pk. Edin 91 E1
Clermiston Pl. Edin 91 E1
Clermiston Rd. Edin 121 E4
Clermiston Rd N. Edin 91 F1
Clermiston View. Edin 91 F1
Clerwood Bank. Edin 121 E4
Clerwood Gdns. Edin 121 E4
Clerwood Gr. Edin 121 F4
Clerwood Loan. Edin 121 E4
Clerwood Pk. Edin 121 E4
Clerwood Pl. Edin 121 F4
Clerwood Row. Edin 121 E4
Clerwood Terr. Edin 121 E4
Clerwood View. Edin 121 E4
Clerwood Way. Edin 121 E4
Cleuch Ave. Tull 4 A1
Cleuch Dr. Alva 4 C4
Cleuch Rd. N Mid 207 F1
Cleuchbrae. W Cal 172 B2
Cleveland Dr. Inver 47 D1
Clifford Rd. N Ber 54 B3
Clifford Rd. Stir 7 D3
Clifton Rd. Rat 118 C1
Clifton View. Brox 118 A3
Cliftonhall Rd. Kirkl 119 D3
Climpy Rd. For 214 B2
Clinkum Bank. Torr 26 B2
Clinton Rd. Edin 123 D2
Clive St. Shot 191 F3
Cloanden Pl. Kirk 17 D2
Clockhill La. Edin 94 A1
Clockluine Rd. D Bay 47 F1
Close The. Ros 46 B1
Clova Dr. Muri 173 F3
Clovenstone Dr. Edin 152 C4
Clovenstone Gdns. Edin 152 C4
Clovenstone Pk. Edin 152 C4
Clovenstone Rd. Edin 152 C4
Clover Pl. B' ness 63 F3
Cloverbank. Liv 147 F3
Cloves The. Men 4 A3
Cluanie Ave. Shot 191 F3
Cluflatt Brae. Que 67 F1
Cluflatt. Que 67 F1
Clune Rd. Oak 27 F4
Clunie Rd. Dunf 29 F2
Clunivar St. Dunf 28 B3
Cluny Ave. Edin 123 D1
Cluny Dr. Edin 123 D1
Cluny Dr. Sten 38 C2
Cluny Gdns. Edin 123 E1
Cluny Pl. Edin 123 E2
Cluny Terr. Edin 123 D1
Clyde Cres. Dunf 29 F1
Clyde Cres. Lar 38 A2
Clyde Dr. Liv 148 A2
Clyde Dr. Shot 192 A2
Clyde St. Edin 93 E1
Clyde St. Falk 59 F3
Clyde St. Gran 40 A1
Clydesdale St. B' ness 63 F3
Clydevale Pl. Pump 117 D1
Coal Neuk. Tran 128 B3
Coal Rd. Dunf 28 C2
Coal Wynd. Bann 7 E1
Coal Wynd. Kirk 17 E2
Coalgate. All 10 A3
Coalgate Ave. Tran 128 C4
Coalgate Rd. Tran 128 C4
Coalhill. Edin 93 F3
Coalpots Way. Fish 5 F2
Coates Cotts. Ath 99 F2
Coates Cres. Edin 123 D4
Coates Gdns. Edin 122 C4
Coatfield La. Edin 94 A3
Cobblebrae Cres. Falk 39 D1
Cobden Cres. Edin 123 F2
Cobden Rd. Edin 123 F2

Cobden Rd. Edin 123 F2
Cobden St. Alva 5 D3
Cobden St. Alva 5 D4
Coblecrook Gdns. Alva 4 C3
Coblecrook La. Alva 4 C3
Coblecrook Pl. Alva 4 C3
Coburg St. Edin 93 F3
Cochran Pl. Edin 93 E1
Cochrane Ave. Falk 60 A1
Cochrane Ave. Inver 47 E1
Cochrane Cres. Alva 4 C4
Cochrane Pl. Edin 94 A2
Cochrane Rd. Ros 46 A1
Cochrane Sq. Muri 173 E3
Cochrane St. Bath 145 D4
Cochrane St. Falk 60 A2
Cochrane Terr. Edin 93 E1
Cochrane Way. D Bay 48 A3
Cochrane Wlk. Dunf 29 F2
Cochranes The. Alva 5 D4
Cochrie Pl. Tull 4 B1
Cochrina Pl. Rose 181 E1
Cockburn Cres. Bale 177 D4
Cockburn Cres. Madd 84 A3
Cockburn Ct. Orm 159 E4
Cockburn Dr. Orm 159 E3
Cockburn Sq. Path 185 D3
Cockburn St. Edin 123 E4
Cockburn St. Falk 60 A2
Cockburnhill Rd. Bale 177 D4
Cocklaw St. Kel 12 B4
Cockles Brae. Giff 132 C2
Cockmilane Brae. Giff 132 B3
Cockmylane. Edin 153 F4
Cockpen Ave. Bonn 182 A3
Cockpen Cres. Bonn 182 A3
Cockpen Dr. Bonn 182 A3
Cockpen Pl. Bonn 182 A3
Cockpen Rd. Bonn 182 B3
Cockpen Terr. Bonn 182 A3
Cockpen View. Bonn 182 A3
Coilesdene Gr. Edin 125 E4
Coilesdene Ave. Edin 125 E4
Coilesdene Cres. Edin 125 E4
Coilesdene Dr. Edin 125 E4
Coilesdene Gdns. Edin 125 E4
Coilesdene Loan. Edin 125 E4
Coilesdene Terr. Edin 125 E4
Coire Loan. Shot 192 A2
Coldingham Pl. Dunf 29 E2
Colegate Rd. Path 208 B4
Coles Pl. Cross 31 D3
Colinshiel Ave. Bath 144 C4
Colinshiel St. Bath 144 C4
Colinshiel View. Arm 143 F4
Colinswell Rd. Burn 33 E1
Colinton Gr. Edin 122 B1
Colinton Gr W. Edin 122 B1
Colinton Mains Cres. Edin . 153 E4
Colinton Mains Dr. Edin 153 E4
Colinton Mains Gdns. Edin 153 E4
Colinton Mains Gn. Edin ... 153 E4
Colinton Mains Loan. Edin 153 E4
Colinton Mains Pl. Edin 153 F4
Colinton Mains Rd. Edin ... 153 E3
Colinton Mains Terr. Edin . 153 F4
Colinton Rd. Edin 122 C2
Coll Pl. Gran 61 E3
College Cres. Falk 60 B4
College Wynd. Edin 123 E4
Collingwood Ct. Falk 59 F3
Collins Pl. Edin 93 D1
Colliston Rd. Dunf 29 E3
Collyland Rd. N Sau 5 E2
Colmestone Gate. Edin 154 A3
Colonsay Ave. Pol 61 E1
Colonsay Terr. Falk 60 A1
Colquhoun St. Stir 7 E3
Coisnaur. Men 4 A3
Coltbridge Ave. Edin 122 B4
Coltbridge Gdns. Edin 122 C4
Coltbridge Terr. Edin 122 B4
Coltbridge Vale. Edin 122 C4
Coltness Ave. Alla 212 A4
Columba Ave. Edin 92 A1
Columba Rd. Edin 92 A1
Colvin St. Dunb 78 C1
Combfoot Cottages. E Cal . 148 B2
Comely Bank Ave. Edin 93 D1
Comely Bank. Edin 92 C1
Comely Bank Gr. Edin 92 C1
Comely Bank Pl. Edin 93 D1
Comely Bank Place Mews.
    Edin 93 D1
Comely Bank Rd. Edin 93 D1
Comely Bank Row. Edin 93 D1
Comely Bank St. Edin 92 C1
Comely Bank Terr. Edin 93 D1
Comely Green Cres. Edin 94 A1
Comely Green Pl. Edin 94 A1
Comely Park La. Dunf 29 D2
Comely Park Terr. Falk 60 A2
Comely Pk. Dunf 29 D2
Comely Pk. Pol 82 C4
Comely Pl. Falk 60 A2
Comiston Dr. Edin 123 D1
Comiston Gdns. Edin 123 D1

Comiston Gr. Edin 154 A4
Comiston Pl. Edin 123 D1
Comiston Rd. Edin 154 A4
Comiston Rise. Edin 154 A4
Comiston Springs Ave.
    Edin 154 A4
Comiston Terr. Edin 123 D1
Comiston View. Edin 154 A4
Commercial Rd. Inver 47 E1
Commercial School La.
    Dunf 29 D2
Commercial St. Edin 93 F3
Commercial St. Kirk 17 E3
Commissioner St. B'ness 64 A4
Commodores Wlk. Ros 46 B1
Compressor House Rd.
    B'ness 62 B3
Compton Rd. Gran 61 E3
Comrie Terr. B' ness 63 F3
Comyn Dr. Pol 82 B4
Comyn Dr. Shi 82 A4
Concorde Way. Inver 47 E2
Coneyhill Rd. B of A 2 A4
Coneypark. Stir 6 C3
Conifer Rd. May 183 F4
Coningsby Pl. All 10 A3
Connaught Pl. Edin 93 E3
Conner Ave. Falk 60 A4
Considine Gdns. Edin 94 B1
Considine Terr. Edin 94 B1
Constable Rd. Stir 7 D3
Constitution Pl. Edin 94 A3
Constitution St. Edin 94 A3
Conway St. Falk 59 F2
Cook Cres. May 183 E3
Cook Pl. Kirk 18 A4
Cook Sq. Loch 14 A4
Cook St. Kirk 18 A4
Cooper's La. Kin 23 F2
Cooperage La. Falk 60 A3
Cope La. Cocke 97 E2
Copeland Cres. Cow 13 D1
Copland Pl. Alva 4 C4
Copper Beech Wynd.
    Crossf 27 E1
Corbett Pl. Dunf 29 F1
Corbiehall. B' ness 63 F4
Corbiehill Ave. Edin 92 A2
Corbiehill Cres. Edin 91 F2
Corbiehill Gdns. Edin 92 A2
Corbiehill Gr. Edin 92 A2
Corbiehill Pk. Edin 92 A2
Corbiehill Pl. Edin 91 F2
Corbiehill Terr. Edin 91 F2
Corbieshot. Edin 125 D3
Corbiewood Dr. Bann 19 F4
Corentin Ct. Falk 60 B2
Cormailin Pl. H Val 26 A1
Corn Exchange Rd. Stir 7 D4
Cornhill Cres. Stir 7 D2
Cornhill Terr. Edin 94 A2
Cornton Cres. B of A 2 A3
Cornton Rd. B of A 2 A2
Cornton Rd. Stir 2 A2
Cornwall St. Edin 123 D4
Cornwallis Pl. Edin 93 E1
Coronation Pl. Gran 39 F2
Coronation Pl. May 183 E4
Corpach Dr. Dunf 28 C1
Corporation St. Falk 60 B2
Corrennie Dr. Edin 123 D1
Corrennie Gdns. Edin 123 D1
Corrie Ave. Sten 38 C2
Corrie Ct. Newt 183 D3
Corrie Pl. Falk 59 E2
Corruna Ct. Car 230 A1
Corslet Cres. Curr 152 A3
Corslet Pl. Curr 152 A3
Corslet Rd. Curr 152 A3
Corston Pk. Liv 148 A2
Corstorphine Bank Ave.
    Edin 121 E4
Corstorphine Bank Dr.
    Edin 121 E4
Corstorphine Bank Terr.
    Edin 121 E4
Corstorphine High St.
    Edin 121 E3
Corstorphine Hill Ave.
    Edin 121 F4
Corstorphine Hill Cres.
    Edin 121 F4
Corstorphine Hill Gdns.
    Edin 121 F4
Corstorphine Hill Rd.
    Edin 121 F4
Corstorphine House Ave.
    Edin 121 F3
Corstorphine Park Gdns.
    Edin 121 F3
Corstorphine Rd. Edin 122 A4
Cortachy Ave. Sten 39 D2
Cortleferry Dr. Dalk 156 C1
Cortleferry Gr. Dalk 156 C1
Cortleferry Pk. Dalk 156 C1
Cortleferry Terr. Dalk 156 C1
Corunna Pl. Edin 93 F3
Corunna Terr. Auch 204 A4

Cossars Wynd. Dunb 78 B1
Cotburn Cres. Burn 33 F1
Cotlands Ave. Long 98 B2
Cotlands Pk. Long 98 B2
Cotlaws. Kirkl 89 D1
Cottage Cres. Falk 59 F3
Cottage Gn. Edin 91 D2
Cottage Homes. Edin 153 D4
Cottage La. Muss 126 C3
Cottage Pk. Edin 92 A1
Cotton La. Laur 61 D2
Cotts The. Winch 86 C2
Coulport Pl. Dunf 28 C1
Council Houses. Ath 101 F4
Council Houses. Giff 133 E3
Council Houses. Giff 162 C4
Council Houses. Gull 73 D2
Countess Ave. Dunb 78 B1
Countess Cres. Dunb 78 B1
Countess Rd. Dunb 78 B1
County Houses. Cross 31 D3
County Rd. Pres 96 C1
County Sq. Pres 96 C1
Couper Ave. N Ber 54 B3
Couper Gr. Dunf 29 F1
Couper St. Edin 93 F3
Court St. Hadd 132 A4
Courthill. Alva 5 D4
Cousin's La. Dunf 28 C2
Cousland Cres. Black 146 A1
Cousland Interchange. Liv . 147 F3
Cousland Rd. Liv 147 E2
Cousland Terr. Black 146 A1
Couston Dr. D Bay 48 A2
Couston Pl. D Bay 48 A2
Couston Rd. D Bay 48 A2
Couston St. Dunf 29 D2
Cove Cres. Shot 191 F3
Covenanter Rd. East 168 B2
Coville Pl. Edin 93 D1
Cow Wynd. Falk 60 A2
Cowan Rd. Edin 122 C2
Cowan St. Bog 145 F3
Cowan St. Bon 58 A3
Cowan Terr. Peni 203 F4
Cowan's Cl. Edin 123 F3
Cowane St. Stir 2 A1
Cowden Cres. Dalk 157 E2
Cowden Gr. Dalk 157 E2
Cowden La. Dalk 157 E2
Cowden Pk. Dalk 157 E2
Cowden Terr. Dalk 157 E2
Cowden View. Dalk 157 E2
Cowdenbeath Rd. Burn 33 F1
Cowdenhill Rd. B'ness 64 A4
Cowgate. Edin 123 E4
Cowgatehead. Edin 123 E4
Cowie Rd. Bann 20 A4
Cowiehall Rd. Cowie 20 B4
Cowpits Ford Rd. Muss 126 B2
Cowpits Rd. White 126 B1
Coxfield. Edin 122 B2
Coxithill Rd. Stir 7 D2
Craig Ave. Hadd 101 D1
Craig Ave. Whit 169 F3
Craig Cres. Stir 2 B2
Craig Ct. B of A 2 A3
Craig Ct. Burn 33 E1
Craig St. Blac 142 C2
Craig St. Ros 47 D2
Craigbank. Crossf 28 B1
Craigbank. N Sau 5 E1
Craigbank Rd. Avon 112 A3
Craigbeath Ct. Cow 13 D3
Craigburn Ct. Falk 59 F1
Craigcrook Ave. Edin 92 A1
Craigcrook Gdns. Edin 92 A1
Craigcrook Gr. Edin 92 A1
Craigcrook Pk. Edin 92 A1
Craigcrook Rd. Edin 92 A1
Craigcrook Sq. Edin 92 A1
Craigdimas Gr. D Bay 48 A1
Craigend Dr. Madd 83 D3
Craigend Pk. Edin 124 B1
Craigend Rd. Stir 7 D2
Craigentinny Ave. Edin 94 C1
Craigentinny Avenue N.
    Edin 94 B2
Craigentinny Cres. Edin 94 C1
Craigentinny Gr. Edin 94 C1
Craigentinny Pl. Edin 94 C1
Craigentinny Rd. Edin 94 B1
Craigford Dr. Bann 7 E1
Craigforth Cres. Stir 1 C1
Craighall Ave. Edin 93 E3
Craighall Bank. Edin 93 E3
Craighall Cres. Edin 93 E3
Craighall Gdns. Edin 93 E3
Craighall Rd. Edin 93 E3
Craighall St. Stir 1 C1
Craighall Terr. Edin 93 E3
Craighall Terr. Muss 126 A3
Craighill Gdns. Edin 122 C1
Craighill View. Blac 142 C2
Craigholm La. Burn 33 F1
Craighorn Dr. Falk 59 F1
Craighorn. Men 4 A3
Craighorn Rd. Alva 4 C3

Craighouse Ave. Edin 122 C1
Craighouse Gdns. Edin 122 C1
Craighouse Pk. Edin 122 C1
Craighouse Rd. Edin 122 C1
Craighouse Terr. Edin 122 C1
Craigie Ct. Lar 38 A1
Craigiebield Cres. Peni 203 F2
Craigielaw Farm Cotts. Aber 71 D2
Craigievar Ave. Sten 39 D2
Craigievar Gdns. Kirk 16 C3
Craigievar Sq. Edin 121 D4
Craigievar Wynd. Edin 121 D4
Craiginn Terr. Blac 142 B2
Craigkennochie Terr. Burn .. 33 F1
Craiglaw. Dech 116 B1
Craiglea Dr. Edin 123 D1
Craiglea Pl. Edin 122 C1
Craigleith Ave. Falk 59 F1
Craigleith Ave N. Ber 54 B3
Craigleith Ave N. Edin 122 B4
Craigleith Ave S. Edin 122 B4
Craigleith Bank. Edin 92 B1
Craigleith Cres. Edin 92 B1
Craigleith Dr. Edin 92 B1
Craigleith. Fish 5 F2
Craigleith Gdns. Edin 92 B1
Craigleith Gr. Edin 92 B1
Craigleith Hill Ave. Edin 92 B1
Craigleith Hill Cres. Edin 92 C1
Craigleith Hill Gdns. Edin 92 C1
Craigleith Hill Gn. Edin 92 B1
Craigleith Hill. Edin 92 B1
Craigleith Hill Loan. Edin 92 B1
Craigleith Hill Pk. Edin 92 B1
Craigleith Hill Row. Edin 92 B1
Craigleith Ind Est. Edin 92 B1
Craigleith Rd. Edin 92 C1
Craigleith Rise. Edin 122 B4
Craigleith View. Edin 122 B4
Craiglieth Hill Cres. Edin 92 B1
Craiglockhart Ave. Edin 122 B1
Craiglockhart Bank. Edin ... 122 B1
Craiglockhart Cres. Edin 122 B1
Craiglockhart Dell Rd. Edin 122 B1
Craiglockhart Dr N. Edin 122 B1
Craiglockhart Dr S. Edin 122 B1
Craiglockhart Gdns. Edin ... 122 B1
Craiglockhart Gr. Edin 153 E4
Craiglockhart Loan. Edin ... 122 B1
Craiglockhart Pk. Edin 122 B1
Craiglockhart Pl. Edin 122 B1
Craiglockhart Quadrant.
    Edin 122 B1
Craiglockhart Rd. Edin 122 B1
Craiglockhart Rd N. Edin ... 122 B1
Craiglockhart Terr. Edin 122 C2
Craiglockhart View. Edin ... 122 B1
Craigluscar Ct. Oak 28 A4
Craigluscar Rd. Oak 28 A4
Craigmillar Castle Ave.
    Edin 124 C2
Craigmillar Castle Gdns.
    Edin 124 B2
Craigmillar Castle Gr.
    Edin 124 B2
Craigmillar Castle Loan.
    Edin 124 C2
Craigmillar Castle Rd.
    Edin 124 B1
Craigmillar Castle Terr.
    Edin 124 B2
Craigmillar Pk. Edin 124 A2
Craigmillar Pl. Sten 38 C2
Craigmore Gdns. Torr 26 C1
Craigmount App. Edin 121 E4
Craigmount Ave. Edin 121 E4
Craigmount Ave N. Edin 91 D1
Craigmount Bank. Edin 91 D1
Craigmount Bank W. Edin 91 D1
Craigmount Brae. Edin 91 D1
Craigmount Cres. Edin 121 E4
Craigmount Ct. Edin 91 D1
Craigmount Dr. Edin 121 D4
Craigmount Gdns. Edin 121 D4
Craigmount Gr. Edin 121 D4
Craigmount Gr N. Edin 121 D4
Craigmount Hill. Edin 91 D1
Craigmount. Kirk 16 A4
Craigmount Loan. Edin 121 E4
Craigmount Pk. Edin 121 E4
Craigmount Pl. Edin 121 E4
Craigmount Terr. Edin 121 E4
Craigmount View. Edin 121 D4
Craigmount Way. Edin 91 E1
Craigmyle St. Dunf 29 E3
Craigomus Cres. Men 3 F3
Craigour Ave. Edin 155 E4
Craigour Cres. Edin 155 F4
Craigour Dr. Edin 155 F4
Craigour Gdns. Edin 155 F4
Craigour Gn. Edin 155 E4
Craigour Gr. Edin 155 F4
Craigour Loan. Edin 155 F4
Craigour Pl. Edin 155 E4
Craigour Terr. Edin 155 F4
Craigpark Ave. Rat 119 E1
Craigpark Cres. Rat 119 E1

Craigpark. Torp 113 F3
Craigridge Pl. D Bay 48 B3
Craigrie Terr. Clack 11 D2
Craigrigg Cotts. West 112 C2
Craigs Ave. Edin 121 E3
Craigs Bank. Edin 121 D4
Craigs Chalet Pk. Torp 84 A2
Craigs Cres. Edin 121 E4
Craigs Ct. Torp 113 F3
Craigs Dr. Edin 121 D4
Craigs Gdns. Edin 121 E4
Craigs Gr. Edin 121 E4
Craigs Loan. Edin 121 E4
Craigs Pk. Edin 121 D4
Craigs Rd. Edin 121 D4
Craigs Terr. Madd 82 C4
Craigseaton. Uph 117 D3
Craigshill E. Liv 148 A3
Craigshill Rd. Liv 148 A3
Craigshill St. Liv 148 A3
Craigston Dr. Dunf 29 E3
Craigswood. Liv 148 A3
Craigton Cres. Alva 4 C3
Craigton Pl. Cow 13 E1
Craigview. N Sau 5 E1
Craigward. All 10 A3
Craigwell Path. Lime 44 B4
Crame Terr. Dalk 156 C1
Cramond Ave. Edin 91 E3
Cramond Bank. Edin 91 D3
Cramond Brig Toll. Dal 90 C2
Cramond Cres. Edin 91 D3
Cramond Ct. Falk 60 A1
Cramond Gdns. Edin 91 D3
Cramond Glebe Gdns. Edin .. 91 E3
Cramond Glebe Rd. Edin 91 D3
Cramond Glebe Terr. Edin .. 91 D3
Cramond Gn. Edin 91 D3
Cramond Gr. Edin 91 D3
Cramond Pk. Edin 91 D3
Cramond Pl. D Bay 48 B2
Cramond Pl. Edin 91 E3
Cramond Rd N. Edin 91 E3
Cramond Rd S. Edin 91 F2
Cramond Regis. Edin 91 D2
Cramond Terr. Edin 91 D3
Cramond Vale. Edin 91 D3
Cramond Village. Edin 91 D4
Cranshaws Dr. Laur 61 E1
Cranston Dr. Path 158 B3
Cranston St. Edin 123 F4
Cranston St. Peni 203 F3
Crarae Ave. Edin 122 B4
Crathes Ave. Sten 39 D2
Crathes Gdns. Muri 173 F3
Crathie Dr. Duni 36 B2
Craufurdland. Edin 91 D2
Crawfield Ave. B'ness 63 F3
Crawfield La. B'ness 63 F3
Crawfield Rd. B'ness 63 F2
Crawford Dr. Shi 82 A4
Crawford Pl. Dunf 29 E4
Crawford Sq. Air 22 B2
Crawfurd Rd. Edin 124 A2
Crawlees Cres. May 183 F3
Craws Knowe. For 215 D1
Creel Ct. N Ber 54 B4
Creran Dr. Bank 57 E3
Crescent The. Edin 123 D1
Crescent The. Gore 183 E2
Crescent The. Ros 46 A1
Creteil Pl. Gran 61 E4
Crewe Bank. Edin 92 C3
Crewe Cres. Edin 92 C3
Crewe Gr. Edin 92 C3
Crewe Loan. Edin 92 B3
Crewe Pl. Edin 92 C3
Crewe Rd N. Edin 92 B3
Crewe Rd S. Edin 92 C2
Crewe Rd W. Edin 92 B3
Crewe Road Gdns. Edin 92 B3
Crewe Terr. Edin 92 C3
Crewe Toll. Edin 92 B2
Crichton Ave. Path 185 D3
Crichton Dr. Gran 61 F4
Crichton Dr. Path 185 D3
Crichton Rd. Path 185 D3
Crichton St. Edin 123 E4
Crichton Terr. Path 185 D3
Crighton Pl. Edin 93 F2
Crimond Pl. Shi 81 F4
Cringate Gdns. Bann 7 F1
Crockett Gdns. Peni 203 E3
Croft An Righ. King 35 D2
Croft Pl. Liv 147 E3
Croft St. Dalk 157 D2
Croft St. Peni 203 F2
Croft's Rd. Tull 4 A2
Crofters Way. Ston 170 C3
Croftfoot Dr. Fau 194 A3
Croftfoot Pl. Duni 36 B2
Crofthead Ct. Stir 2 A1
Crofthead Ctr. Muri 173 E4
Crofthead Interchange.
  Muri 173 F4
Crofthead Rd. Stir 2 A1

Crofthead Rd. Ston 171 D1
Croftmalloch Rd. Whit 170 A3
Crofts Rd. Cock 140 C1
Crofts The. E Lin 104 C1
Croftsacre. Cock 140 C1
Croftshaw Rd. Alva 5 D4
Croftside Ct. Gran 61 F3
Cromarty Pl. Kirk 17 F4
Cromwell Dr. Falk 60 B2
Cromwell Pl. Edin 93 F3
Cromwell Rd. Burn 33 F1
Cromwell Rd. Falk 60 B2
Cromwell Rd N Ber 54 A4
Cromwell Rd. Ros 46 C3
Cromwell Rd W. Falk 60 B2
Crookston Rd. Muss 126 C2
Crophill. N Sau 5 E1
Cross Brae. Shi 81 E3
Cross Loan. Orm 159 F4
Cross Row. Lime 45 D2
Cross St. Falk 39 D1
Cross St. Kirk 18 A4
Cross The. Lin 85 D4
Cross Way. D Bay 48 B3
Cross Wynd. Dunf 29 D2
Crossen La. Car 230 A1
Crossgatehead Rd. Pol 82 B4
Crossgreen Dr. Uph 117 D3
Crossgreen Pl. Uph 117 D3
Crosshill Dr. B'ness 63 F3
Crosshill Dr. Bath 145 E3
Crossroads Pl. Ros 46 C2
Crosswood Ave. Bale 177 D4
Crosswood Cres. Bale 177 D4
Crosswood Terr. Auc 217 F2
Crowhill Rd. D Bay 48 B2
Crown Gdns. All 9 F4
Crown Pl. Edin 93 F2
Crown St. Edin 93 F2
Crownest Loan. Lar 38 C1
Cruachan Ave. Stir 2 A2
Cruachan Ct. Falk 60 B1
Cruachan Ct. Peni 204 A3
Cruachan Pl. Gran 61 F3
Cruickness Rd. Inver 68 B4
Cruickshank Dr. Shi 81 E3
Cruikshank's Ct. Den 36 C1
Crum Cres. Stir 7 E1
Crusader Dr. Rosl 180 C2
Crusader Rise. Muri 148 A1
Cuddy La. Edin 123 D2
Cuddyhouse Rd. Cow 12 B2
Cuddyhouse Rd. Hal 12 B2
Cuffabouts. B'ness 64 B4
Cuguen Pl. Bonn 156 A1
Cuiken Ave. Peni 203 E3
Cuiken Bank. Peni 203 E3
Cuiken Terr. Peni 203 E3
Cuikenburn. Peni 203 F4
Cuil Gr. Dunf 28 B3
Cuillin Ct. Falk 60 B1
Cuillin Pl. Gran 61 F3
Cullalo Cres. Abe 49 E4
Cullaloe Ct. D Bay 48 B2
Cullaloe View. Cow 13 E1
Cullen Cres. Kirk 16 C4
Culloch Rd. Slam 110 A3
Culmore Pl. Falk 60 C1
Cultenhove Cres. Gran 61 F3
Cultenhove Cres. Stir 6 C2
Cultenhove Pl. Stir 7 D2
Cultenhove Rd. Stir 7 D2
Cultins Rd. Edin 121 D1
Cultrig Dr. Whit 170 A3
Culvain Pl. Falk 60 B1
Culzean Cres. Kirk 16 B4
Culzean Pl. Sten 38 C2
Cumberland St. Edin 93 E1
Cumbernauld Rd. Bank 57 D2
Cumbrae Ct. Kirk 17 D4
Cumbrae Dr. Falk 59 E2
Cumbrae Terr. Kirk 17 D4
Cumin Pl. Edin 123 F2
Cumlodden Ave. Edin 122 B4
Cumnor Cres. Edin 124 A1
Cunnigar Gdns. E Cal 148 B2
Cunnigar Hill View. Liv 148 B2
Cunningham Ct. Long 98 B2
Cunningham Ct. N Ber 54 A3
Cunningham Dr. East 168 B3
Cunningham Gdns. Falk 60 C3
Cunningham Rd. Ros 46 B1
Cunningham Rd. Sten 39 D2
Cunningham Rd. Stir 7 E4
Cunningham St. Gran 61 E3
Curran Cres. Brox 117 F3
Curriehill Castle Dr. Curr 151 E2
Curriehill Rd. Curr 151 F3
Currievale Ave. Shot 191 F2
Currieside Pl. Shot 191 F2
Currievale Dr. Curr 151 F2
Currievale Park Gr. Curr 151 F2
Currievale Pk. Curr 151 F2
Cushenquarter Dr. Plea 20 B2
Custom House Sq. Dunb 78 C2
Custonhall Pl. Den 36 B1
Cuthill Cres. Ston 171 E1
Cuthill Terr. Ston 171 E1

Cuttyfield Pl. Sten 39 E2
Cypress Gr. Dunf 46 B4
D'arcy Rd. May 183 F3
Daiches Braes. Edin 125 E3
Dairy Cotts. Dir 53 D1
Daisy Terr. Edin 122 C2
Dalachy Cotts. Abe 32 C1
Dalbeath Cres. Cow 13 D1
Dalbeath Gdns. Cow 12 C1
Dalcross Way. Dunf 29 F3
Dalderse Ave. Falk 60 A3
Dalgety Ave. Edin 94 A1
Dalgety Gdns. D Bay 48 B3
Dalgety House View. D Bay 48 B3
Dalgety Rd. Edin 94 A1
Dalgety St. Edin 94 A1
Dalgleish Ct. Stir 7 D4
Dalgrain Rd. Gran 40 A1
Dalhousie Ave. Bonn 182 A3
Dalhousie Ave W. Bonn 182 A3
Dalhousie Dr. Bonn 182 A3
Dalhousie Gdns. Bonn 182 A3
Dalhousie Rd. Dalk 156 C1
Dalhousie Rd E. Bonn 182 A3
Dalhousie Rd W. Bonn 182 A3
Dalhousie Terr. Edin 123 D1
Dalkeith Rd. Edin 123 F3
Dalkeith St. Edin 125 E4
Dallas Ave. Burn 33 F1
Dallas Dr. Kirk 16 C4
Dalling Rd. Bath 144 C3
Dalmahoy Cres. Bale 151 E2
Dalmahoy Rd. Rat 119 E1
Dalmeny Rd. Edin 93 E3
Dalmeny St. Edin 93 F2
Dalmeny View. D Bay 48 B2
Dalmore Dr. Alva 4 C3
Dalmorglen Pk. Stir 6 C3
Dalratho Rd. Gran 61 F4
Dalry Pl. Edin 123 D4
Dalry Rd. Edin 122 C4
Dalrymple Cres. Edin 123 F2
Dalrymple Cres. Muss 126 A3
Dalrymple Gdns. Path 158 B3
Dalrymple Loan. Muss 126 B3
Dalton Ct. May 183 F3
Dalum Ct. Loan 181 D4
Dalum Dr. Loan 181 D4
Dalum Gr. Loan 181 D4
Dalum Loan. Loan 181 D4
Dalziel Pl. Edin 94 A1
Damhead Holdings Scheme.
  Rosl 154 B1
Damside. Edin 123 D4
Danderhall Cres. Dan 156 A4
Daniel Pl. Ros 46 B3
Danube St. Edin 93 D1
Dargai Pl. Uph 117 D3
Darian La. B'ness 63 F4
Darmeid Pl. Alla 212 A4
Darnaway St. Edin 93 D1
Darnell Rd. Edin 93 D3
Darney Terr. King 34 C1
Darnley St. Stir 7 D4
Darrach Dr. Duni 36 A1
Darwin St. Liv 148 A3
Davaar Dr. Kirk 16 C4
Davarr Pl. Falk 59 E2
Davenport Pl. Ros 46 C2
David Millar Pl. Dunf 28 C3
David Scott Ave. May 183 F4
David St. Dunf 29 D3
David St. Kirk 17 D2
David St. Loch 14 A4
David The First St. King 34 C1
David's Loan. Falk 39 E1
Davidson Gdns. Edin 92 A2
Davidson La. Car 230 A1
Davidson Pk. Edin 92 C2
Davidson Rd. Edin 92 C2
Davidson St. Bann 7 E1
Davidson Terr. Hadd 100 C1
Davidson Way. Liv 147 F4
Davie St. Edin 123 F4
Daviot Rd. Dunf 29 F3
Dawson Ave. All 9 F4
Dawson Ave. Liv 147 F3
Dawson Pl. B'ness 63 F3
Dawson St. Falk 60 A4
De Quincey Path. Bonn 181 F3
De Quincey Rd. Bonn 181 F3
Deacons Ct. Lin 85 D3
Dean Bank La. Edin 93 D1
Dean Cres. Stir 2 B1
Dean Ct. Long 98 B2
Dean Dr. Crossf 28 A1
Dean Gr. Crossf 28 A1
Dean Park Cres. Edin 93 D1
Dean Park Mews. Edin 93 D1
Dean Path. Edin 92 C1
Dean Pk. Long 98 B2
Dean Pk. Newt 183 D3
Dean Pk. Oak 27 F4
Dean Pk Pl. Newt 183 D3
Dean Pl. Black 146 A1
Dean Pl. Peni 203 E3

Dean Rd. B'ness 63 F3
Dean Rd. Kirk 17 D2
Dean Rd. Long 98 B2
Dean Rd. Peni 203 E3
Dean Ridge. Oak 27 F4
Dean St. Whit 170 A4
Dean St. Edin 93 D1
Dean Terr. Edin 93 D1
Dean The. E Lin 75 F1
Deanburn Gr. B'ness 63 E3
Deanburn Pk. Lin 84 C3
Deanburn Rd. Lin 84 C3
Deanburn Wlk. B'ness 63 E3
Deanery Cl. Edin 94 B1
Deanfield Cres. B'ness 63 F4
Deanfield Dr. B'ness 63 F3
Deanfield Pl. B'ness 63 F4
Deanfield Rd. B'ness 63 F4
Deanfield Terr. B'ness 63 F3
Deangate Gdns. B'ness 63 E3
Deanhaugh St. Edin 93 D1
Deanpark Ave. Bale 151 E1
Deanpark Bank. Bale 151 E1
Deanpark Brae. Bale 151 E1
Deanpark Cres. Bale 151 E1
Deanpark Ct. Bale 151 D1
Deanpark Gdns. Bale 151 E1
Deanpark Gr. Bale 151 E1
Deanpark Pl. Bale 151 E1
Deans N. Liv 146 C3
Deans Rd. Liv 146 B3
Deans Roundabout. Liv 146 B3
Deans S. Liv 146 C3
Deans Service Units. Liv 146 C3
Deanswood Pk. Liv 146 C3
Deantown Ave. White 157 F4
Deantown Dr. White 126 C1
Deantown Path. White 126 C1
Deas Rd. Inver 47 D1
Deas Rd. Shot 191 E3
Dechmont Rd. Edin 121 D3
Dedridge East Rd. Muri 148 A1
Dedridge North Rd. Muri 147 F1
Dedridge Nursery Units.
  Muri 148 A1
Dedridge West Rd. Muri 173 F4
Dee Dr. Liv 148 A3
Dee Pl. Dunf 29 F1
Dee St. Shot 191 E3
Deer Pk Rd. New 66 C1
Deerhill. Dech 116 B1
Deerpark. N Sau 5 F1
Deeside Dr. Car 230 A2
Delisle St. Dunb 78 B1
Dell Ave. Arm 143 F3
Dell Rd. Edin 153 D4
Delph Rd. Tull 4 B1
Delphwood Cres. Tull 4 B1
Delta Ave. Muss 127 D3
Delta Cres. Muss 127 D3
Delta Dr. Muss 127 D3
Delta Gdns. Muss 127 D3
Delta Pl. Muss 126 B2
Delta Rd. Muss 127 D3
Delta View. Muss 127 D3
Dempster Pl. Dunf 28 C3
Den La. Shot 191 E3
Den Rd. Kirk 17 E3
Denburn Pl. Kirk 17 E3
Denburn Rd. Kirk 17 E4
Denend Cres. Kirk 17 D3
Denham Green Ave. Edin 93 D3
Denham Green Pl. Edin 93 D3
Denham Green Terr. Edin 93 D3
Denholm Gr. Arm 143 F4
Denholm Rd. Muss 125 F3
Denholm Way. Muss 125 F3
Denny Rd. Bank 57 F3
Denny Pl. Lar 38 A1
Denovan Rd. Duni 36 C2
Denovan Rd. Tor 36 C2
Dequincey Wlk. Tran 128 B3
Derby St. Edin 93 E3
Deroran Pl. Stir 6 C3
Derwent Ave. Falk 59 F2
Devon Cl. Tull 4 A1
Devon Dr. Men 4 C2
Devon Pl. Camb 4 A1
Devon Pl. Edin 122 C4
Devon Rd. All 10 B3
Devon St. Gran 40 A1
Devon Terr. Dunf 29 F1
Devon Village. Fish 5 F2
Devonbank. Fish 5 F2
Devonway. Clack 11 D3
Dewar Ave. Kin 23 F2
Dewar Pl. Edin 123 D4
Dewar Place La. Edin 123 D4
Dewar Sq. Liv 146 B3
Dewar St. Dunf 28 C2
Dewar St. Loch 14 A4
Dewshill Cotts. Sals 167 D2
Dick Cres. Burn 33 F1
Dick Gdns. Whit 169 F3
Dick Pl. Edin 123 E2
Dick Pl. Ros 46 C3
Dick Pl. Ston 171 E1

Dick St. Dunf 29 E3
Dick Terr. Peni 203 F3
Dickburn Cres. Bon 57 F3
Dickies Wells. Alva 5 E4
Dickson Ct. Loch 14 A4
Dickson St. Dunf 29 D1
Dickson St. Edin 93 F2
Dickson St. W Cal 172 B1
Dicksons Gr. Bonn 182 A4
Dinmont Dr. Edin 124 A1
Dirleton Ave. N Ber 54 A4
Dirleton Gdns. All 9 F4
Dirleton La. All 9 F3
Dirleton Rd. Dir 53 D3
Dirleton Rd. N Ber 53 F3
Distillery La. Edin 122 C4
Diverswell. N Sau 5 E1
Dixon Terr. Whit 170 A3
Dobbie Ave. Lar 38 B1
Dobbie's Rd. Bonn 182 A4
Dobson's Pl. Hadd 131 F4
Dobson's View. Hadd 131 F4
Dobson's Wlk. Hadd 131 F4
Dochart Cres. Pol 61 F1
Dochart Dr. Edin 91 E1
Dochart Path. Gran 61 E3
Dochart Pl. Falk 60 B1
Dock Pl. Edin 93 F3
Dock Rd. Gran 40 B1
Dock St. B'ness 64 A4
Dock St. Edin 93 F3
Dock St. Sten 39 E1
Doctor's Row. Kirk 17 F4
Dog Well Wynd. Lin 85 D4
Dollar Ave. Falk 60 A4
Dollar Cres. Kirk 16 B4
Dollar Ct. Dunf 28 C3
Dollar Gdns. Falk 60 A4
Dollar Gr. Burn 33 F1
Dollar Rd. Burn 33 F1
Dolphin Ave. Curr 151 F2
Dolphin Gdns E. Curr 151 F2
Dolphin Gdns W. Curr 151 F2
Dolphin Rd. Curr 151 F2
Don Dr. Liv 148 A3
Don Rd. Dunf 29 F1
Don St. Gran 40 A1
Donald St. Dunf 29 E3
Donaldson Ct. Kin 23 F2
Donaldson Pl. Cam 6 B3
Donibristle Gdns. D Bay 48 A1
Doocot Brae. B'ness 64 A4
Doon Ave. Dunb 78 B1
Doon Wlk. Liv 148 A2
Dornie Wynd. Shot 192 A2
Dorrator Rd. Falk 59 F3
Dorset Pl. Edin 123 D3
Double Dykes. Muss 126 B2
Double Hedges Pk. Edin 124 A1
Double Hedges Rd. Edin .. 124 A1
Double Row. Lime 45 D2
Dougall Ct. May 183 E3
Dougall Pl. May 183 E3
Dougall Rd. May 183 E3
Douglas Ave. Crossf 28 A1
Douglas Ave. Gran 61 F3
Douglas Ave. Liv 84 C3
Douglas Ave. Pol 82 B4
Douglas Cres. Bonn 182 A4
Douglas Cres. Edin 122 C4
Douglas Cres. Long 98 C3
Douglas Dr. B'ness 63 F3
Douglas Dr. Dunf 28 C3
Douglas Dr. Stir 7 E2
Douglas Gdns. Edin 122 C4
Douglas Gdns Mews. Edin .. 122 C4
Douglas Pk. Dunf 28 C3
Douglas Pl. B'ness 63 F3
Douglas Pl. Lin 84 C3
Douglas Pl. Sten 38 C2
Douglas Rd. B'ness 63 F3
Douglas Rd. Long 98 C3
Douglas Rd. Ros 46 B1
Douglas St. Bann 7 F1
Douglas St. Dunf 29 D2
Douglas St. Kirk 17 D2
Douglas St. Stir 2 A1
Douglas Terr. B'ness 63 F3
Douglas Terr. Stir 6 C3
Douglaswynd. Uph 117 D3
Doune Cres. Sten 39 D2
Doune Pk. D Bay 48 B2
Doune Terr. Edin 93 D1
Dovecot Brae. Tran 128 B4
Dovecot Gr. Edin 122 A1
Dovecot Loan. Edin 122 A1
Dovecot Pk. Abe 49 D3
Dovecot Pk. Edin 153 D4
Dovecot Pk. Lin 85 E4
Dovecot Pk. Pen 160 C3
Dovecot Pl. Tull 4 A2
Dovecot Rd. Edin 121 E3
Dovecot Rd. Laur 61 D1
Dovecot Rd. Tull 4 A2
Dovecot Way. Pen 160 C4
Dovecote Pl. Liv 147 E2
Dovehill. All 10 A4

Dowan Pl. Stir 6 C3
Dower Cres. B'ness 64 A4
Dowie's Mill La. Edin 90 C2
Downfield. Cow 13 E3
Downfield Pl. Edin 122 C3
Downie Gr. Edin 121 F3
Downie Pl. Muss 126 B3
Downing Point. D Bay 48 A1
Downs Cres. All 9 F3
Dreghorn Ave. Edin 153 F3
Dreghorn Dr. Edin 153 F3
Dreghorn Gdns. Edin 153 F3
Dreghorn Junc. Edin 153 F3
Dreghorn Link. Edin 153 F3
Dreghorn Loan. Edin 153 D3
Dreghorn Pk. Edin 153 E3
Dreghorn Pl. Edin 153 F3
Drem Farm Cotts. Gull 73 D2
Drip Rd. Stir 1 C1
Dronachy Rd. Kirk 16 C2
Drossie Rd. Falk 60 A2
Drove Loan. Bon 57 F3
Drove Loan Cres. Bank 57 F4
Drove Loan. Den 57 F3
Drove Rd. Arm 143 F4
Droverhall Ave. Cross 31 D3
Droverhall Pl. Cross 31 D3
Drovers Rd. Brox 118 A3
Drum Ave. Edin 155 F3
Drum Brae Ave. Edin 121 E4
Drum Brae Cres. Edin 91 E1
Drum Brae Dr. Edin 91 E1
Drum Brae Gdns. Edin 121 E4
Drum Brae Gr. Edin 91 E1
Drum Brae N. Edin 91 D1
Drum Brae Neuk. Edin 121 E4
Drum Brae Park App. Edin 121 E4
Drum Brae Pk. Edin 121 E4
Drum Brae S. Edin 121 E4
Drum Brae Terr. Edin 91 E1
Drum Brae Wlk. Edin 91 D1
Drum Cotts. Edin 155 F3
Drum Cres. Edin 155 F3
Drum Pl. Edin 155 F3
Drum Pl. Whit 170 C4
Drum Rd. Dunf 29 F1
Drum Rd. Muir 64 B3
Drum St. Edin 155 F3
Drum Terr. Edin 94 A1
Drum View Ave. Dan 156 A4
Drumacre Rd. B'ness 64 A3
Drumclair Ave. Slam 110 A3
Drumcross Rd. Bath 145 D4
Drumdryan St. Edin 123 D3
Drumlanrig Pl. Sten 38 C2
Drummohr Ave. Muss 127 D3
Drummohr Gdns. Muss 127 D3
Drummond La. Stir 7 D3
Drummond Pk. Gran 61 F3
Drummond Pl. Blac 142 B2
Drummond Pl. Bon 58 A4
Drummond Pl. Dunf 29 E3
Drummond Pl. Edin 93 E1
Drummond Pl. Gran 61 F4
Drummond Pl. Stir 7 D3
Drummond Place La. Stir 7 D3
Drummond Sq. Muri 173 E3
Drummore Dr. Pres 127 F4
Drummormie Rd. Crossf 27 E1
Drumpark Ave. B'ness 64 A3
Drumpark St. Stir 7 D2
Drumsheugh Gdns. Edin .. 123 D4
Drumshoreland Ave.
  Pump 148 A4
Drumshoreland Cres.
  Pump 148 A4
Drumshoreland Pl. Pump .. 148 A4
Drumshoreland Rd. Pump . 148 A4
Drumside Terr. B'ness 64 B4
Dryburgh Ave. Den 36 B1
Dryburgh Pl. Loch 14 A4
Dryburgh Way. Gran 61 F3
Dryden Ave. Loan 181 D4
Dryden Cres. Loan 181 D4
Dryden Gdns. Edin 93 F2
Dryden Glen. Loan 180 C4
Dryden Gr. Rosl 181 D2
Dryden Pl. Edin 123 F3
Dryden Rd. Loan 180 C4
Dryden St. Edin 93 F2
Dryden Terr. Edin 93 F2
Dryden Terr. Loan 181 D4
Dryden View. Loan 181 D4
Drylaw Ave. Edin 92 B1
Drylaw Cres. Edin 92 A1
Drylaw Gdns. E Lin 103 F4
Drylaw Gdns. Edin 92 A2
Drylaw Gn. Edin 92 A1
Drylaw Gr. Edin 92 A1
Drylaw House Gdn. Edin 92 A2
Drylaw House Paddock.
  Edin 92 A2
Drylaw Terr. E Lin 103 E4
Drylawhill. E Lin 75 E1
Drylie St. Cow 13 D2

Drysdale Ave. Whit 170 A4
Drysdale St. All 10 A3
Duart Cres. Edin 91 E1
Dublin Meuse. Edin 93 E1
Dublin St. Edin 93 E1
Dublin Street La N. Edin 93 E1
Dublin Street La S. Edin 93 E1
Duddingston Ave. Edin 124 C4
Duddingston Cres. New 88 A4
Duddingston Gdns S. Edin 124 C3
Duddingston Gr E. Edin 124 C3
Duddingston Gr W. Edin ... 124 C3
Duddingston Loan. Edin ... 124 C3
Duddingston Mills. Edin ... 124 C4
Duddingston Pk. Edin 125 D4
Duddingston Pk S. Edin ... 125 D3
Duddingston Rd. Edin 124 C3
Duddingston Rd W. Edin .. 124 B3
Duddingston Rise. Edin ... 124 C3
Duddingston Row. Edin ... 124 C3
Duddingston Sq E. Edin ... 124 C4
Duddingston Sq W. Edin .. 124 C3
Duddingston View. Edin ... 124 C3
Duddingston Yards. Edin .. 125 D3
Duddingstone Terr. New 88 A4
Duddingston Villas N. Edin 124 C4
Dudgeon Pl. Kirkl 89 D1
Dudley Ave. Edin 93 E3
Dudley Ave S. Edin 93 F3
Dudley Bank. Edin 93 E3
Dudley Cres. Edin 93 E3
Dudley Gdns. Edin 93 E3
Dudley Gr. Edin 93 E3
Dudley Terr. Edin 93 E3
Duff Cres. Stir 1 C1
Duff St. N Ber 54 A4
Duff St. Edin 122 C3
Duff Street La. Edin 122 C3
Duffy Pl. Ros 46 C2
Dugald Stewart Ave. B'ness 64 A4
Duglas Rise. Muri 148 A1
Duke Pl. Edin 94 A2
Duke St. Alva 5 D4
Duke St. Bann 7 E1
Duke St. Clack 11 D2
Duke St. Dalk 157 D2
Duke St. Den 36 B1
Duke St. Dunb 77 F1
Duke St. Dunb 78 A1
Duke St. Edin 94 A2
Duke St. Gran 61 F4
Duke St. Rose 181 E1
Duke's Wlk. Edin 94 A1
Dumbarton Rd. Stir 6 C4
Dumbarton Rd. Stir 7 D4
Dumbiedykes Rd. Edin 123 F4
Dumbryden Dr. Edin 121 F1
Dumbryden Gdns. Edin ... 121 F1
Dumbryden Gr. Edin 121 F1
Dumbryden Rd. Edin 121 F1
Dumyat Ave. Tull 4 A1
Dumyat Dr. Falk 59 F2
Dumyat Rd. Alva 4 C3
Dumyat Rd. Men 3 F3
Dumyat Rd. Stir 3 B2
Dumyat St. All 4 C1
Dunard Gdn. Edin 123 E2
Dunbar Ave. Sten 38 C2
Dunbar Gate. Duni 36 C2
Dunbar Pl. Kirk 16 C3
Dunbar Rd. Hadd 101 D1
Dunbar Rd. N Ber 54 C4
Dunbar St. Edin 123 D3
Duncairn Ave. Bon 57 F3
Duncan Ave. Sten 39 D2
Duncan Cres. Dunf 29 F1
Duncan Ct. N Ber 54 A3
Duncan Gdns. Tran 128 B4
Duncan Gn. Liv 147 D4
Duncan Pl. Edin 94 A2
Duncan Pl. Bon 57 F3
Duncan St. Bon 57 F3
Duncan St. Edin 123 F2
Duncan St. Kirk 17 D2
Duncanson Ave. All 10 A4
Duncanson Dr. Burn 34 A1
Duncarron Pl. Den 36 C1
Duncur Rd. Gull 52 B2
Dundaff St. Den 36 B2
Dundarroch St. Lar 38 A1
Dundas Ave. N Ber 54 B4
Dundas Ave. Que 89 E4
Dundas Cotts. Bon 57 D1
Dundas Cres. Clack 11 D4
Dundas Cres. Dalk 156 C1
Dundas Cres. Laur 61 D3
Dundas Gr. Dalk 156 C1
Dundas Pk. Bonn 182 B4
Dundas Pl. Kirkl 89 D1
Dundas Rd. Dalk 156 C1
Dundas Rd. Laur 61 D3
Dundas Rd. N Ber 54 B3
Dundas Rd. Ros 67 E4
Dundas St. Bo' 2 A2
Dundas St. B'ness 63 F4
Dundas St. Bath 145 D4
Dundas St. Bonn 182 B4
Dundas St. Dunf 29 E4
Dundas St. Edin 93 E1

Dundas St. Gran 61 E4
Dundas St. Loch 14 A4
Dundee Pl. Falk 60 A4
Dundee Terr. Edin 122 C3
Dundonald Rd. Ros 46 B2
Dundonald St. Edin 93 E1
Dunearn Bank. Burn 33 E1
Dunearn Dr. Kirk 16 C3
Dunedin St. Edin 93 E2
Dunfermline Rd. Cross 30 C3
Dunfermline Rd. Lime 45 F2
Dunfermline Wynd. Inver ... 47 D1
Dunimarle St. H Val 26 A1
Dunkeld Pl. Falk 39 E1
Dunlop Sq. Liv 146 B3
Dunlop Terr. Peni 204 A3
Dunmar Cres. All 4 C1
Dunmar Dr. All 4 C1
Dunn Cres. Dunf 29 F2
Dunn Pl. Winch 87 F1
Dunn St. Uph 117 D3
Dunn Terr. East 168 C3
Dunnet Way. Brox 118 A3
Dunnikier Rd. Kirk 17 E3
Dunnikier Way. Kirk 17 E4
Dunning Pl. Falk 39 E1
Dunnottar Dr. Sten 38 C2
Dunnottar Pl. Kirk 16 C2
Dunollie Ct. Edin 121 D4
Dunollie Gdns. Hadd 132 B4
Dunpender Dr. Hadd 100 C1
Dunpender Rd. E Lin 103 E4
Dunrobin Ave. Sten 38 C3
Dunrobin Pl. Edin 93 D1
Dunrobin Rd. Kirk 16 C2
Duns Rd. Giff 163 F3
Dunsire St. Kirk 17 F4
Dunsmuir Ct. Edin 121 E3
Dunster Rd. Stir 2 B2
Dunure Cres. Bon 58 A3
Dunure Pl. Kirk 16 C2
Dunure St. Bon 58 A3
Dunvegan Ave. Kirk 16 B3
Dunvegan Ave. Sten 38 C2
Dunvegan Ct. All 10 A3
Dunvegan Ct. Crossf 28 A1
Dunvegan Dr. Edin 91 D2
Dunvegan Dr. Falk 39 E1
Dunvegan Dr. Stir 2 A2
Dunvegan Gdns. Muri 173 F3
Dunvegan Pl. Bon 57 F3
Dunvegan Pl. Pol 62 A1
Dura Rd. Alla 212 B3
Durar Dr. Edin 91 E1
Durham Ave. Bath 144 C3
Durham Ave. Edin 124 C4
Durham Bank. Bonn 182 B3
Durham Dr. Bath 144 C3
Durham Dr. Edin 125 D3
Durham Gdns N. Edin 125 D4
Durham Gdns S. Edin 125 D4
Durham Gr. Bonn 182 B3
Durham Gr. Edin 125 D3
Durham Pl. Bonn 182 B3
Durham Pl E. Edin 125 D4
Durham Pl La. Edin 125 D4
Durham Pl W. Edin 124 C4
Durham Place La. Edin 125 D4
Durham Rd. Edin 125 D4
Durham Rd S. Edin 125 D3
Durham Sq. Edin 125 D4
Durham Terr. Edin 124 C4
Durham Terr. Torr 26 B1
Durie Pk. Burn 50 B4
Durie Pl. Dunf 29 F2
Durie's Pk. Elph 128 A3
Durward Rise. Muri 148 A1
Durwood Gr. Edin 124 A1
Dyfrig St. Shot 191 F3
Dyke Brow. Hart 169 D3
Dyke Rd. Hart 169 D3
Dykes Rd. Peni 203 F4
Dykeside Rd. Bath 144 C4
Dymond Gr. Dunf 46 C4
Dysart Rd. Kirk 17 F3

Eagle Brae. Liv 147 E2
Earl Grey St. Edin 123 D4
Earl Haig Gdns. Edin 93 D3
Earl Of Mar Ct. All 10 A4
Earl's Rd. Gran 61 D4
Earls Ct. All 10 A3
Earls Pl. Fau 193 F4
Earlsburn Ave. Stir 7 D2
Earlshill Dr. Bann 7 F1
Earlston Pl. Edin 94 A1
Earn Ct. All 10 B3
Earn Ct. Gran 61 E3
Earn Gr. Dunf 29 F2
Earn Pl. Bank 57 E3
Earn Rd. Kirk 16 C2
Earn Terr. Shot 191 F3
East Adam St. Edin 123 F4
East Albert Rd. Kirk 17 E3
East Ave. Bla 26 A4
East Avenue. Dunf 46 C4
East Baldridge Dr. Dunf 28 C2
East Bankton Pl. Muri 173 F4

East Barnton Ave. Edin 91 F2
East Barnton Gdns. Edin ... 91 F2
East Bay. Inver 68 B3
East Boreland Pl. Den 36 C1
East Bridge St. Falk 60 B2
East Brighton Cres. Edin . 125 D4
East Broomhill Rd. Burn 50 C4
East Caiystane Pl. Edin ... 154 A3
East Caiystane Rd. Edin .. 154 A3
East Campbell Ct. Long 98 B3
East Castle Rd. Edin 123 D3
East Castle St. All 10 A3
East Champanyie. Edin ... 123 F2
East Clapperfield. Edin ... 124 A1
East Claremont St. Edin ... 93 E2
East Comiston. Edin 154 A3
East Croft. Rat 119 F1
East Cromwell St. Edin 93 F3
East Crosscauseway. Edin 123 F3
East Ct. Edin 92 B1
East Ct. Edin 124 C2
East Dr. Lar 38 B1
East End. W Cal 172 B2
East Farm Of Gilmerton.
  Edin 155 F3
East Fenton Farm Cotts. Dir 73 E4
East Fergus Pl. Kirk 17 D2
East Fettes Ave. Edin 92 C2
East Fountainbridge. Edin . 123 D4
East Garleton Cotts. Ath .. 100 C3
East Glen Ave. Liv 146 C3
East Harbour Rd. Lime 45 D2
East Hermitage Pl. Edin 94 A2
East Leven St. Burn 50 C4
East Lillypot. Edin 93 D3
East Link Rd. B of A 2 B3
East Links Rd. Dunb 78 C1
East Links Rd. Gull 52 A1
East Linton Station Ind Est.
  E Lin 103 F4
East Loan. Pres 97 D1
East London St. Edin 93 E1
East Lorimer Pl. Cocke 97 E2
East Main St. Arm 144 A3
East Main St. Black 171 E4
East Main St. Brox 117 F3
East Main St. East 168 C3
East Main St. Hart 168 C3
East Main St. Uph 117 D3
East Main St. Whit 170 A4
East Mains. Men 4 A3
East March St. Kirk 17 F4
East Market St. Edin 123 F4
East Mayfield. Edin 123 F2
East Montgomery Pl. Edin .. 93 F1
East Murrayfield. Bann 7 F1
East Newington Pl. Edin ... 123 F3
East Norton Pl. Edin 93 F1
East Park Gr. Uph 117 D3
East Parkside. Edin 123 F3
East Pier St. B' ness 63 F4
East Port Ave. Giff 132 A3
East Port. Dunf 29 D2
East Preston St. Edin 123 F3
East Preston Street La.
  Edin 93 E1
East Quality St. Kirk 18 A4
East Queensway. Peni 203 F3
East Rd. B'ness 62 B3
East Rd. N Ber 54 B4
East Restalrig Terr. Edin 94 A2
East Savile Rd. Edin 123 F2
East Sciennes St. Edin 123 F3
East Scotland Street La.
  Edin 93 E1
East Silvermills La. Edin 93 D1
East Stirling St. Alva 5 D4
East Suffolk Rd. Edin 124 A2
East Telferton. Edin 94 C1
East Terr. Que 68 B1
East Toll. Burn 33 F1
East Trinity Rd. Edin 93 E3
East Vennel. All 10 A3
East Way. D Bay 48 B3
Eastburn Dr. Falk 60 B2
Eastcroft Dr. Pol 62 A1
Eastcroft St. Lar 38 A1
Easter Bankton. Muri 174 A4
Easter Belmont Rd. Edin . 122 B4
Easter Cornton Rd. Stir 2 A2
Easter Currie Cres. Curr .. 152 A3
Easter Currie Ct. Curr 152 A3
Easter Currie Pl. Curr 152 A3
Easter Currie Terr. Curr ... 152 A3
Easter Drylaw Ave. Edin 92 B2
Easter Drylaw Bank. Edin .. 92 B2
Easter Drylaw Dr. Edin 92 B2
Easter Drylaw Gdns. Edin .. 92 B2
Easter Drylaw Gr. Edin 92 B2
Easter Drylaw Loan. Edin .. 92 B2
Easter Drylaw Pl. Edin 92 B2
Easter Drylaw View. Edin ... 92 B2
Easter Drylaw Way. Edin ... 92 B2
Easter Ferrygate Pk. N Ber . 53 F4
Easter Haugh. Edin 153 F4
Easter Livilands. Stir 7 E2
Easter Park Dr. Edin 91 F2
Easter Rd. Brox 117 F3

Easter Rd. Edin 94 A2
Easter Rd. Shot 191 E3
Easter Warriston. Edin 93 E2
Easterfield Ct. Liv 147 E2
Eastern Ind Est. Edin 125 E2
Easterton Cres. Cowie 20 C4
Easterton Dr. Cowie 20 C4
Easterton Gr. Cowie 20 C4
Eastertoun Gdns. Arm 143 F3
Eastfield Dr. Peni 203 F3
Eastfield Farm Rd. Peni .. 203 F4
Eastfield Gdns. Edin 125 F4
Eastfield Park Rd. Peni ... 203 F3
Eastfield Pl. Edin 125 F4
Eastfield Rd. Car 230 A1
Eastfield Rd. Fau 193 F4
Eastfield Rd. Kirkl 120 A3
Eastfield Rd. N Ber 54 B3
Eastfield View. Fau 193 F4
Easthouses Ct. May 183 E4
Easthouses Ind Est. May . 183 E4
Easthouses Pl. May 157 E1
Easthouses Rd. Dalk 157 E1
Easthouses Rd. May 183 E4
Easthouses Way. May 157 E1
Easton Ct. Stir 2 A1
Easton Dr. Shi 81 E4
Easton Rd. Bath 144 C4
Eastwood Pk. Liv 147 D4
Ebenezer Pl. Cali 81 F3
Ecclesmachan Rd. Uph ... 116 C3
Echline Ave. Que 89 D4
Echline Dr. Que 88 C4
Echline Farm Cotts. Que ... 88 C4
Echline Gdns. Que 67 F1
Echline Gn. Que 67 F1
Echline Gr. Que 68 A1
Echline Pl. Que 88 C4
Echline Rigg. Que 68 A1
Echline Steadings. Que 88 C4
Echline Terr. Que 89 D4
Echline View. Que 89 D4
Echobank. Inver 47 D1
Eden Dr. Liv 148 A2
Eden La. Edin 123 D2
Eden Rd. All 9 F4
Eden Rd. Dunf 29 F1
Edenhall Bank. Muss 126 C3
Edenhall Cres. Muss 126 C3
Edenhall Rd. Muss 126 C3
Edgefield Ind Est. Loan ... 155 E1
Edgefield Pl. Loan 181 E4
Edgefield Rd. Loan 155 E1
Edgehead Rd. Path 184 B4
Edina Pl. Edin 94 A1
Edina St. Edin 93 F1
Edinburgh Rd. Auch 204 A4
Edinburgh Rd. Bog 145 E3
Edinburgh Rd. Cocke 97 D2
Edinburgh Rd. Dalk 157 D2
Edinburgh Rd. Dunb 77 F1
Edinburgh Rd. East 168 B3
Edinburgh Rd. Kirkl 119 D3
Edinburgh Rd. Lin 85 D4
Edinburgh Rd. Muss 126 A3
Edinburgh Rd. Tran 128 A3
Edinburgh Rd. W Lin 220 A1
Edinburgh Rd. Bath 145 D3
Edington Pl. Kirk 18 A4
Edmonstone Ave. Dan 156 A4
Edmonstone Dr. Dan 156 A4
Edmonstone Rd. Dan 156 B4
Edmonstone Terr. Dan 156 A4
Edmonton Ave. Liv 147 F2
Edward Ave. Sten 38 C2
Edward Ave. Stir 2 B1
Edward Pl. Gran 39 F2
Edward Rd. Stir 2 A1
Edward St. Dunf 29 D3
Edward St. Kirk 17 D4
Eglington Pl. Inver 47 E1
Eglingtoun Dr. Dunf 28 C3
Eglinton Cres. Edin 122 C4
Eighth St. Newt 183 D3
Eildon Dr. Edin 93 E2
Eildon Terr. Edin 93 E2
Eilean La. Stir 26 C1
Elam Terr. B' ness 63 F4
Elbe St. Edin 94 A3
Elcho Ct. Long 98 C3
Elcho Pl. Cocke 97 E2
Elcho Rd. Long 98 C3
Elcho Terr. Aber 71 E2
Elcho Terr. Edin 125 E4
Elcho Terr. Long 98 C3
Elder Pl. Ros 46 C3
Elder St. Dunb 78 A1
Elder St. Edin 93 E1
Elder St E. Edin 93 E1
Elder St. Tran 128 B4
Elderslie Dr. Shi 82 A4
Eldindean Pl. Bonn 182 A4
Eldindean Rd. Bonn 182 B4
Eldindean Terr. Bonn 182 B4
Eldrick Ave. Fau 193 F3
Eldrick Cres. Fau 193 E3
Electra Pl. Edin 95 D1
Elgin Ct. Dunf 29 D1

Name	Page	Grid
Elgin Dr. Stir	7	E2
Elgin Pl. Falk	60	B2
Elgin Rd. Cow	13	E2
Elgin St. Dunf	29	D1
Elgin St. Edin	93	F1
Elgin St. Kirk	17	D3
Elgin St N. Edin	93	F1
Elgin Terr. Edin	93	F1
Eliburn North Interchange. Liv	147	D3
Eliburn Rd. Liv	147	D2
Eliburn South Rd. Liv	147	E2
Elie Ave. Liv	146	C3
Elizabeth Ave. Gran	61	F4
Elizabeth Ave. Lar	38	B1
Elizabeth Cres. Falk	59	D3
Elizabeth Dr. Bog	145	F3
Elizabeth Gdns. Ston	171	D1
Elizabeth La. Bog	145	F3
Elizabeth St. Dunf	29	E1
Elizabeth St. Stir	7	D3
Elizafield. Edin	93	F2
Ellaleen Gr. Crossf	28	A1
Ellangowan Terr. Edin	124	B1
Ellen St. Whit	170	A4
Ellen's Glen Loan. Edin	155	E4
Ellen's Glen Rd. Edin	155	E4
Ellersly Rd. Edin	122	B4
Elliot Gdns. Edin	153	E4
Elliot Pk. Edin	153	E4
Elliot Pl. Edin	153	E4
Elliot Rd. Edin	153	E4
Elliot St. Dunf	29	D1
Elliot St. Edin	93	F1
Elliot Terr. Falk	60	A4
Elliothill St. Dunf	29	D1
Ellis Pl. Uph	117	D3
Ellon Rd. Kirk	16	B4
Elm Dr. Laur	61	F4
Elm Dr. Shi	81	E3
Elm Gr. All	10	A3
Elm Gr. Black	171	F4
Elm Gr. Dunf	46	B4
Elm Gr. Lar	38	B1
Elm Gr. Liv	148	A3
Elm Pk. Black	171	F4
Elm Pl. Edin	94	A2
Elm Pl. Kirk	16	C3
Elm Pl. May	183	E3
Elm Rd. Bog	145	F3
Elm Row. Bonn	156	A1
Elm Row. Edin	93	F1
Elm Sq. Whit	170	B3
Elm St. Dunb	78	A1
Elm St. Stir	1	C1
Elmbank Cres. Bank	57	E3
Elmbank. Men	4	A3
Elmbank Rd. Stir	7	D2
Elmbank St. Gran	61	E3
Elmfield Ct. Dalk	157	D2
Elmfield Pk. Dalk	157	D2
Elmfield Rd. Dalk	157	D2
Elms The. Edin	153	F4
Elmwood Pk. Liv	146	C4
Elmwood Rd. Shot	192	A1
Elmwood Terr. Edin	94	A2
Elphinstone Cres. Air	22	C2
Elphinstone Rd. Tran	128	A3
Elphinstone St. Kin	23	F2
Elphinstone Wlk. Tran	128	B3
Eltringham Gdns. Edin	122	B2
Eltringham Gr. Edin	122	B2
Eltringham Terr. Edin	122	B2
Emily Ct. Gore	183	E1
Emily Pl. Gore	183	E1
Empire St. Whit	170	A4
Endrick Dr. Bank	57	F3
Endrick Pl. Stir	7	D2
Engelen Dr. All	10	A3
Engine La. Bath	145	D3
Engine Pl. Bath	145	D3
Engine Rd. Gore	183	D1
Engine Rd. Loan	181	E4
Ennis Pk. W Cal	172	C3
Eppiestane Rd. Whit	170	B3
Epworth Gdns. Shi	82	A4
Erbach Ave. Laur	61	D2
Ercall Rd. Pol	82	C4
Erica Gr. Dunf	46	C4
Ericht Pl. Shot	191	F3
Eriskay Ct. Falk	60	B1
Erngath Rd. B'ness	64	A4
Erskine Brae. Cul	25	E1
Erskine Hill. Pol	61	F1
Erskine Loan. Gull	52	A2
Erskine Pl. Clack	10	C3
Erskine Pl. Pump	148	B3
Erskine Rd. Brox	117	E3
Erskine Rd. Gull	52	A2
Erskine Sq. Dunf	29	E1
Erskine St. All	10	A4
Erskine St. Alva	5	D4
Erskine St. Loch	14	A3
Erskine Way. Liv	147	E4
Erskine Way. Shot	191	F2
Erskine Wynd. Oak	27	D4
Esk Dr. Liv	148	A2
Esk Glades. Dalk	157	D2
Esk Pl. Dalk	156	C2
Eskbank Rd. Bonn	182	B4
Eskbank Rd. Dalk	156	C1
Eskbank Road Roundabout. Dalk	156	B1
Eskbank Terr. Dalk	156	C1
Eskdaill Ct. Dalk	157	D2
Eskdaill St. Dalk	157	D2
Eskdale Ct. Bonn	182	A4
Eskdale Dr. Bonn	182	A4
Eskdale Mews. Muss	126	B3
Eskdale Terr. Bonn	182	A4
Eskgrove Dr. Rosl	180	C3
Eskhill. Peni	203	F3
Eskmill Rd. Peni	204	A3
Eskside E. Muss	126	B3
Eskside W. Muss	126	B3
Eskvale Cres. Peni	204	A3
Eskvale Dr. Peni	204	A3
Eskview Ave. Muss	126	A3
Eskview Cres. Muss	126	A3
Eskview Gr. Dalk	156	C2
Eskview Gr. Muss	126	A3
Eskview Rd. May	183	E3
Eskview Rd. Muss	126	A3
Eskview Terr. Muss	126	A3
Eskview Villas. Dalk	156	C1
Esmonde Ct. Ros	46	C1
Esplanade. Edin	123	E4
Esplanade. Kirk	17	E1
Esplanade Terr. Edin	125	E4
Essendean Pl. Edin	91	E1
Essendean Terr. Edin	91	E1
Essex Brae. Edin	91	D2
Essex Pk. Edin	91	D2
Essex Rd. Edin	91	D2
Esslemont Rd. Edin	124	A1
Estate Ave. Falk	60	B2
Ethel Terr. Edin	123	D1
Etive Ct. D Bay	48	A1
Etive Pl. Stir	2	A2
Etive Way. Pol	62	A1
Etive Way. Shot	192	A1
Etive Wlk. Liv	148	A2
Etna Rd. Falk	60	B4
Eton Terr. Edin	93	D1
Ettrick Cres. D Bay	48	A2
Ettrick Ct. Falk	60	B1
Ettrick Ct. Gran	61	F3
Ettrick Dr. Liv	148	A3
Ettrick Gr. Edin	123	D3
Ettrick Loan. Edin	122	C2
Ettrickdale Pl. Edin	93	D2
Eva Pl. Edin	123	F1
Evans Gdns. Bonn	182	B4
Evans St. Lar	38	B2
Evelyn Terr. Auch	180	B1
Evershed Ct. Dunf	29	F1
Evershed Dr. Dunf	29	F1
Ewart Ave. Arm	144	A3
Ewart Gr. B'ness	63	F3
Ewerland. Edin	91	D2
Ewing Ave. Falk	60	A4
Ewing Ct. Stir	7	E2
Ewing Dr. Falk	60	A4
Ewing Pl. Falk	60	A4
Ewing St. Auch	203	F4
Ewing St. Cow	13	D1
Ewing St. Loch	14	A3
Excise La. Kin	23	F2
Excise St. Kin	23	F2
Exmouth St. Liv	148	A3
Eyre Cres. Edin	93	E1
Eyre Pl. Edin	93	E1
Eyre Terr. Edin	93	E1
Fa'side Ave N. Muss	127	D2
Fa'side Ave S. Muss	127	D2
Fa'side Ave. Tran	128	B3
Fa'side Avenue Ct. Muss	127	D2
Fa'side Bldgs. Muss	127	D2
Fa'side Cres. Muss	127	D2
Fa'side Cres. Tran	128	B3
Fa'side Dr. Muss	127	D2
Fa'side Gdns. Muss	127	D2
Fa'side Rd. Tran	128	B3
Fa'side Terr. Muss	127	D2
Factory Rd. Bath	144	C2
Factory Rd. Cow	13	E2
Factory Rd. Kirk	17	E3
Fair Isle Rd. Kirk	16	C4
Fair Pl. Inver	47	D2
Fair-a-Far Cotts. Edin	91	D3
Fair-A-Far. Edin	91	D3
Fairbairn Rd. Liv	147	E2
Fairfax Ct. Burn	33	F1
Fairfield Ave. Bon	58	A3
Fairfield. N Sau	5	E1
Fairfield Pl. Falk	60	B3
Fairford Gdns. Edin	124	A1
Fairgreen Pl. Bann	19	F4
Fairhaven Terr. Shi	82	A4
Fairhill Rd. Stir	7	D1
Fairinsfell. Uph	117	D3
Fairlie Ct. Crossf	27	E1
Fairlie Dr. Falk	59	E3
Fairlie Gdns. Falk	59	E3
Fairlie St. Falk	59	E3
Fairmile Ave. Edin	154	A3
Fairmont Pk. Whit	169	F3
Fairmount Dr. N Sau	5	D1
Fairspark Terr. B'ness	63	E3
Fairview Rd. Kirkl	119	F4
Fairview Terr. Shi	82	A4
Fairway. Hadd	131	F4
Fairway The. Kirk	17	F4
Fairways Ave. Madd	82	C3
Fairways Dunf	29	D3
Fairways Pl. Bon	58	A4
Fairy Fa' Cres. Cross	30	C3
Fairyburn Rd. All	9	F4
Fairykirk Rd. Ros	47	D2
Falahill Cotts. Stow	228	A2
Falcon Ave. Edin	123	D2
Falcon Brae. Liv	147	E3
Falcon Ct. Edin	123	D2
Falcon Dr. Lar	38	A2
Falcon Gdns. Edin	123	D2
Falcon Rd. Edin	123	D2
Falcon Rd W. Edin	123	D2
Falconer Ct. Stir	7	E2
Falconer Rise. Muri	147	F1
Falcons The. Gull	52	A2
Falkirk Rd. Bann	19	F4
Falkirk Rd. Bon	58	B3
Falkirk Rd. Falk	60	A1
Falkirk Rd. Falk	60	C3
Falkirk Rd. Gran	61	D4
Falkirk Rd. Lar	38	A1
Falkirk Rd. Lar	59	E4
Falkirk Rd. Lin	84	C4
Falkland Gdns. Edin	91	F1
Falkland Pl. Sten	38	C2
Fallas Pl. Fau	193	E3
Fallodon Cres. Kirk	17	D2
Falside Cres. Bath	144	C3
Falside Dr. Bath	144	C3
Falside Terr. Bath	144	C3
Faraday Pl. Add	171	F1
Farm Ave. Bonn	181	F3
Farm Cotts. Muss	127	E3
Farm Cotts. Pen	160	B3
Farm Rd. Cow	13	D2
Farm Rd. Cowie	20	B4
Farm Rd. Fall	8	B3
Farm Rd. Lime	44	B3
Farm Rd. Rose	204	C3
Farm St. Falk	39	D1
Farmer's Bldgs. Path	185	D3
Farne Ct. Kirk	16	C4
Farquhar Sq. Blac	142	B2
Farquhar Terr. Que	68	A1
Farrer Gr. Edin	94	C1
Farrer Terr. Edin	94	C1
Fauldburn. Edin	91	D1
Fauldburn Pk. Edin	91	D1
Fauldhouse Rd. Fau	170	A1
Featherhall Ave. Edin	121	E3
Featherhall Cres. Edin	121	E3
Featherhall Cres N. Edin	121	E3
Featherhall Cres S. Edin	121	E3
Featherhall Gr. Edin	121	E3
Featherhall Pl. Edin	121	E3
Featherhall Rd. Edin	121	E3
Featherhall Terr. Edin	121	E3
Fell's Rd. W Cal	172	C3
Fells Rigg. Liv	147	D4
Fendoch Rd. Gran	61	F4
Fenton St. All	10	A4
Fentoun Gait. Gull	52	B1
Fere Gait. Kin	23	F2
Fergus Ave. Liv	147	F2
Fergus Pl. Dunf	29	E1
Fergus Wynd. Kirk	17	D1
Ferguson Ct. Muss	126	B2
Ferguson Dr. Den	36	B1
Ferguson Dr. Muss	126	A2
Ferguson Dr. Sten	39	D3
Ferguson Gdns. Muss	126	B2
Ferguson Gn. Muss	126	A2
Ferguson Pl. Bon	58	A3
Ferguson Pl. Burn	33	F1
Ferguson St. Stir	1	C1
Ferguson View. Muss	126	A2
Ferguson Way. Liv	147	E4
Ferguson Way. Newt	183	D2
Fergusson Rd. Brox	117	F3
Fern Lea Gr. Sten	39	E2
Fernbank. Liv	147	F3
Fernie Pl. Dunf	28	C3
Ferniehill Ave. Edin	155	F3
Ferniehill Dr. Edin	155	F3
Ferniehill Gdns. Edin	155	F4
Ferniehill Gr. Edin	155	F4
Ferniehill Pl. Edin	155	F3
Ferniehill Rd. Edin	155	F3
Ferniehill Sq. Edin	155	F3
Ferniehill St. Edin	155	F4
Ferniehill Terr. Edin	155	F4
Ferniehill Way. Edin	155	F4
Fernielaw Ave. Curr	152	C2
Fernielaw Ave. Edin	153	D3
Fernieside Ave. Edin	155	F4
Fernieside Cres. Edin	155	F4
Fernieside Dr. Edin	155	F4
Fernieside Gdns. Edin	155	F4
Fernieside Gr. Edin	155	F4
Fernlea. Uph	116	C3
Ferrard Rd. Kirk	17	D2
Ferrier Cres. Arm	144	A3
Ferris Way. D Bay	48	A2
Ferry La. Inver	68	A3
Ferry Muir Gait. Que	89	D4
Ferry Orch. Stir	2	B1
Ferry Rd. Air	9	F2
Ferry Rd. Edin	92	B2
Ferry Rd. Stir	2	B1
Ferry Road Ave. Edin	92	B2
Ferry Road Dr. Edin	92	B3
Ferry Road Gdns. Edin	92	B2
Ferry Road Gr. Edin	92	B2
Ferry Road Pl. Edin	92	B2
Ferry Toll Pl. Ros	46	C1
Ferry Toll Rd. Ros	46	C1
Ferrybarns Ct. Inver	68	A3
Ferryburn Gn. Que	89	D4
Ferryfield. Edin	93	D2
Ferrygate Cottages. Dir	53	E3
Ferryhill Rd. Inver	68	B4
Ferrymuir La. Que	89	D4
Fetteresk Cotts. Peni	203	F2
Fettes Ave. Edin	92	C1
Fettes Rise. Edin	92	C2
Fettes Row. Edin	93	E1
Fidra Ave. Dir	53	D3
Fidra Ct. N Ber	53	F4
Fidra Rd. N Ber	54	A4
Fife Pl. Ros	46	A1
Fifth St. Newt	183	D3
Figgate Bank. Edin	95	D1
Figgate La. Edin	95	D1
Figgate St. Edin	95	D1
Fillyside Ave. Edin	94	C1
Fillyside Rd. Edin	94	C2
Fillyside Terr. Edin	94	C2
Finches The. Gull	52	A2
Findhorn Pl. Edin	123	F2
Findhorn Pl. Falk	60	B1
Findhorn Pl. Kirk	16	C4
Findlay Ave. Edin	94	B2
Findlay Cotts. Edin	94	B2
Findlay Cres. Ros	46	C2
Findlay Gdns. Edin	94	B2
Findlay Gr. Edin	94	B2
Findlay Medway. Edin	94	B2
Findlay St. Ros	46	C2
Fingal Pl. Edin	123	E3
Fingzies Pl. Edin	94	A2
Finistere Ave. Falk	60	A2
Finlaggan Ct. Edin	121	D4
Finlarig Ct. Sten	38	C2
Finlay Ave. E Cal	148	C2
Finlay Pl. May	183	F3
Fintry Rd. Gran	61	F3
Fir Gr. Dunf	46	C4
Fir Gr. Laur	61	D1
Fir Gr. Liv	148	A3
Fir La. Lar	38	B1
Firbank Gr. E Cal	148	C2
Firpark Terr. Cam	6	B3
Firrhill Cres. Edin	153	F4
Firrhill Dr. Edin	153	F4
Firrhill Loan. Edin	153	F4
Firs Cres. Bann	7	E1
Firs Entry. Bann	7	E1
Firs Rd. Tull	4	B1
Firs St. Falk	60	B3
Firs The. Bann	7	E1
Firs The. D Bay	48	A1
First Gait. Rat	151	F4
First St. Newt	183	D2
Firth Cres. Auch	180	B1
Firth Rd. Auch	180	B1
Firth Rd. Liv	147	F4
Firth Rd. Rose	204	C3
Firwood Dr. B'ness	63	E3
Fishergate Rd. Cocke	97	F2
Fisherrow Ind Est. Muss	126	A3
Fishers' Rd. B'ness	63	E2
Fishers Rd. Cocke	97	E2
Fishers Wynd. Muss	126	A3
Fishmarket Sq. Edin	93	E4
Fishwives' Cswy. Edin	94	C1
Fitzgerald Pl. Torp	113	F3
Fitzroy Sq. Kirk	18	A4
Fitzroy St. Kirk	18	A4
Five Gates. E Lin	76	A3
Flare Rd. B'ness	62	A3
Flax Mill Rd. East	168	C3
Fleets Gr. Tran	128	B2
Fleets Rd. Tran	128	B3
Fleets View. Tran	128	B2
Fleming Dr. Sten	39	D2
Fleming Gdns. Falk	59	F3
Fleming Pl. Blac	142	C2
Fleming Rd. Liv	146	C1
Fleming Way. Burn	33	F1
Flemington Gdns. Whit	169	F3
Flesh Wynd. Kirk	17	E3
Fletcher Gr. Auch	203	F4
Floors Pl. Kirk	16	B3
Floors Terr. Dunb	78	B1
Florabank Rd. Hadd	101	D1
Flower Pl. Kel	12	C4
Fod St. Hal	30	A3
Fodbank View. Dunf	29	F2
Foot Pl. Ros	46	C2
Foote St. Loch	14	A3
Forbes Cres. Lar	38	B1
Forbes Ct. Falk	60	C3
Forbes Rd. Edin	123	D3
Forbes Rd. Falk	60	B2
Forbes Rd. Ros	46	B1
Forbes St. All	9	F3
Forbes St. Edin	123	F3
Forbeslea Gdns. Oak	27	F4
Ford Rd. Bon	58	A3
Ford Rd. Hadd	132	B4
Ford View. Crossf	27	E4
Ford's Rd. Edin	122	A2
Fordell Bank. D Bay	48	B2
Fordell Way. Inver	47	E1
Forebraes. All	10	A4
Foredale Terr. B'ness	64	B4
Forest Kirk. Car	230	A1
Forest Pl. Dunf	29	E4
Forest Rd. Dunf	29	E4
Forest View. Pol	61	F1
Forestbank. Liv	147	F3
Forester Gr. All	4	C1
Forester's Lea Cres. Dunf	29	F2
Forester's View. Tran	128	B3
Forfar Pl. Pol	62	A1
Forgie Cres. Madd	83	D3
Forglen Cres. B of A	2	A3
Forglen Rd. B of A	2	A3
Forker Ave. Ros	46	B2
Forkneuk Rd. Uph	116	C2
Forman Gr. Dunf	29	F1
Forres Dr. Kirk	16	B4
Forres St. Edin	93	D1
Forrest Hill. Edin	123	E4
Forrest Pl. East	168	C3
Forrest Rd. Cald	141	D1
Forrest Rd. Edin	123	E4
Forrest Rd. Sals	167	D3
Forrest Rd. Sten	2	A1
Forrest St. Shot	191	F3
Forrest Wlk. Uph	116	C2
Forrester Ct. Loch	14	A4
Forrester Park Ave. Edin	121	E2
Forrester Park Dr. Edin	121	E2
Forrester Park Gdns. Edin	121	E2
Forrester Park Gn. Edin	121	E2
Forrester Park Loan. Edin	121	E2
Forrester Park Rd. Edin	121	E2
Forrester Pl. Air	22	B2
Forrester Rd. Arm	143	F4
Forrester Rd. Edin	121	E3
Forrestfield Rd. Cald	141	D3
Fort House. Edin	93	F3
Forth Ave. Kirk	17	D2
Forth Ave. Lar	38	A2
Forth Cres. All	10	B3
Forth Cres. D Bay	48	A2
Forth Cres. H Val	26	A1
Forth Cres. Stir	7	E4
Forth Ct. Cocke	97	F2
Forth Ct. D Bay	48	A2
Forth Ct. Dunf	29	D1
Forth Dr. Liv	148	A3
Forth Gdns. Cocke	97	F2
Forth Gdns. Oak	26	C4
Forth Gr. Cocke	97	F2
Forth Park Dr. Kirk	17	D3
Forth Park Gdns. Kirk	17	D3
Forth Pk. B of A	2	A3
Forth Pl. Burn	50	C4
Forth Pl. Que	68	A1
Forth Pl. Ros	46	A1
Forth St. Camb	9	D4
Forth St. Dunf	29	D1
Forth St. Edin	93	E1
Forth St. Fall	8	B2
Forth St. Gran	61	E4
Forth St. Kin	23	E2
Forth St La. N Ber	54	B4
Forth St. Stir	2	A1
Forth View. Que	89	E4
Forth View Ave. Curr	151	F2
Forth View Cotts. H Val	26	A1
Forth View Cres. Curr	151	F2
Forth View Cres. Dan	156	A4
Forth View. D Bay	48	A2
Forth View. Dunb	77	F1
Forth View. Inver	47	D1
Forth View. Kin	23	F2
Forth View. Kir	149	F2
Forth View Rd. Curr	151	F2
Forth View. Stir	2	A1
Forth Wynd. Cocke	97	F2
Forthbank Pl. Cul	25	F1
Forthside Terr. Inver	68	B3
Forthvale. Men	4	A3
Forthview Ave. Muss	127	D2
Forthview. Bann	7	F1
Forthview Cres. B'ness	63	F3
Forthview Cres. Muss	127	D2
Forthview Ct. Falk	59	F1

Street	Page	Grid
Forthview Dr. Muss	127	D3
Forthview Gdns. Shi	82	B4
Forthview Rd. Edin	92	B1
Forthview Rd. Long	98	C3
Forthview Terr. Edin	92	A1
Forthview Terr. Muss	127	D2
Forthview Terr. Shi	82	A4
Forties Rd. B'ness	62	B3
Fortingall Cres. Pol	62	A1
Fortissat Ave. Shot	191	E3
Fortisset Rd. Sals	167	D1
Fortune Ave. Hadd	101	D1
Foulden Pl. Dunf	29	E2
Foulford Pl. Cow	13	D2
Foulford Rd. Cow	13	D2
Foulford St. Cow	13	E2
Foulis Cres. Curr	152	C3
Foulshiels Rd. Ston	171	E1
Foundry La. Loan	155	E1
Foundry Rd. Bon	58	A3
Foundry Rd. Shot	191	F2
Foundry St. Dunf	29	D2
Foundry St. Falk	60	A4
Fountain Pl. Loan	181	E4
Fountain Rd. B of A	2	A4
Fountainbridge. Edin	123	D3
Fountainhall Rd. Edin	123	F2
Fountainhead Rd. Bath	145	D4
Fountainpark Cres. B'ness	64	B4
Fourth Gait. Rat	151	F4
Fourth St. Newt	183	D3
Fowler Cres. Loan	181	E4
Fowler Pl. Pol	61	F2
Fowler St. Tran	128	B4
Fowler Terr. Edin	122	C3
Fowlers Ct. Pres	96	C1
Fox Covert Ave. Edin	91	F1
Fox Covert Gr. Edin	91	F1
Fox Spring Cres. Edin	154	A4
Fox Spring Rise. Edin	154	A4
Fox St. Edin	94	A3
Foxknowe Pl. Liv	147	D2
Franchi Dr. Sten	38	C3
Francis Ct. Dunf	28	B3
Francis St. Loch	14	A4
Frankfield Cres. D Bay	48	B2
Frankfield Pl. D Bay	48	B2
Frankfield Rd. D Bay	48	B2
Fraser Ave. Edin	93	D3
Fraser Ave. Inver	47	E1
Fraser Cres. Edin	93	D3
Fraser Dr. Loch	14	A4
Fraser Gdns. Edin	93	D3
Fraser Gr. Edin	93	D3
Fraser Pl. Gran	61	E3
Fraser Pl. Kirk	18	A4
Fraser Pl. Stir	2	A2
Fraser Rd. Liv	146	C1
Frederick Cres. Dunf	29	D1
Frederick St. Edin	123	E4
Freeland Ave. Uph	117	D3
Freelands Rd. Kirkl	120	A2
Freelands Rd. Rat	119	F2
Fremantle St. Liv	148	A3
Freskyn Pl. Brox	118	A3
Frew Ct. Dunf	29	E1
Friars Brae. Lin	85	D3
Friars Loan. Lin	85	D3
Friars St. Stir	7	D4
Friars Way. Lin	85	D3
Friarton Gdns. Peni	203	E3
Friendship Gdns. Sten	39	E2
Frobisher Ave. Falk	59	F2
Frogston Ave. Edin	154	A3
Frogston Brae. Edin	154	C2
Frogston Gdns. Edin	154	B3
Frogston Gr. Edin	154	B3
Frogston Rd E. Edin	154	C3
Frogston Rd W. Edin	154	B2
Frogston Terr. Edin	154	B3
Fullerton Dr. Pol	61	F2
Fulmar Brae. Liv	147	E3
Furnace La. B'ness	64	B4
Furnace Pl. Loch	13	F3
Furniss Ave. Ros	46	B3
Fyne La. Shot	191	F2
Gaberston Ave. All	10	B4
Gagarin Way. Loch	13	F3
Gair Cres. Car	230	A2
Gair Rd. Car	230	A3
Gair Wynd. Shot	192	A2
Gairdoch Dr. Sten	39	E2
Gairdoch St. Falk	60	A4
Gairloch Cres. Laur	61	E1
Gala Gn. Dunb	78	A1
Galabraes Cres. Bath	145	E4
Galachlawshot. Edin	154	B3
Galachlawside. Edin	154	B3
Galadale Cres. Newt	183	D3
Galadale Dr. Newt	183	D3
Galadale. Newt	183	D3
Gallacher Pl. Loch	13	F3
Gallamuir Dr. Plea	20	B2
Gallamuir Rd. Plea	20	B3
Gallolee The. Edin	153	E3
Galloway Cres. Brox	117	E3
Galloway St. Falk	60	A3
Gallows Loan. Cul	25	E1
Galmeilen. Uph	117	E3
Galt Ave. Muss	127	D3
Galt Cres. Muss	127	D3
Galt Dr. Muss	127	D3
Galt Rd. Muss	127	D3
Galt Terr. Muss	127	D3
Gamekeeper's Loan. Edin	91	D3
Gamekeeper's Pk. Edin	91	D3
Gamekeeper's Rd. Edin	91	D3
Garden City. Ston	171	D1
Garden Ct. Dunf	29	E4
Garden Pl. Clack	11	D2
Garden Pl. Crossf	27	E1
Garden Pl. Dunf	29	E4
Garden Pl. Liv	147	E2
Garden St. Falk	60	B3
Garden Terr. Clack	11	D2
Garden Terr. Edin	91	F1
Garden Terr. Falk	60	B3
Garden Terr. Laur	61	D1
Gardener Rd. Dunb	78	B1
Gardener St. Dunb	78	B2
Gardener's Wlk. Peni	203	E3
Gardeners Ct. Dunf	29	D2
Gardeners' St. Dunf	29	D2
Gardenhead. Pol	61	F1
Gardens The. Aber	71	E3
Gardens The. Dir	53	D3
Gardiner Cres. Pres	97	D1
Gardiner Gr. Edin	92	A1
Gardiner Pl. Cow	13	D1
Gardiner Pl. Newt	183	D3
Gardiner Rd. Cow	13	E1
Gardiner Rd. Edin	92	A1
Gardiner Rd. Pres	97	D1
Gardiner St. Loch	14	A4
Gardiner Terr. Edin	92	A1
Gardiner Terr. Pres	128	A4
Gardner Cres. Whit	169	F3
Gardner Terr. Ston	171	D1
Gardner's Cres. Edin	123	D4
Gardners La. Bath	145	D3
Gardrum Gdns. Shi	81	F4
Gardrum Pl. Madd	82	C4
Garelton Ct. Gull	52	A1
Garleton Dr. Hadd	100	C1
Garngrew Rd. Bank	57	D2
Garrison Pl. Falk	60	A3
Garry Pl. Falk	60	A1
Garry Pl. Gran	61	F3
Garry St. Loch	14	A4
Garry Way. Shot	191	F3
Garry Wlk. Liv	148	A2
Garscube Terr. Edin	122	B4
Gartclush Gdns. Bann	19	F4
Gartcows Ave. Falk	60	A2
Gartcows Cres. Falk	60	A2
Gartcows Dr. Falk	60	A2
Gartcows Gdns. Falk	59	F2
Gartcows Pl. Falk	60	A2
Gartcows Rd. Falk	60	A2
Garten Dr. Shot	192	A2
Garthill Gdns. Falk	60	A2
Garthill La. Falk	60	A2
Gartmorn Rd. N Sau	5	E1
Garvald La. Den	36	B1
Garvald Rd. Bank	57	E4
Garvally Cres. All	10	A4
Garvock Bank. Dunf	29	F2
Garvock Hill. Dunf	29	E2
Garvock Terr. Dunf	29	E2
Gas Wynd. Kirk	17	D1
Gasworks La. N Ber	53	F3
Gasworks La. Whit	170	A4
Gateshead Rd. Kirkl	88	C1
Gateside Ave. Bon	58	B3
Gateside Ave. Hadd	100	B3
Gateside Ct. Cow	13	D2
Gateside Rd. Hadd	131	E4
Gateside Rd. Kirkl	89	D1
Gateside Rd. Stir	7	D2
Gateside Rd. Whit	169	F3
Gauger's Bush. E Lin	76	A4
Gauze Pl. B'ness	64	A3
Gauze Rd. B'ness	64	A3
Gavin Pl. Liv	147	D3
Gavins Rd. All	4	C1
Gayfield Cl. Edin	93	F1
Gayfield Place La. Edin	93	F1
Gayfield Sq. Edin	93	F1
Gayfield St. Edin	93	F1
Gayfield Street La. Edin	93	E1
Gaynor Ave. Loan	181	D4
Gean Rd. All	9	F4
Gellatly Rd. Dunf	29	E1
Gelnorchy Terr. Edin	123	F1
George Ave. Loan	181	D4
George Cres. Loan	181	E4
George Cres. Orm	159	F4
George Dr. Loan	181	E4
George IV Bridge. Edin	123	E4
George Sq. Edin	123	E3
George Square La. Edin	123	E3
George St. Alva	5	D3
George St. Arm	143	F3
George St. B'ness	63	F3
George St. Bath	145	D3
George St. Cow	13	D2
George St. Dunf	29	D1
George St. Edin	123	E4
George St. Falk	60	A3
George St. Gran	61	F4
George St. Kin	23	F2
George St. Kirk	17	D2
George St. Lar	38	B2
George St. Laur	60	C2
George St. Orm	159	F4
George Terr. Loan	181	D4
George Way. Tran	128	B3
George Wlk. Tran	128	B3
Gerald Terr. Sten	38	C2
Gib Gr. Dunf	29	F1
Gibbdon Pl. Bank	57	F4
Gibbs Entry. Edin	123	F4
Gibbshill Pl. East	168	B3
Gibraltar Ct. Dalk	157	D2
Gibraltar Gdns. Dalk	157	D2
Gibraltar Rd. Dalk	157	D2
Gibraltar Terr. Dalk	157	D2
Gibson Dr. Dalk	157	E2
Gibson St. Edin	93	F2
Gibson Terr. Edin	123	D3
Gibsongray St. Falk	60	A4
Gideon Ct. Bath	145	D4
Gideon St. Bath	145	D4
Gifford Pk. Edin	123	F3
Gifford Rd. Hadd	132	B4
Giffordgate. Hadd	132	A4
Gilberstoun. Edin	125	E3
Gilberstoun Pl. Edin	125	E3
Gilbert Ave. N Ber	54	B3
Gilburn Pl. B' ness	63	E3
Gilburn Pl. Shot	191	F2
Gilchrist Cres. Whit	170	A3
Gilchrist Dr. Falk	59	F2
Giles St. Edin	93	F3
Gilfillan Rd. Dunf	29	F2
Gill Pk. Den	36	C1
Gill Way. Ros	46	B3
Gillespie Cres. Edin	123	D3
Gillespie Gr. Bla	26	C4
Gillespie Pl. Bann	7	D1
Gillespie Pl. Edin	123	D3
Gillespie Rd. Edin	152	C3
Gillespie St. Edin	123	D3
Gillies Dr. Stir	7	E2
Gillies Hill. Cam	6	B3
Gilmerton Dykes Ave. Edin	155	E3
Gilmerton Dykes Cres. Edin	155	E3
Gilmerton Dykes Dr. Edin	155	E3
Gilmerton Dykes Gr. Edin	155	E3
Gilmerton Dykes Loan. Edin	155	E3
Gilmerton Dykes Pl. Edin	155	E3
Gilmerton Dykes Rd. Edin	155	E3
Gilmerton Dykes St. Edin	155	E3
Gilmerton Dykes Terr. Edin	155	E3
Gilmerton Dykes View. Edin	155	E3
Gilmerton Pl. Edin	155	E3
Gilmerton Rd. Edin	124	A1
Gilmerton Rd. Edin	156	A2
Gilmerton Road Roundabout. Dalk	156	B2
Gilmerton Station Rd. Edin	155	F2
Gilmore Pk. Edin	123	D3
Gilmore Pl. Edin	123	D3
Gilmour Rd. Edin	123	F2
Gilmour St. Cow	13	D2
Gilmour St. Edin	123	F4
Gilsay Ct. Falk	60	B1
Gilston Cres. Pol	62	A1
Gladney Sq. Kirk	17	D1
Gladsmuir. For	215	D1
Gladstone Pl. Dunf	29	D3
Gladstone Pl. Edin	94	A2
Gladstone Pl. Stir	7	D3
Gladstone Rd. Sten	38	B2
Gladstone Terr. Edin	123	F3
Glaive Ave. Lar	38	A2
Glamis Gdns. D Bay	48	A2
Glamis Gdns. Pol	61	F1
Glamis Pl. D Bay	48	A2
Glamis Rd. King	34	C2
Glamis Rd. Kirk	16	B4
Glamis Terr. King	34	C2
Glasclune Ct. N Ber	54	B4
Glasclune Gdns. N Ber	54	B4
Glasgow Rd. Bank	57	E2
Glasgow Rd. Bann	19	E4
Glasgow Rd. Bath	144	C3
Glasgow Rd. Den	36	C1
Glasgow Rd. Edin	121	D3
Glasgow Rd. Falk	59	E3
Glasgow Rd. Kirkl	119	E3
Glasgow Rd. Kirkl	120	B3
Glasgow Rd. Stir	7	D1
Glaskhill Terr. Peni	203	E3
Glass Cres. Winch	87	F1
Glass Pl. Winch	87	F1
Glass Rd. Winch	87	F1
Glassel Pk Rd. Long	98	B2
Glasshouse Loan. All	10	A3
Glasswork St. Kirk	17	D2
Glebe Ave. Stir	7	D4
Glebe Ave. Uph	117	D2
Glebe Cres. Alva	5	D4
Glebe Cres. Ath	101	F4
Glebe Cres. Stir	7	D4
Glebe Gdns. Edin	121	E3
Glebe Gr. Edin	121	E3
Glebe Pk. Inver	47	D1
Glebe Pk. Kirk	17	E3
Glebe Pl. Bonn	155	F1
Glebe Pl. Burn	33	F1
Glebe Pl. King	34	C2
Glebe Rd. Bath	145	D4
Glebe Rd. Edin	121	E3
Glebe Rd. Kin	23	F3
Glebe Rd. Uph	117	D2
Glebe Rd. W Cal	172	B1
Glebe Rd. Whit	170	A3
Glebe St. Dalk	157	D2
Glebe St. Den	36	C1
Glebe St. Falk	60	A3
Glebe Terr. All	10	A3
Glebe Terr. Edin	121	E3
Glebe Terr. Hadd	101	D1
Glebe Terr. Inver	47	D1
Glebe Terr. Uph	117	D3
Glebe The. Abe	49	E4
Glebe The. Alva	5	D4
Glebe The. Clack	11	D2
Glebe The. E Lin	103	F4
Glebe The. Edin	91	D3
Glebe The. Kirkl	89	D1
Glebe The. Lin	85	D3
Glebe The. Pen	160	C4
Glebe The. Pen	161	F2
Glebe The. W Cal	172	B1
Gledhill Ave. Muir	64	B3
Glen Albyn Dr. Kirk	16	A4
Glen Artney Gr. Dunf	29	E1
Glen Avon Pl. Madd	82	C4
Glen Beasdale Ct. Dunf	29	E1
Glen Brae. Falk	60	A2
Glen Bridge. Dunf	28	C2
Glen Bruar Pl. Kirk	16	A4
Glen Clova Cres. Crossf	27	E1
Glen Cres. Falk	60	A1
Glen Cres. Liv	146	C3
Glen Ct. Liv	146	B3
Glen Fruin Gr. Dunf	29	E1
Glen Gdns. Falk	60	A2
Glen Isla Gr. Dunf	29	E1
Glen Isla Rd. Kirk	16	B4
Glen Lyon Ct. Pol	62	A1
Glen Moriston Dr. Crossf	27	E1
Glen Nevis Dr. Dunf	29	E1
Glen Ogle Ct. Pol	62	A1
Glen Pl. Arm	143	F3
Glen Rd. Arm	143	F3
Glen Rd. Bath	145	D4
Glen Rd. Liv	146	C3
Glen Rd. Plea	37	F4
Glen Rd. Shot	191	F2
Glen Rd. Tor	37	E4
Glen St. Edin	123	E3
Glen Terr. Den	36	B1
Glen Terr. Liv	146	C3
Glen View. B' ness	63	E2
Glen View. Bank	57	E3
Glen View Cres. Gore	207	E4
Glen View Ct. Gore	207	E4
Glen View Rd. Gore	207	E4
Glen Way. Bath	145	D4
Glenafeoch Rd. Car	230	A1
Glenallan Dr. Edin	124	A1
Glenallan Loan. Edin	124	A1
Glenalmond Ct. Uph	117	D3
Glenalmond Ct. Whit	170	B3
Glenalmond Terr. Bath	145	D4
Glenalmond. Whit	170	B3
Glenard View. Muir	64	B3
Glenavon Dr. Crossf	27	E1
Glenavon Terr. Bath	145	D4
Glenbank. Falk	60	A1
Glenbervie Ave. Lar	38	A2
Glenbervie Cres. Lar	38	A2
Glenbervie Dr. Lar	38	A2
Glenbervie Gr. Dunf	29	E1
Glenbervie Rd. Gran	61	F3
Glenbo Dr. Bank	57	F4
Glenbrae Ct. Falk	60	A2
Glenbridge Ct. Dunf	28	C2
Glenbrook. Bale	176	C4
Glenburn Gdns. Whit	170	B3
Glenburn Gr. Bla	26	C4
Glenburn Pl. Falk	60	B1
Glenburn Rd. N Ber	54	B3
Glencairn Cres. Edin	122	C4
Glencairn St. Stir	7	D2
Glencairn Terr. Bath	145	E4
Glencoe Rd. Car	230	A1
Glencoe Rd. Stir	2	A1
Glencorse Pk. Auch	204	B4
Glencoul Ave. D Bay	48	A2
Glencross Gdns. Peni	203	E3
Glendevon Ave. Edin	122	A3
Glendevon Dr. Stir	1	C1
Glendevon Gdns. Edin	122	A3
Glendevon Gr. Edin	122	A3
Glendevon Pk. Edin	122	A3
Glendevon Pk. Winch	87	F1
Glendevon Pl. Edin	122	A3
Glendevon Rd. Edin	122	A3
Glendevon Terr. Edin	122	A3
Glendinning Cres. Edin	155	D4
Gleneagles Ct. Whit	170	B3
Gleneagles Way. Liv	146	C3
Glenesk Cres. Dalk	156	C1
Glenfield Ave. Cow	13	E3
Glenfield Cres. Cow	13	E3
Glenfield Ct. Cow	13	E3
Glenfield Gdns. Cow	13	E3
Glenfield. Liv	147	D2
Glenfield. Oak	27	E3
Glenfield Rd. Cow	13	E3
Glenfinlas St. Edin	123	D4
Glenfuir Rd. Falk	59	F3
Glenfuir St. Falk	59	E3
Glengairn Wlk. Dunf	29	E1
Glengyle Terr. Edin	123	E3
Glenisla Gardens La. Edin	123	E2
Glenisla Gdns. Edin	123	E2
Glenlee Ave. Edin	124	B4
Glenlee Gdns. Edin	124	B4
Glenlockhart Bank. Edin	122	B1
Glenlockhart Rd. Edin	122	C1
Glenlockhart Valley. Edin	122	B1
Glenmavis Cres. Car	230	A1
Glenmavis Dr. Bath	145	D4
Glenmore Dr. Bon	57	F3
Glenmore. Whit	170	B3
Glennie Gdns. Tran	128	B3
Glenochil Pk. Men	4	C2
Glenochil Rd. Falk	60	A2
Glenochil Terr. Men	4	C2
Glenogle Ct. Edin	93	D1
Glenogle House. Edin	93	D1
Glenogle Pl. Edin	93	D1
Glenogle Rd. Edin	93	D1
Glenogle Terr. Edin	93	D2
Glenorchy Rd. N Ber	54	A3
Glensburgh Rd. Gran	61	D4
Glenshiel Gr. Dunf	29	E1
Glenside Ct. Arm	143	F3
Glenside Ct. Gran	61	F3
Glenside Gdns. Arm	143	F3
Glentye Gdns. Falk	59	F1
Glenure Loan. Edin	91	E1
Glenvarloch Cres. Edin	155	D4
Glenview Cres. Ston	171	D1
Glenview Dr. Falk	59	F1
Glenview. Duni	36	A2
Glenview. Men	4	A3
Glenview. Peni	203	F3
Glenview Rd. Ston	171	D1
Glenwinnel Rd. Alva	4	C4
Glenwood Dr. Arm	143	E3
Glenyards Rd. Bon	58	A1
Gloag Pl. W Cal	172	B2
Globe Rd. Ros	46	B1
Gloucester La. Edin	93	D1
Gloucester Pl. Edin	93	D1
Gloucester Sq. Edin	93	D1
Gloucester St. Edin	93	D1
Glover's Ct. King	35	D2
Glowrorum Dr. Bank	57	F4
Glynwed Ct. Falk	60	B4
Godfrey Ave. Den	36	B1
Godfrey Cres. Lar	38	B1
Goff Ave. Edin	94	C1
Gogar Loan. B of A	3	E3
Gogar Pl. Stir	7	E1
Gogar Station Rd. Edin	121	D1
Gogar Station Rd. Kirkl	120	C2
Gogar Station Rd. Kirkl	120	C2
Gogarbank Farm. Rat	120	B1
Gogarloch Haugh. Edin	121	D3
Gogarloch Muir. Edin	121	D3
Gogarloch Rd. Edin	121	D3
Gogarloch Syke. Edin	121	D3
Gogarstone Rd. Kirkl	120	A3
Goldenacre Terr. Edin	93	D2
Goldenstones Ave. Dunb	78	C1
Golf Course Rd. Bonn	182	A4
Golf Course Rd. Cow	13	E3
Golf Course Rd. Liv	147	D4
Golf Ct. Aber	71	E2
Golf Dr. Cocke	97	F2
Golf House Rd. Dunb	78	C1
Golfdrum St. Dunf	28	C2
Goodall Cres. Dech	116	B1
Goodall Pl. Dech	116	A1
Goodall's Pl. Hadd	132	B4
Goodman Pl. Madd	82	C4
Goose Green Ave. Muss	126	B4
Goose Green Cres. Muss	126	B4
Goose Green Pl. Muss	126	B4
Goose Green Rd. Gull	52	A1
Goose Green Rd. Muss	126	B4
Goosecroft Rd. Stir	7	D4
Gordon Ave. Bath	145	D3

Gordon Ave. Bonn 181 F3
Gordon Cres. B of A 2 A4
Gordon Cres. Stir 1 C1
Gordon Dr. All 10 B4
Gordon Loan. Edin 121 F4
Gordon Pl. Falk 59 F3
Gordon Rd. Edin 121 F4
Gordon Rd. Ros 46 A1
Gordon St. Cow 13 E3
Gordon St. Edin 94 A2
Gordon St. Loch 14 A4
Gordon St. May 183 E4
Gordon Terr. Dunf 29 D1
Gordon Terr. Edin 124 A1
Gordon Way. Liv 147 E4
Gore Ave. Gore 207 E4
Goremire Rd. Car 230 B1
Gorgie Rd. Edin 122 B2
Gorrie St. Den 36 B1
Gorrie St. Dunf 29 E1
Gorsebank. Liv 147 F3
Gort Pl. Gran 61 E3
Gorton Loan. Rose 181 E1
Gorton Pl. Rose 181 E1
Gorton Rd. Rose 181 E1
Goschen Pl. Edin 117 D3
Goschen Terr. Uph 117 D3
Gosford Pl. Edin 93 E3
Gosford Rd. Cocke 97 E2
Gosford Rd. Kirk 16 B4
Gosford Rd. Long 98 C3
Gote La. Que 68 A1
Gourlaw Cotts. Rose 205 D4
Gourlay St. Kirk 17 D2
Gourlaybank. Hadd 101 D1
Gow Cres. Kirk 17 D2
Gowan Ave. Falk 60 A3
Gowan La. Falk 60 A3
Gowanbank. Liv 147 E3
Gowanbrae Dr. Dunf 29 E2
Gowanbrae. Fau 193 F3
Gowanbrae Pl. Dunf 29 E2
Gowanbrae Terr. Dunf 29 E2
Gowanhill Gdns. Stir 1 C1
Gowanlea Dr. Slam 110 A3
Grace St. Loch 14 B4
Gracefield Ct. Muss 126 A3
Gracemount Ave. Edin ... 155 D4
Gracemount Dr. Edin 155 D3
Gracemount Pl. Edin 155 D3
Gracemount Rd. Edin 155 D3
Gracemount Sq. Edin 155 D3
Gracie Cres. Fall 8 B2
Gracie's Wynd. Arm 144 A3
Gradlon Pl. Falk 60 A2
Graeme Pl. Falk 59 F1
Graham Ave. Lar 38 A2
Graham Ave. Stir 2 B2
Graham Cres. B'ness 64 A4
Graham Ct. Black 171 F4
Graham St. B of A 2 A4
Graham St. Edin 93 F3
Graham Terr. Air 22 B2
Graham Way. Liv 147 E4
Graham's Rd. Auch 204 B4
Grahams Rd. Falk 60 A3
Grahamsdyke Ave. B'ness 64 A4
Grahamsdyke Cres. Bon 58 A2
Grahamsdyke La. B'ness 64 A4
Grahamsdyke Rd. B'ness 64 B3
Grahamsdyke Rd. Bon 58 A2
Grahamsdyke Rd. Muir ... 64 B3
Grahamsdyke St. Laur 61 D2
Grahamsdyke Terr. B'ness 64 A4
Graiglaw Pl. Dech 116 B1
Graigleith View. Tull 4 B2
Grainger St. Loch 14 A4
Grampian Cres. Gran 61 F3
Grampian Ct. Ros 46 C1
Grampian Gdns. Kirk 16 C3
Grampian House. Edin 93 F3
Grampian Pl. Ros 46 C1
Grampian Rd. Ros 46 C1
Grampian Rd. Stir 6 C3
Grampion Ct. Muri 147 F1
Granary Rd. Falk 60 A4
Granary Sq. Falk 60 A4
Granby Ave. Liv 147 F2
Granby Rd. Edin 123 F2
Grandfield. Edin 93 E3
Grandville. Edin 93 E3
Grange Ave. Falk 60 B3
Grange Cotts. King 34 C3
Grange Cres. E. Pres 96 C1
Grange Cres. Edin 123 E2
Grange Cres W. Pres 127 F4
Grange Dr. Dunf 46 B4
Grange Dr. Falk 60 B3
Grange Gdns. B of A 2 B4
Grange Gr. Pres 96 C1
Grange La. Gran 40 B1
Grange Loan. B'ness 64 A4
Grange Loan. Edin 123 E2
Grange Loan Gdns. Edin 123 E2
Grange Pl. Gran 61 E4
Grange Pl. Laur 61 E1
Grange Rd. All 9 F3
Grange Rd. B of A 2 B3

Grange Rd. Brox 117 F2
Grange Rd. Burn 33 E1
Grange Rd. Dunf 46 B3
Grange Rd. Edin 123 E3
Grange Rd. Liv 148 A4
Grange Rd. N Ber 54 A3
Grange Rd. Pol 82 C4
Grange Rd. Pres 96 C1
Grange Rd. Ros 46 B3
Grange Terr. B'ness 64 A4
Grange Terr. Edin 123 E2
Grange The. Pol 82 C4
Grange View. Lin 85 E4
Grangeburn Rd. Gran 40 C1
Grangemouth Rd. Falk 60 C3
Grangepans. B'ness 64 A4
Grangeview. Lar 38 C1
Grant Ave. Edin 153 D3
Grant Pl. Stir 2 A2
Grant St. All 9 F3
Grant St. W Cal 172 B2
Granton Cres. Edin 92 C3
Granton Gdns. Edin 92 C3
Granton Gr. Edin 92 C3
Granton Mains Ave. Edin ... 92 B3
Granton Mains Brae. Edin ... 92 B3
Granton Mains Ct. Edin ... 92 B3
Granton Mains Gait. Edin ... 92 B3
Granton Mains Vale. Edin ... 92 B3
Granton Mains Wynd. Edin . 92 B3
Granton Medway. Edin 92 C3
Granton Park Ave. Edin 92 C4
Granton Pl. Edin 92 C3
Granton Rd. Edin 93 D3
Granton Sq. Edin 92 C4
Granton Terr. Edin 92 C3
Granton View. D Bay 47 F1
Granton View. Edin 92 C3
Grants Bank. Dunf 29 D2
Grantully Pl. Edin 123 F2
Granville Terr. Edin 123 D3
Granville Way. Ros 46 C2
Grassmarket. Edin 123 E4
Gray Pk. Cow 13 E3
Gray Pl. Inver 47 E2
Gray St. Shot 192 A2
Gray's Loan. Edin 122 C2
Graystale Rd. Stir 7 D2
Graystonelee Rd. Shot ... 191 E3
Great Cannon Bank. Edin 95 D1
Great Carleton Sq. Edin ... 125 D2
Great Junction St. Edin ... 93 F3
Great King St. Edin 93 E1
Great Michael Cl. Edin 93 E4
Great Michael Rd. Ros 46 A1
Great Michael Rise. Edin .. 93 E4
Great Michael Sq. Edin ... 93 E4
Great Stuart St. Edin 93 D1
Great Stuart St. Edin 123 D4
Green Apron Pk. N Ber 54 A3
Green La. Bonn 181 F4
Green St. Dunf 29 E4
Green St. Edin 93 E1
Green The. Alva 5 D4
Green The. Bath 145 E4
Green The. Edin 91 F2
Green The. Pen 160 C3
Green The La. B'ness 63 E3
Greenacre Ct. Bann 7 F1
Greenacre Pl. Bann 7 F1
Greenbank Ave. Edin 123 D1
Greenbank Cres. Edin 154 A4
Greenbank Dr. Cow 13 D1
Greenbank Dr. Edin 123 D1
Greenbank Gdns. Edin ... 153 F4
Greenbank Gr. Edin 153 F4
Greenbank La. Edin 122 C1
Greenbank Loan. Edin ... 122 C1
Greenbank Pk. Edin 153 F4
Greenbank Pl. Edin 123 D1
Greenbank Pl. Falk 59 E2
Greenbank Rd. Edin 122 C1
Greenbank Rd. Falk 59 E2
Greenbank Rise. Edin 153 F4
Greenbank Row. Edin 153 F4
Greenbank Terr. Edin 123 D1
Greenburn Rd. Fau 193 F3
Greencraig Ave. Shi 81 E3
Greendykes Ave. Edin ... 124 C2
Greendykes Dr. Edin 124 C2
Greendykes Gdns. Edin ... 124 C2
Greendykes Loan. Edin .. 124 C2
Greendykes Rd. Brox 117 F3
Greendykes Rd. Edin 124 C2
Greendykes Terr. Edin ... 124 C2
Greenend Dr. Edin 155 E4
Greenend Gdns. Edin 155 E4
Greenend Gr. Edin 155 E4
Greenfield Cres. Bale 177 E4
Greenfield Rd. Bale 177 E4
Greenfield St. All 10 A4
Greenfield St. Bon 58 A3
Greenhall Rd. Gore 183 E1
Greenhead. Alva 5 D3
Greenheads Rd. N Ber 54 C3
Greenhill Ct. Fau 193 F3
Greenhill Gdns. Edin 123 D2
Greenhill Pk. Edin 123 D2

Greenhill Pk. Peni 203 E3
Greenhill Pl. Edin 123 D2
Greenhill Rd. Blac 142 C2
Greenhill Rd. Bon 58 A2
Greenhill Terr. Edin 123 D3
Greenhithe Terr. Madd 82 C4
Greenhorn's Well Ave. Falk . 59 F2
Greenhorn's Well Cres. Falk . 59 F2
Greenhorn's Well Dr. Falk ... 59 F2
Greenlaw Gr. Auch 180 A1
Greenlaw Hedge. Edin ... 153 F4
Greenlaw Rig. Edin 153 F4
Greenloanings. Kirk 16 B4
Greenmantle Loan. Edin . 124 A1
Greenmount. Cow 13 D1
Greenmount Dr. Shi 81 E3
Greenmount Rd N. Burn .. 33 F1
Greenmount Rd S. Burn .. 34 A1
Greenpark Dr. Pol 61 F1
Greenrigg Cotts. Hart 169 D3
Greenside La. Edin 93 F1
Greenside Pl. Edin 93 F1
Greenside Pl. Rose 181 E1
Greenside Row. Edin 93 F1
Greenside St. All 10 A3
Greenside. Torp 113 F3
Greenvale Dr. Pol 82 C4
Greenville Ct. Falk 59 F2
Greenwell St. Fau 193 F3
Greenwell Terr. Madd 82 C4
Greenwells Dr. Madd 82 C4
Greenwood Ave. Stir 7 D4
Greenwood Pk. Liv 147 E3
Greenwood St. Shot 191 F3
Gregory Rd. Liv 147 D1
Gregory Rd. W Cal 173 D4
Greig Cres. Arm 144 A3
Greig Pl. Loch 14 A4
Greig Rd. Ros 46 A1
Grendon Ct. Stir 7 D3
Grendon Gdns. Stir 7 D3
Grey Craigs. Crossf 27 E1
Grey School Cnr. Pres 96 C1
Greyfriar's Wlk. Inver 47 E2
Greyfriars. Edin 123 E4
Greygoran. N Sau 5 E1
Grierson Ave. Edin 93 D3
Grierson Cres. Cam 6 B3
Grierson Cres. Edin 93 D3
Grierson Gdns. Edin 93 D3
Grierson Rd. Edin 92 C3
Grierson Sq. Edin 93 D3
Grierson Villas. Edin 93 D3
Grieve Ct. Auch 203 F4
Grieve St. Dunf 28 C2
Grieve St. Kirk 17 D3
Griffith Dr. Whit 170 A3
Griffiths St. Falk 60 A2
Grigor Ave. Edin 92 B2
Grigor Dr. Edin 92 B2
Grigor Gdns. Edin 92 C2
Grigor Terr. Edin 92 B2
Grindlay St. Edin 123 D4
Grindlay Street Ct. Edin .. 123 D4
Groathill Ave. Edin 92 B1
Groathill Gdns E. Edin 92 B1
Groathill Gdns W. Edin 92 B1
Groathill Rd N. Edin 92 B2
Groathill Rd S. Edin 92 B1
Grodwell Dr. Alva 4 C4
Grosvenor Gdns. Edin 122 C4
Grosvenor St. Edin 123 D4
Grove End. Bonn 182 A4
Grove St. Den 36 B1
Grove St. Edin 123 D4
Grove St. Muss 126 B3
Grove The. Muss 126 C3
Grundie's Well Rd. Edin .. 155 F3
Guardians Wood. Edin ... 122 B4
Guildhall St. Dunf 29 D2
Guildie Howes Rd. N Mid .. 207 F1
Guildiehaugh Roundabout.
  Bath 145 E2
Guildry Gr. Dunf 29 F2
Gullan's Cl. Edin 123 F4
Gullane St. Edin 123 F4
Gunn Rd. Gran 61 E3
Gunner Rd. Gran 62 B4
Guthrie St. Edin 123 E4
Guttergates Rd. Hal 30 A3
Gyle Park Gdns. Edin 121 D3
Gylemuir Rd. Edin 121 E3
Gylers Rd. Dir 53 D2
Haddington Pl. Edin 93 F1
Haddington Rd. E Lin 103 E4
Haddington Rd. Muss 127 D3
Haddington Rd. N Ber 54 B3
Haddington Rd. Tran 128 C3
Haddington Station Ind Est.
  Hadd 131 F4
Haddon's Ct. Edin 123 F4
Haddow Gr. Burn 50 B4
Hadfast Rd. Path 158 B3
Hadrian Way. B'ness 64 A3
Haig Ave. Kirk 17 E4
Haig Ave. Stir 2 A1
Haig Cres. Bath 145 E3

Haig Cres. Dunf 29 E3
Haig St. Gran 61 E3
Hailes App. Edin 153 D4
Hailes Ave. Edin 153 D4
Hailes Bank. Edin 153 D4
Hailes Cres. Edin 153 D4
Hailes Gdns. Edin 153 D4
Hailes Gr. Edin 153 D4
Hailes Loan. E Lin 103 D2
Hailes Pk. Edin 152 C4
Hailes Pl. Dunf 29 E2
Hailes St. Edin 123 D3
Hailes Terr. Edin 153 D4
Hailesland Gdns. Edin ... 121 F1
Hailesland Gr. Edin 121 F1
Hailesland Pk. Edin 121 F1
Hailesland Pl. Edin 121 F1
Hailesland Rd. Edin 121 F1
Hailstonegreen. For 215 D1
Hailstones Cres. Arm 143 F3
Hainburn Pk. Edin 153 F3
Haining Pl. Gran 61 F4
Haining Rd. Madd 83 F3
Haining Terr. Madd 83 F3
Hakness Cres. Tran 128 B3
Halbeath Dr. Dunf 29 F3
Halbeath Pl. Dunf 29 F3
Halbeath Rd. Dunf 29 F3
Halbeath Rd. Hal 30 A3
Halberts Cres. Stir 7 D1
Haldane Ave. B of A 2 A3
Haldane Ave. Hadd 100 C1
Haldane Gr. Bla 26 B4
Haldane Sq. Muri 173 E3
Halketshall. Lime 45 E2
Halkett Cres. Dunf 29 E1
Hall Cres. Gull 52 A1
Hall La. Loch 14 A4
Hall Rd. Brox 117 F3
Hall Row. Lime 45 D2
Hall St. Cow 13 E2
Hall St. Loch 14 A4
Hallcroft Cl. Rat 119 E1
Hallcroft Cres. Rat 119 E1
Hallcroft Gdns. Rat 119 E1
Hallcroft Gn. Rat 119 E1
Hallcroft Neuk. Rat 119 E1
Hallcroft Pk. Rat 119 E1
Hallcroft Rise. Rat 119 E1
Hallglen Rd. Falk 60 A1
Hallglen Terr. Falk 60 A1
Hallhead Rd. Edin 123 F1
Halliburton Terr. Dir 53 D2
Hallow The. Kirk 17 F4
Hallpark. N Sau 10 B4
Hallyards Rd. Kirkl 119 D4
Hallyards Rd. Kirkl 119 E3
Halmyre St. Edin 94 A2
Halyard Terr. Aucht 15 D1
Hamburgh Pl. Edin 93 F3
Hamilton Ave. Lin 84 C3
Hamilton Ave. Sten 38 C2
Hamilton Cres. Gull 52 A1
Hamilton Cres. Madd 82 C3
Hamilton Cres. Newt 183 D3
Hamilton Dr. Edin 124 C4
Hamilton Dr. Falk 60 A2
Hamilton Dr. Stir 2 B2
Hamilton Dr W. Edin 124 C4
Hamilton Gdns. Edin 124 C4
Hamilton Gr. Edin 124 C4
Hamilton La. B' ness 63 F4
Hamilton La. Bath 144 C4
Hamilton Pk. Edin 124 C4
Hamilton Pl. Edin 93 D1
Hamilton Pl. Lin 84 C3
Hamilton Pl. Ros 46 C2
Hamilton Rd. Bath 144 C4
Hamilton Rd. Gran 61 F3
Hamilton Rd. Gull 52 A1
Hamilton Rd. N Ber 54 A4
Hamilton Rd. Sten 38 B3
Hamilton Sq. B' ness 63 E3
Hamilton St. Falk 59 E3
Hamilton St. Loch 14 A3
Hamilton Terr. Edin 125 D4
Hamilton Terr. H Val 26 A1
Hamilton Terr. Inver 47 E1
Hamilton Wynd. Edin 93 F3
Handax. For 215 D1
Hanover Ct. Brox 117 F3
Hanover Ct. Liv 147 D2
Hanover Grange. Gran 61 E4
Hanover St. Edin 93 E1
Harbour Dr. D Bay 47 F2
Harbour Pl. Burn 50 C4
Harbour Pl. D Bay 47 F1
Harbour Pl. Edin 95 D1
Harbour Pl. Inver 47 E1
Harbour Rd. B'ness 64 B4
Harbour Rd. Edin 95 D1
Harbour Rd. King 35 D1
Harbour Rd. Muss 126 A3
Harburn Ave W. Liv 146 C4

Harburn Dr. W Cal 172 C2
Harburn Gdns. W Cal 172 C2
Harburn La. W Cal 172 C2
Harburn Rd. W Cal 172 C2
Harcourt Rd. Kirk 17 D3
Harden Pl. Edin 122 C3
Hardengreen Ind Est. Dalk . 156 C1
Hardengreen Junc. Dalk ... 182 C4
Hardgate. Hadd 101 D1
Hardhill Dr. Bath 144 C3
Hardhill Pl. Arm 144 A3
Hardhill Rd. Bath 144 C3
Hardhill Terr. Bath 144 C3
Hardie Cres. Fall 8 B2
Hardie Ct. Stir 7 E2
Hardie Rd. Bog 146 B4
Hardie Rd. Liv 146 C4
Hardie Terr. E Lin 103 E4
Hardwell Cl. Edin 123 F4
Hardy Gdns. Bog 145 F3
Hareburn Ave. Avon 112 A3
Harelaw Rd. Edin 153 D3
Hares Cl. Cocke 97 E2
Harestanes Rd. Arm 143 F2
Harewood Cres. Edin 124 C2
Harewood Dr. Edin 124 C2
Harewood Rd. Edin 124 C2
Harkenburn Gardens. Peni .. 203 E3
Harlaw Gr. Peni 203 E3
Harlaw Hill. Pres 96 C1
Harlaw March. Bale 177 E4
Harlaw Rd. Bale 177 F4
Harlaw Rd. Curr 152 B2
Harlawhill Gdns. Pres 97 D1
Harley Ct. Falk 60 A4
Harley St. Ros 47 D2
Harlington Pl. Madd 82 C4
Harpenside Cres. Dir 53 E3
Harper's Brae. Auch 204 A3
Harperdean Terr. Hadd .. 100 C1
Harriebrae Pk. Dunf 28 C2
Harriet St. Kirk 17 F3
Harris Ct. All 10 A3
Harris Dr. Kirk 16 C4
Harris Pl. Dunf 29 E1
Harris Pl. Gran 61 E3
Harrison Gdns. Edin 122 C2
Harrison La. Edin 122 C3
Harrison Pl. Edin 122 C2
Harrison Pl. Falk 59 F3
Harrison Rd. Edin 122 C3
Harrysmuir Cres. Pump . 148 A4
Harrysmuir N. Pump 148 A4
Harrysmuir Rd. Pump 148 A4
Harrysmuir S. Pump 148 A4
Harrysmuir Terr. Pump .. 148 A4
Hart St. Edin 93 E1
Hart Street La. Edin 93 E1
Hart Wynd. Bann 7 F1
Hartfield Terr. Alla 212 A4
Harthill Rd. Blac 142 B1
Harthill Rd. Fau 193 E3
Hartington Gdns. Edin ... 123 D3
Hartington Pl. Edin 123 D3
Hartley Pl. Gran 61 D3
Hartwood Gdns. Shot ... 191 D1
Hartwood Rd. Shot 191 D2
Hartwood Rd. W Cal 172 B1
Harvest Dr. Kirkl 119 D3
Harvest Rd. Kirkl 119 D3
Harvey Ave. Pol 61 F1
Harvey Wynd. Stir 2 A1
Harvieston Villas. Gore .. 207 E4
Hatfield Pl. Bath 145 D4
Hatton Pl. Edin 123 E3
Haugh Gdns. Falk 39 D1
Haugh Park. Edin 122 A1
Haugh Park. Edin 122 A1
Haugh Rd. Burn 50 B4
Haugh Rd. Stir 2 A1
Haugh St. Edin 93 D1
Haugh St. Falk 39 D1
Haven The. D Bay 47 F1
Haven's Edge. Lime 45 F2
Hawes Brae. Dal 68 B1
Hawk Brae. Liv 147 E3
Hawkcraig Rd. Abe 49 E4
Hawkhead Cres. Edin 155 D4
Hawkhead Gr. Edin 155 D4
Hawkhill Ave. Edin 94 A2
Hawkhill Rd. All 10 B3
Hawkhill Rd. Kin 23 E3
Hawkins Terr. Auch 204 A4
Hawkwood Terr. For 215 D1
Hawley Rd. Falk 60 B2
Hawthorn Bank. Oak 27 E3
Hawthorn Bank. Que 68 A1
Hawthorn Cres. Cow 12 C1
Hawthorn Cres. Fall 8 B2
Hawthorn Cres. May 183 E4
Hawthorn Cres. Stir 1 C1
Hawthorn Dr. Duni 36 B2
Hawthorn Dr. East 168 C3
Hawthorn Dr. Fall 59 F2
Hawthorn Dr. Fall 8 B2
Hawthorn Dr. Shot 192 B2
Hawthorn Gdns. Loan ... 155 D1
Hawthorn Pl. Alla 212 A4

Hawthorn Pl. Edin 155 F3
Hawthorn Pl. Orm 159 E4
Hawthorn Pl. Uph 116 C2
Hawthorn Rd. Pres 97 D1
Hawthorn St. Gran 61 E3
Hawthorn Terr. Cocke 97 E2
Hawthornbank La. Edin 123 D4
Hawthornbank Pl. Edin 93 E3
Hawthornbank Rd. Hadd 100 C1
Hawthornbank Terr. Edin 93 F3
Hawthornden Ave. Bonn 182 A4
Hawthornden Gdns. Bonn ... 182 A4
Hawthorne Pl. Lar 38 B1
Hawthornvale. Edin 93 E3
Hay Ave. Edin 124 C2
Hay Dr. Edin 125 D2
Hay Gr. Dunf 29 F1
Hay Pl. Edin 124 C2
Hay Rd. Edin 124 C2
Hay Terr. Edin 124 C2
Hayfield. Edin 121 D4
Hayfield. Falk 60 B4
Hayfield Pl. Kirk 17 D4
Hayfield Rd. Falk 60 B4
Hayfield Rd. Kirk 17 E4
Hayfield Terr. Bank 57 F4
Haygate Ave. Pol 82 C4
Haymarket. Edin 123 D4
Haymarket Terr. Edin 122 C4
Haypark Rd. Bank 57 E3
Hayworth Ave. Laur 61 D2
Hazel Ave. Kirk 17 D3
Hazel Cres. Duni 36 B2
Hazel Ct. Dunb 78 A1
Hazel Dr. Bonn 182 A3
Hazel Gr. Falk 60 B4
Hazel Gr. Dunf 46 C4
Hazel Gr. Liv 148 A3
Hazel Rd. Gran 61 E3
Hazelbank Gdns. Stir 2 A1
Hazelbank Terr. Edin 122 C2
Hazeldean Ave. B'ness 63 E3
Hazeldean Terr. Edin 124 A1
Hazelhurst. Pol 82 C4
Hazelwood Gr. Edin 124 B1
Headlesscross Rd. Shot 192 C1
Headrig Rd. New 67 E1
Headrigg Row. Edin 124 A1
Headwell Rd. Dunf 29 D3
Heaney Ave. Pump 148 A4
Heath Rd. Ros 46 C2
Heather Ave. Shi 81 E3
Heather Gr. Dunf 46 C4
Heather Gr. Madd 83 D3
Heather Pk. Black 146 A1
Heatherbank. Liv 147 E3
Heatherdale Gdns. Bank 57 F4
Heathervale Wlk. Arm 144 A3
Heatherwood Pk. Pump 148 A4
Hedge Row. Loan 180 C4
Hedges The. Falk 59 F3
Heggie's Wynd. Kirk 17 D1
Heights Rd. Blac 142 B2
Helen Pl. Inver 68 B3
Helmsdale Pk. Dunf 28 C1
Henderland Rd. Edin 122 B4
Henderson Ave. All 10 A4
Henderson Cres. Uph 117 D3
Henderson Ct. E Cal 148 C2
Henderson Gdns. Edin 93 F3
Henderson Gdns. Tran 128 B3
Henderson Pl. Alva 5 D4
Henderson Pl. Edin 93 E1
Henderson Pl. Uph 117 D3
Henderson Place La. Edin .. 93 D1
Henderson Row. Edin 93 D1
Henderson St. B of A 2 A4
Henderson St. Edin 93 F3
Henderson St. Hal 12 A1
Henderson St. Loch 14 A4
Henderson Terr. Edin 122 C3
Hendry Cres. Kirk 17 D3
Hendry Rd. Kirk 17 D3
Hendry St. Falk 60 A4
Hendry's Wynd. Kirk 17 D1
Hennings The. N Sau 5 E1
Henry Ross Pl. Que 68 A1
Henry St. Alva 5 D3
Henry St. B'ness 64 A3
Henry St. Gran 61 F4
Henryson Rd. Dunf 29 F2
Hens Nest Rd. Ston 170 C3
Hepburn Dr. Dalk 157 E1
Hepburn Rd. Hadd 101 D1
Herald Rise. Muri 147 F1
Herbertshire St. Den 36 C1
Hercus Loan. Muss 126 A3
Herd Gn. Liv 147 D4
Herd Terr. Loan 181 D4
Herdmanflatt. Hadd 101 D1
Herdshill Ave. Shi 81 E3
Heriot Bridge. Edin 123 E4
Heriot Gdns. Burn 33 F1
Heriot Hill Terr. Edin 93 E2
Heriot Pl. Edin 123 E4

Heriot Row. Edin 93 E1
Heriot St. Inver 47 E1
Heriot Way. Stow 228 B1
Heritage Dr. Sten 39 D2
Hermand Cres. Edin 122 C2
Hermand St. Edin 122 B2
Hermand Terr. Edin 122 B2
Hermiston House Rd. Rat . 120 C1
Hermiston Dr. Edin 123 D1
Hermitage Gdns. Edin 123 D1
Hermitage Park Gr. Edin 94 A2
Hermitage Park S. Edin 94 A2
Hermitage Pk. Edin 94 A2
Hermitage Pl. Edin 94 A2
Hermitage Rd. B of A 2 C3
Hermitage Terr. Edin 123 D1
Heron Ind Comlex. Liv 146 B4
Hervey St. All 10 A4
Heugh Brae. N Ber 54 C3
Heugh Rd. N Ber 54 C3
Heugh St. Falk 60 A2
Heugh The. Tran 128 B4
Heyford Pl. Cam 6 B3
Higginson Loan. May 183 F3
High Academy Gr. Arm 143 F3
High Academy St. Arm 143 F3
High Beveridgewell. Dunf 28 C3
High Brae. Torp 113 F3
High Buckstone. Edin 154 B3
High Meadow. Abe 230 B1
High Mill Rd. Car 230 A1
High Park Rise. Peni 203 F2
High Port. Lin 85 D4
High Rd. E Lin 106 B2
High Rd. Madd 83 D3
High Rd. Rose 204 C3
High Riggs. Edin 123 D4
High School Yards. Edin 123 F4
High St. Abe 49 D4
High St. Aber 71 E2
High St. Air 22 B2
High St. All 10 A3
High St. Bath 145 D4
High St. Bon 58 A3
High St. Bonn 156 A1
High St. Bonn 182 A4
High St. Burn 50 C4
High St. Clack 10 C2
High St. Cocke 97 E2
High St. Cow 13 E2
High St. Dalk 157 D2
High St. Dunb 78 A1
High St. Dunb 78 B1
High St. Dunf 29 D2
High St. E Lin 103 E4
High St. Edin 123 E4
High St. Falk 60 A2
High St. Giff 163 F2
High St. Hadd 132 A4
High St. Inver 47 D1
High St. Kin 23 F2
High St. King 34 C1
High St. Kirk 17 E2
High St. Kirk 18 A4
High St. Kirkl 89 D1
High St. Lin 85 D4
High St. Loan 181 E4
High St. Loch 14 A4
High St. Muss 126 B3
High St. N Ber 54 B4
High St. Orm 159 F4
High St. Peni 203 F2
High St. Pres 96 C1
High St. Que 68 B1
High St. Shot 191 F2
High St. Slam 110 A4
High St. Tran 128 B3
High Station Rd. Falk 60 A2
High View Gr. Shi 81 E3
Highfield Ave. Lin 84 C4
Highfield Cres. Lin 84 C4
Highfield. E Lin 54 A2
Highfield. Liv 147 D2
Highfield Rd. N Ber 54 A3
Highland Dr. Lar 38 B2
Highland Dykes Cres. Bon .. 58 A3
Highland Dykes Dr. Bon 58 A3
Highlea Circ. Bale 177 D3
Highlea Gr. Bale 177 D4
Hill Cres. Bath 145 D4
Hill Gr. Bla 26 B4
Hill House Rd. Bank 57 F4
Hill Pl. All 10 A4
Hill Pl. Edin 123 F4
Hill Pl. Kirk 17 E2
Hill Pl. May 183 F3
Hill Pl. Shot 191 F3
Hill Rd. East 168 B3
Hill Rd. Gull 51 F1
Hill Rd. Path 185 D3
Hill Sq. Edin 123 F4
Hill St. All 10 A4
Hill St. Cow 13 E2
Hill St. Dunf 29 D2
Hill St. Edin 93 E1
Hill St. Inver 47 D1
Hill St. Kirk 17 D2
Hill St. Kirk 18 A4

Hill St. Stir 7 D2
Hill Street La N. Edin 93 E1
Hill Street La S. Edin 93 E1
Hill View. Peni 204 A3
Hillary Rd. Lar 38 C1
Hillbank. Inver 47 D2
Hillcoat Loan. Edin 95 D1
Hillcoat Pl. Edin 95 D1
Hillcrest Ave. Kirk 16 C3
Hillcrest. B'ness 63 F3
Hillcrest. Cow 13 D2
Hillcrest Dr. All 10 B3
Hillcrest Pl. Bank 57 E4
Hillcrest Rd. Falk 59 F1
Hillend Rd. Inver 47 E2
Hillend Rd. Inver 47 D2
Hillfield Rd. Inver 47 D1
Hillfoot Terr. Car 230 A1
Hillfoots Rd. B of A 2 C3
Hillhead Ave. Car 230 A1
Hillhead. Bonn 182 A4
Hillhead Dr. Falk 59 F1
Hillhouse Ave. Bath 144 C4
Hillhouse Cres. Kir 149 F2
Hillhouse Rd. Edin 92 A1
Hillhouse Terr. Kir 149 F2
Hillhouseridge Rd. Shot 191 E3
Hillock Ave. Laur 61 E1
Hillpark Ave. Edin 91 F2
Hillpark Brae. Edin 91 F1
Hillpark Cres. Bann 7 E1
Hillpark Cres. Edin 91 F1
Hillpark Ct. Edin 91 F2
Hillpark Dr. Bann 7 E1
Hillpark Dr. Edin 91 F2
Hillpark Gdns. Edin 91 F1
Hillpark Gn. Edin 91 F1
Hillpark Gr. Edin 91 F1
Hillpark Loan. Edin 92 A1
Hillpark Rd. Edin 91 F1
Hillpark Terr. Edin 91 F1
Hillpark Way. Edin 92 A1
Hillpark Wood. Edin 91 F1
Hillside Ave. D Bay 48 A2
Hillside Camp Rd. Ros 46 C1
Hillside Cres. Edin 93 F1
Hillside Cres N. Gore 207 E4
Hillside Cres S. Gore 207 E4
Hillside Dr. Blac 142 B2
Hillside. N Sau 5 E1
Hillside Pl. Blac 142 B2
Hillside Pl. Fau 170 B1
Hillside Rd. Dal 90 B2
Hillside St. Edin 93 F1
Hillside Terr. All 10 A4
Hillside Terr. Dal 90 B3
Hillside Terr. Laur 61 D2
Hillview Ave. Brox 117 F3
Hillview Cotts. Rat 119 E1
Hillview. Cow 13 D2
Hillview Cres. Cross 30 C3
Hillview Cres. Edin 121 E4
Hillview Dr. B of A 2 A3
Hillview Dr. Edin 121 E4
Hillview. Edin 92 A1
Hillview. Fau 193 F3
Hillview. Oak 26 C4
Hillview Pl. Brox 117 F3
Hillview Pl. Cross 30 C3
Hillview Pl. Fall 8 B2
Hillview Rd. Bon 58 B2
Hillview Rd. Edin 121 E4
Hillview Rd. Lar 38 B2
Hillview Rd. Orm 159 F4
Hillview Rd. Pol 82 B4
Hillview Terr. All 10 B3
Hillview Terr. Edin 121 E4
Hillwood Ave. Kirkl 119 E3
Hillwood Cres. Kirkl 119 E3
Hillwood Gdns. Kirkl 119 E3
Hillwood Rd. Kirkl 119 E3
Hillwood Rise. Kirkl 119 E3
Hillwood Terr. Kirkl 119 E3
Hillwood Terr. Ros 47 D2
Hilton. Crewe 20 C4
Hilton Cres. All 10 B4
Hilton Ct. Hadd 132 A4
Hilton Rd. All 10 B4
Hilton Rd. Crossf 27 F1
Hilton Rd. Ros 46 B1
Hilton Terr. Fall 8 B2
Hilton View. Loch 13 F3
Hirst Gdns. Shot 191 E3
Hirst Rd. East 167 E2
Hirst Rd. Sals 167 E2
Hirstrigg Cotts. Sals 167 D2
Hoban Sq. Brox 117 F3
Hobart St. Liv 148 A3
Hodge St. Falk 60 A2
Hogarth Ave. Gore 183 E1
Hoggan Cres. Dunf 29 E1
Hoghill Ct. E Cal 148 C2
Hoghill Pl. E Cal 148 C2
Hoghill Rd. E Cal 148 C2
Holborn Pl. Ros 46 C3
Holbourne Pl. Men 4 A4
Holden Way. D Bay 48 A3
Holly Ave. Sten 38 C2
Holly Bank. May 183 F4

Holly Cres. Dunf 46 C4
Holly Pl. Kirk 17 E4
Holly Terr. Bonn 182 A3
Holly Terr. Bonn 182 A3
Holly Wlk. Loan 180 C4
Hollybank Pl. E Cal 148 C1
Hollybank Terr. Edin 122 C2
Holmes Farm La. Uph 117 D3
Holmes Holdings. Brox 117 E2
Holmes Rd. Uph 117 D2
Holmlea Ave. Pol 82 B4
Holton Cres. N Sau 5 E1
Holton Sq. N Sau 5 E1
Holygate Pl. Brox 117 E3
Holyrood Park Rd. Edin ... 123 F3
Holyrood Pl. Dunf 29 D2
Holyrood Pl. Sten 38 C2
Holyrood Rd. Edin 123 F4
Home Farm Cotts. Den 57 F3
Home Pk. Abe 49 E4
Home St. Edin 123 D3
Homesteads The. Stir 6 B4
Honeybank Cres. Car 230 A2
Honeyman Ct. Arm 143 F4
Hookney Terr. Den 36 B1
Hope Cotts. Muir 64 B3
Hope La. Edin 125 D4
Hope Park Cres. Edin 123 F3
Hope Park Terr. Edin 123 F3
Hope Pk Cres. Hadd 101 D1
Hope Pk. Hadd 101 D1
Hope Pk Gdns. Bath 144 C3
Hope Pl. Muss 126 C3
Hope St. B'ness 63 F4
Hope St. Car 230 A1
Hope St. Edin 123 D4
Hope St. Falk 60 A3
Hope St. Inver 47 D1
Hope St. Loch 13 F3
Hope St. Que 89 D4
Hope St. Stir 1 C1
Hope Street La. Edin 123 D4
Hope Terr. Edin 123 E3
Hopefield Dr. Black 171 E4
Hopefield Pk. Bonn 182 A3
Hopefield Pl. Black 171 E4
Hopefield Pl. Bonn 182 A3
Hopefield Rd. Black 171 E4
Hopefield Terr. Bonn 182 A3
Hopefield Terr. Edin 93 F3
Hopelands Rd. Peni 202 C3
Hopepark. Bath 144 C3
Hopepark Terr. Bon 57 F3
Hopetoun Cres. Edin 93 F1
Hopetoun Crescent La. Edin 93 F1
Hopetoun Dr. B of A 2 A4
Hopetoun Dr. Hadd 100 C1
Hopetoun La. Bath 145 D3
Hopetoun Mews. Hadd 101 D1
Hopetoun Pl. Kirk 16 B3
Hopetoun Rd. Que 68 A1
Hopetoun Rd. Ros 46 B1
Hopetoun St. Bath 145 D3
Hopetoun St. Edin 93 F2
Hopetoun St. Gull 52 A2
Hopetoun Terr. Orm 159 F4
Hopetoune Way. Pol 82 B2
Hopetoun Mews. D Bay 48 B2
Hopeward Mews. D Bay 48 B1
Hoprig Pk. Cock 140 C1
Hoprig Rd. Cock 140 C1
Hoprig Rd. Cock 140 C2
Hornbeam Cres. Laur 61 D2
Horne Terr. Edin 123 D3
Horsburgh Bank. Bale 151 E2
Horsburgh Gdns. Bale 151 E2
Horsburgh Gr. Bale 151 E2
Horse Wynd. Edin 123 F4
Hoseason Gdns. Edin 91 E1
Hosie Rigg. Edin 125 D3
Hospital Hill. Dunf 29 D1
Hospital Interchange. Liv .. 147 D3
Hospital Rd. Hadd 100 C1
Hot Pot Wynd. Kirk 18 A3
Houldsworth Cres. Alla 212 A4
Houldsworth St. Bla 26 A4
Houliston Ave. Inver 47 D2
House O' Muir Rd. Sals 167 D2
House O'Hill Ave. Edin 92 A2
House O'Hill Brae. Edin 92 A2
House O'Hill Cres. Edin 92 A2
House O'Hill Gdns. Edin 92 A2
House O'Hill Gn. Edin 92 A2
House O'Hill Gr. Edin 92 A2
House O'Hill Pl. Edin 92 A2
House O'Hill Rd. Edin 92 A2
House O'Hill Row. Edin 92 A2
House O'Hill Terr. Edin 92 A1
Houston Ct. Dunf 28 C2
Houston Rd. Pump 117 D1
Houstoun Gdns. Uph 116 C2
Houstoun Interchange. Liv 147 F3
Houstoun Rd. Liv 147 F3
Howard Cres. Dunf 29 E1
Howard Pl. Edin 93 E2
Howard Pl. Kirk 18 A4
Howard St. Edin 93 E2
Howard St. Falk 59 F2
Howburn Cres. East 168 C3

Howburn Rd. East 168 B3
Howden East Rd. Liv 147 F2
Howden Hall Cres. Edin 154 C3
Howden Hall Ct. Edin 154 C3
Howden Hall Dr. Edin 154 C3
Howden Hall Gdns. Edin 155 D3
Howden Hall Loan. Edin 154 C3
Howden Hall Pk. Edin 154 C3
Howden Hall Rd. Edin 155 D3
Howden Hall Way. Edin 155 D3
Howden South Rd. Liv 147 F2
Howden South Rd. Muri 147 F2
Howden St. Edin 123 F3
Howden West Rd. Liv 147 E2
Howe Pk. Edin 153 F3
Howe St. Edin 93 E1
Howetown. Fish 5 E2
Howie's Pl. Falk 59 D2
Howieson Ave. B'ness 63 F3
Howieson Gn. Uph 116 C2
Howlands Rd. Stir 7 D2
Howley Ave. Liv 147 F2
Hudson Rd. Ros 46 C2
Hugh Miller Pl. Edin 93 D1
Hugh Pl. Loch 14 A4
Hugh Russell Pl. Que 89 D4
Hughes Cres. May 183 F3
Humbie Rd. Kirkl 89 D1
Humbie Terr. Abe 49 E4
Hume Cres. B of A 2 A3
Hume Ct. B of A 2 A3
Hummel Rd. Gull 51 F1
Hungerage Sq. Tran 128 B3
Hunt Cl. Dalk 157 D2
Hunt Pl. Crossf 28 A1
Huntburn Ave. Lin 85 E4
Hunter Ave. Loan 181 E4
Hunter Ct. Loan 181 E4
Hunter Gdns. Brox 118 A3
Hunter Gr. Bog 145 F3
Hunter Gr. Whit 169 F3
Hunter Pl. Dunf 28 C3
Hunter Pl. Kirk 17 D2
Hunter Pl. Shot 191 F3
Hunter Pl. Sten 39 D2
Hunter Rd. Liv 147 E1
Hunter Sq. Edin 123 E4
Hunter Sq. Gore 207 E4
Hunter St. Kirk 17 D2
Hunter St. Shot 191 E3
Hunter Terr. Bonn 182 A4
Hunter Terr. Loan 181 E4
Hunter's Cl. Edin 123 E4
Hunter's La. Whit 170 A3
Hunterfield Ct. Gore 207 E4
Hunterfield Pk. Gore 183 E1
Hunterfield Rd. Gore 207 E4
Hunterfield Terr. Gore 183 D1
Hunters Hill. Peni 203 E3
Huntlaw Rd. Pen 160 C3
Huntley Cres. Stir 1 C1
Huntly Ave. Liv 146 C3
Huntly Cres. Kirk 16 B4
Huntly St. Edin 93 E2
Huntly Terr. Shot 192 A2
Huron Ave. Liv 147 F2
Hursted Ave. May 183 E4
Hurworth St. Falk 59 F2
Husband Pl. Dunf 29 F1
Hutchison Ave. Edin 122 B2
Hutchison Cotts. Edin 122 B2
Hutchison Crossway. Edin 122 B2
Hutchison Gdns. Edin 122 B2
Hutchison Loan. Edin 122 B2
Hutchison Medway. Edin .. 122 B2
Hutchison Pk. Edin 122 B2
Hutchison Pl. Edin 122 B2
Hutchison Rd. Edin 122 B2
Hutchison Terr. Edin 122 B2
Hutchison View. Edin 122 B2
Hutton Pk. All 10 B4
Hutton Sq. Muri 173 E3
Hyndshaw Rd. Car 230 A2
Hyvot Ave. Edin 155 E3
Hyvot Bank Ave. Edin 155 F3
Hyvot Ct. Edin 155 E3
Hyvot Gdns. Edin 155 E3
Hyvot Gn. Edin 155 E3
Hyvot Gr. Edin 155 E3
Hyvot Loan. Edin 155 E3
Hyvot Pk. Edin 155 E3
Hyvot Terr. Edin 155 E3
Hyvot View. Edin 155 E3

Ibris Pl. N Ber 54 A4
Icehouse Brae. Laur 61 D2
Implement Rd. Dunb 77 F1
Imrie Pl. Peni 203 F3
Inch Ave. Abe 49 D3
Inch Cres. Bog 145 E3
Inch View. King 34 C1
Inchcolm Dr. Inver 68 A3
Inchcolm Rd. Dunf 29 D2
Inchcolm Terr. Que 89 D4
Inchcorse Pl. Black 145 E1
Inches The. D Bay 48 A1
Inchgarvie Cres. Dunf 29 F2

246

Inchgarvie Pk. Que — Kirkstyle Gdns. Kirkl

Inchgarvie Pk. Que 68 A1
Inchgarvie Rd. Kirk 16 C4
Inchkeith Ave. Que 89 E4
Inchkeith Dr. Dunf 29 F2
Inchkeith Pl. Falk 60 A1
Inchmickery Ave. D Bay 48 B3
Inchmickery Rd. D Bay 48 B3
Inchna. Men 4 A3
Inchview Cres. Muss 127 E3
Inchview Gdns. D Bay 48 A2
Inchview N. Pres 96 C1
Inchview. Pres 96 C1
Inchview Rd. Muss 127 E3
Inchview Terr. Edin 94 C1
Inchyra Rd. Gran 61 F3
India Pl. Edin 93 D1
India St. Edin 93 D1
Industrial Rd. Edin 94 A2
Industry La. Edin 93 F3
Infirmary St. Edin 123 F4
Ingleston Ave. Duni 36 B2
Inglewood. All 9 F4
Inglewood Pl. Edin 155 D4
Inglewood Rd. All 9 F4
Inglewood St. Liv 147 F3
Inglis Ave. Cocke 97 E2
Inglis Cres. King 34 C2
Inglis' Ct. Edin 123 E4
Inglis Gn Rd. Edin 122 A1
Inglis Pl. Pol 82 C4
Inglis St. Dunf 29 D2
Inkerman Ct. Auch 204 A4
Inn Pl. Liv 147 D1
Innerpeffray Dr. Sten 39 D2
Institution St. Kirk 17 F4
Inver Ct. Falk 39 E1
Inverallan Ct. B of A 1 C4
Inverallan Dr. B of A 1 C4
Inverallan Rd. B of A 1 C4
Inveralmond Dr. Edin 91 D3
Inveralmond Gdns. Edin 91 D3
Inveralmond Gr. Edin 91 D3
Inverary Dr. Sten 38 C3
Inveravon Rd. Loan 155 D1
Inveravon Roundabout. B'ness 62 B3
Inveravon Terr. Muss 126 B3
Inveresk Brae. Muss 126 B3
Inveresk Ind Est. Muss 126 B3
Inveresk Rd. Muss 126 B3
Inveresk Village Rd. Muss 126 B2
Inverkeithing Rd. Abe 49 D4
Inverkeithing Rd. Cross 30 C3
Inverkip Dr. Shot 191 F3
Inverleith Ave. Edin 93 D2
Inverleith Ave S. Edin 93 D2
Inverleith Gr. Edin 92 C2
Inverleith Pl. Edin 93 D2
Inverleith Place La. Edin 93 D2
Inverleith Row. Edin 93 D2
Inverleith Terr. Edin 93 D2
Inverleith Terrace La. Edin 93 E2
Invertiel Rd. Kirk 35 D4
Invertiel Terr. Kirk 17 D1
Inzievar Terr. Oak 27 D3
Iona Pl. Falk 60 A1
Iona Rd. Dunf 29 F2
Iona St. Edin 93 F2
Ireland Ave. Whit 169 F3
Irene Terr. Avon 82 C1
Ironmills Rd. Dalk 156 C2
Irvine Cres. Bath 144 C3
Irvine Pl. Stir 7 D4
Irving Ct. Falk 59 F3
Islands Cres. Falk 60 A1
Islay Ct. Gran 61 E3
Islay Rd. Dunf 29 F1
Ivanhoe Cres. Edin 124 A1
Ivanhoe Pl. Stir 2 A1
Ivanhoe Rise. Muri 148 A1
Ivy Gr. Dunf 46 C4
Ivy La. Kirk 18 A4
Ivy Terr. Edin 122 C3
Izatt Ave. Dunf 29 D1
Izatt St. All 10 A4
Izatt Terr. Clack 11 D2

Jacklin Gn. Liv 147 D4
Jackson Ave. Gran 61 E4
Jackson Pl. Liv 147 E2
Jackson St. Peni 203 F3
Jacob Pl. Falk 60 A2
Jail Wynd. Stir 7 D4
Jamaica Mews. Edin 93 D1
Jamaica St. Edin 93 E1
Jamaica St W. Edin 93 D1
Jamaica Street North La. Edin 93 D1
Jamaica Street South La. Edin 93 D1
James Croft Dr. Falk 59 F1
James Ct. Cow 13 E1
James Gr. Kirk 17 D1
James Hog Cres. Oak 26 C3
James Lean Ave. Dalk 157 D2
James Leary Way. Bonn 182 B4
James' Park La. Burn 33 F1
James' Pk. Burn 33 F1
James St. Alva 5 D3
James St. Arm 143 F3
James St. Bank 57 D2
James St. Bann 7 E1
James St. Cow 13 E1
James St. Dunf 29 D2
James St. Edin 125 E4
James St. Falk 60 A3
James St. Lar 38 B1
James St. Laur 60 C2
James St. Muss 126 B3
James St. Stir 2 A1
James Street La. Edin 125 E4
James Watt Ave. B'ness 64 A4
James Wilson Dr. Madd 83 D3
Jameson Pl. Edin 93 F2
Jamieson Ave. B'ness 63 F3
Jamieson Gdns. Shot 191 F3
Jane St. Edin 93 F2
Janefield. Edin 155 D2
Jarnac Ct. Dalk 157 D2
Jarvey St. Bath 145 D4
Jarvie Pl. Falk 60 A4
Jasper Ave. Laur 61 D2
Jawbanes Rd. Kirk 35 D4
Jean Armour Dr. Dalk 157 E1
Jeffrey Ave. Edin 92 A1
Jeffrey Bank. B'ness 63 F4
Jeffrey St. Edin 123 F4
Jeffrey Terr. Pol 61 F1
Jellyholm Rd. N Sau 10 C4
Jennie Rennie's Rd. Dunf 29 D1
Jessfield Pl. B'ness 63 F3
Jessfield Terr. Edin 93 E3
Jewel The. Edin 125 D3
Jock's Hill Cres. Lin 84 C4
John Bernard Way. Gore 207 E3
John Brown Ct. Hadd 132 A4
John Cres. Tran 128 B3
John Davidson Dr. Duni 36 B2
John Humble St. May 183 F3
John Knox Pl. Peni 203 F3
John Knox Rd. Long 98 C3
John Mason Ct. Que 89 E4
John Murray Dr. B of A 2 A4
John Row Pl. Oak 27 D4
John Rushforth Pl. Stir 1 C2
John St. Bank 57 D2
John St. Dunf 29 D1
John St. Edin 125 E4
John St. Falk 60 A4
John St. Kin 23 E2
John St. Kirk 17 D3
John St. Peni 203 F3
John St. Stir 7 D4
John Street La E. Edin 125 E4
John Street La. Edin 125 E4
John Street La. Peni 203 F3
John Street La W. Edin 125 E4
John Stuart Gait. Oak 26 C3
John's La. Edin 94 A3
John's Pl. Edin 94 A3
Johnnie Cope's Rd. Tran 128 A4
Johnsburn Gn. Bale 151 D1
Johnsburn Haugh. Bale 151 D1
Johnsburn Pk. Bale 177 D4
Johnsburn Rd. Bale 151 D1
Johnston Ave. Sten 38 C2
Johnston Ave. Stir 2 A2
Johnston Ave. Uph 116 C2
Johnston Cres. Dunf 29 D1
Johnston Cres. Loch 14 A4
Johnston Pk. Cow 13 E3
Johnston Pk. Inver 47 D1
Johnston Pl. Auch 203 F4
Johnston Pl. Den 36 B1
Johnston St. Bann 7 E1
Johnston Terr. Cocke 97 E2
Johnston Terr. Edin 123 E4
Johnstone La. Car 230 A1
Johnstone St. Alva 5 D3
Johnstone St. Men 3 F3
Jones Ave. Lar 59 E4
Jones Gn. Liv 147 D4
Joppa Gdns. Edin 125 E4
Joppa Gr. Edin 125 E4
Joppa Pk. Edin 125 E4
Joppa Rd. Edin 125 E4
Joppa Terr. Edin 125 E4
Jordan La. Edin 123 D2
Joseph Scott Gdns. Brox 117 F2
Jubilee Ave. Liv 146 C3
Jubilee Cres. Gore 183 E1
Jubilee Dr. Ros 46 A1
Jubilee Rd. Duni 36 C2
Jubilee Rd. Kirkl 119 F4
Jubilee Rd. Whit 170 A3
Junction Pl. Edin 93 F3
Junction Rd. Kirk 17 E4
Juner Pl. Gore 183 E1
Juniper Ave. Curr 152 B3
Juniper Gdns. Curr 152 B3
Juniper Gr. Curr 152 B3
Juniper Gr. Dunf 46 B4
Juniper Gr. Liv 148 A3
Juniper Pk. Rd. Curr 152 B3
Juniper Pl. Curr 152 B3
Juniper Terr. Curr 152 B3
Juniperlee. Curr 152 B3
Jura. Liv 146 C3
Jura Pl. Gran 61 E3
Justinhaugh Dr. Lin 84 B4

Kaemuir Ct. West 112 C3
Kaim Cres. Bog 145 E3
Kaimes Ave. Kir 149 F2
Kaimes Cres. Kir 149 F2
Kaimes Gdns. Kir 149 F2
Kaimes Gr. Kir 149 F2
Kaimes Pl. Kir 149 F2
Kaimes Rd. Edin 121 F4
Kaimes View. Dan 156 A4
Kames Pl. Dunf 29 E3
Kames Rd. Shot 191 F3
Katesmill Rd. Edin 153 D4
Katherine St. Kirk 17 D3
Katherine St. Liv 148 A3
Katrine Cres. Kirk 16 C4
Katrine Ct. All 10 B3
Katrine Dr. Crossf 28 A1
Katrine Pl. Bank 57 E3
Katrine Rd. Shot 191 F3
Katrine Rd. Whit 170 B4
Kay Gdns. Cocke 97 E2
Keavil Pl. Crossf 28 A1
Kedslie Pl. Edin 154 C4
Kedslie Rd. Edin 154 C4
Keilarsbrae. N Sau 5 E1
Keir Ave. Stir 2 A1
Keir Gdns. B of A 2 A4
Keir Hardie Ave. Laur 61 D2
Keir Hardie Dr. May 183 F3
Keir Hardie Rd. Alva 5 E4
Keir Hardie Terr. Dunf 29 D1
Keir St. B of A 2 A4
Keir St. Cow 13 D2
Keir St. Edin 123 E4
Keirsbeath Ct. Hal 12 A1
Keith Ave. Stir 7 E2
Keith Cres. Edin 92 A1
Keith Gdns. Brox 117 E3
Keith Pl. Dunf 29 E2
Keith Pl. Inver 47 E2
Keith Rd. Ros 46 B1
Keith Row. Edin 92 B1
Keith St. Kin 23 F2
Keith Terr. Edin 92 A1
Kekewich Ave. Edin 94 C1
Kellie Pl. All 10 A4
Kelliebank. All 9 F3
Kelly Dr. Den 36 C2
Kelly's La. Car 230 A1
Kellywood Cres. Kin 23 F2
Kelso Dr. Car 230 B1
Kelso Pl. Kirk 17 D3
Kelso St. Uph 117 D3
Kelty Ave. B'ness 64 A4
Kelvin Dr. Shot 192 A2
Kelvin Sq. Pump 148 A4
Kelvin St. Gran 40 A1
Kemp Pl. Edin 93 D1
Kemper Ave. Falk 60 B2
Kendieshill Ave. Madd 83 D3
Kenilworth Dr. Edin 155 D4
Kenilworth Dr. Laur 60 C2
Kenilworth La. Gran 61 E3
Kenilworth Rd. B of A 2 A4
Kenilworth Rise. Muri 147 F1
Kenilworth St. Gran 61 E3
Kenmore Ave. Liv 146 C3
Kenmore Ave. Pol 62 A1
Kenmore Terr. Kirk 16 C4
Kenmuir St. Falk 59 D3
Kenmure Ave. Edin 124 B4
Kenmure Pl. Dunf 29 E3
Kenmure Pl. Sten 38 C2
Kennard Rd. Pol 82 B4
Kennard St. Falk 60 B3
Kennard St. Loch 14 A4
Kennedie Pk. E Cal 148 B2
Kennedy Cres. Dunf 29 D3
Kennedy Cres. Kirk 17 D3
Kenningknowes Rd. Stir 6 C3
Kennington Ave. Loan 181 D4
Kennington Terr. Loan 181 D4
Kent Rd. All 9 F4
Kent Rd. Stir 7 D3
Kent St. Dunf 29 E3
Kentigern Mall. Peni 203 F3
Keppel Rd. N Ber 54 A3
Kepscaith Cres. Whit 170 A3
Kepscaith Gr. Whit 170 A3
Kepscaith Rd. Whit 170 A3
Kerr Ave. Dalk 156 C1
Kerr Cres. Bank 57 D2
Kerr Pl. Den 36 B1
Kerr Pl. Dunf 29 F1
Kerr Rd. Tran 128 B3
Kerr St. Edin 93 D1
Kerr's Wynd. Muss 126 B3
Kerrisk Dr. Dunf 29 F1
Kerse Gdns. Falk 60 C3
Kerse Gn Rd. Clack 10 C3
Kerse La. Falk 60 B3
Kerse Pl. Falk 60 B3
Kerse Rd. Fal 7 F3
Kerse Rd. Gran 61 E4
Kerse Rd. Stir 7 E3
Kersebonny Rd. Cam 6 B4
Kersie Rd. Fall 9 D2
Kersie Terr. Air 9 F2
Kersiebank Ave. Gran 61 F3
Kestrel Brae. Liv 147 E3
Kestrel Dr. Madd 82 C4
Kettil'stoun Gr. Lin 84 B3
Kettil'stoun Mains. Lin 84 B3
Kettilstoun Rd. Lin 84 B4
Keverkae. All 9 F3
Kevock Rd. Bonn 181 F4
Kidd St. Kirk 17 E4
Kilbagie St. Kin 23 E2
Kilbean Dr. Falk 59 F1
Kilbirnie Terr. Den 36 B2
Kilbrennan Dr. Falk 59 D2
Kilburn Rd. Crossf 28 A1
Kilchurn Ct. Edin 121 D4
Kilcruik Rd. King 34 C2
Kildonan Pk. Dunf 28 C1
Kildrummy Ave. Sten 38 C2
Kilduthie Pl. Kin 23 F3
Kilfinan Rd. Shot 191 E3
Kilgour Ave. Kirk 17 E4
Kilgraston Rd. Edin 123 E2
Killin Ct. Dunf 28 C1
Killin Dr. Pol 62 A1
Killochan Way. Dunf 29 E3
Kilmartin Way. Dunf 29 E3
Kilmaurs Rd. Edin 124 A2
Kilmaurs Terr. Edin 124 A2
Kilmory Ct. Falk 59 E2
Kilmory Gdns. Car 230 A2
Kilmun Rd. Kirk 16 B4
Kilmundy Dr. Burn 33 E1
Kilncadzow Rd. Car 230 B1
Kilncraigs Ct. All 10 B3
Kilncraigs Rd. All 10 B3
Kilncroft Side. Edin 122 A1
Kilns Pl. Falk 59 F3
Kilns Rd. Falk 60 A3
Kilpair St. Hadd 132 A4
Kilpunt View. Brox 118 A3
Kilrie Cotts. Aucht 33 F4
Kilrymont. For 215 D1
Kilspindie Ct. Aber 71 E2
Kilsyth Rd. Bank 57 D2
Kilwinning Pl. Muss 126 B3
Kilwinning St. Muss 126 B3
Kilwinning Terr. Muss 126 B3
Kinacres Gr. B'ness 64 B4
Kincairne Ct. Kin 23 F2
Kincardine Rd. Sten 39 E2
Kincraig Pl. Dunf 28 C1
Kinellan Gdns. Edin 122 B4
Kinellan Rd. Edin 122 B4
King Cres. W Cal 172 B2
King Edwards Way. Kirkl 89 D1
King James IV Rd. Ros 46 B1
King O' Muirs Ave. Men 4 C2
King St. Arm 144 A3
King St. Bath 145 D3
King St. Cow 13 E2
King St. Edin 93 F3
King St. Falk 60 B3
King St. Fall 8 B2
King St. Inver 47 E1
King St. Kirk 17 D3
King St. Muss 126 B3
King St. Shot 191 F2
King St. Sten 38 B1
King St. Sten 38 C2
King St. Stir 7 D4
King's Ave. Long 98 B2
King's Court. Long 98 B2
King's Cramond. Edin 91 D2
King's Cres. Car 230 A1
King's Cres. Ros 46 C2
King's Dr. King 34 C2
King's Gr. Long 98 B2
King's Knoll Gdns. N Ber 54 B3
King's Park Rd. Stir 6 C3
King's Park Rd. Stir 7 D4
King's Pk. Long 98 B3
King's Pl. Ros 46 C2
King's Rd. Edin 95 D1
King's Rd. Long 98 B3
King's Rd. Ros 46 C3
King's Rd. Tran 128 B3
King's Rd. Whit 170 A3
King's Stables La. Edin 123 E4
King's Stables Rd. Edin 123 E4
King's Terr. Edin 94 C1
Kinghorn Pl. Burn 33 F1
Kinghorn Pl. Edin 93 E3
Kinghorn Rd. Burn 34 A1
Kinghorn Rd. Burn 50 C4
Kinghorn Rd. King 35 D4
Kinglass Ave. B'ness 64 A4
Kings Ct. All 10 A4
Kings Ct. Falk 60 A2
Kings Gn. Edin 122 C3
Kings Haugh. Edin 124 B2
Kings Rd. Gran 61 F4
Kingsburgh Ct. E Lin 103 E4
Kingsburgh Gdns. E Lin 103 E4
Kingsburgh Rd. Edin 122 B4
Kingseat Ave. Gran 61 E3
Kingseat Pl. Falk 59 F2
Kingseat Rd. Dunf 29 E3
Kingsfield. Lin 85 E4
Kingshill Rd. Alla 212 A4
Kingsknowe Ave. Edin 122 A1
Kingsknowe Cres. Edin 122 A1
Kingsknowe Ct. Edin 121 F1
Kingsknowe Dr. Edin 122 A1
Kingsknowe Gdns. Edin 153 D4
Kingsknowe Gr. Edin 153 D4
Kingsknowe Pk. Edin 153 D4
Kingsknowe Pl. Edin 121 F1
Kingsknowe Rd N. Edin 122 A1
Kingsknowe Rd S. Edin 122 A1
Kingsknowe Terr. Edin 122 A1
Kingslaw Ct. Tran 128 B3
Kingslaw Farm Cotts. Tran 128 C3
Kingsley Ave. Sten 38 C2
Kingsport Ave. Liv 147 F2
Kingstables La. Stir 7 D4
Kingston Ave. Edin 124 B1
Kingston Cotts. E Lin 53 F1
Kingswell Pk. All 10 B4
Kininmonth St. Kirk 17 D1
Kinloch Pl. Gran 61 F3
Kinloss Ct. H Val 26 A1
Kinnaird Ave. Sten 39 D2
Kinnaird Dr. Sten 38 C2
Kinnaird Park. Edin 125 E2
Kinnaird Pl. Dunf 29 E3
Kinnear Rd. Edin 93 D2
Kinneil Dr. B'ness 63 E3
Kinneil Rd. B'ness 63 E4
Kinnell Rd. Inver 47 D1
Kinnis Ct. Dunf 29 F1
Kinnonmonth Ave. Burn 33 E1
Kintyre Pl. Falk 59 E2
Kippielaw Dr. Dalk 157 E1
Kippielaw Gdns. Dalk 157 E1
Kippielaw Medway. Dalk 157 E1
Kippielaw Pk. May 183 E4
Kippielaw Rd. Dalk 157 E1
Kippielaw Wlk. Dalk 157 D1
Kippithill. Hum 187 D1
Kirk Ave. Sten 38 C1
Kirk Brae. E Lin 108 A1
Kirk Brae. Edin 155 D4
Kirk Brae. Fau 170 B1
Kirk Brae. Kin 23 F3
Kirk Cramond. Edin 91 E3
Kirk La. Liv 147 D1
Kirk Loan. Edin 121 F3
Kirk Path. Alla 212 A4
Kirk Pk. Dunb 78 A1
Kirk Pk. Edin 155 D4
Kirk Ports. N Ber 54 B4
Kirk Rd. Aber 71 E2
Kirk Rd. Bath 145 E3
Kirk Rd. Shot 191 F2
Kirk St. Cul 25 E1
Kirk St. Edin 93 F2
Kirk St. Kin 23 F2
Kirk St. Pres 96 C1
Kirk View. Hadd 132 B4
Kirk Wynd. Clack 11 D3
Kirk Wynd. Falk 60 A2
Kirk Wynd. Kirk 17 E2
Kirk Wynd. Stir 7 D2
Kirkbank Rd. Burn 33 F1
Kirkbrae. Clack 10 C2
Kirkbride Terr. Plea 20 B2
Kirkburn. Slam 110 A4
Kirkcaldy Rd. Burn 33 F1
Kirkcaldy Rd. King 35 D2
Kirkfield E. Liv 147 D2
Kirkfield View. Liv 147 E2
Kirkfield W. Liv 147 D2
Kirkflat. Uph 117 D3
Kirkford Ct. Cow 13 D2
Kirkgate. All 10 A3
Kirkgate. Burn 50 C4
Kirkgate. Curr 152 A2
Kirkgate. Dunf 28 C2
Kirkgate. Edin 155 D4
Kirkgate. Inver 47 D2
Kirkgate. Lin 85 D4
Kirkgate. W Cal 172 B2
Kirkhall Pl. Den 36 C1
Kirkhill Ct. Fau 193 F3
Kirkhill Dr. Edin 124 A2
Kirkhill Gdns. Edin 124 A3
Kirkhill Gdns. Peni 203 F3
Kirkhill Pk. Brox 117 E3
Kirkhill Rd. Brox 117 E3
Kirkhill Rd. Edin 124 A2
Kirkhill Rd. Peni 203 F3
Kirkhill Terr. Brox 117 E3
Kirkhill Terr. Edin 124 A3
Kirkhill Terr. Gore 183 D1
Kirkland Dr. Duni 36 A1
Kirklands. Dunf 29 D1
Kirklands. Edin 121 E2
Kirklands. Peni 203 F3
Kirkliston Rd. Que 89 D4
Kirkslap. Den 36 C1
Kirkstyle Gdns. Kirkl 89 D1

247

Kirkton Ave. Bath

Lochend Ind Est. Kirkl

Kirkton Ave. Bath 145 E3
Kirkton Bank. Peni 203 E3
Kirkton N. Liv 147 D2
Kirkton Pl. Cow 13 D3
Kirkton Pl. Sten 39 E2
Kirkton Rd. Burn 33 F1
Kirkton S Rd. Muri 147 E1
Kirkway. Air 22 B2
Kirkwood Ave. Laur 61 E1
Kirkwood Cres. Crossf 28 A1
Kisimul Ct. Edin 121 D4
Kitchener Cres. Long 98 C3
Kittle Yards. Edin 123 F2
Knights Way. Den 36 B1
Knightsbridge Rd. Dech 116 B1
Knightsbridge Rd. Liv 147 E4
Knightsiaw Pl. Peni 203 E3
Knightsridge Ct. Dech 116 B1
Knightsridge E. Liv 147 E4
Knightsridge Rd. Dech 116 B1
Knightsridge Roundabout.
Liv 147 E4
Knightsridge W. Liv 147 D4
Knockenhair Rd. Dunb 78 A1
Knockhill Cl. Loch 14 A4
Knockhouse Gdns. Crossf 28 A1
Knockhouse Rd. Crossf 28 A1
Knoll Croft Rd. Shot 192 A2
Knowe Park Rd. Ston 171 D1
Knowe The. D Bay 48 B2
Knowe The. N Sau 5 E1
Knowefaulds Rd. Tull 4 A2
Knowehead Rd. Laur 61 E1
Knowes Rd. Hadd 131 F4
Knowetop. Muri 173 E4
Knowetop Pl. Rosl 180 C2
Knowhead Rd. Crossf 28 A1
Knox Pl. Hadd 132 A4
Komarom Pl. Dalk 157 E2
Kyle Ave. Cowie 20 C4
Kyle Pl. Edin 93 F1
Kyles The. Kirk 17 F3

La Porte Prec. Gran 61 E4
Labrador Ave. Liv 147 F2
Laburnum Dr. Kirk 17 E4
Laburnum Gr. Burn 33 F1
Laburnum Gr. Stir 6 C3
Laburnum Pl. May 183 F3
Laburnum Rd. Dunf 29 E1
Laburnum Rd. Whit 170 B3
Lade Braes. D Bay 48 A2
Lade Ct. Lin 84 C4
Lade Dr. Lar 59 E4
Lade Gn. D Bay 48 A2
Lade Rd. Bon 58 A3
Ladehead. Edin 93 E2
Ladeside Ave. Black 171 E4
Ladeside Cres. Lar 38 C1
Ladeside Dr. Black 171 E4
Ladeside Rd. Black 171 E4
Ladiemeadow. Edin 121 F3
Lady Anne Ct. Cross 30 C3
Lady Brae. Gore 207 E4
Lady Brae Pl. Gore 207 F4
Lady Helen Cottages. Card 15 D4
Lady Helen St. Kirk 17 D1
Lady Jane Gdns. N Ber 54 B3
Lady Jane Rd. N Ber 54 B3
Lady Lawson St. Edin 123 E4
Lady Menzies Pl. Edin 94 A1
Lady Nairn Ave. Kirk 17 F3
Lady Nairne Cres. Edin 124 B4
Lady Nairne Gr. Edin 124 B4
Lady Nairne Loan. Edin 124 B4
Lady Nairne Pl. Edin 124 B4
Lady Nairne Rd. Dunf 28 C3
Lady Pl. Liv 147 D3
Lady Rd. Edin 124 A2
Lady Road Pl. Newt 183 D3
Lady Victoria Bsns Ctr.
Newt 183 D2
Lady Wood Pl. Liv 147 D3
Lady Wynd. Edin 123 E4
Ladyburn Pl. King 35 D2
Ladycroft. Bale 151 E1
Ladysgate Ct. Sten 39 D2
Ladysmill. Falk 60 B3
Ladysmith Rd. Edin 123 F1
Ladysneuk Rd. Stir 2 B1
Ladywell Ave. Edin 121 E3
Ladywell Ct. Edin 121 E3
Ladywell Ct. Lar 38 A2
Ladywell Dr. Tull 4 A2
Ladywell E. Liv 147 E3
Ladywell East Rd. Liv 147 F3
Ladywell Gdns. Edin 121 E3
Ladywell Gr. Clack 11 D2
Ladywell. Muss 126 B3
Ladywell Pl. Tull 4 A2
Ladywell Rd. Edin 121 E3
Ladywell View. B' ness 63 E3
Ladywell Way. Muss 126 B3
Ladywell West Rd. Liv 147 E3
Ladywood. Clack 11 E2
Lagan Rd. Car 230 A1
Laggan Ave. Shot 192 A2
Laggan Path. Shot 191 F3
Laichfield. Edin 122 A2
Laichpark Pl. Edin 122 A2
Laichpark Rd. Edin 122 A2
Laing Gdns. Brox 117 E3
Laing Terr. Edin 125 E4
Laing Terr. Peni 203 F4
Laird Terr. Bonn 182 B3
Laird's Entry. Path 185 E2
Lakeside Rd. Kirk 16 C2
Lamb's Cl. Edin 123 F3
Lamb's Pend. Peni 203 F2
Lambert Dr. Dunf 29 E2
Lambert Terr. All 10 B4
Lamberton Ave. Stir 7 E2
Lamberton Ct. Pen 160 C3
Lambie St. Whit 170 A4
Lamer St. Dunb 78 C2
Lamington Rd. Glad 130 C4
Lammerlaws Rd. Burn 50 C4
Lammermoor Gdns. Tran 128 A3
Lammermoor Terr. Edin 124 B1
Lammermoor Terr. Tran 128 A3
Lammermuir Cres. Dunb 78 B1
Lammermuir Cres. Hadd 132 B4
Lammermuir Ct. Gull 52 A1
Lammermuir Pl. Kirk 16 C3
Lammerview. Glad 130 B4
Lammerview. Tran 128 B3
Lamond View. Lar 38 B1
Lamont Cres. Fall 8 B3
Lamont Way. Liv 147 E4
Lampacre Rd. Edin 121 F3
Lanark Ave. Liv 147 D3
Lanark Rd. Curr 152 C3
Lanark Rd. Edin 122 A1
Lanark Rd. Edin 152 C3
Landale Gdns. Burn 33 F1
Landale Pl. Burn 33 F1
Landale St. Loch 14 A4
Lane The. White 126 C1
Lang Loan. Edin 155 E2
Langfauld Gdns. Bath 144 C3
Langhill Pl. Den 36 B1
Langlaw Rd. May 183 E4
Langlees St. Falk 39 E1
Langriggs. Hadd 132 A4
Langside Cres. W Cal 173 D3
Langside Dr. Blac 142 A2
Langside. E Lin 103 E4
Langside Gdns. W Cal 173 D3
Langton Ave. E Cal 148 C2
Langton Gdns. E Cal 148 C2
Langton Rd. E Cal 148 C2
Langton Rd. Edin 123 F2
Langton Rd. Laur 61 D2
Langton View. E Cal 148 C2
Lanrigg Ave. Fau 193 F4
Lanrigg Rd. Fau 193 F4
Lansbury Ct. Dalk 157 D2
Lansbury St. Kirk 17 F4
Lansdowne Cres. Edin 123 D4
Lansdowne Cres. Kin 23 F2
Lansdowne Cres. Shot 192 A2
Lapicide Pl. Edin 93 F3
Larbert Ave. Liv 147 D4
Larbert Rd. Bon 58 A3
Larbourfield. Edin 121 E1
Larch Cres. May 183 F3
Larch Dr. Whit 170 B3
Larch Gr. Dunf 46 B4
Larch Gr. Sten 38 C2
Larch St. Gran 61 E3
Larchbank. Liv 147 F3
Larches The. All 10 A4
Larchfield. Bale 151 E1
Larchfield La. Shot 192 A1
Larchfield Neuk. Bale 151 E1
Largo Pl. Edin 93 F3
Larkfield Dr. Dalk 156 C1
Larkfield Rd. Dalk 156 C1
Lasswade Bank. Edin 155 E3
Lasswade Gr. Edin 155 E3
Lasswade Rd. Bonn 156 A1
Lasswade Rd. Dalk 156 C1
Lasswade Rd. Edin 155 E3
Lasswade Rd. Loan 155 F1
Lasswade Rd. Loan 181 E4
Latch Rd. Dunb 78 C1
Latch The. Crossf 27 E1
Lathallan Dr. Pol 61 F1
Lauder Loan. Edin 123 F2
Lauder Lodge. Dalk 157 D2
Lauder Pl. E Lin 103 F4
Lauder Rd. Dalk 157 E1
Lauder Rd. Edin 123 E2
Lauder Rd. Kirk 17 E3
Lauder St. Dunf 29 E3
Lauderdale Cres. Dunb 78 B1
Lauderdale St. Edin 123 E3
Laurel Bank. Dalk 157 E1
Laurel Bank Pl. May 183 F3
Laurel Bank Rd. May 183 F3
Laurel Cres. Kirk 17 D4
Laurel Ct. Falk 59 E3
Laurel Gr. Bon 57 F2
Laurel Gr. Laur 61 D1
Laurel Pl. Bon 57 F2
Laurel Rd. Ros 46 B1
Laurel Terr. Edin 122 C3
Laurelbank Ave. Bon 58 A2
Laurelbank Ct. E Cal 148 C1
Laurelhill Gdns. Stir 6 C3
Laurelhill Pl. Stir 7 D3
Laurels The. Tull 4 A1
Laurencecroft Rd. Stir 2 A1
Laurie St. Edin 94 A2
Laurieston Rd. Gran 61 D3
Lauriston Dr. Dunf 29 E3
Lauriston Farm Rd. Edin 91 F2
Lauriston Gdns. Edin 123 E3
Lauriston Pk. Edin 123 E3
Lauriston Pl. Edin 123 E4
Lauriston St. Edin 123 E4
Lauriston Terr. Edin 123 E4
Laurmont Ct. Laur 61 D2
Laverock Dr. Peni 203 E3
Laverock Pk. Lin 85 D3
Laverockbank Ave. Edin 93 E3
Laverockbank Cres. Edin 93 E3
Laverockbank Gdns. Edin 93 E3
Laverockbank Gr. Edin 93 E3
Laverockbank Rd. Edin 93 E3
Laverockbank Terr. Edin 93 E3
Laverockdale Cres. Edin 153 D3
Laverockdale Loan. Edin 153 D3
Laverockdale Pk. Edin 153 D3
Law Pl. Edin 95 D1
Law Rd. Dunf 29 F2
Law Rd. N Ber 54 B4
Lawers Cres. Pol 62 A1
Lawers Pl. Gran 61 F3
Lawers Sq. Peni 204 A4
Lawfield Rd. May 183 E4
Lawhead Cotts. E Lin 75 F2
Lawhead Pl. Peni 203 E3
Lawnmarket. Edin 123 E4
Lawrence St. Hadd 131 F4
Lawrie Dr. Peni 203 F4
Lawson Cres. Que 89 E4
Lawson Gdns. Kirk 17 F4
Lawson Pl. Dunb 78 B1
Lawson Pl. Madd 83 D3
Lawson St. Kirk 17 F4
Lawswell. Fish 5 F2
Laxdale Dr. Bank 57 E4
Laxford Cres. D Bay 48 A2
Leadburn Ave. Dunf 29 D4
Leadervale Rd. Edin 154 C4
Leadervale Terr. Edin 154 C4
Leadside Cres. Dunf 29 D4
Leamington Pl. Edin 123 D3
Leamington Rd. Edin 123 D3
Leamington Terr. Edin 123 D3
Learmonth Ave. Edin 92 C1
Learmonth Cres. Edin 92 C1
Learmonth Cres. W Cal 172 B2
Learmonth Ct. Edin 92 C1
Learmonth Gardens Mews.
Edin 93 D1
Learmonth Gdns. Edin 92 C1
Learmonth Gr. Edin 92 C1
Learmonth Pk. Edin 92 C1
Learmonth Pl. Edin 93 D1
Learmonth St. Falk 60 A2
Learmonth Terr. Edin 93 D1
Learmonth Terrace La. Edin 93 D1
Ledi Ave. Tull 4 A1
Ledi Terr. Peni 204 A4
Ledi View. Stir 2 A2
Ledmore Pl. Falk 60 C1
Lee Cres. Edin 125 D4
Leighton Cres. May 183 E4
Leighton St. H Val 26 A1
Leith Ave. Burn 33 F1
Leith Pl. Bank 57 E4
Leith St. Edin 93 E1
Leith Wlk. Edin 93 F2
Lempockwells Rd. Pen 160 C3
Lendrick Ave. Falk 59 F1
Lennel Ave. Edin 122 B4
Lenniemuir. Kirkl 90 A1
Lennox Ave. Stir 7 D2
Lennox Gdns. Lin 84 B4
Lennox Milne Ct. Hadd 132 A4
Lennox Rd. Hadd 132 B4
Lennox Row. Edin 93 D3
Lennox St. Edin 93 D1
Lennox Street La. Edin 93 D1
Lennox Terr. Gran 61 F3
Lennoxlove Acredales. Giff 132 A4
Leny Pl. Dunf 29 D3
Lenzie Ave. Liv 147 D3
Leopold Pl. Edin 93 F1
Leslie Pl. Edin 93 D1
Leslie Rd. Ros 46 C3
Leslie St. Kirk 35 D4
Lestrange Terr. Alva 5 D4
Letham Ave. Pump 148 A4
Letham Cotts. Air 39 E4
Letham Cres. Pump 148 A4
Letham Dr. Hadd 131 F4
Letham Gdns. Pump 148 A4
Letham Gr. Pump 148 A4
Letham Hill Ave. D Bay 47 F2
Letham Pk. Dunb 78 B1
Letham Pk. Pump 148 A4
Letham Pl. Dunb 78 B2
Letham Pl. Pump 148 A4
Letham Rd. Dunb 78 B1
Letham Rd. Liv 148 A4
Letham Rise. D Bay 47 F2
Letham Terr. Pump 148 A4
Letham Terrs. Air 22 B1
Letham Way. D Bay 47 F2
Leuchatsbeath Dr. Cow 13 D3
Leven Ct. All 10 B3
Leven Pl. Shot 191 F3
Leven St. Edin 123 D3
Leven St. Falk 60 A4
Leven Terr. Edin 123 E3
Leven Wlk. Liv 148 A2
Leving Pl. Liv 147 E2
Lewis Ct. All 10 A3
Lewis Ct. Falk 60 A1
Lewis Rd. Pol 61 F1
Lewisvale Ave. Muss 126 C3
Lewisvale Ct. Muss 126 C3
Leyden Pk. Bonn 182 A4
Leyden Pl. Bonn 182 A4
Leys Park Rd. Dunf 29 D2
Liberton Brae. Edin 155 D4
Liberton Dr. Edin 154 C4
Liberton Gdns. Edin 155 D4
Liberton Pl. Edin 155 D4
Liberton Rd. Edin 124 A1
Library La. Gran 40 B1
Liddesdale Pl. Edin 93 D1
Liddle Dr. B' ness 63 F3
Lidgate Shot. Rat 119 F1
Liggar's Pl. Dunf 28 C1
Liggat Pl. Brox 117 F3
Liggat Syke Pl. Brox 118 A3
Lighton Terr. Ston 171 D1
Lilac Ave. May 183 F3
Lilac Cres. Kirk 17 E4
Lilac Gr. Dunf 46 B4
Lillies La. Giff 163 F3
Lilly's La. Dunf 29 D1
Lily Terr. Edin 122 C2
Lilybank Ct. N Sau 5 E1
Lilyhill Terr. Edin 94 B1
Lime Ave. New 66 C1
Lime Gr. Dunf 29 F1
Lime Gr. Lar 38 B1
Lime Gr. May 183 F3
Lime Gr. N Ber 54 C3
Lime Gr. Pol 61 F1
Lime Pl. Bonn 182 A3
Lime Rd. Falk 59 D2
Lime St. Gran 61 E3
Limebank Pk. E Cal 148 C1
Limefield Ave. W Cal 173 D3
Limefield Cres. Bog 145 F3
Limefield Gdns. W Cal 173 D3
Limefield Gdns. W Cal 173 D3
Limefield Pl. Bog 145 E3
Limefield Rd. Bath 145 E4
Limefield Rd. W Cal 173 D3
Limekilns Gr. E Cal 149 D2
Limekilns. Pen 161 D3
Limekilns Rd. Dunf 28 C1
Limes The. Edin 123 D2
Limetree Wlk. E Lin 76 B3
Limeylands Cres. Orm 159 E4
Limeylands Rd. Orm 159 E4
Lina St. Kirk 17 D3
Linburn Gr. Dunf 29 F2
Linburn Pk. E Cal 150 A3
Linburn Pl. Dunf 29 F2
Linburn Rd. Dunf 29 F2
Lindean Pl. Edin 94 A2
Lindean Terr. E Cal 149 F3
Linden Ave. Duni 36 B2
Linden Ave. Stir 7 E3
Linden Gr. Liv 148 A3
Linden Pl. Loan 181 E4
Lindores Dr. Kirk 16 C4
Lindores Dr. Tran 128 B3
Lindsay Dr. Stir 2 A2
Lindsay Pl. Edin 93 F3
Lindsay Rd. Edin 93 F3
Lindsay Sq. Liv 146 B3
Lindsay St. Edin 93 F3
Lindsay Way. Liv 147 E4
Lindsay's Wynd. Oak 26 C3
Lingerwood Farm Cotts.
Newt 183 D2
Lingerwood Rd. Newt 183 D2
Lingerwood Wlk. Newt 183 D2
Linhouse Dr. E Cal 148 C2
Linhouse Rd. E Cal 148 C2
Linkfield Ct. Muss 126 C3
Linkfield Rd. Muss 126 C3
Links Ave. Muss 126 A4
Links Ct. Cocke 97 E2
Links Dr. Crossf 28 A1
Links Gardens La. Edin 94 A3
Links Gdns. Edin 94 A2
Links Gdns. Edin 94 A3
Links Pl. B'ness 64 A4
Links Pl. Burn 50 C4
Links Pl. Cocke 97 F2
Links Pl. Edin 94 A3
Links Rd. B'ness 64 A4
Links Rd. Cocke 97 F2
Links Rd. Long 98 C3
Links Rd. N Ber 54 A4
Links St. Kirk 17 D1
Links St. Muss 126 B3
Links View. Cocke 97 F2
Links View. Muss 126 B4
Links Wlk. Cocke 97 F2
Linlithgow Pl. Sten 38 C2
Linlithgow Rd. B' ness 63 F3
Linlithgow Terr. Orm 159 F4
Linmill Rd. Avon 112 A3
Linn Mill. Que 67 F1
Linn Pl. Brox 117 F2
Linsay Macdonald Ct. Dunf 29 E2
Lint Riggs. Falk 60 A3
Linton La. Kirk 16 C3
Linton Pl. Ros 46 C2
Linty La. Peni 203 E3
Lion Well Wynd. Lin 84 C4
Lionthorn Rd. Falk 59 F1
Lipney. Men 4 A3
Lismore Ave. Edin 94 B1
Lismore Ave. Kirk 16 C4
Lismore Cres. Edin 94 B1
Lismore Ct. Falk 60 A1
Lismore Pl. Kirk 16 C4
Lister Ct. B of A 2 A3
Lister Rd. Liv 147 D1
Listloaning Pl. Lin 84 B4
Listloaning Rd. Lin 84 B4
Liston Dr. Kirkl 89 D1
Liston Pl. Kirkl 89 D1
Liston Rd. Kirkl 89 D1
Little Acre. May 183 E4
Little Carriden. Muir 64 B3
Little Cswy. Cul 42 B4
Little Denny Rd. Den 36 B1
Little France Mills. Edin 124 B1
Little King St. Edin 93 E1
Little Rd. Edin 155 D4
Livery St. Bath 145 D4
Livesay Rd. Ros 46 B1
Livesey Terr. Auch 204 A4
Livilands Ct. Stir 7 D3
Livilands Gate. Stir 7 D3
Livilands La. Stir 7 D3
Livingston Rd. Liv 147 F3
Livingstone Cres. Falk 60 C3
Livingstone Dr. B' ness 63 E3
Livingstone Dr. Burn 33 F1
Livingstone Dr. Laur 61 D1
Livingstone La. Abe 49 E4
Livingstone Pl. Edin 123 E3
Livingstone Quadrant. East 168 B2
Livingstone St. Add 171 F1
Livingstone Terr. Laur 61 D1
Lixmount Ave. Edin 93 E3
Lixmount Gdns. Edin 93 E3
Lizzie Brice's Interchange.
E Cal 148 A1
Llynallan Rd. East 168 A3
Loan Pl. East 168 C3
Loan The. B' ness 63 E3
Loan The. Loan 181 D4
Loan The. Path 184 B4
Loan The. Que 68 A1
Loan The. Torp 113 F3
Loanburn Ave. Peni 203 F3
Loanburn. Peni 203 F3
Loanfoot Cres. Uph 117 D3
Loanfoot Gdns. Plea 20 B2
Loanfoot Rd. Uph 117 D2
Loanhead Ave. Bank 57 E3
Loanhead Ave. Gran 61 F3
Loanhead Pl. Kirk 17 D3
Loanhead Rd. Edin 155 D1
Loaning Cres. Edin 94 B1
Loaning Rd. Edin 94 B1
Loaninghill Pk. Uph 117 D2
Loaninghill Rd. Uph 117 D2
Loch Awe Way. Whit 170 B4
Loch Earn Way. Whit 170 B4
Loch Fyne Way. Whit 170 B4
Loch Linnhe Ct. Whit 170 B4
Loch Maree Way. Whit 170 B4
Loch Pl. Que 68 A1
Loch Rd. Edin 92 A1
Loch Rd. Que 68 A1
Loch Rd. Tran 128 B3
Loch Sq. Tran 128 B3
Loch St. Dunf 29 E4
Loch Trool Way. Whit 170 B4
Lochaber Cres. Shot 192 A2
Lochaber Dr. Sten 38 C2
Lochbank. Liv 147 F3
Lochbrae. N Sau 5 E1
Lochbridge Rd. N Ber 54 B3
Lochend Ave. Dunb 78 C1
Lochend Ave. Edin 94 A2
Lochend Castle Barns. Edin 94 A1
Lochend Cl. Edin 123 F4
Lochend Cres. Dunb 78 B1
Lochend Cres. Edin 94 B1
Lochend Dr. Edin 94 B1
Lochend Gdns. Edin 94 A1
Lochend Gr. Edin 94 B1
Lochend Ind Est. Kirkl 119 D3

Lochend Pk. Edin 94 A2
Lochend Quadrant. Edin 94 B1
Lochend Rd. Dunb 78 C1
Lochend Rd. Edin 94 A2
Lochend Rd. Kirkl 119 D4
Lochend Rd N. Muss 126 A3
Lochend Rd S. Muss 126 A3
Lochend Road S. Edin 94 A1
Lochend Sq. Edin 94 A1
Lochgelly Rd. Cow 13 E3
Lochgreen Rd. Falk 59 F1
Lochhead Ave. Den 36 C1
Lochhill Cotts. Ath 99 F4
Lochies Rd. Burn 34 A1
Lochies Rd. Clack 11 D2
Lochinvar Dr. Ros 46 B1
Lochinvar Rd. Ros 59 D4
Lochmaben Dr. Sten 38 C2
Lochpark Pl. Den 36 C1
Lochridge Pl. Den 36 B1
Lochrin Pl. Edin 123 D3
Lochside Cres. Laur 61 D1
Lochside Rd. Slam 110 B1
Lock Rd. Ros 67 D4
Lock Sixteen. Falk 59 E3
Lockerby Cotts. Edin 155 E3
Lockerby Cres. Edin 155 E3
Lockerby Gr. Edin 155 E3
Lockhart Terr. Rosl 180 C2
Lockharton Ave. Edin 122 C1
Lockharton Cres. Edin 122 C1
Lockharton Gdns. Edin 122 C2
Lodge Dr. Sten 38 C1
Lodge St. Hadd 132 A4
Logan St. Edin 93 E1
Logan Way. Liv 147 E4
Loganlea Ave. Edin 94 B1
Loganlea Cres. Add 171 E1
Loganlea Dr. Edin 94 B1
Loganlea Gdns. Edin 94 B1
Loganlea Loan. Edin 94 B1
Loganlea Pl. Edin 94 B1
Loganlea Rd. Add 171 E1
Loganlea Rd. Edin 94 B1
Loganlea Terr. Add 171 E1
Loganlea Terr. Edin 94 B1
Logie Dr. Lar 38 A2
Logie Green Gdns. Edin 93 E2
Logie Green Loan. Edin 93 E2
Logie Green Rd. Edin 93 E2
Logie La. B of A 2 B4
Logie Mill. Edin 93 E2
Logie Pl. Dunf 28 B3
Logie Rd. Stir 2 B2
Lomond Cres. Dunf 29 F1
Lomond Cres. Sten 38 C2
Lomond Cres. Stir 2 A2
Lomond Cres. Whit 170 A3
Lomond Ct. All 10 B3
Lomond Dr. Bann 7 F1
Lomond Dr. Falk 39 E1
Lomond Gdns. Kirk 16 C3
Lomond Rd. Edin 93 D3
Lomond Rd. Gran 61 D2
Lomond Rd. Shot 191 F3
Lomond St. All 4 C1
Lomond Vale. Peni 204 A4
Lomond View. West 112 C2
Lomond Way. Bank 57 E3
Lomond Wlk. Edin 155 D1
London Rd. Dalk 157 D2
London Rd. Edin 94 A1
London St. Edin 93 E1
Loney Cres. Den 57 F4
Long Byres. Brox 117 F3
Long Craigs. Cocke 97 F2
Long Craigs Terr. King 35 D2
Long Cram. Hadd 131 F4
Long Crook. Que 89 D4
Long Dalmahoy Rd. Bale .. 150 B3
Long Dalmahoy Rd. Kir 150 B2
Long Dalmahoy Rd. Rat 150 B2
Long Row. Hal 30 A4
Long Row. Men 4 A4
Longannet Cotts. Kin 24 A1
Longbraes Gdns. Kirk 16 B3
Longcroft Gdns. Lin 84 C4
Longdales Ave. Falk 60 A4
Longdales Ct. Falk 60 A4
Longdales Pl. Falk 60 A4
Longdales Rd. Falk 60 A4
Longdyke Pl. Sten 39 E2
Longdykes Rd. Pres 97 D1
Longford. For 215 D1
Longformacus Rd. Edin 155 D4
Longhill Gdns. D Bay 48 A2
Longridge Rd. Whit 170 A3
Longstone Ave. Edin 122 A1
Longstone Cres. Edin 122 A2
Longstone Gdns. Edin 121 F2
Longstone Gr. Edin 122 A1
Longstone Pk. Edin 122 A1
Longstone Rd. Edin 122 A1
Longstone St. Edin 122 A1
Longstone Terr. Edin 121 F2
Longstone View. Edin 121 F2
Lonsdale Cres. Burn 33 F1

Lonsdale Terr. Edin 123 E3
Lookaboutye Brae. Clack ... 11 D2
Loom Rd. Kirk 17 D3
Lord President Rd. N Ber ... 54 A1
Loretto Ct. Muss 126 A2
Lorimar Pl. Sten 39 D1
Lorne Gdns. Laur 60 C2
Lorne Gr. Edin 155 D1
Lorne Pl. Edin 93 F2
Lorne Rd. Lar 38 B1
Lorne Sq. Edin 93 F2
Lorne Sq. N Ber 54 B4
Lorne St. Edin 93 F2
Lorne St. Kirk 17 F4
Lornshill Cres. All 9 F4
Losshill. Men 4 A3
Lothian Bank. Dalk 156 C1
Lothian Cres. B'ness 64 A3
Lothian Cres. Stir 2 B2
Lothian Ct. Inver 47 E1
Lothian Dr. May 183 E4
Lothian Rd. Dalk 157 D2
Lothian Rd. Edin 123 D4
Lothian St. B'ness 64 A3
Lothian St. Bath 145 D4
Lothian St. Bonn 182 B4
Lothian St. Burn 50 C4
Lothian St. Dalk 157 D2
Lothian St. Rose 181 E1
Lothian Terr. Kirk 17 D4
Lothian Terr. Newt 183 D2
Lothians View. Ros 47 D1
Louburn. Blac 142 B2
Loudens Wlk. Duni 36 B3
Loughborough Rd. Kirk 17 F4
Louisa Sq. Rose 181 E1
Louise St. Dunf 29 E1
Lovedale Ave. Bale 151 D1
Lovedale Cres. Bale 151 D1
Lovedale Gdns. Bale 151 D1
Lovedale Gr. Bale 151 D1
Lovedale Rd. Bale 151 D1
Lovells Glen. Lin 84 B4
Lovers La. Que 89 E4
Lovers Loan. Alva 5 D4
Lovers Loan. Dunf 28 C1
Lovers Wlk. Stir 2 A1
Low Brae. Torp 113 F3
Low Causewayside. Cul 42 B4
Low Causewayside. Torr ... 26 B3
Low Cswy. Cul 25 F1
Low Cswy. Torr 26 C1
Low Doors The. Kir 149 F1
Lower Alderston Rd. Hadd 100 C1
Lower Bathville. Arm 144 A3
Lower Bridge St. Bath 145 D3
Lower Bridge St. Sten 2 A1
Lower Broomieknowe.
    Bonn 182 A4
Lower Castlehill. Stir 2 A1
Lower Gilmore Pl. Edin 123 D3
Lower Glebe. Abe 49 E4
Lower Granton Rd. Edin 93 D3
Lower Joppa. Edin 125 E4
Lower London St. Edin 94 A1
Lower Wellheads. Lime 45 E2
Lowrie Ave. Peni 203 E3
Lowry Pl. Ros 46 C2
Ludgate. All 10 A3
Luffness Ct. Aber 71 E2
Luffness Mains Cotts. Aber . 72 A2
Lugton Brae. Dalk 156 C2
Lumley Ct. Gran 61 E4
Lumley Pl. Gran 61 E4
Lumley St. Gran 61 E4
Lumphinnans Rd. Loch 14 A4
Lumsdaine Dr. D Bay 48 A1
Lumsden Ct. Rat 119 E1
Lundin Rd. Crossf 28 A2
Lussielaw Rd. Edin 123 F2
Lutton Pl. Edin 123 F3
Lyall Cres. Pol 61 F1
Lyars Rd. Long 98 C3
Lyarthall. Uph 117 E3
Lychgate La. Brox 117 E3
Lychgate Rd. Tull 4 A1
Lydgait Gdns. Hadd 101 D1
Lydgait. Hadd 101 D1
Lygon Rd. Edin 123 F1
Lyle Gn. Liv 147 D4
Lyne Gr. Crossf 28 B1
Lyne St. Edin 94 A1
Lyne Terr. Peni 204 A4
Lyneburn Cres. Hal 30 A3
Lynedoch Pl. Edin 123 D4
Lynedoch Place La. Edin .. 123 D4
Lyness Ct. Pol 61 F1
Lynn Lea Ave. Hadd 132 B4
Lyon Cres. B of A 2 A3
Lyon St. B' ness 63 E3

Mac Cormick Terr. Auch ... 203 F4
Macadam Place. Falk 59 E3
Macarthur Cres. Madd 82 C3
Macbeth Moir Rd. Muss 127 D3
Macbeth Rd. Dunf 29 F2
Macdonald Ave. Arm 143 F3
Macdonald Dr. Stir 7 D2

Macdonald Pl. Burn 34 A1
Macdonald Sq. Hal 30 A3
Macdowall Rd. Edin 123 F2
Macduff Cres. King 34 C1
Mace Ct. Bann 7 E2
Macfarlane Cres. Falk 60 A3
Macfarlane Pl. Uph 116 C2
Machrie Ct. Falk 59 E2
Macindoe Cres. Kirk 17 E4
Macintosh Rd. Liv 146 C1
Mackenzie Cres. Loch 14 B4
Mackenzie Pl. Edin 93 D1
Mackenzie Terr. Gran 61 E3
Mackie Pl. Dunf 29 F1
Maclachlan Ave. Den 36 B1
Maclaren Terr. Sten 39 D1
Maclean Cres. Alva 5 E4
Maclean Ct. Stir 7 E2
Maclean Terr. Blac 142 B2
Macmerry Ind Est. Glad ... 129 F3
Macmillan Rd. Muri 147 E1
Macnair Ave. N Ber 54 B3
Mactaggart Loan. Newt 183 D2
Madeira Pl. Edin 93 F3
Madeira St. Edin 93 F3
Madill Pl. Sten 38 C2
Maesterton Pl. Newt 183 D2
Mag's Bank. Giff 133 D1
Magdala Cres. Edin 122 C4
Magdala Mews. Edin 122 C4
Magdalene Ave. Edin 125 D3
Magdalene Ct. Edin 125 D3
Magdalene Dr. Edin 125 D3
Magdalene Gdns. Edin 125 D3
Magdalene Loan. Edin 125 D3
Magdalene Medway. Edin . 125 D3
Magdalene Pl. Edin 125 D3
Maggie Wood's Loan. Falk .. 59 F3
Magnus Rd. B'ness 62 B3
Maidencraig Cres. Edin 92 B1
Maidencraig Gr. Edin 92 B1
Maidenpark Pl. B' ness 63 F3
Maidlands. Lin 85 E4
Main Rd. Glad 129 E3
Main Rd. Gran 62 A4
Main Rd. Lime 44 C2
Main Rd. Lime 45 D2
Main St. Abe 49 E4
Main St. Air 22 B2
Main St. Aucht 15 D1
Main St. Avon 112 A3
Main St. B'ness 64 A4
Main St. Bale 151 E1
Main St. Bann 7 E1
Main St. Bath 145 D4
Main St. Bla 26 B4
Main St. Blac 142 B2
Main St. Bon 58 A3
Main St. Brid 86 B4
Main St. Cali 81 F3
Main St. Cam 6 B3
Main St. Camb 9 D4
Main St. Clack 11 D2
Main St. Cow 13 D1
Main St. Cowie 20 B4
Main St. Cross 30 C3
Main St. Crossf 27 E1
Main St. Crossf 28 B1
Main St. Cul 25 F1
Main St. D Bay 47 F2
Main St. Dal 89 F4
Main St. Dech 116 B1
Main St. Dunf 29 E4
Main St. E Cal 148 B2
Main St. E Cal 148 C2
Main St. E. Men 4 A3
Main St. Edin 91 F2
Main St. Edin 93 E4
Main St. Elph 128 A1
Main St. Falk 59 F3
Main St. Falk 60 A4
Main St. Fall 8 C2
Main St. Fau 170 B1
Main St. Fau 193 E3
Main St. For 215 D1
Main St. Giff 163 F3
Main St. Gore 207 E4
Main St. Gull 52 A1
Main St. Hal 30 A3
Main St. Inver 68 B3
Main St. Kir 149 F1
Main St. Kirkl 89 D1
Main St. Lar 38 B1
Main St. Laur 61 E1
Main St. Lin 84 B4
Main St. Lime 45 E2
Main St. Liv 146 C3
Main St. Liv 147 E1
Main St. Loch 13 F3
Main St. Loch 14 A4
Main St. Long 98 C3
Main St. Madd 82 C4
Main St. N Sau 5 E1
Main St. New 88 A4
Main St. Newt 183 D3
Main St. Newt 206 B3

Main St. Oak 27 E4
Main St. Orm 159 F4
Main St. Path 184 B3
Main St. Path 185 D3
Main St. Pen 161 F2
Main St. Plea 20 B2
Main St. Pol 61 F1
Main St. Pol 82 B4
Main St. Rat 119 E1
Main St. Rosl 181 D2
Main St. Shi 81 E3
Main St. Shot 192 A2
Main St. Slam 110 A4
Main St. Sten 38 C1
Main St. Sten 39 E2
Main St. Stir 7 D2
Main St. Stir 7 D2
Main St. Stir 171 D1
Main St. Torr 26 B1
Main St. Tull 4 A1
Main St. W Cal 172 B2
Main St W. Men 3 F3
Main St. Whit 170 B4
Main St. Winch 87 F2
Mains Of Craigmillar. Edin 124 B1
Mains Rd. East 168 C3
Mains Rd. Lin 84 C3
Maitland Ave. Bann 7 E1
Maitland Ave. Muss 126 A3
Maitland Cres. Stir 7 D2
Maitland Hog La. Kirkl 89 D1
Maitland Park Rd. Muss ... 126 A3
Maitland Rd. Kirkl 89 D1
Maitland Rd. Ros 67 D4
Maitland St. Dunf 28 C2
Maitland St. Muss 126 A3
Majors Loan. Falk 60 A2
Majors Pl. Falk 60 A2
Malcolm Ct. Bath 144 C3
Malcolm Dr. Sten 38 C2
Malcolm St. Dunf 29 D1
Mall Ave. Muss 126 B3
Mallens Brae. Torp 114 A3
Malleny Millgate. Bale 177 E4
Malplaquet Ct. Car 230 A1
Malta Gn. Edin 93 D1
Malta Terr. Edin 93 D1
Maltings The. Aucht 15 D1
Maltings The. Lin 84 B3
Mamre Dr. Cali 81 F3
Man O' War Way. B'ness ... 64 A4
Mandela Ave. Falk 60 B4
Manderston St. Edin 93 F2
Mandora Ct. Car 230 A1
Manitoba Ave. Liv 147 F2
Mannan Dr. Clack 11 D2
Mannering Pl. Edin 155 D4
Mannfield Ave. Bon 57 F2
Manor Cres. Tull 4 A1
Manor Loan. B of A 3 D2
Manor Pl. Edin 123 D4
Manor Powis Cotts. B of A .. 3 D2
Manor St. Falk 60 A2
Manor Wynd. Madd 83 D3
Manse Ave. Arm 143 F3
Manse Ave. Whit 170 A3
Manse Cres. Stir 7 D2
Manse Ct. E Cal 148 C2
Manse Gr. Ston 171 E1
Manse La. Burn 33 F1
Manse La. Cocke 97 E2
Manse La. Muss 126 B3
Manse Pk. Uph 116 C3
Manse Pl. Bann 7 F1
Manse Pl. Falk 60 A2
Manse Pl. Inver 47 D1
Manse Pl. Slam 110 A4
Manse Rd. Cross 30 C4
Manse Rd. Dir 53 D3
Manse Rd. Edin 121 E3
Manse Rd. For 215 D1
Manse Rd. Inver 47 D1
Manse Rd. Kin 23 F3
Manse Rd. King 34 C2
Manse Rd. Kirkl 89 D1
Manse Rd. Lin 85 D3
Manse Rd. Newt 206 B3
Manse Rd. Rosl 181 D2
Manse Rd. Shot 192 A2
Manse Rd. Torp 113 F3
Manse Rd. Whit 170 A3
Manse St. Abe 49 E4
Manse St. Edin 121 E3
Manse View. Arm 143 F3
Manse View. E Lin 107 F1
Mansefield Ct. Bath 145 D4
Mansefield Ct. Liv 147 E2
Mansefield. E Cal 148 B2
Mansefield Gr. Bath 145 D3
Mansefield St. Bath 145 D4
Mansewood Cres. Whit 170 A3
Mansfield Ave. Muss 126 B3
Mansfield Ave. N Sau 5 E1
Mansfield Ave. Newt 183 D2
Mansfield Ct. Muss 126 B3
Mansfield Pl. Edin 93 E1
Mansfield Pl. Muss 126 B3
Mansfield Pl. Newt 183 D3

Mansfield Rd. Bale 177 E4
Mansfield Rd. Muss 126 B3
Mansfield Rd. Newt 183 D3
Mansionhouse Rd. Edin ... 123 E3
Mansionhouse Rd. Falk 59 D3
Manson Sq. Liv 146 B3
Manuel Terr. Madd 83 F3
Maple Ave. Sten 38 C2
Maple Ct. All 10 A3
Maple Gr. Liv 148 A3
Maple Pl. Duni 36 B2
Maple St. Kirk 17 D4
Mar Pl. All 10 A4
Mar Pl. N Sau 5 E1
Mar Pl. Stir 7 D4
Mar St. All 10 A3
Mar Terr. Clack 11 D2
Maranatha Cres. Pol 82 B4
March Gr. Edin 92 A1
March Pines. Edin 91 F1
March Rd. Edin 92 A1
Marchbank Dr. Bale 177 E4
Marchbank Gdns. Bale 177 E4
Marchbank Gr. Bale 177 E4
Marchbank Pl. Bale 177 E4
Marchbank Way. Bale 151 E1
Marchburn Dr. Peni 203 E3
Marches Dr. Arm 144 A3
Marches The. Arm 144 A3
Marchfield Gr. Edin 92 A2
Marchfield Park La. Edin ... 91 F2
Marchfield Pk. Edin 91 F2
Marchfield Terr. Edin 92 A2
Marchglen. Fish 5 F3
Marchhall Cres. Edin 124 A3
Marchhall Pl. Edin 124 A3
Marchhall Rd. Edin 124 A3
Marchlands Ave. B'ness 64 A4
Marchlands La. B'ness 64 A4
Marchmont Ave. Pol 61 F1
Marchmont Cres. Edin 123 E3
Marchmont Ct. Pol 61 F1
Marchmont Rd. Edin 123 E3
Marchmont St. Edin 123 E3
Marchside Ct. N Sau 5 E1
Marchwood Ave. Bath 145 E3
Marchwood Cres. Bath 145 E3
Mardale Cres. Edin 123 D2
Maree Ct. All 10 B3
Maree Pl. Crossf 28 A1
Maree Pl. Kirk 16 C4
Maree Wlk. Liv 148 A2
Margaret Ave. Bank 57 D2
Margaret Ave. Bog 145 F3
Margaret Dr. Bon 58 A3
Margaret Rd. Bann 7 E1
Margaret Terr. Sten 38 C2
Maria St. Kirk 17 E3
Marina Rd. Bog 145 F3
Marine Dr. Edin 92 A3
Marine Espl. Edin 94 B3
Marine Par. N Ber 54 B4
Marine Rd. Dunb 78 B2
Marine Rd. Gull 52 A2
Marine Terr. Gull 52 A2
Mariner Ave. Falk 59 D3
Mariner Dr. Falk 59 D3
Mariner Gdns. Falk 59 D3
Mariner Rd. Falk 59 D3
Mariner St. Falk 59 D3
Mariners St. Kirk 17 D3
Mariners Wlk. D Bay 47 F2
Marion St. Kirk 17 D1
Marionville Ave. Edin 94 B1
Marionville Cres. Edin 94 B1
Marionville Dr. Edin 94 B1
Marionville Gr. Edin 94 B1
Marionville Pk. Edin 94 A1
Marionville Rd. Edin 94 A1
Marischal Dr. Edin 124 C2
Maritime La. Edin 94 A3
Maritime St. Edin 94 A3
Marjoribanks St. Bath 145 D3
Market Ct. Hadd 101 D1
Market La. Lin 85 D3
Market Pl. N Ber 54 B4
Market Pl. Whit 170 A4
Market St. B' ness 63 F4
Market St. Dunf 29 D2
Market St. E Cal 148 B2
Market St. Edin 123 E4
Market St. Hadd 132 A4
Market St. Muss 126 A3
Marketgate. Orm 159 F4
Markfield Rd. D Bay 48 B2
Markle Steading. E Lin 103 D4
Marlborough Dr. Stir 2 B2
Marlborough St. Edin 125 D4
Marly Gn. N Ber 54 A3
Marly Rise. N Ber 54 A3
Marmion Ave. Rosl 180 C2
Marmion Cres. Edin 124 A1
Marmion Cres. N Ber 54 A4
Marmion Rd. Bath 145 D4
Marmion Rd. Gran 61 E3
Marmion Rd. N Ber 54 A4
Marmion St. Falk 60 A4

249

Marquis Dr. Clack

Morgan Ct. Stir

Marquis Dr. Clack 11 D2
Marrfield Rd. Pump 117 D1
Marrfield Terr. Pump 117 D1
Marschal Ct. Bann 7 E2
Marshall Pl. Dunf 29 D1
Marshall Rd. Kirkl 89 D1
Marshall St. Cocke 97 D2
Marshall St. Cow 13 E2
Marshall St. Edin 123 E4
Marshall St. Gran 61 E4
Marshall's Ct. Edin 93 F1
Marshill. All 10 A3
Martin Brae. Liv 147 E3
Martin Gr. Bonn 182 B4
Martin Pl. Dalk 156 C1
Mary Pl. Clack 11 D3
Mary Pl. Dunf 29 D1
Mary Sq. Laur 61 D2
Mary St. Laur 60 C2
Mary Stevenson Dr. All 10 A4
Mary's Pl. Edin 93 D1
Maryburn Rd. May 183 E4
Maryfield. Edin 93 F1
Maryfield. Edin 95 D1
Maryfield Pk. E Cal 148 B1
Maryfield Pl. Bonn 182 B4
Maryfield Pl. Edin 94 A1
Maryfield Pl. Falk 59 D2
Maryflats Pl. Gran 61 F4
Maryhall St. Kirk 17 E3
Marywell. Kirk 17 E3
Mason Pl. Bonn 181 F3
Masserene Rd. Kirk 16 C3
Masterton Rd. Dunf 47 D4
Mather Terr. Laur 60 C2
Mathers Ave. Whit 169 F3
Mathieson Pl. Dunf 29 F1
Matthew St. Kirk 17 D3
Maukeshill Ct. Liv 147 E1
Maulsford Ave. Dan 156 A4
Maurice Ave. Bann 7 E2
Maurice Pl. Edin 123 E1
Mauricewood Ave. Peni 203 F4
Mauricewood Bank. Peni 203 F4
Mauricewood Gr. Peni 203 F4
Mauricewood Pk. Peni 203 F4
Mauricewood Rd. Auch 203 F4
Mauricewood Rise. Peni 203 F4
Mavisbank Ave. Shi 81 E3
Mavisbank. Loan 181 E4
Mavisbank Pl. Bonn 181 F3
Maxton Cres. Alva 5 E4
Maxton Ct. Dalk 157 D2
Maxton Pl. Ros 46 C2
Maxwell Cres. Cow 13 D1
Maxwell Pl. Stir 7 D4
Maxwell Rd. Dir 53 D2
Maxwell Sq. Muri 173 E3
Maxwell St. Edin 123 D2
May Terr. N Ber 54 A4
Maybank Villas. Edin 121 E4
Mayburn Ave. Loan 155 D1
Mayburn Bank. Loan 181 D4
Mayburn Cres. Loan 155 D1
Mayburn Ct. Loan 181 D4
Mayburn Dr. Loan 155 D1
Mayburn Gr. Loan 181 D4
Mayburn Hill. Loan 181 D4
Mayburn Loan. Loan 155 D1
Mayburn Terr. Loan 155 D1
Mayburn Vale. Loan 181 D4
Mayburn Wlk. Loan 181 D4
Maybury Rd. Edin 121 D4
Mayfield Ave. Muss 126 A2
Mayfield Cres. Clack 11 D3
Mayfield Cres. Loan 181 E4
Mayfield Cres. Muss 126 A2
Mayfield Ct. Arm 143 F2
Mayfield Ct. Loan 181 E4
Mayfield Ct. Stir 7 D2
Mayfield Dr. Arm 143 F3
Mayfield Dr. Bank 57 D2
Mayfield Gardens La. Edin 123 F2
Mayfield Gdns. Edin 123 F2
Mayfield Ind Est. Newt 183 E3
Mayfield Mews. Falk 59 F2
Mayfield Pk. Muss 126 A2
Mayfield Pl. May 183 E3
Mayfield Pl. Muss 126 A2
Mayfield Rd. Edin 123 F2
Mayfield Rd. Laur 61 E1
Mayfield Rd. May 183 E4
Mayfield St. Stir 7 D2
Mayfield Terr. Edin 123 F2
Mayflower St. Dunf 29 E4
Maygate. Dunf 29 D2
Mayne Ave. B of A 2 A3
Mayshade Rd. Loan 155 D1
Mayville Bank. Muss 127 D3
Mayville Gdns E. Edin 93 E3
Mayville Gdns. Edin 93 E3
Mayville Pk. Dunb 78 B2
Mc Call Gdns. E Lin 103 E4
Mc Kinnon Rd. Fau 193 F4
Mc Leod St. Brox 117 F3
McAdam Sq. Muri 173 E3
McAlley Ct. B of A 1 C4
McAllister Ct. Bann 7 E1
McCallum Ct. Arm 143 F4
McCann Ave. Uph 117 D3
McCathie Dr. Newt 183 D3
McClelland Cres. Dunf 29 D1
McDiarmid Gr. Newt 183 D2
McDonald Pl. Edin 93 F2
McDonald Rd. Edin 93 F2
McDonald St. Edin 93 F2
McDouall Stuart Pl. Kirk 18 A4
McGregor Ave. Loch 14 A4
McGrigor Rd. Ros 46 B1
McGrigor Rd. Stir 7 D2
McIntosh Ct. Brox 117 E3
McKane Pl. Dunf 28 C1
McKay Dr. Dunf 29 F1
McKenzie St. Kirk 17 F4
McKinlay Cres. All 10 B4
McKinlay Terr. Loan 181 D4
McKinnon Dr. May 183 F3
McLachlan Ave. Stir 7 D1
McLachlan St. Lar 38 B1
McLaren Ave. Madd 84 A3
McLaren Ct. Lar 38 B1
McLaren Rd. Edin 124 A2
McLaren Terr. Stir 7 D2
McLauchlan Rise. Abe 49 D4
McLean Pl. Bonn 181 F3
McLean Pl. Gore 207 E4
McLean Wlk. Newt 183 D2
McLeod Cres. Pres 96 C1
McLeod St. Edin 122 C3
McNeil Cres. Arm 144 A3
McNeil Path. Tran 128 B3
McNeil Way. Tran 128 B3
McNeil Wlk. Tran 128 B3
McNeill Ave. Loan 181 D4
McNeill Pl. Loan 181 D4
McNeill St. Edin 123 D3
McNeill Terr. Loan 181 D4
McPhail Sq. Tran 128 B3
McPherson Dr. Stir 2 A1
McQuade St. Bonn 182 B4
McRae Cres. Burn 33 F1
McVean Pl. Bank 57 D2
Meadow Cres. Fau 193 F3
Meadow Ct. Burn 33 F1
Meadow Ct. Car 230 B1
Meadow Dr. Ston 171 D1
Meadow Gn. N Sau 5 D1
Meadow La. Edin 123 F3
Meadow Pk. Alva 5 D3
Meadow Pl. Dunf 29 F2
Meadow Pl. Edin 123 E3
Meadow Pl. Rosl 180 C3
Meadow Pl. Stir 2 B1
Meadow Pl. Ston 171 D1
Meadow Place Rd. Edin 121 E3
Meadow Rd. Rat 151 F4
Meadow Rd. Ston 171 D1
Meadow St. Falk 60 B2
Meadowbank Ave. Edin 94 A1
Meadowbank Cres. Edin 94 A1
Meadowbank Cres. Orm 159 E4
Meadowbank. Edin 94 A1
Meadowbank. Liv 147 F3
Meadowbank. Pen 159 F3
Meadowbank Rd. Orm 159 F4
Meadowbank View. Kir 149 F2
Meadowend. Crossf 28 B1
Meadowfield Ave. Edin 124 C4
Meadowfield. Cow 13 E2
Meadowfield Ct. Edin 124 B4
Meadowfield. D Bay 48 A2
Meadowfield Dr. Edin 124 B4
Meadowfield Gdns. Edin 124 B3
Meadowfield Rd. Edin 120 C4
Meadowfield Terr. Edin 124 B3
Meadowforth Rd. Stir 7 E4
Meadowhead Ave. Add 171 F1
Meadowhead Cres. Add 171 F1
Meadowhead Gdns. Add 171 F1
Meadowhead Gr. Add 171 F1
Meadowhead Loan. Add 171 F1
Meadowhead Pl. Add 171 E1
Meadowhead Rd. Add 171 E1
Meadowhead Terr. Add 171 E1
Meadowhouse Rd. Edin 121 F3
Meadowland Rd. B of A 2 A3
Meadowpark. Hadd 132 A4
Meadowpark Rd. Bath 144 C3
Meadowside. Tran 128 C3
Meadowspot. Edin 122 C1
Meadowview. Crossf 28 A1
Mearenside. Edin 121 D4
Medwyn Pl. All 9 F3
Meeks Rd. Falk 60 A3
Meeting House Dr. Tran 128 B3
Meggat Pl. Peni 204 A4
Meggetland Terr. Edin 122 C2
Meikle Rd. Liv 147 E1
Melbourne Pl. N Ber 54 B4
Melbourne Rd. Brox 117 F3
Melbourne Rd. N Ber 54 B4
Melbourne St. Liv 148 A3
Meldrum Cres. Burn 33 E1
Meldrum Ct. Dunf 29 F1
Meldrum Rd. Kirk 17 D3
Melford Ave. Shot 192 A2
Melfort Dr. Stir 7 D2
Melgund Pl. Loch 14 A4
Melgund Terr. Edin 93 E1
Mellerstain Rd. Kirk 16 B3
Mellock Gdns. Falk 59 F1
Mellor Ct. Ros 46 C2
Melrose Cres. Kirk 17 E3
Melrose Dr. Gran 61 F3
Melrose Pl. Falk 60 A2
Melville Cotts. Dalk 156 B2
Melville Cres. Edin 123 D4
Melville Dr. Edin 123 E3
Melville Dykes Rd. Dalk 156 B1
Melville Gate. Dalk 156 B2
Melville Gate Rd. Dalk 156 C2
Melville Gdns. Burn 50 B4
Melville Pl. B of A 2 A4
Melville Pl. Kirk 16 B3
Melville Rd. Dalk 156 C1
Melville St. Edin 123 D4
Melville St. Falk 60 A3
Melville St. Loch 14 A4
Melville Street La. Edin 123 D4
Melville Terr. Dalk 156 C1
Melville Terr. Edin 123 F3
Melville Terr. Stir 7 D3
Melville View. Bonn 182 A4
Menstrie Pl. Men 4 A3
Menteith Ct. All 10 B3
Menteith Dr. Dunf 29 F1
Menteith Rd. Stir 2 A2
Mentone Ave. Edin 95 D1
Mentone Gdns. Edin 123 F2
Mentone Terr. Edin 123 F2
Menzies Cres. Kirk 16 C3
Menzies Dr. Stir 2 A1
Menzies Rd. Bath 145 D3
Mercat Pl. Clack 11 D2
Mercat The. Kirk 17 E2
Mercer Pl. Dunf 29 F2
Mercer St. Kin 23 F2
Merchant St. Edin 123 E4
Merchiston Ave. Edin 123 D3
Merchiston Ave. Falk 60 A4
Merchiston Bank Ave. Edin 123 D2
Merchiston Bank Gdns. Edin 123 D2
Merchiston Cres. Edin 123 D2
Merchiston Gdns. Edin 122 C2
Merchiston Gdns. Falk 60 A3
Merchiston Gr. Edin 122 C2
Merchiston Mews. Edin 123 D3
Merchiston Pk. Edin 123 D3
Merchiston Pl. Edin 123 D3
Merchiston Rd. Falk 60 A3
Merchiston Rd. Falk 60 A4
Merchiston Terr. Falk 60 A4
Meredith Dr. Sten 38 C2
Merker Terr. Lin 84 C3
Merkland Cres. D Bay 48 A2
Merkland Dr. Falk 60 C1
Merlin Way. D Bay 48 B3
Merlyon Way. Peni 203 E4
Merrick Rd. Gran 61 F3
Merrick Way. Gran 61 F3
Merryfield Ave. Glad 129 E3
Mertoun Pl. Edin 122 C3
Merville Cres. Cali 81 F3
Merville Terr. Cali 81 F3
Methven Dr. Dunf 29 D3
Methven Rd. Kirk 17 D1
Methven Terr. Bonn 181 F3
Meuse La. Edin 123 E4
Mid Beveridgewell. Dunf 28 C3
Mid Brae. Dunf 28 C3
Mid Cswy. Cul 42 B4
Mid Liberton. Edin 124 A1
Mid New Cultins. Edin 121 D1
Mid Rd. King 34 C2
Mid St. Bath 145 D3
Mid St. Kirk 17 E3
Mid St. Liv 146 C3
Mid St. Loch 14 A4
Middle Street La. Gran 40 B1
Middlebank St. Ros 46 C3
Middleby St. Edin 123 F2
Middlefield. Edin 93 F2
Middlefield Rd. Falk 60 B3
Middlemass Ct. Falk 60 A3
Middlemuir Rd. Stir 7 E3
Middleshot Rd. Gull 52 A2
Middleshot Sq. Pres 97 D1
Middleton Ave. Uph 117 D2
Middleton. Men 4 A3
Middleton Rd. Uph 117 D2
Middlewood Pk. Liv 146 C4
Midhope Pl. Winch 88 A1
Midmar Ave. Edin 123 E1
Midmar Dr. Edin 123 E1
Midmar Gdns. Edin 123 D1
Midthorn Cres. Falk 60 C3
Midtown. Men 3 F3
Milburn Cres. Arm 143 E3
Milburn Cres. Arm 143 E4
Milesmark Ct. Dunf 28 B3
Mill Farm Rd. Abe 49 D4
Mill Hill. Cam 6 B3
Mill La. Edin 93 F3
Mill Lade. Lin 84 C4
Mill Rd. All 10 A3
Mill Rd. Arm 143 F3
Mill Rd. Bath 145 D4
Mill Rd. Black 171 E4
Mill Rd. Cam 6 B3
Mill Rd. Clack 11 D3
Mill Rd. Dunf 29 D1
Mill Rd. E Lin 104 B1
Mill Rd. East 168 C3
Mill Rd. Lin 84 B4
Mill Rd. Sten 39 D2
Mill Road Ind Est. Lin 84 B4
Mill Roundabout. Liv 147 D2
Mill St. All 10 A3
Mill St. Dunf 28 C2
Mill St. Kirk 17 D1
Mill Wynd. E Lin 103 F4
Mill Wynd. Hadd 132 A4
Mill Wynd. Pres 96 C1
Millar Cres. Edin 123 D2
Millar Pl. Bon 58 A2
Millar Pl. Edin 123 D2
Millar Pl. Sten 39 D3
Millar Pl. Stir 2 B1
Millar Rd. Tran 128 B3
Millars Wynd. N Sau 5 E1
Millbank Pl. Uph 116 C2
Millbank Sq. Whit 170 A4
Millbank Terr. Madd 82 C4
Millbrae. Liv 148 B3
Millbrook Pl. Men 3 F3
Millburn Rd. Bath 144 C3
Millburn Rd. West 112 C3
Millburn St. Falk 60 B3
Milldean Gr. Dunf 29 E3
Miller Ave. Crossf 28 A1
Miller Cres. Muir 64 B3
Miller Pk. Pol 61 F1
Miller Pl. Air 22 C2
Miller Pl. East 168 C3
Miller Rd. B'ness 62 C3
Miller Rd. Dunf 28 C3
Miller Row. Edin 123 D4
Miller St. Car 230 A1
Miller St. East 168 C3
Miller St. Kirk 17 F4
Millerfield. Lin 84 B4
Millerfield Pl. Edin 123 E3
Millerhill Rd. Dan 125 D1
Millerhill Rd. Dan 156 C4
Millfield Dr. Pol 61 F1
Millfield. Hadd 132 A4
Millfield. Liv 147 D1
Millflats St. Falk 39 D1
Millgate. Winch 87 F1
Millhall Rd. Stir 7 E3
Millhaugh La. Bath 145 D4
Millhill La. Muss 126 B3
Millhill. Muss 126 B3
Millhill St. Dunf 29 D1
Millie St. Kirk 17 E3
Millway. Pen 161 D3
Miln-acre. Edin 93 E2
Milne Cres. Cow 13 E2
Milne Rd. Ros 46 C1
Milnepark Rd. Bann 19 F4
Milnton Brae. Stir 7 D1
Milton Cl. Duni 36 B2
Milton Cres. Bann 7 E1
Milton Cres. Edin 125 D3
Milton Dr. Edin 125 E4
Milton Gdns. Bann 7 D1
Milton Gdns N. Edin 125 D3
Milton Gdns S. Edin 125 D3
Milton Glen. Edin 125 F4
Milton Gn. Dunf 28 C1
Milton Gn. Dunf 29 D1
Milton Gr. Edin 125 F4
Milton Link. Edin 125 E3
Milton Pl. Duni 36 B2
Milton Rd. Bann 7 E1
Milton Rd E. Edin 125 E4
Milton Rd. Edin 125 D3
Milton Rd. Kirk 17 D1
Milton Rd W. Edin 124 C3
Milton Row. Duni 36 C2
Milton St. Edin 94 A1
Milton Terr. Bann 7 D1
Milton Terr. Edin 125 F4
Minard Rd. Shot 191 E3
Mine Rd. B of A 2 A4
Miner's Terr. Muss 127 D3
Mingle Pl. B'ness 64 A3
Minstrel Ct. Rosl 181 D2
Minthill Pl. East 168 B3
Minto Ct. Alva 5 D3
Minto Gdns. Alva 5 D3
Minto Pl. Kirk 16 C2
Minto St. Edin 123 F2
Minto St. Loch 14 A4
Mission La. Falk 60 A2
Mitchell Cres. All 9 F4
Mitchell Cres. Cow 13 D1
Mitchell Pl. Falk 59 F1
Mitchell Pl. Kirk 17 E3
Mitchell Rd. Ros 46 B1
Mitchell St. Dalk 156 C2
Mitchell St. Edin 94 A3
Mitchell St. Kirk 17 E2
Mitchell Wlk. Ros 46 C2
Mitchellhall Brae. Giff 132 C3
Moat Dr. Edin 122 B2
Moat Pl. Edin 122 B2
Moat St. Edin 122 B2
Moat Terr. Edin 122 B2
Moat View. Rosl 180 C2
Mochrum Dr. Crossf 45 D4
Modan Rd. Stir 7 D2
Moffat Ave. Bonn 182 A3
Moffat Ave. Sten 39 E2
Moffat Cres. Loch 14 A4
Moffat Rd. Orm 159 E3
Moidart Rd. Whit 170 B4
Moir Ave. Muss 127 D3
Moir Cres. Muss 127 D3
Moir Ct. Kel 12 C4
Moir Dr. Muss 127 D3
Moir Pl. Muss 127 D3
Moir St. All 10 A4
Moir Terr. Muss 127 D3
Moira Pk. Edin 94 C1
Moira Terr. Edin 94 C1
Mollison Ave. East 168 C3
Monar Ct. D Bay 48 A2
Monastery St. Dunf 29 D2
Moncks Rd. Falk 60 B2
Moncrieff Terr. Edin 123 F3
Moncrieff Way. Liv 147 E4
Moncur St. Dunf 29 E4
Monkbarns Gdns. Edin 155 D4
Monkland Rd. Bath 144 C3
Monkmains Rd. Hadd 132 B4
Monkrigg Pl. Hadd 132 B4
Monksrig Rd. Peni 203 E3
Monkswood Rd. Newt 183 D2
Monktonhall Pl. Muss 126 A2
Monktonhall Terr. Muss 126 A2
Monkwood Ct. Edin 123 E2
Monmouth Terr. Edin 93 D2
Montagu Terr. Edin 93 D2
Montague St. Edin 123 F3
Monteith Wlk. Shot 191 F3
Montfort Pl. Falk 60 A2
Montgomery St. Edin 93 F1
Montgomery St. Falk 60 C3
Montgomery St. Gran 61 E3
Montgomery St. Kirk 17 D3
Montgomery Street La. Edin 93 F1
Montgomery Way. Stir 2 A2
Montpelier. Edin 123 D3
Montpelier Pk. Edin 123 D3
Montpelier Terr. Edin 123 D3
Montrose Rd. Pol 62 A1
Montrose Rd. Stir 2 B2
Montrose Terr. Edin 93 F1
Moodie St. Dunf 29 D2
Moor Rd. Path 185 E2
Moor Rd. Path 210 B3
Moor Rd. Pen 186 A3
Mooreland Gdns. Add 171 E1
Moorelands. Add 171 E1
Moorfield Cotts. Dan 156 B4
Moorfoot Ct. Bonn 182 A4
Moorfoot Pl. Bonn 182 A3
Moorfoot Pl. Peni 203 F3
Moorfoot View. Bonn 182 A3
Moorfoot View. Rosl 180 C3
Moorside St. Car 230 A1
Morar Ct. Gran 61 E3
Morar Dr. Falk 39 E1
Morar Pl. Gran 61 E3
Morar Rd. Crossf 28 A1
Morar Way. Shot 192 A2
Moray Ct. Aucht 15 D1
Moray Ct. D Bay 48 A2
Moray Dr. Lin 84 C3
Moray Pk. D Bay 48 A2
Moray Pl. Edin 93 D1
Moray Pl. Gran 61 F4
Moray Pl. Lin 84 C3
Moray Way N. D Bay 48 B2
Moray Way S. D Bay 48 A1
Morayvale. Abe 49 E4
Moredun Dykes Rd. Edin 155 E3
Moredun Park Ct. Edin 155 E4
Moredun Park Dr. Edin 155 E4
Moredun Park Gdns. Edin 155 E4
Moredun Park Gn. Edin 155 F4
Moredun Park Gr. Edin 155 F4
Moredun Park Loan. Edin 155 E4
Moredun Park Rd. Edin 155 F4
Moredun Park St. Edin 155 F4
Moredun Park View. Edin 155 F4
Moredun Park Way. Edin 155 E4
Moredun Park Wlk. Edin 155 F4
Moredunvale Bank. Edin 155 E4
Moredunvale Gn. Edin 155 E4
Moredunvale Gr. Edin 155 E4
Moredunvale Loan. Edin 155 E4
Moredunvale Pk. Edin 155 E4
Moredunvale Pl. Edin 155 E4
Moredunvale Rd. Edin 155 E4
Moredunvale View. Edin 155 E4
Moredunvale Way. Edin 155 E4
Morgan Ct. Stir 7 E2

Morison Gdns. Que 68 A1
Moriston Ct. Gran 61 F2
Morley Cres. Stir 7 D2
Morlich Cres. D Bay 48 A1
Morlich Ct. D Bay 48 A1
Morlich Gr. D Bay 48 A1
Morlich Pk. D Bay 48 A1
Morlich Pl. D Bay 48 A1
Morlich Rd. D Bay 48 A1
Mornay Way. Shot 191 E3
Morningside Ct. Edin 123 D1
Morningside Dr. Edin 123 D1
Morningside Gdns. Edin . 122 C1
Morningside Gr. Edin 122 C1
Morningside Pk. Edin 123 D2
Morningside Pl. Edin 123 D2
Morningside Rd. Edin 123 D2
Morningside Terr. Edin .. 123 D2
Morris Ct. Inver 47 E1
Morris Rd. Newt 183 E3
Morris Terr. Stir 7 D4
Morrison Ave. Bon 57 F3
Morrison Ave. Tran 128 C3
Morrison Dr. Bann 7 E1
Morrison Dr. Dunf 46 C4
Morrison St. Edin 123 D4
Morrison Street La. Edin . 123 D4
Mortimer Ct. D Bay 48 A1
Morton St. Edin 125 E4
Mortonhall Gate. Edin ... 154 C3
Mortonhall Park Ave. Edin 154 C3
Mortonhall Park Bank. Edin 155 D3
Mortonhall Park Cres. Edin 155 D3
Mortonhall Park Dr. Edin . 155 D3
Mortonhall Park Gdns. Edin 154 C3
Mortonhall Park Gr. Edin . 154 C3
Mortonhall Park Pl. Edin . 155 D3
Mortonhall Park Terr. Edin 155 D3
Mortonhall Park Way. Edin 154 C3
Mortonhall Rd. Edin 123 E2
Morven Ct. Falk 60 B1
Morven Dr. Pol 61 E1
Morven Gr. Kirk 16 C4
Morven Pl. D Bay 48 A2
Morven St. Edin 91 E1
Moss Interchange. Liv ... 147 E3
Moss Rd. Fall 8 B2
Moss Rd. Liv 147 E4
Moss Way. D Bay 48 A3
Moss-side Rd. Cow 13 D2
Mossband La. Shot 191 F3
Mossbank. Cow 13 D1
Mossbank. Liv 147 F3
Mossbank. Ros 46 C3
Mossburn Ave. East 168 B3
Mosscastle Rd. Slam 110 A4
Mossend Terr. Cow 13 D1
Mossgiel Ave. Cowie 20 B4
Mossgiel Ave. Stir 2 A1
Mossgiel Cotts. Liv 146 B4
Mossgiel Pl. Falk 59 D3
Mossgiel Terr. Laur 61 D2
Mosshat Rd. Auc 216 C2
Mosside Dr. Black 145 E1
Mosside Rd. Black 171 E4
Mosside Terr. Black 145 E1
Moston Terr. Edin 123 F2
Motion St. Loch 14 A4
Moubray Gr. Que 89 E4
Moubray Rd. D Bay 48 B3
Moulin Way. Dunf 29 F3
Mound Pl. Edin 123 E4
Mound The. Edin 123 E4
Mount Grange. Edin 123 E2
Mount Hooly Cres. Inver .. 68 B3
Mount Hope. B of A 2 B4
Mount Lodge Pl. Edin 125 D4
Mount Oliphant. Cowie 20 B4
Mount Pleasant. Arm 143 F3
Mount Vernon Rd. Edin . 155 D4
Mount William. N Sau 5 F1
Mountbatten Pl. Ros 46 C2
Mountbatten St. Gran 61 E3
Mountcastle Bank. Edin . 124 C4
Mountcastle Cres. Edin . 124 C4
Mountcastle Dr. N. Edin . 124 C4
Mountcastle Dr S. Edin . 124 C3
Mountcastle Gdns. Edin . 124 C4
Mountcastle Gn. Edin 94 C1
Mountcastle Gr. Edin 124 C4
Mountcastle Loan. Edin . 124 C4
Mountcastle Pk. Edin 94 C1
Mountcastle Pl. Edin 94 C1
Mountcastle Terr. Edin .. 124 C4
Mountfair Pl. Glad 129 E3
Mounthooly Loan. Edin . 154 B3
Mountjoy Terr. Muss 126 B4
Mowbray Ct. Bann 7 E2
Mowbray Gdns. Cross 30 C3
Mowbray Rise. Muri 147 F1
Moy Ct. Gran 61 E3
Muckle Hill Pk. Inver 47 D1
Mucklets Ave. Muss 126 A2
Mucklets Cres. Muss 126 A2
Mucklets Ct. Muss 126 A2
Mucklets Dr. Muss 126 A2
Mucklets Pl. Muss 126 A2

Mucklets Rd. Muss 125 F2
Mudale Ct. Falk 60 B1
Muir Ct. Cross 30 C3
Muir Rd. Bath 144 C4
Muir Rd. Dunf 29 E4
Muir Rd. Liv 148 A4
Muir St. Lar 38 B1
Muir Wood Cres. Curr 152 A3
Muir Wood Gr. Curr 152 A3
Muir Wood Dr. Curr 152 A3
Muir Wood Pl. Curr 152 A3
Muir Wood Rd. Curr 152 A3
Muiralehouse Rd. Bann ... 19 F4
Muiredge And Jersy Rd.
   Shot 191 D4
Muirend Ave. Edin 152 C4
Muirend Ct. B'ness 64 A3
Muirend Ct. Stir 7 D3
Muirepark Ct. B'ness 64 A3
Muirfield Cres. Gull 52 A1
Muirfield Dr. Gull 52 A1
Muirfield Dr. Uph 116 C2
Muirfield Gdns. Loan 181 E4
Muirfield Pk. Gull 52 A1
Muirfield Rd. Lar 38 C1
Muirfield Steading. Gull .. 52 B2
Muirfield Terr. Gull 52 A1
Muirfield Way. Liv 146 C3
Muirhall Pl. Lar 38 B2
Muirhall Rd. Lar 38 B2
Muirhead Pl. Auch 203 F4
Muirhead Pl. East 168 B2
Muirhead Rd. Sten 38 C2
Muirhouse Ave. Edin 92 A2
Muirhouse Bank. Edin 92 A2
Muirhouse Cres. Edin 92 A3
Muirhouse Dr. Edin 92 A2
Muirhouse Gdns. Edin 92 A3
Muirhouse Gn. Edin 92 A2
Muirhouse Gr. Edin 92 A3
Muirhouse Loan. Edin 92 A3
Muirhouse Medway. Edin . 92 A3
Muirhouse Parkway. Edin . 92 A3
Muirhouse Pk. Edin 92 A2
Muirhouse Pl E. Edin 92 A2
Muirhouse Pl W. Edin 92 A2
Muirhouse Terr. Edin 92 A2
Muirhouse View. Edin 92 A3
Muirhouse Way. Edin 92 A2
Muirlaun. For 215 D1
Muirlee Rd. Car 230 A1
Muirpark Ct. Tran 128 C3
Muirpark. Dalk 156 C1
Muirpark Dr. Shi 81 E3
Muirpark Dr. Tran 128 C3
Muirpark Gdns. Men 4 C2
Muirpark Gr. Tran 128 C3
Muirpark Pl. Tran 128 C3
Muirpark Rd. Tran 128 C3
Muirpark Terr. Tran 128 C3
Muirpark Wynd. Tran 128 C3
Muirside Dr. Tran 128 B3
Muirside Gr. Crossf 27 E1
Muirside La. Lime 44 B4
Muirside Rd. Tull 4 B2
Muirton Rd. Fal 7 F3
Muirton Way. D Bay 48 A3
Mulberry Dr. Dunf 29 F1
Mulberry Pl. Edin 93 E3
Muldron Terr. Shot 192 A1
Mull Ct. All 10 A3
Mull Ct. Gran 61 E3
Mungalend. Falk 60 A4
Mungalhead Rd. Falk 60 A4
Mungle St. W Cal 172 B2
Munro Ave. Stir 2 A2
Munro Dr. Edin 153 D3
Munro Gdns. Laur 60 C2
Munro Pl. All 9 F3
Munro Rd. Fal 7 F3
Munro St. Kirk 17 D1
Munro St. Sten 38 C2
Munro Way. Liv 147 E4
Murano Pl. Edin 93 F1
Murderdean Rd. Newt 183 D3
Murdoch Terr. Edin 123 D3
Murdoch Rd. Liv 146 C2
Murdostoun Cres. East .. 168 C3
Murieston Cres. Edin 122 C3
Murieston Cres La. Edin . 122 C3
Murieston Ct. Muri 174 A3
Murieston Dr. Muri 174 A3
Murieston E. Muri 174 A4
Murieston Gdns. Muri 174 A4
Murieston Gn. Muri 173 F3
Murieston Gr. Muri 174 A3
Murieston La. Edin 122 C3
Murieston Pk. Muri 173 F3
Murieston Pl. Edin 122 C3
Murieston Rd. Edin 122 C3
Murieston Rd. Muri 173 F3
Murieston Terr. Edin 122 C3
Murieston Vale. Muri 173 F2
Murieston Valley. Muri .. 173 F3
Murieston W. Muri 173 F4
Murieston Way. Muri 174 A4

Murieston Wlk. Muri 173 F2
Murieston Wood. Muri ... 173 F3
Murnin Ct. Stir 7 E2
Murnin Rd. Bon 58 A2
Murray Cotts. Edin 121 E3
Murray Cres. Madd 83 D3
Murray Pl. Cam 6 B3
Murray Pl. Stir 7 D4
Murray Rd. Ros 46 B1
Murray Wlk. Dunf 29 F2
Murrayburn App. Edin ... 121 E1
Murrayburn Dr. Edin 121 E1
Murrayburn Gate. Edin .. 152 B4
Murrayburn Gdns. Edin . 121 F1
Murrayburn Gn. Edin 121 F1
Murrayburn Gr. Edin 121 F1
Murrayburn Pk. Edin 121 F1
Murrayburn Pl. Edin 121 E1
Murrayburn Rd. Edin 121 F1
Murrayfield Ave. Edin 122 B4
Murrayfield Dr. Black 171 B4
Murrayfield Dr. Edin 122 B4
Murrayfield Gdns. Edin .. 122 B4
Murrayfield Pl. Bann 7 E1
Murrayfield Pl. Edin 122 B4
Murrayfield Rd. Edin 122 B4
Murrayfield Terr. Bann 7 E1
Murrayfield Terr. Black .. 171 B4
Murrays Brae The. Edin . 155 E2
Murrays Brae The. Edin . 155 E3
Murrays The. Edin 155 E2
Murraysgate Cres. Whit . 169 F3
Murraysgate Ind Est. Whit . 169 F3
Murrayshall Rd. Stir 7 D2
Murrel Rd. Abe 49 E4
Murrel Terr. Abe 49 E4
Music Hall La. Dunf 29 D2
Musselburgh Rd. Dalk ... 157 D2
Musselburgh Rd. Edin ... 125 F4
Myers Ct. Dunf 29 E3
Mylne Pl. Sten 39 D1
Mylneburn Gdns. Lime 45 E2
Myothill Rd. Bank 57 E4
Myre Cres. King 35 D2
Myre Dale. Bonn 182 B3
Myreside Rd. Edin 122 C1
Myreside Rd. Edin 122 C2
Myreton Dr. Bann 19 F4
Myreton Rd. Gran 61 E3
Myreton Way. Falk 59 F2
Myretoungate. Alva 4 C3
Myrtle Cres. Kirk 17 D4
Myrtle Cres. Rosl 180 C2
Myrtle Gr. May 183 E4
Myrtle Terr. Edin 122 C3

Nailer Rd. Falk 59 F3
Nailer Rd. Stir 7 D1
Nairn Ct. Falk 60 B1
Nairn Rd. Liv 146 C4
Nairn St. Kirk 17 E3
Naismith Ct. Gran 40 C1
Namayo Ave. Laur 61 D2
Namur Rd. Auch 204 A4
Nantwich Dr. Edin 94 C2
Napier Ave. Bath 145 E3
Napier Cres. Falk 60 A4
Napier Pl. Falk 60 A4
Napier Pl. Edin 123 D2
Napier Rd. Ros 46 B1
Napier Sq. Liv 148 A4
Napier St. Kirk 17 F4
Nasmith Ct. Liv 148 A3
Nasmyth Rd. Ros 46 A1
Nasmyth Sq. Liv 148 A3
Natal Pl. Cow 13 E2
Navar Ct. Shot 192 A2
Nebit The. Alva 4 C3
Neidpath Ct. Edin 121 D4
Neidpath Ct. Long 98 C3
Neidpath Dr. Sten 38 C2
Neidpath Pl. Dunf 29 D3
Neilson Gr. Burn 33 F1
Neilson Park Rd. Hadd ... 132 A4
Neilson Sq. Liv 146 B3
Neilson St. Falk 60 A2
Nellburn. Liv 146 C3
Nellfield. Edin 155 D4
Nelson Ave. Liv 147 F2
Nelson Gdns. Gran 40 C1
Nelson Pl. Stir 7 E3
Nelson St. B'ness 62 C3
Nelson St. Edin 93 E1
Nelson St. Gran 61 F4
Nelson St. Kirk 17 D3
Nelson St. Ros 46 C3
Ness The. Torr 26 C1
Nether Craigour. Edin 124 B1
Nether Currie Cres. Curr . 152 A3
Nether Currie Pl. Curr 152 A3
Nether Currie Rd. Curr ... 152 A3
Nether Dechmont Cotts.
   Liv 147 D4
Nether St. Kirk 17 E3
Nether St. Kirk 18 A4
Netherbank. Edin 154 C3
Netherbeath Rd. Cross 30 C4

Netherby Rd. Air 22 B2
Netherby Rd. Edin 93 D3
Netherfield Rd. Pol 61 E1
Nethergate. King 35 D1
Nethergate The. Alva 4 C3
Netherlaw. N Ber 54 A3
Nethermains Rd. Den 36 B1
Nethershot Rd. Pres 97 D1
Netherton Gr. Whit 170 A2
Netherton Pl. Whit 170 A2
Netherton St. East 168 B3
Nethertown Broad St. Dunf . 29 D1
Netherwood Pk. Liv 147 D4
Nettlehill Dr. Pump 116 C1
Nettlehill Rd. Liv 147 F4
Nettlehill Rd. Pump 117 D1
Neucks The. Slam 111 D3
Nevis Cres. All 10 A4
Nevis Gdns. Peni 204 A4
Nevis Pl. Falk 60 B1
Nevis Pl. Gran 61 F3
Nevis Pl. Shot 192 A2
New Arthur Pl. Edin 123 F4
New Broompark. Edin 92 C4
New Broughton. Edin 93 E1
New Hallglen Rd. Falk 60 B1
New Halls Rd. Que 68 B1
New Holygate. Brox 117 E3
New Houses. Ath 74 B2
New Hunterfield. Gore ... 183 D1
New John's Pl. Edin 123 F3
New La. Edin 93 E3
New Line Rd. Bann 19 D4
New Liston Rd. Kirkl 89 D1
New Market Rd. Edin 122 B2
New Mart Rd. Edin 122 A2
New Meadowspott. Dalk . 157 D1
New Orchardfield. Edin ... 93 F2
New Row. Ath 74 A2
New Row. Dunf 29 D2
New Row. Kin 24 A2
New Row. Tran 128 B3
New Skinners Cl. Edin ... 123 F4
New St. B of A 1 C4
New St. Cocke 97 E2
New St. Edin 123 F4
New St. Muss 126 A3
New St. Pres 96 C1
New St. Slam 110 A4
New St. Tran 128 B4
New Swanston. Edin 153 F3
New Tower Pl. Edin 95 D1
New Well Wynd. Lin 84 C3
Newbattle Abbey Cres.
   Dalk 182 C4
Newbattle Terr. Edin 123 D2
Newbiggin Cres. Tull 4 B1
Newbiggin Rd. Gran 61 F3
Newbigging. Auch 15 E1
Newbigging. Muss 126 B3
Newbigging Terr. Auch 15 E1
Newburn Pl. Dunf 29 E2
Newbyres Ave. Gore 183 E1
Newbyres Cres. Gore 207 E4
Newcraighall Dr. Edin ... 125 E2
Newcraighall Rd. Edin ... 125 D2
Newcraighall Rd. Edin ... 125 E2
Newhailes Ave. Muss 126 A3
Newhailes Cres. Muss ... 125 F3
Newhailes Rd. Muss 125 F3
Newhaven Pl. Edin 93 E4
Newhaven Rd. Edin 93 E3
Newhouse Ave. Dunb 78 C1
Newhouse Dr. Falk 59 F1
Newhouse Pl. Dunb 78 C1
Newhouse Rd. Gran 61 E4
Newhouse. Stir 7 D3
Newhouses Rd. Brox 118 A2
Newington Rd. Edin 123 F3
Newland Ave. Bath 145 D3
Newlands Pk. Dunf 29 D3
Newlands Pk. Edin 123 F2
Newlands Pl. Tull 4 B2
Newlands Rd. Bann 19 E4
Newlands Rd. Gran 61 E3
Newlands Rd. Pol 82 B4
Newlands Rd. Dalk 157 D2
Newliston Dr. Kirk 16 B4
Newmains Farm La. Kirkl . 89 D1
Newmains Rd. Kirkl 89 D1
Newmarket. Bann 7 F1
Newmarket St. Falk 60 A3
Newmill And Canhill Rd.
   Shot 191 D3
Newmill-Canhill Rd. Shot . 191 D3
Newmills Ave. Curr 151 E2
Newmills Cres. Curr 151 E2
Newmills Gr. Curr 151 E2
Newmills Rd. Curr 151 E2
Newmills Rd. Dalk 157 D2
Newmills Rd. Rat 151 E2
Newmills Terr. Dalk 157 D2
Newmills. Tull 4 A2
Newpark Cres. Stir 7 D1
Newpark Rd. Muri 173 E3
Newpark Rd. Stir 7 D1
Newpark Roundabout.

Muri 173 E4
Newtoft St. Edin 155 F3
Newton Ave. Gran 40 A2
Newton Church Rd. Dan .. 156 B4
Newton Cres. Ros 47 D2
Newton Pl. Ros 46 C2
Newton Port. Hadd 101 D1
Newton Rd. Gran 40 A1
Newton St. Edin 122 C3
Newton St. May 183 E4
Newtonshaw. N Sau 5 E1
Newtown. B' ness 63 F3
Newtown St. B' ness 63 F3
Newyearfield Roundabout.
   Liv 147 E3
Nicholson Way. Liv 147 D4
Nicklaus Gn. Liv 147 D4
Nicol St. Kirk 17 D2
Nicolson Sq. Edin 123 F4
Nicolson St. Edin 123 F4
Nicolton Ave. Madd 82 C4
Nicolton Rd. Pol 62 B1
Niddrie Farm Gr. Edin ... 124 C2
Niddrie House Ave. Edin . 124 C2
Niddrie House Dr. Edin .. 125 D2
Niddrie House Gdns. Edin . 124 C2
Niddrie House Pk. Edin .. 124 C2
Niddrie House Sq. Edin .. 124 C2
Niddrie Mains Ct. Edin .. 125 D2
Niddrie Mains Dr. Edin .. 124 C2
Niddrie Mains Rd. Edin . 124 C2
Niddrie Mains Terr. Edin . 124 C2
Niddrie Marischal Cres.
   Edin 124 C2
Niddrie Marischal Dr. Edin 124 C2
Niddrie Marischal Gdns.
   Edin 124 C2
Niddrie Marischal Gn. Edin 124 C2
Niddrie Marischal Loan.
   Edin 124 C2
Niddrie Marischal Pl. Edin . 124 C2
Niddrie Marischal Rd. Edin 125 D2
Niddrie Marischal St. Edin . 124 C2
Niddrie Mill Ave. Edin ... 125 D3
Niddrie Mill Cres. Edin .. 125 D3
Niddrie Mill Dr. Edin 125 D3
Niddrie Mill Gr. Edin 125 D2
Niddrie Mill Pl. Edin 125 D2
Niddrie Mill Terr. Edin ... 125 D2
Niddry Rd. Winch 87 F1
Niddry St. Edin 123 E4
Niddry Street S. Edin 123 F4
Niddry View. Winch 87 F1
Nidrie Cotts. Edin 125 E2
Nielson Ct. Black 171 D4
Nigel Loan. Edin 155 D4
Nigel Rise. Muri 147 F1
Nile Gr. Edin 123 D2
Nile St. Kirk 17 D3
Nimmo Ave. Pres 97 D1
Ninian Rd. B'ness 62 C3
Ninth St. Newt 183 D3
Nisbet Dr. Den 36 B1
Nisbet Rd. Gull 51 F1
Nith St. Dunf 29 F1
Nithsdale St. Shot 191 E3
Niven Rd. Inver 47 E2
Niven's Knowe Rd. Loan . 180 C4
Nivensknowe Pk. Loan .. 180 C4
No 7 Pit Rd. Cow 13 E2
Nobel Pl. Rosl 180 C2
Nobel View. Shi 82 A4
Noble Pl. Edin 94 A2
Norman Rise. Muri 147 F1
Normand Brae. Kirk 18 A4
Normand Rd. Kirk 18 A4
North App Rd. Kin 23 F2
North Ave. Madd 83 D4
North Bank Rd. Pres 127 F4
North Bank St. Edin 123 E4
North Bridge. Edin 123 E4
North Bridge St. Bath 145 D3
North Bridge St. Gran 40 B1
North Bughtlin Bank. Edin . 91 D1
North Bughtlin Brae. Edin . 91 D1
North Bughtlin Gate. Edin . 91 D1
North Bughtlin Neuk. Edin . 91 D1
North Bughtlin Pl. Edin 91 D1
North Bughtlin Rd. Edin ... 91 D1
North Bughtlinfield. Edin .. 91 D1
North Bughtlinrig. Edin 91 D1
North Bughtlinside. Edin .. 91 D1
North Cairntow. Edin 124 B3
North Castle St. All 10 A3
North Charlotte St. Edin . 123 D4
North Clyde Street La. Edin . 93 E1
North Cres. Dunf 46 C4
North Cres. Pres 97 D1
North East Circus Pl. Edin . 93 D1
North East Cumberland Street La.
   Edin 93 E1
North East Thistle Street La.
   Edin 93 E1
North Esk Rd. Ros 46 B1
North Fort St. Edin 93 F3
North Gate. Torp 113 F3
North Grange Ave. Pres ... 96 C1

North Grange Gr. Pres 96 C1
North Grange Rd. Pres 96 C1
North Greendykes Rd.
Brox 117 F4
North Greens. Edin 125 D3
North Gyle Ave. Edin 121 D3
North Gyle Dr. Edin 121 D4
North Gyle Farm Ct. Edin . 121 D3
North Gyle Farm La. Edin . 121 D3
North Gyle Gr. Edin . 121 D3
North Gyle Loan. Edin 121 D4
North Gyle Pk. Edin 121 D4
North Gyle Rd. Edin 121 D3
North Gyle Terr. Edin 121 D3
North High St. Muss 126 A3
North Hillhousefield. Edin .. 93 F3
North Junction St. Edin 93 F3
North Leith Sands. Edin 93 F3
North Loanhead. Lime 45 F2
North Lorimer Pl. Cocke 97 D2
North Main St. Sten 39 E2
North Meggetland. Edin 122 C2
North Overgate. King 34 C2
North Park Terr. Edin 93 D1
North Peffer Pl. Edin 124 B2
North Rd. Dunb 78 B2
North Rd. Fau 193 F4
North Rd. Inver 47 E2
North Reeves Pl. Whit 170 A3
North Richmond St. Edin ... 123 F4
North Roundall. Lime 45 F2
North Row. Lime 45 D2
North Seton Pk. Cocke 97 E2
North Shore Rd. Gran 40 C1
North St. All 10 A4
North St Andrew La. Edin ... 93 E1
North St Andrew St. Edin ... 93 E1
North St. Arm 143 F3
North St. B' ness 63 F4
North St. Clack 11 D2
North St David St. Edin 93 E1
North St. Dunb 78 A1
North St. Falk 60 A4
North St. Loch 14 A4
North St. Rat 119 E1
North St. Stir 2 B1
North View. Burn 50 C4
North View. W Cal 172 B2
North Way. D Bay 48 B3
North Werber Pk. Edin 92 C3
North West Circus Pl. Edin .. 93 D1
North West Cumberland Street La.
Edin 93 E1
North West Thistle Street La.
Edin 93 E1
North Wood Rd. Tull 4 B1
North Wynd. Dalk 157 D2
Northbank Ct. B'ness 64 A3
Northbank Dr. B'ness 64 A3
Northbank Pk. B'ness 63 F3
Northbank Rd. Crossf 27 E1
Northend. Cam 6 B3
Northfield Ave. Edin 124 B4
Northfield Ave. Shot 192 A1
Northfield Broadway. Edin . 124 C4
Northfield Cir. Edin 124 B4
Northfield Cotts. W Cal 172 B2
Northfield. Cow 13 E3
Northfield Cres. Edin 124 C4
Northfield Cres. Fau 170 B1
Northfield Ct. Pres 127 F4
Northfield Dr. Edin 124 C4
Northfield E. Tran 128 C3
Northfield Farm Ave. Edin . 124 C4
Northfield Farm Rd. Edin ... 124 C4
Northfield Gdns. Clack 11 D2
Northfield Gdns. Edin 124 C4
Northfield Gdns. Pres 127 F4
Northfield Gr. Edin 124 C4
Northfield Meadows. Fau .. 170 B1
Northfield Park Rd. Edin ... 124 C4
Northfield Pk. Edin 124 C4
Northfield Rd. Duni 36 B2
Northfield Rd. Edin 124 B4
Northfield Sq. Edin 124 C4
Northfield Terr. Edin 124 B4
Northfield Terr. Fau 170 B1
Northfield. Tran 128 C3
Northlawn Ct. Edin 91 F2
Northlawn Terr. Edin 91 F2
Northrig Cotts. Giff 133 D4
Northumberland Place La.
Edin 93 E1
Northumberland St. Edin 93 E1
Northumberland Street North East
La.
Edin 93 E1
Northumberland Street North West
La.
Edin 93 E1
Northumberland Street South East
La.
Edin 93 E1
Northumberland Street South West
La.
Edin 93 E1
Northwood Pk. Liv 146 C4
Norton Pk. Edin 94 A1

Norton Pl. Dunf 29 F1
Norton St. Alva 5 D4
Norval Pl. Ros 46 C2
Norwood Ave. All 9 F4
Norwood Ave. Bon 58 A4
Norwood Ave. Whit 170 A3
Norwood Cres. All 9 F4
Norwood Ct. Whit 170 A3
Norwood Gr. All 9 F4
Norwood Pl. Bon 58 A4
Nottingham Pl. Edin 93 F1
Novar Cres. Kirk 17 D1
Nungate Rd. N Ber 54 A4
Nursery Rd. Falk 59 F2

Oak Ave. Loan 180 C4
Oak Bank. Laur 61 D1
Oak Cres. May 183 F3
Oak Cres. Plea 20 B2
Oak Dr. Fall 8 B2
Oak Dr. Lar 38 B1
Oak Gr. Dunf 46 C4
Oak Gr. Liv 148 A3
Oak Hill View. Madd 83 D3
Oak La. Edin 91 F1
Oak Pl. May 183 F3
Oak St. Stir 1 C1
Oakbank Ave. E Cal 148 C1
Oakbank Cotts. Ston 172 B3
Oakbank Rd. E Cal 148 C1
Oakfield Pl. Edin 123 F4
Oakfield St. Kel 12 C4
Oaktree Ct. Kirk 17 E4
Oaktree Sq. Kirk 17 E4
Oakville Terr. Edin 94 A2
Oatlands Pk. Lin 85 D3
Oberon. All 9 F4
Observatory Gn. Edin 123 F1
Observatory Rd. Edin 123 F1
Ochil Ave. Kirk 16 C3
Ochil Cres. Stir 2 A1
Ochil Ct. Que 89 E4
Ochil Ct. Tull 4 B2
Ochil Dr. Madd 83 D3
Ochil Dr. Sten 38 C2
Ochil La. Whit 169 F3
Ochil Rd. Alva 5 D4
Ochil Rd. Men 4 A4
Ochil Rd. Stir 2 B2
Ochil St. All 10 A4
Ochil St. Fall 8 B2
Ochil St. Gran 61 E4
Ochil St. Tull 4 A2
Ochil Terr. Dunf 29 F1
Ochil View. Den 57 E4
Ochil View. Kin 23 E2
Ochil View. Shi 81 E4
Ochilmount. Bann 7 F1
Ochiltree Cres. E Cal 148 A1
Ochiltree Ct. E Cal 148 A1
Ochiltree Gdns. Edin 124 B1
Ochiltree Terr. Falk 59 D3
Ochilview. Alva 5 D4
Ochilview. Cowie 20 C3
Ochilview Dr. H Val 26 A1
Ochilview. Loch 14 A3
Ochilview Pl. B' ness 63 F3
Ochilview Rd. B' ness 63 F3
Ochilview Terr. B' ness 63 F3
Ochville Terr. Fish 5 E2
Octavia St. Kirk 17 D3
Ogilface Cres. Blac 142 B1
Ogilvie Pl. B of A 2 A3
Ogilvie Rd. Stir 7 D3
Ogilvie Terr. Edin 122 C2
Ogilvie Way. Liv 147 E4
Ogilvy Cres. Fau 193 F3
Old Abbey Rd. N Ber 54 A4
Old Bellsdyke Rd. Lar 38 A2
Old Bridge St. All 10 A3
Old Broughton. Edin 93 E1
Old Burdiehouse Rd. Edin . 155 D2
Old Church La. Edin 124 B3
Old Craighall Junc. White . 126 A1
Old Craighall Rd. Dan 156 C4
Old Dalkeith Rd. Edin 156 B3
Old Dean Rd. Long 98 B2
Old Denny Rd. Lar 38 A2
Old Drove Rd. Cam 6 B3
Old Drove Rd. W Lin 219 D2
Old Eastfield St. East 168 B3
Old Edinburgh Rd. Dalk 156 C2
Old Farm Ave. Edin 153 E4
Old Farm Pl. Edin 153 D4
Old Fishmarket Cl. Edin ... 123 E4
Old Forge Gr. Bla 26 C4
Old Hillview Pl. Cross 30 C3
Old Kirk Pl. Dunf 29 E2
Old Kirk Rd. Dunf 29 E2
Old Kirk Rd. Edin 121 F4
Old Kirk Rd. Inver 68 B3
Old Linbun Rd. Dunf 29 F2
Old Liston Rd. Kirkl 119 D3
Old Mill Courtyard The.
Dunf 29 D1
Old Mill Ct. Whit 170 C4

Old Mill Gr. Whit 170 C4
Old Mill La. Edin 124 A1
Old Mill La. Oak 26 C3
Old Mill Rd. Alla 191 D1
Old Mill Rd. Brox 117 F3
Old Newmills Rd. Curr 151 E2
Old Orch The. Lime 45 E2
Old Perth Rd. Cow 13 D2
Old Redding Rd. Laur 60 C2
Old Refinery Rd. Gran 62 A4
Old School Ct. Tull 4 A1
Old Tolbooth Wynd. Edin .. 123 F4
Old Town. Bann 7 E1
Old Town. Brox 117 F3
Oldwalls Pl. Gran 61 F4
Oldwalls Rd. Gran 62 B4
Oldwood Pl. Liv 147 D2
Olive Bank Rd. Muss 126 A3
Oliver Rd. Falk 60 B2
Olympia Arc. Kirk 17 D2
Onich Pl. Shot 192 A2
Onslow St. Liv 148 A3
Orchard Bank. Edin 92 C1
Orchard Brae Ave. Edin 92 C1
Orchard Brae. Edin 92 C1
Orchard Brae Gdns. Edin 92 C1
Orchard Brae Gdns W. Edin 92 C1
Orchard Brae W. Edin 92 C1
Orchard Cres. Edin 92 B1
Orchard Cres. Pres 96 C1
Orchard Ct. E Lin 103 F4
Orchard Ct. King 35 D2
Orchard Ct. Long 98 B2
Orchard Dr. Edin 92 B1
Orchard Gr. Edin 92 C1
Orchard Gr. Hadd 101 D1
Orchard Gr. Kin 23 F2
Orchard Gr. Pol 61 F1
Orchard La. Dunf 29 E1
Orchard La. Kirk 18 A4
Orchard Pl. Edin 92 C1
Orchard Pl. Kirk 18 A4
Orchard Pl. Liv 147 D3
Orchard Rd. B of A 2 A3
Orchard Rd. Edin 92 C1
Orchard Rd. Gran 62 B4
Orchard Rd. King 34 C2
Orchard Rd S. Edin 92 B1
Orchard Sq. Lime 45 E2
Orchard St. Falk 60 A3
Orchard St. Gran 61 E4
Orchard Terr. Clack 11 E1
Orchard Terr. Edin 92 C1
Orchard Terr. Torr 26 C1
Orchard The. Crossf 28 A1
Orchard The. Orm 159 F4
Orchard The. Pol 82 B4
Orchard The. Tran 128 B4
Orchard The. Tull 4 A1
Orchard Toll. Edin 92 C1
Orchard View. Dalk 156 C4
Orchardbank. Edin 103 D4
Orchardfield Ave. Edin 121 D3
Orchardfield. E Lin 103 E4
Orchardfield Terr. E Cal 150 A3
Orchardhead Loan. Edin 155 D4
Orchardhead Rd. Edin 155 D4
Ordnance Rd. Lime 44 B4
Oriel Cres. Kirk 17 D2
Oriel Rd. Kirk 16 C3
Orkney Ct. All 10 A3
Orkney Pl. Falk 60 A1
Orkney Pl. Kirk 17 F4
Orlit Cotts. Ath 74 B2
Ormelie Terr. Edin 125 E4
Ormidale Terr. Edin 122 B4
Ormiston Ave. Tran 128 C3
Ormiston Cres E. Tran 128 C3
Ormiston Cres W. Tran 128 C3
Ormiston Dr. All 4 C1
Ormiston Dr. E Cal 149 D2
Ormiston Pk. Dunf 29 E3
Ormiston Pl. Pres 96 C1
Ormiston Rd. Tran 128 B3
Orr Terr. East 168 B2
Orrin Gr. D Bay 48 A2
Orrock Dr. Burn 33 F1
Orrock Pk. Edin 124 A1
Orwell Pl. Dunf 29 E2
Orwell Pl. Edin 122 C3
Orwell Terr. Edin 122 C3
Osborne Ct. Cocke 97 E2
Osborne Dr. Kin 23 F2
Osborne Gdns. Falk 59 F2
Osborne St. Falk 59 F2
Osborne Terr. Cocke 97 E2
Osborne Terr. Edin 122 C4
Oswald Ave. Gran 61 F4
Oswald Ct. Edin 123 E2
Oswald Rd. Edin 123 E2
Oswald St. Falk 60 A2
Oswald Terr. Edin 121 E3
Oswalds Wynd. Kirk 17 E2
Otterburn Pk. Edin 153 D4
Otterston Gr. D Bay 48 A2
Otterston Pl. Kirk 16 C4
Oudenarde Ct. Car 230 A1
Overhaven. Lime 45 F2

Overton Cres. Den 36 B1
Overton Cres. E Cal 149 D2
Overton Cres. Laur 61 D1
Overton Mains. Kirk 17 F4
Overton Rd. Gran 61 F3
Overton Rd. Gran 62 A4
Overton Rd. Kirk 17 E4
Owen sq. Muri 147 F1
Oxcars Dr. D Bay 48 A2
Oxcraig St. Edin 92 C4
Oxenfoord Ave. Path 185 D3
Oxenfoord Dr. Path 185 D3
Oxford St. Edin 123 F3
Oxford Terr. Edin 93 D1
Oxgang Rd. Gran 61 F4
Oxgangs Ave. Edin 153 F4
Oxgangs Bank. Edin 153 F3
Oxgangs Brae. Edin 153 F3
Oxgangs Broadway. Edin .. 153 F3
Oxgangs Cres. Edin 153 F4
Oxgangs Dr. Edin 153 F4
Oxgangs Farm Dr. Edin 153 F3
Oxgangs Farm Gdns. Edin 153 F3
Oxgangs Farm Gr. Edin 153 F3
Oxgangs Farm Loan. Edin 153 F3
Oxgangs Farm Terr. Edin .. 153 F3
Oxgangs Gdns. Edin 153 F4
Oxgangs Gn. Edin 153 F4
Oxgangs Gr. Edin 153 F4
Oxgangs Hill. Edin 153 F4
Oxgangs House. Edin 153 F3
Oxgangs Loan. Edin 153 F4
Oxgangs Medway. Edin 153 F3
Oxgangs Path. Edin 153 F3
Oxgangs Pk. Edin 153 F3
Oxgangs Pl. Edin 153 F4
Oxgangs Rd. Edin 154 A3
Oxgangs Rd N. Edin 153 F4
Oxgangs Rise. Edin 153 F4
Oxgangs Row. Edin 153 F3
Oxgangs St. Edin 153 F3
Oxgangs Terr. Edin 153 F3
Oxgangs View. Edin 153 F3

Paddock The. Gull 52 A1
Paddock The. Muss 126 B4
Paddockholm The. Edin 121 F3
Page St. Loch 14 A4
Paisley Ave. Edin 124 B4
Paisley Cres. Edin 124 B4
Paisley Dr. Edin 124 B4
Paisley Gdns. Edin 124 B4
Paisley Gr. Edin 124 B4
Paisley Terr. Edin 124 B4
Palmer Pl. Curr 151 F2
Palmer Rise. Muri 147 F1
Palmerston Pl. Edin 123 D4
Palmerston Place La. Edin 123 D4
Palmerston Rd. Edin 123 E3
Pan Ha'. Kirk 18 A3
Panbrae Rd. B' ness 63 F4
Pankhurst Loan. Dalk 157 E2
Panmure Pl. Edin 123 E3
Pannie Rd. Kirk 17 E4
Panstead St. Gran 61 F4
Panton Gn. Liv 147 D4
Papana Cotts. Giff 159 F2
Papple Farm Cotts. E Lin . 134 B3
Paradise La. Kin 23 F2
Paradykes Ave. Loan 181 D4
Pardovan Cres. Brid 86 B4
Pardovan Pl. Falk 59 F3
Pariothall. Edin 93 D1
Paris Ave. Den 36 C1
Paris St. Gran 61 F4
Park Ave. Bank 57 F3
Park Ave. Cow 13 E2
Park Ave. Dunb 78 B1
Park Ave. Dunf 29 D2
Park Ave. Edin 125 D4
Park Ave. Gore 183 E1
Park Ave. Lar 38 B1
Park Ave. Laur 60 C2
Park Ave. Loan 181 D4
Park Ave. Muss 126 C3
Park Ave. Pol 82 B4
Park Ave. Rosl 180 B3
Park Ave. Stir 2 C2
Park Cres. Bann 7 E1
Park Cres. Bonn 182 A4
Park Cres. Edin 155 D4
Park Cres. Giff 163 F3
Park Cres. Laur 61 D2
Park Cres. Loan 181 D4
Park Cres. May 183 E4
Park Cres. N Sau 5 E1
Park Cres. Sten 39 D1
Park Ct. Muss 126 C3
Park Dr. Bann 7 E1
Park Dr. Lar 38 B1
Park Dr. Pol 82 B4
Park Dr. W Cal 173 D3
Park Gdns. Bann 7 E1
Park Gdns. Edin 155 D4
Park Gr. Edin 155 D4
Park Gr. Uph 117 D3

Park Grove Pl. Muss 126 C3
Park Grove Terr. Muss 126 C3
Park Hill. Gore 183 D1
Park La. Abe 49 D4
Park La. B'ness 64 A4
Park La. Edin 125 D4
Park La. Hadd 131 F4
Park La. Muss 126 C3
Park La. Stir 7 D4
Park Lea. Ros 47 D3
Park Par. Fau 193 F3
Park Pl. All 10 B4
Park Pl. Clack 11 D2
Park Pl. Dunf 29 D2
Park Pl. Edin 93 E3
Park Pl. King 34 C1
Park Pl. Kirk 17 D2
Park Pl. Liv 147 D3
Park Pl. Stir 6 C3
Park Rd. Blac 142 C2
Park Rd. Bonn 182 A4
Park Rd. Brox 117 F3
Park Rd. Cocke 97 E2
Park Rd. Cow 13 D2
Park Rd. Dalk 156 C1
Park Rd. Edin 93 E3
Park Rd. Falk 39 D1
Park Rd. Giff 163 F2
Park Rd. Gore 183 E1
Park Rd. Gran 61 E4
Park Rd. Hart 169 D3
Park Rd. Kirk 17 F4
Park Rd. Men 4 A3
Park Rd. Newt 183 D3
Park Rd. Orm 159 E3
Park Rd. Ros 46 C3
Park Rd. Shot 191 E3
Park Rd W. Ros 46 B3
Park St. Alva 5 D4
Park St. Bon 58 B2
Park St. Cow 13 E2
Park St. Cowie 20 C4
Park St. Falk 60 A4
Park St. Loch 14 A4
Park Terr. Edin 125 F2
Park Terr. Kir 149 F1
Park Terr. Pol 82 B4
Park Terr. Stir 7 D3
Park Terr. Tull 4 A1
Park Terr. Uph 117 D3
Park View E. Cocke 97 E2
Park View. Fau 193 F4
Park View. Kirk 16 C3
Park View. Loan 181 D4
Park View. Muss 126 C3
Park View. Pen 160 C4
Park View. Pol 82 C4
Park View. Pres 97 D1
Park View. Ston 171 E1
Park View Terr. Inver 47 D1
Park View. Uph 117 D3
Park View W. Cocke 97 E2
Park View. West 112 C2
Park View. Whit 170 A4
Park-View. Long 98 C3
Parkandarroch Cres. Car .. 230 A1
Parkdyke. Stir 6 C3
Parkend Cres. Shi 81 E3
Parker Ave. Edin 94 C1
Parker Rd. Edin 94 C1
Parker Terr. Edin 94 C1
Parkfoot Ct. Falk 60 A2
Parkgate. Alva 4 C3
Parkgate. Ros 46 C2
Parkgrove Ave. Edin 91 E1
Parkgrove Bank. Edin 91 E1
Parkgrove Cres. Edin 91 E1
Parkgrove Dr. Edin 91 E1
Parkgrove Gdns. Edin 91 E1
Parkgrove Gn. Edin 91 E1
Parkgrove Loan. Edin 91 E1
Parkgrove Neuk. Edin 91 E1
Parkgrove Path. Edin 91 E1
Parkgrove Pl. Edin 91 E1
Parkgrove Rd. Edin 91 E1
Parkgrove Row. Edin 91 E1
Parkgrove St. Edin 91 E1
Parkgrove Terr. Edin 91 E1
Parkgrove View. Edin 91 E1
Parkhall. Madd 83 D3
Parkhead Ave. Edin 121 F1
Parkhead Cotts. W Cal 172 C1
Parkhead Cres. Edin 121 F1
Parkhead Cres. W Cal 172 C2
Parkhead Ct. N Sau 10 B4
Parkhead Dr. Edin 121 F1
Parkhead Gdns. Edin 121 F1
Parkhead Gdns. W Cal 172 C2
Parkhead Gr. Edin 121 F1
Parkhead Loan. Edin 121 F1
Parkhead Pk. May 183 E4
Parkhead Pl. Edin 121 F1
Parkhead Pl. May 183 E4
Parkhead Rd. Falk 60 A1
Parkhead Rd. Lin 84 C4
Parkhead Rd. N Sau 10 B4
Parkhead St. Edin 121 F1
Parkhead Terr. Edin 121 F1

Parkhead View. Edin 121 F1
Parkland Gr. Bla 26 B4
Parkland Gr. Ston 170 C1
Parklands. Brox 117 E2
Parkneuk Rd. Dunf 28 B3
Parkside Ct. Plea 20 B2
Parkside. Kirkl 119 D3
Parkside Pl. Dalk 157 D2
Parkside Rd. Shot 191 E2
Parkside Sq. Ros 47 D2
Parkside St. Edin 123 F3
Parkside Ros 46 C2
Parkside Terr. Edin 123 F3
Parkvale Pl. Edin 94 A2
Parkview Ave. Falk 59 F1
Parkway. All 10 A4
Parkwood Cres. Brox 117 E3
Parkwood Gdns. Brox 117 E3
Parliament Sq. Edin 123 E4
Parliament St. Edin 93 F3
Parrotshot. Edin 125 D3
Parsonage The. Muss 126 B3
Parsons Green Terr. Edin 94 B1
Parsonspool. Bonn 182 B3
Parsonspool. Dunb 78 B1
Paterson Dr. Shi 81 E3
Paterson Pl. B of A 2 A3
Paterson Pl. Bon 58 B3
Paterson Way. Dunf 29 D1
Paterson's Ct. Brox 117 F3
Path Brae. Kirkl 89 D1
Path The. Bann 7 E1
Path The. Kirk 17 E1
Pathfoot Ave. B of A 2 B4
Pathfoot Dr. B of A 2 A3
Pathfoot Rd. B of A 2 B3
Patie's Rd. Edin 153 E4
Paton St. All 10 A4
Paton St. Edin 29 E3
Patrick Dr. Shi 81 F4
Patterson La. Cow 13 E2
Patterson Pl. Kirk 17 D3
Patterson St. Kirk 17 D3
Pattison St. Edin 94 A3
Pattle Ct. N Ber 54 A4
Paul Dr. Air 22 C2
Paul Pl. Cow 13 E2
Paul St. Loch 14 A3
Pavilion View. All 9 F4
Paxstone Cres. East 168 C3
Paxstone Dr. East 168 C3
Paxton Cres. Loch 14 A4
Peachdales. Hadd 131 F4
Peacock Ct. Edin 93 E4
Peacocktail Cl. Edin 125 D2
Pearce Ave. Edin 121 E4
Pearce Gr. Edin 121 E4
Pearce Rd. Edin 121 E4
Pearson Pl. Bank 57 E3
Peathill Rd. Bon 58 A3
Peatville Gdns. Edin 122 A1
Peatville Terr. Edin 122 A1
Peddie Pl. Gran 61 F4
Peden St. East 168 B3
Peebles Rd. Peni 203 F3
Peebles St. Kirk 35 D4
Peel Roundabout. Liv 147 E2
Peel Terr. Edin 123 F2
Peffer Bank. Edin 124 B2
Peffer Pl. Edin 124 B2
Peffer St. Edin 124 B2
Peffer's Pl. Hadd 132 A4
Peffermill Ind Est. Edin 124 B2
Peffermill Rd. Edin 124 B2
Peggy's Mill Rd. Edin 91 D2
Peirson Rd. Dunf 29 F2
Pelstream Ave. Stir 7 D2
Pembroke Pl. Edin 122 C4
Pembroke St. Lar 38 B2
Pencraig Brae. E Lin 103 E3
Penders La. Falk 60 A3
Pendreich Ave. Bonn 182 B4
Pendreich Dr. Bonn 182 B4
Pendreich Gr. Bonn 182 B4
Pendreich Terr. Bonn 182 B4
Pendreich View. Bonn 182 B4
Pendreich Way. Stir 2 A3
Penicuik Rd. Rosl 180 C2
Pennelton Pl. B'ness 63 F3
Pennyschool Pl. Clack 11 D2
Pennywell Ct. Edin 92 A3
Pennywell Gdns. Edin 92 A3
Pennywell Gr. Edin 92 A3
Pennywell Medway. Edin 92 A3
Pennywell Pl. Edin 92 A3
Pennywell Rd. Edin 92 A3
Pennywell Villas. Edin 92 A3
Pentland Ave. Bog 145 F3
Pentland Ave. Curr 151 F2
Pentland Ave. Edin 153 D4
Pentland Ave. Gore 183 D2
Pentland Ave. Peni 203 F3
Pentland Cres. Edin 154 A4
Pentland Cres. Rose 181 E2
Pentland Ct. D Bay 48 B3
Pentland Ct. Rosl 180 C3
Pentland Dr. Edin 153 F4
Pentland Dr. Whit 170 B3

Pentland Gr. Edin 154 A4
Pentland Ind Est. Loan 181 D4
Pentland Pk. Liv 148 A2
Pentland Pk. Loan 180 C4
Pentland Pl. Curr 151 F2
Pentland Pl. Kirk 16 C3
Pentland Rd. Bonn 182 A4
Pentland Rd. Edin 153 D4
Pentland Rd. Rosl 154 B1
Pentland Rise. D Bay 48 B3
Pentland Terr. Dunf 29 F1
Pentland Terr. Edin 154 A4
Pentland Terr. H Val 26 A1
Pentland Terr. Peni 203 F3
Pentland View Cres. Rosl . 180 C2
Pentland View Ct. Liv 147 D3
Pentland View. Curr 151 F2
Pentland View. Dalk 157 E1
Pentland View. Edin 154 A3
Pentland View Pl. Rosl 180 C2
Pentland View Rd. Kirkl 89 D1
Pentland View Rd. Rosl 180 C2
Pentland View Terr. Rosl ... 180 C2
Pentland View. Uph 117 D3
Pentland Way. Gran 61 F3
Pentland Wlk. Whit 170 B3
Pentlands Gdns. Edin 154 A4
Percival St. Kirk 17 D3
Perdieus Mount. Dunf 29 D1
Perdrixknowe. Edin 122 B1
Perth Rd. Cow 13 E3
Perth St. Edin 93 D1
Petershill Gdns. Bath 145 E4
Pettigrew's Cl. Dalk 157 D2
Pettycur Bay. King 34 C1
Pettycur Rd. King 34 C1
Peveril Rise. Muri 173 F4
Peveril Terr. Edin 155 D4
Phantassie Sq. E Lin 103 F4
Philip Ave. Bog 145 F3
Philip Ave. Lin 84 C4
Philip Dr. Lar 38 B1
Philip St. Falk 60 A4
Philipstone La. B'ness 64 B4
Philipingstone Rd. B'ness 64 B4
Phoenix La. Dunf 28 C2
Picardy Pl. Edin 93 E1
Pier Pl. Edin 93 E4
Pier Rd. B'ness 64 B4
Pierhead Bldgs. Inver 68 B3
Piersfield Gr. Edin 94 B1
Piersfield Pl. Edin 94 B1
Piersfield Terr. Edin 94 B1
Piershill La. Edin 94 B1
Piershill Pl. Edin 94 B1
Piershill Sq E. Edin 94 B1
Piershill Square W. Edin 94 B1
Piershill Terr. Edin 94 B1
Pilgrims Hill. Lin 85 E4
Pilkham Ct. Cow 13 E2
Pilmuir St. Dunf 29 D3
Pilrig Gdns. Edin 93 F2
Pilrig House Cl. Edin 93 F2
Pilrig St. Edin 93 F2
Pilton Ave. Edin 92 C3
Pilton Cres. Edin 92 C3
Pilton Dr. Edin 92 C3
Pilton Dr N. Edin 92 C3
Pilton Gdns. Edin 92 C3
Pilton Loan. Edin 92 C3
Pilton Pk. Edin 92 C3
Pilton Pl. Edin 92 C3
Pine Gn. B'ness 63 E2
Pine Gr. All 10 B3
Pine Gr. Dunf 46 C4
Pine Gr. Laur 61 D1
Pine Gr. Liv 148 A3
Pine St. Dunb 78 A1
Pine Wlk. Lar 38 B1
Pinebank. Liv 147 F3
Pines The. Gull 52 A2
Pinewood Dr. D Bay 48 A2
Pinewood Pk. Liv 146 C4
Pinewood Pl. May 183 F3
Pinewood Rd. May 183 F3
Pinewood View. May 183 F3
Pinkerton Pl. Ros 46 C3
Pinkhill. Edin 121 F3
Pinkie Ave. Muss 126 C3
Pinkie Dr. Muss 126 C3
Pinkie Hill Cres. Muss 126 C3
Pinkie Pl. Muss 126 C3
Pinkie Rd. Muss 126 C3
Pinkie Terr. Muss 126 C3
Pinkie Wlk. Tran 128 B3
Pinnel Pl. D Bay 48 B2
Pipe La. Edin 95 D1
Pipe St. Edin 95 D1
Piper Cres. Burn 33 E1
Pirig Cotts. Edin 93 F2
Pirleyhill Dr. Shi 81 E3
Pirleyhill Gdns. Falk 60 A1
Pirnhall Rd. Bann 19 E4
Pirniefield Bank. Edin 94 B2
Pirniefield Gdns. Edin 94 B2
Pirniefield Gr. Edin 94 B2
Pirniefield Pl. Edin 94 B2

Pirniefield Terr. Edin 94 B2
Pirrie St. Edin 93 F2
Pitbauchlie Bank. Dunf 29 E1
Pitcairn St. Dunf 29 E1
Pitcorthie Dr. Dunf 46 C4
Pitcorthie Rd. Dunf 29 E1
Pitdinnie Pl. Crossf 27 E1
Pitdinnie Rd. Crossf 27 E1
Pitfairn Rd. Fish 5 F2
Pitfour Pl. Kirk 16 B4
Pitlochry Pl. Edin 94 A1
Pitsligo Rd. Edin 123 D2
Pitt St. Edin 93 F3
Pitt Terr. Stir 7 D3
Pittencrieff Ct. Muss 126 C3
Pittencrieff St. Dunf 28 C2
Pittville St. Edin 125 E4
Pittville Street La. Edin 125 D4
Place Charente. Dalk 157 E1
Plane Gr. Dunf 46 C4
Plane St. Dunb 78 A1
Plantation St. Loch 14 A4
Player Gn. Liv 147 D4
Pleasance Brae. Crossf 27 F1
Pleasance Ct. Falk 60 A2
Pleasance Ct. Hal 30 A4
Pleasance. Edin 123 F4
Pleasance. Falk 60 A2
Pleasance Gdns. Falk 60 A2
Pleasance Rd. Falk 60 A2
Pleasance Rd. Hal 30 A3
Pleasance Row. For 215 D2
Pleasance Sq. Falk 60 A2
Pleasance The. Aber 71 E2
Plewlandcroft. Que 68 A1
Plewlands Ave. Edin 122 C1
Plewlands Gdns. Edin 122 C1
Plewlands Pl. Que 89 D4
Plewlands Terr. Edin 122 C1
Pleydell Pl. Edin 155 D4
Poachers Gn. Clack 11 D3
Pointgarry Rd. N Ber 54 A4
Polbeth Ave. W Cal 172 C3
Polbeth Cres. W Cal 172 C3
Polbeth Gdns. W Cal 172 C3
Polbeth Pl. W Cal 172 C3
Polbeth Rd. W Cal 172 C3
Poldrate. Hadd 132 A4
Polkemmet Dr. Hart 169 D3
Polkemmet La. Hart 168 C3
Polkemmet Rd. Hart 168 C3
Polkemmet Rd. Whit 169 F3
Pollock Wlk. Dunf 28 C3
Polmaise Ave. Stir 7 D2
Polmaise Cres. Fall 8 B3
Polmaise Ct. Stir 7 D2
Polmaise Rd. Cam 6 C2
Polmaise Rd. Stir 6 C3
Polmont House Gdns. Pol 61 F1
Polmont Pk. Pol 61 F2
Polmont Rd. Laur 61 D2
Polson Gdns. Tran 128 A3
Polton Avenue Rd. Bonn ... 182 A3
Polton Bank. Bonn 181 F3
Polton Bank. Rose 181 F3
Polton Bank Terr. Bonn 181 F3
Polton Cotts. Rose 181 E3
Polton Ct. Bonn 182 A4
Polton Gdns. Bonn 182 A4
Polton Rd. Bonn 182 A4
Polton Rd. Loan 181 E4
Polton Rd W. Bonn 181 F3
Polton St. Bonn 182 A3
Polton Terr. Bonn 182 A4
Polwarth Ave. Pol 82 B4
Polwarth Cres. Edin 123 D3
Polwarth Cres. Pres 97 D1
Polwarth Gdns. Edin 122 C3
Polwarth Gr. Edin 122 C3
Polwarth Pl. Edin 122 C3
Polwarth Terr. Edin 122 C3
Polwarth Terr. Pres 97 D1
Polworth Pl. Cow 13 E2
Pomathorn Bank. Peni 203 F2
Pomathorn Rd. How 203 F2
Pompee Rd. N Sau 5 D1
Ponton St. Edin 123 D3
Poolewe Dr. Laur 61 E1
Poplar Cres. Kirk 17 D4
Poplar Gr. Dunf 46 C4
Poplar Gr. Liv 148 A3
Poplar La. Edin 94 A3
Poplar St. Dunb 78 A1
Poplar St. Gran 61 E4
Poplar St. May 183 F3
Poplar Terr. Bonn 182 A3
Poplars The. Tull 4 A1
Port Buchan. Brox 117 E3
Port St. Clack 11 D2
Port St. Inver 47 E1
Port St. Stir 7 D4
Portal Rd. Gran 61 E3
Portdownie. Falk 59 E3
Porterfield Rd. Edin 92 C2

Portgower Pl. Edin 93 D1
Portland Pl. Edin 93 F3
Portland Pl. Fau 193 E3
Portland St. Edin 93 F3
Portobello Rd. Edin 94 C1
Portree Cres. Pol 62 A1
Post Office La. Inver 68 B3
Posthill. N Sau 5 E1
Potter Pl. Gran 39 F2
Potterrow. Edin 123 E4
Pottery St. Kirk 17 F4
Pottery The. Edin 95 D1
Pottery The. Pres 96 C1
Pottis Rd. Bann 7 E2
Pottishaw Pl. Black 145 E1
Povert Rd. Gore 182 C1
Powdermill Brae. Gore 207 E3
Powdrake Rd. Gran 61 F4
Pratt St. Kirk 17 D1
President Kennedy Dr. Plea 20 B2
Preston Ave. Lin 84 C3
Preston Ave. Pres 97 D1
Preston Cres. Inver 47 E1
Preston Cres. Lin 84 C3
Preston Cres. Pres 97 D1
Preston Cross Cotts. Pres ... 97 D1
Preston Ct. Lin 84 C3
Preston Ct. Pres 127 F4
Preston Pk. Lin 84 C3
Preston Pl. Path 185 D2
Preston Rd. E Lin 103 F4
Preston Rd. Lin 84 C3
Preston Rd. Pres 97 D1
Preston St. H Val 26 A1
Preston St. Rose 181 E1
Preston Terr. Inver 47 E1
Preston Terr. Lin 84 C3
Preston Terr. Pres 97 D1
Preston Tower. Pres 97 D1
Prestonfield Ave. Edin 124 A2
Prestonfield Bank. Edin 124 A2
Prestonfield Cres. Edin 124 A2
Prestonfield Gdns. Edin 124 A2
Prestonfield Rd. Edin 124 A2
Prestonfield Terr. Edin 124 A2
Prestongrange Rd. Pres 127 F4
Prestongrange Terr. Pres 96 C1
Prestonhall Cres. Rose 181 E1
Prestonhall Rd. Rose 181 E1
Pretoria Pl. Cow 13 D2
Pretoria Pl. Pol 61 F1
Pretoria Rd. Lar 38 A1
Priest Bank. Giff 134 B1
Priestfield Ave. Edin 124 A2
Priestfield Cres. Edin 124 A2
Priestfield Gdns. Edin 124 A2
Priestfield Gr. Edin 124 A3
Priestfield Rd. Edin 124 A3
Priestfield Rd N. Edin 124 A3
Prime Gilt Box St. Kirk 17 D3
Primmer Pl. Cow 13 D2
Primrose Ave. Gran 61 D3
Primrose Ave. Ros 46 B3
Primrose Bank Rd. Edin 93 D3
Primrose Cres. Dalk 157 E1
Primrose Ct. Brox 117 F3
Primrose Ct. Ros 46 B3
Primrose Dr. Dal 90 B2
Primrose Gdns. Newt 206 B3
Primrose Gdns. Que 89 E4
Primrose La. Cow 13 E3
Primrose La. Kin 23 F2
Primrose La. Ros 46 B3
Primrose Pl. All 10 A3
Primrose Pl. Liv 147 D3
Primrose Rd. Lime 46 A3
Primrose St. All 10 A4
Primrose St. Bon 58 A3
Primrose St. Edin 94 A2
Primrose Terr. Dalk 157 E1
Primrose Terr. Edin 122 C3
Prince Regent St. Edin 93 F3
Princes St. Cali 81 F3
Princes St. Edin 123 E4
Princes St. Falk 60 A3
Princes St. Gran 61 F4
Princes St. Stir 7 D4
Princess Mary Pl. Hadd 101 D1
Princess Mary Rd. Hadd ... 101 D1
Princess St. Bon 58 A3
Priors Grange. Torp 113 F3
Priorscroft. Torp 113 F3
Priory Dr. Que 89 D4
Priory La. Dunf 29 D2
Priory Rd. Lin 84 C3
Priory Rd. Madd 83 F3
Priory Sq. Kin 23 F2
Priory Wlk. Hadd 132 B4
Promenade. Edin 95 D1
Promenade. Lime 45 E2
Promenade. Muss 126 A4
Prora Cotts. Ath 73 E2
Prospect Bank Cres. Edin ... 94 B2
Prospect Bank Gdns. Edin .. 94 A2
Prospect Bank Gr. Edin 94 B2
Prospect Bank Rd. Edin 94 B2
Prospect Bank Terr. Edin 94 B2

Prospect St. Cow 13 D2
Prospect St. Falk 59 F3
Prospecthill Rd. Falk 60 A1
Providence Brae. B'ness 63 F3
Provost Hunter Ave. Alva 5 E4
Provost Milne Gr. Que 89 E4
Provost Rd. B'ness 63 E3
Provost Rd. Lin 85 D4
Pryde Ave. Bonn 182 A4
Pryde Terr. Bonn 182 A4
Puir Wife's Brae. Bog 145 E3
Pullar Ave. B of A 2 A3
Pullar Ct. B of A 2 A3
Pumpherston Rd. E Cal 148 B3
Pumpherston Rd. Pump 148 B3
Pyothall Rd. Brox 117 E3
Pypers Wynd. Pres 96 C1

Quadrant La. N Ber 54 B4
Quadrant. N Ber 54 B4
Quadrant The. Peni 203 F3
Quakerfield. Bann 7 F1
Quality St. Edin 91 F2
Quality St. Kirk 18 A4
Quality St. N Ber 54 B4
Quality Street La. Edin 91 F2
Quaraywood Ct. Liv 147 E2
Quarrolhall Cres. Sten 39 D2
Quarry Brae. Kirk 17 E4
Quarry Brae. Pol 82 C4
Quarry Cl. Edin 123 F3
Quarry Cotts. Edin 125 D2
Quarry Ct. Cow 13 D2
Quarry Howe. Bale 151 E1
Quarry Knowe. Bann 19 F4
Quarry Pl. N Sau 10 B4
Quarry Rd. Cam 6 B3
Quarry Rd. Fau 193 F3
Quarry Rd. Shot 191 E3
Quarry St. Shot 191 E3
Quarryfoot Gdns. Bonn 182 B4
Quarryfoot Gr. Bonn 182 B4
Quarryfoot Pl. Bonn 182 A4
Quarryford Farm Cotts.
  Giff 190 C4
Quarryknowes The. B'ness . 63 F3
Quarryside Ct. Dunf 28 B3
Quayside St. Edin 93 F3
Quebec Ave. Liv 147 F2
Queen Anne Dr. Kirkl 119 D3
Queen Anne Pk. Kirkl 119 D3
Queen Anne St. Dunf 29 D2
Queen Charlotte La. Edin 94 A3
Queen Charlotte St. Edin 94 A3
Queen Margaret Cl. Edin ... 154 B3
Queen Margaret Dr. Que 89 D4
Queen Margaret St. King 34 C1
Queen Margaret's Pl. Inver . 68 B3
Queen St. All 10 A4
Queen St. Alva 5 D4
Queen St. Bann 7 E1
Queen St. Edin 93 E1
Queen St. Falk 60 B3
Queen St. Gran 61 F4
Queen St. Inver 47 D1
Queen St. Stir 7 D4
Queen Street Gdns W. Edin 93 E1
Queen's Ave. B of A 2 A3
Queen's Ave. Edin 92 A1
Queen's Ave S. Edin 92 B1
Queen's Bay Cres. Edin 125 E4
Queen's Bldgs. Ros 46 C3
Queen's Cres. Car 230 A1
Queen's Cres. Edin 123 F2
Queen's Cres. Falk 59 F3
Queen's Ct. B of A 1 C4
Queen's Dr. Edin 124 B3
Queen's Dr. Lar 38 B2
Queen's Dr. Pen 160 C3
Queen's Gdns. Edin 92 B1
Queen's La. B of A 2 A4
Queen's Park Ave. Edin 94 A1
Queen's Park Ct. Edin 124 B4
Queen's Pl. Dunb 78 C1
Queen's Rd. Brox 117 F3
Queen's Rd. Dunb 78 C1
Queen's Rd. Edin 92 B1
Queen's Rd. Stir 6 C4
Queen's St. Cali 81 F3
Queen's Wlk. Edin 124 C2
Queens Ave. Brox 117 F2
Queens Ave. Hadd 100 C1
Queens Cres. King 34 C1
Queens Dr. Duni 36 C2
Queens Dr. Falk 59 F3
Queens Gdns. E Cal 148 C2
Queens Terr. E Cal 148 C2
Queens Way. Ros 46 A1
Queensferry Rd. Dunf 46 B4
Queensferry Rd. Edin 91 D2
Queensferry Rd. Edin 92 B1
Queensferry Rd. Kirkl 89 D1
Queensferry Rd. Ros 46 C3
Queensferry St. Edin 123 D4
Queensferry Street La.
  Edin 123 D4

253

Queensferry Terr. Edin — Russel Ct. Loch

Queensferry Terr. Edin 92 C1
Queenshaugh Dr. Stir 2 B1
Queensway. Peni 203 F4
Quench Rd. B'ness 62 A3
Quentin Rise. Muri 147 F1
Quidenham Ct. N Ber 54 A3
Quilts The. Edin 93 F3
Quilts Wynd. Edin 93 F3

Race Rd. Bath 144 C4
Rae St. Cow 13 E1
Rae St. Sten 38 B2
Raeburn Cres. Kirk 17 D2
Raeburn Cres. Whit 170 A3
Raeburn Mews. Edin 93 D1
Raeburn Pl. Edin 93 D1
Raeburn Rigg. Liv 147 D3
Raeburn St. Edin 93 D1
Raes Gdns. Bonn 182 B4
Rainhill Ave. Madd 82 C3
Raith Ave. Cow 13 E2
Raith Cres. Kirk 17 D2
Raith Dr. Kirk 17 D2
Raith Gdns. Kirk 16 C2
Raleigh Ct. Falk 59 F3
Ramage Rd. Car 230 A1
Ramillies Ct. Auch 204 A4
Ramillies Ct. Car 230 A1
Ramsay Ave. Laur 61 D2
Ramsay Cotts. Newt 182 C2
Ramsay Cres. Bath 145 E3
Ramsay Cres. Burn 34 A1
Ramsay Cres. May 183 F3
Ramsay Ct. Liv 148 B3
Ramsay La. Kin 23 F2
Ramsay La. Lime 45 E2
Ramsay Pl. Edin 95 D1
Ramsay Pl. Stir 2 A1
Ramsay Rd. Kirk 17 D1
Ramsay Terr. Bonn 181 F3
Ramsay Wlk. May 183 F3
Ramsey Ct. Kin 23 F2
Ramsey Gdn. Edin 123 E4
Ramsey La. Edin 123 E4
Ramsey Pl. Peni 203 E3
Ramsey Pl. Ros 46 C2
Ramsey Tullis Ave. Tull 4 B1
Ramsey Tullis Dr. Tull 4 B1
Randolph Cres. Bann 7 E1
Randolph Cres. Edin 123 D4
Randolph Cres. Pol 82 B4
Randolph Ct. Stir 7 D3
Randolph Gdns. Den 36 B1
Randolph La. Edin 123 D4
Randolph Pl. Bann 7 E1
Randolph Pl. Edin 123 D4
Randolph Pl. Kirk 18 A4
Randolph Rd. Stir 7 D3
Randolph St. Cow 13 E2
Randolph St. Dunf 29 D2
Randolph Terr. Stir 7 D2
Randyford Rd. Falk 60 B3
Randyford St. Falk 60 C3
Range Rd. Gran 62 B4
Rankeillor St. Edin 123 F3
Rankin Ave. Edin 123 F1
Rankin Dr. Edin 123 F1
Rankin Rd. Edin 123 F2
Rannoch Ct. All 10 B3
Rannoch Dr. Crossf 28 A1
Rannoch Dr. Whit 170 B4
Rannoch Gr. Edin 91 E1
Rannoch Pl. Edin 91 E1
Rannoch Pl. Shi 81 F4
Rannoch Pl. Shot 191 F3
Rannoch Pl. Sten 38 C2
Rannoch Rd. Edin 91 E1
Rannoch Rd. Gran 61 E2
Rannoch Rd. Kirk 16 C4
Rannoch Rd. Ros 46 C1
Rannoch Rd. Whit 170 B4
Rannoch Terr. Edin 91 E1
Rannoch Wlk. Liv 148 A2
Rannoch Wlk. Whit 170 B4
Ransome Gdns. Edin 91 E1
Raploch Rd. Stir 1 C1
Rashiehill Cres. Add 194 C3
Rashiehill Rd. Slam 110 A3
Rashiehill Terr. Add 194 C3
Rashienhill. For 215 D1
Rashierig. Uph 117 D3
Ratcliffe Terr. Edin 123 F2
Rathbone Pl. Edin 95 D1
Ratho Park Rd. Rat 119 F1
Ratho Pl. Dunf 29 E2
Rattray Gdns. Black 171 F4
Rattray St. B'ness 64 A4
Rattray Terr. Loch 14 A4
Ravelrig Hill. Bale 151 D1
Ravelrig Pk. Bale 151 D1
Ravelrig Rd. Bale 151 D2
Ravelston Dykes. Edin 122 B4
Ravelston Dykes La. Edin 122 A4
Ravelston Dykes Rd. Edin 122 A4
Ravelston Gdn. Edin 122 B4
Ravelston Heights. Edin 92 B1
Ravelston House Gr. Edin 92 B1
Ravelston House Loan. Edin 92 B1
Ravelston House Pk. Edin 92 B1
Ravelston House Rd. Edin 92 B1
Ravelston Pk. Edin 122 C4
Ravelston Rise. Edin 122 B4
Ravelston Terr. Edin 92 C1
Ravelsykes Rd. Peni 203 E3
Ravendean Gdns. Peni 203 E3
Ravens Craig. Kirk 17 E3
Ravenscraig St. Kirk 17 F3
Ravenscroft Gdns. Edin 155 F3
Ravenscroft Pl. Edin 155 F3
Ravenscroft St. Edin 155 F3
Ravenshaugh Cres. Muss 127 D3
Ravenshaugh Rd. Muss 127 D4
Ravenswood Ave. Edin 124 B1
Ravenswood Rise. Muri 173 F4
Rectory La. Kirk 18 A4
Red Craigs. Kirk 16 B4
Red Fox Cres. Auch 180 A1
Red Row. Lime 45 E2
Redbrae Ave. B'ness 64 A3
Redbraes Gr. Edin 93 E2
Redbraes Pl. Edin 93 E2
Redburn Rd. Blac 142 A1
Redburn Rd N. Pres 96 C1
Redburn Rd. Pres 96 C1
Redburn Wynd. Kirk 17 E2
Redcraig Rd. E Cal 148 C1
Redcroft Pl. Ston 171 D1
Redcroft St. Dan 156 A4
Redcroft Terr. Ston 171 D1
Redding Rd. Laur 61 D1
Redding Rd. Pol 82 B4
Reddingmuirhead Rd. Shi 61 D1
Reddoch Rd. Gran 62 A3
Reddoch Rd. Pol 62 A2
Redford Ave. Edin 153 E3
Redford Bank. Edin 153 E3
Redford Cres. Edin 153 E3
Redford Dr. Edin 153 D3
Redford Gdns. Edin 153 E3
Redford Gr. Edin 153 E3
Redford Loan. Edin 153 E3
Redford Neuk. Edin 153 E3
Redford Pl. Edin 153 E3
Redford Rd. Edin 153 E3
Redford Terr. Edin 153 E3
Redford Wlk. Edin 153 E3
Redgauntlet Terr. Edin 124 B1
Redhall Ave. Edin 122 A1
Redhall Bank Rd. Edin 122 A1
Redhall Cres. Edin 122 A1
Redhall Dr. Edin 122 A1
Redhall Gdns. Edin 122 A1
Redhall Gr. Edin 122 A1
Redhall House Dr. Edin 122 A1
Redhall Pl. Edin 122 A1
Redhall Rd. Edin 122 A1
Redhall View. Edin 122 A1
Redhaws Rd. Shot 192 A2
Redheugh Loan. Gore 183 E1
Redheughs Ave. Edin 121 D2
Redheughs Rigg. Edin 121 D2
Redholm Pk. N Ber 54 C3
Redhouse Cotts. Winch 86 C2
Redhouse Ct. Black 171 F4
Redhouse Pl. Black 145 E1
Redhouse Rd. Black 172 A4
Redlands Ct. Whit 170 C4
Redlands Rd. Tull 4 A2
Redmill Cotts. Whit 170 C4
Redmill Ct. Whit 170 C4
Redmill View. Whit 170 C4
Redmire Cres. Alla 212 A4
Redpath Dr. Sten 39 D2
Redwell Pl. All 9 F4
Reed Dr. Newt 183 D4
Reedlands Dr. Den 57 E4
Regent Pl. Edin 94 A1
Regent Rd. Edin 93 F1
Regent Sq. Lin 85 D4
Regent St. Edin 125 D4
Regent St. Kin 23 F2
Regent Street La. Edin 125 D4
Regent Terr. Edin 93 F1
Regent Terrace Mews. Edin 93 F1
Regents Way. D Bay 48 A2
Regis Ct. Edin 91 D2
Register Pl. Edin 93 E1
Register St. B' ness 63 F4
Reid Ave. Cross 30 C3
Reid St. Dunf 29 D2
Reid St. Loch 14 A4
Reid Terr. Edin 93 D1
Reid's Cl. Edin 123 F4
Reilly Rd. Bon 58 A2
Relugas Gdns. Edin 123 F2
Relugas Pl. Edin 123 F2
Relugas Rd. Edin 123 F2
Rendall Gdns. Brox 117 F3
Rennie Pl. E Lin 103 E4
Rennie Sq. Muri 173 E3
Rennie St. Falk 60 A4
Research Ave 1. Rat 151 F4
Research Ave 2. Rat 151 F4
Research Ave N. Rat 120 C1
Research Park Rd. Rat 151 F4
Restalrig Ave. Edin 94 B1
Restalrig Cir. Edin 94 B2
Restalrig Cres. Edin 94 B2
Restalrig Dr. Edin 94 B1
Restalrig Gdns. Edin 94 B1
Restalrig Pk. Edin 94 A2
Restalrig Rd. Edin 94 A2
Restalrig Rd S. Edin 94 B1
Restalrig Sq. Edin 94 B2
Restalrig Terr. Edin 94 A2
Reveston La. Whit 170 A3
Reynard Gdns. Madd 84 A3
Rhodders Gr. Alva 5 D4
Rhodes St. Dunf 29 D1
Riccarton Ave. Curr 152 A3
Riccarton Cres. Curr 152 A2
Riccarton Dr. Curr 152 A3
Riccarton Gr. Curr 152 A3
Riccarton Mains Rd. Curr 152 A3
Riccarton Mains Rd. Rat 152 A3
Riccarton Rd. Lin 84 C3
Richmond Dr. Pol 82 B4
Richmond La. Edin 123 F4
Richmond Pl. Edin 123 F4
Richmond Pl. Loch 14 A4
Richmond Terr. B' ness 63 F4
Richmond Terr. Edin 123 D4
Riddochhill Cres. Black 171 E4
Riddochhill Ct. Black 171 D4
Riddochhill Dr. Black 171 E4
Riddochhill Rd. Black 171 E4
Riddochhill View. Black 171 D4
Ridge Way. D Bay 48 A3
Riding Pk. Edin 91 D2
Ridley Dr. Ros 46 C2
Rifle Rd. Gran 62 B4
Rig Pl. Aber 71 E2
Rig St. Aber 71 E2
Rigg Pk. Dunb 78 B1
Riggs View. Crossf 27 E1
Rigley Terr. Pres 127 F4
Rillbank Cres. Edin 123 E3
Rillbank Terr. Edin 123 E3
Rimmon Cres. Shot 191 F3
Ring Rd. All 10 A4
Ringwood Pl. Edin 155 D4
Rintoul Ave. Bla 26 A4
Rintoul Pl. Bla 26 A4
Rintoul Pl. Edin 93 D1
Riselaw Cres. Edin 154 A4
Riselaw Pl. Edin 154 A4
Riselaw Rd. Edin 154 A4
Riselaw Terr. Edin 154 A4
Ritchie Pl. B'ness 64 A3
Ritchie Pl. Edin 122 C3
Ritchie Pl. Gran 61 E3
Rivaldsgreen Cres. Lin 85 D3
River St. Falk 39 D1
River View. D Bay 48 A1
River Wlk. D Bay 48 A1
Riverbank View. Stir 7 E4
Riversdale Cres. Edin 122 B4
Riversdale Gr. Edin 122 B4
Riversdale Rd. Edin 122 B4
Riverside Ct. Liv 147 E2
Riverside Dr. Hadd 101 D1
Riverside Dr. Stir 2 B1
Riverside. Edin 91 E4
Riverside Gdns. Muss 126 A3
Riverside. Kirkl 118 C3
Riverside Pl. Hadd 101 E1
Riverside Rd. B'ness 62 A3
Riverside Rd. Dal 90 C2
Riverside Terr. Kin 23 F2
Riverside View. All 10 A2
Road 10. Gran 62 B3
Road 11. Gran 62 B3
Road 13. Gran 62 B3
Road 15. Gran 62 B3
Road 24. Gran 62 A3
Road 25. Gran 62 A3
Road 27. Gran 62 A3
Road 28. Gran 62 A3
Road 29. Gran 62 A3
Road 30b. Gran 62 A3
Road 30c. Gran 62 A3
Road 31. Gran 62 A3
Road 32. Gran 62 A3
Road 33. B'ness 62 A3
Road 4. Gran 62 B3
Road 4a. Gran 62 B3
Road 4b. Gran 62 B3
Road 6. Gran 62 B3
Road 7. Gran 62 B3
Road 9. Gran 62 B3
Roanhead Terr. Kin 23 F2
Roanshead Rd. May 183 E4
Robb's Loan. Edin 122 B2
Robb's Loan Gr. Edin 122 B2
Robert Bruce Ct. Lar 38 A1
Robert Burns Dr. Edin 124 A1
Robert Burns Mews. Dalk 157 E2
Robert Dick Ct. Tull 4 B1
Robert Kinmond Ave. Tull 4 B1
Robert Knox Ave. Tull 4 B1
Robert Smilie Ave. May 183 F3
Robert Smith Ct. Loch 13 F3
Robert St. Shot 191 F2
Roberts Ave. Pol 61 E1
Roberts St. Kirk 17 F4
Robertson Ave. Bath 144 C3
Robertson Ave. Bon 58 A3
Robertson Ave. Edin 122 B3
Robertson Ave. Pres 97 D1
Robertson Ave. Tran 128 B3
Robertson Bank. Gore 207 E3
Robertson Dr. Tran 128 B4
Robertson Pl. Stir 7 D2
Robertson Rd. Dunf 29 E3
Robertson St. Alva 5 D4
Robertson Way. Liv 147 E4
Robertson's Cl. Dalk 157 D2
Robertson's Cl. Edin 123 F4
Robertsons Bank. Gore 207 E4
Robins Neuk. Glad 129 E3
Rocheid Pk. Edin 92 C2
Rochester Terr. Edin 123 D2
Rocks Rd. Lime 45 D2
Rockville Gr. Lin 85 D3
Rockville Terr. Bonn 182 A4
Roddinglaw Rd. Kirkl 120 B2
Rodel Dr. Pol 61 F1
Rodney St. Edin 93 E1
Rodney St. Gran 61 E3
Roebuck Pl. B' ness 63 E3
Rolland St. Dunf 29 D2
Roman Camp Cotts. Pump 117 E1
Roman Camp. Path 185 D2
Roman Camp Way. Path 185 D2
Roman Dr. Falk 59 E3
Roman Rd. Bon 58 A2
Roman Rd. Inver 47 D1
Roman Way. B' ness 63 E3
Romero Pl. Edin 123 F3
Romyn Rd. Ros 46 B1
Ronades Rd. Falk 60 A4
Ronald Cres. Lar 38 A1
Ronald Pl. Stir 7 D4
Ronaldshay Cres. Gran 61 F4
Ronaldson Gr. Dunf 29 E3
Ronaldson's Wharf. Edin 93 F3
Rood Well Cotts. E Lin 104 C1
Roods Cres. Inver 47 D2
Roods Rd. Inver 47 D1
Roods Sq. Inver 47 E2
Roomlin Gdns. Kirk 17 F4
Roosevelt Rd. Kir 149 F2
Rope Wlk. Pres 96 C1
Ropeway. Ros 46 A1
Rosabelle Rd. Rosl 180 C2
Rosabelle St. Kirk 17 F4
Rose Cres. Dunf 29 D2
Rose Ct. Edin 91 F2
Rose Gdns. Crossf 27 E1
Rose La. Loch 14 A4
Rose La. Que 68 A1
Rose La. Torr 26 C1
Rose Pk. Edin 93 D3
Rose St. All 4 C1
Rose St. Bon 58 A3
Rose St. Burn 50 C4
Rose St. Cow 13 E2
Rose St. Dunf 29 D2
Rose St. Edin 123 E4
Rose Street North La. Edin 123 E4
Rose Street South La. Edin 123 E4
Rose Terr. Den 36 B1
Rose Terr. Sten 38 C2
Rosebank Ave. Falk 59 F3
Rosebank Cotts. Edin 123 D4
Rosebank. Cow 13 E2
Rosebank. Dunf 29 E1
Rosebank Gdns. Dunf 28 B3
Rosebank Gdns. Edin 93 D3
Rosebank Gdns. Kin 23 F2
Rosebank Gr. Edin 93 D3
Rosebank. N Sau 5 E1
Rosebank Pl. Falk 59 F3
Rosebank Rd. Edin 93 D3
Rosebank Roundabout. W Cal 173 D4
Roseberry Ct. Que 89 E4
Roseberry Pl. Liv 147 D3
Rosebery Ave. Que 89 E4
Rosebery Cres. Bath 145 D3
Rosebery Cres. Edin 122 C4
Rosebery Cres. Gore 207 E3
Rosebery Crescent La. Edin 122 C4
Rosebery Ct. D Bay 47 F1
Rosebery Ct. Kirk 17 D3
Rosebery Gr. D Bay 47 F1
Rosebery Pl. D Bay 47 F1
Rosebery Pl. Stir 2 A1
Rosebery Terr. Kirk 17 D3
Rosebery View. D Bay 47 F1
Roseburn Ave. Edin 122 B4
Roseburn Cliff. Edin 122 C4
Roseburn Cres. Edin 122 B4
Roseburn Dr. Edin 122 B4
Roseburn Gdns. Edin 122 B4
Roseburn Pl. Edin 122 B4
Roseburn St. Edin 122 B3
Roseburn Terr. Edin 122 C4
Rosebush Cres. Dunf 29 E2
Rosefield Ave. Edin 125 D4
Rosefield Avenue La. Edin 125 D4
Rosefield La. Edin 125 D4
Rosefield Pl. Edin 125 D4
Rosefield St. Edin 125 D4
Rosehall. Hadd 131 F4
Rosehall Pl. Hadd 131 F4
Rosehall Rd. Shot 191 E2
Rosehall Terr. Falk 60 A2
Rosehill Cres. Cow 13 D2
Rosehill Terr. Dal 89 E4
Roselea Dr. Pol 82 C4
Rosemead Terr. Cali 81 F3
Rosemill Ct. Torr 26 B1
Rosemount Ave. Kirk 17 D4
Rosemount Bldgs. Edin 123 D4
Rosemount Ct. Bath 145 D3
Rosemount Dr. Uph 116 C2
Roseneath Pl. Edin 123 E3
Roseneath Terr. Edin 123 E3
Rosevale Pl. Edin 94 A2
Rosevale Terr. Edin 94 A2
Roseville Gdns. Edin 93 E3
Rosewell Rd. Bonn 181 F2
Ross Ave. D Bay 48 A1
Ross Cres. Falk 59 E3
Ross Cres. Tran 128 B3
Ross Ct. Stir 7 D2
Ross Gdns. Edin 123 F2
Ross Gdns. Kirk 17 F4
Ross La. Dunf 28 C2
Ross Pl. Edin 123 F2
Ross Pl. King 34 C1
Ross Pl. Newt 183 D3
Ross Rd. Edin 123 F1
Ross St. Dunf 29 D3
Rossend Terr. Burn 50 B4
Rossie Pl. Edin 94 A1
Rossland Pl. King 34 C1
Rosslyn Cres. Edin 93 F2
Rosslyn St. Kirk 17 F4
Rosslyn Terr. Edin 93 F2
Rossness Dr. King 34 C1
Rothesay Mews. Edin 122 C4
Rothesay Pl. Edin 123 D4
Rothesay Pl. Muss 126 B3
Rothesay Terr. Edin 123 D4
Roughburn Rd. B of A 2 A3
Roughlands Cres. Sten 39 D2
Roughlands Dr. Sten 39 D2
Roull Gr. Edin 121 E3
Roull Pl. Edin 121 F3
Roull Rd. Edin 121 E3
Round The. Dunf 29 E2
Roundel The. Falk 60 B4
Roundelwood. N Sau 5 D1
Rowallan Ct. Edin 121 D4
Rowallen Dr. Bann 19 F4
Rowan Cres. Falk 59 D2
Rowan Ct. Bann 7 F1
Rowan Dr. Black 145 F1
Rowan Gdns. Bonn 182 A3
Rowan Gr. Dunf 29 E1
Rowan Gr. Liv 148 A3
Rowan La. Black 145 E1
Rowan St. Black 145 E1
Rowan St. Dunb 78 A1
Rowan Terr. Black 171 E4
Rowan Terr. Cow 13 E2
Rowan Tree Ave. Curr 151 F2
Rowan Tree Gr. Curr 151 F2
Rowans The. Gull 52 A2
Rowans The. N Sau 5 E1
Rowantree Rd. May 183 F4
Roxburgh Pl. Edin 123 F4
Roxburgh Pl. Sten 38 C2
Roxburgh St. Edin 123 F4
Roxburgh St. Gran 61 F4
Roxburghe Pk. Dunb 78 C1
Roxburghe Terr. Dunb 78 C1
Royal Cir. Edin 93 D1
Royal Cres. Edin 93 E1
Royal Ct. Peni 203 E4
Royal Gdns. Stir 7 D4
Royal Park Terr. Edin 94 A1
Royal Scot Way. Dunf 29 D3
Royal Terr. Edin 93 F1
Royal Terr. Lin 84 C3
Royston Mains Ave. Edin 92 C3
Royston Mains Cl. Edin 92 C3
Royston Mains Cres. Edin 92 C3
Royston Mains Gdns. Edin 92 C3
Royston Mains Gn. Edin 92 C3
Royston Mains Pl. Edin 92 B3
Royston Mains Rd. Edin 92 C3
Royston Mains St. Edin 92 B3
Royston Rd. Liv 146 C4
Royston Terr. Edin 93 D2
Rulley View. Duni 36 B2
Rullion Green Ave. Peni 203 E4
Rullion Green Cres. Peni 203 E4
Rullion Green Gr. Peni 203 E4
Rullion Rd. Peni 203 E3
Rumblingwell. Dunf 28 B3
Rumlie The. Slam 110 A3
Run The. B'ness 64 B4
Rushbank. Liv 147 F3
Ruskie Rd. Stir 2 A2
Ruskin Pl. May 183 F3
Russel Ct. Loch 14 A4

254

Russel Pl. Edin Silverknowes Pl. Edin

Russel Pl. Edin	93	D3
Russel St. Falk	60	A3
Russell Ave. Arm	143	F4
Russell Ct. Dunf	29	F1
Russell Gr. Burn	33	F1
Russell Pl. Kirk	17	E3
Russell Pl. Oak	26	C4
Russell Rd. Edin	122	C3
Russell St. Cow	13	D2
Russell St. Loch	14	A4
Rutherford Ct. B of A	2	A4
Rutherford Ct. Kirk	17	F4
Rutherford Dr. Edin	124	A1
Rutherford Sq. Muri	173	E3
Ruthven Rd. Dir	53	D2
Rutland Court La. Edin	123	D4
Rutland Sq. Edin	123	D4
Rutland St. Edin	123	D4
Ryebank. Liv	147	F3
Ryehill Ave. Edin	94	A2
Ryehill Gdns. Edin	94	A2
Ryehill Gr. Edin	94	A2
Ryehill Pl. Edin	94	A2
Ryehill Terr. Edin	94	A2
Saddletree Loan. Edin	124	B1
Sailors' Wlk. Burn	50	B4
Sainford Cres. Falk	39	D1
St Alban's Rd. Edin	123	F2
St Andrew Pl. Edin	94	A2
St Andrew Sq. Edin	93	E1
St Andrew St. Dalk	157	D2
St Andrew St. Dunf	29	E1
St Andrew St. N Ber	54	B4
St Andrew's Ct. Lar	38	A2
St Andrew's Dr. Air	22	A4
St Andrew's Dr. Arm	143	F4
St Andrew's Dr. Uph	116	C2
St Andrew's Way. Liv	146	C3
St Andrews Pl. Falk	60	A2
St Ann's Ave. Bonn	181	F3
St Ann's Path. Bonn	181	F3
St Anne's Cres. Bann	7	F1
St Anne's Ct. Newt	183	D3
St Anthony La. Edin	93	F3
St Anthony Pl. Edin	93	F3
St Anthony St. Edin	93	F3
St Baldred's Cres. N Ber	54	B4
St Baldred's Rd. N Ber	54	B3
St Bernard's Cres. Edin	93	D1
St Bernard's Row. Edin	93	D1
St Bridgets Brae. D Bay	48	B2
St Brycedale Ave. Kirk	17	D2
St Brycedale Rd. Kirk	17	D2
St Catherine. Madd	82	C4
St Catherine's Gdns. Edin	122	A3
St Catherine's Pl. Edin	123	F3
St Catherine's Wynd. Dunf	28	C2
St Catherines Cres. Shot	191	F3
St Clair Ave. Edin	94	A2
St Clair Cres. Rosl	181	D2
St Clair Pl. Edin	94	A2
St Clair Rd. Edin	94	A2
St Clair St. Edin	94	A2
St Clair St. Kirk	17	F4
St Clair Terr. Edin	122	C1
St Clement's Cres. Muss	127	D2
St Clement's Gdns N. Muss	127	D2
St Clement's Gdns S. Muss	127	D2
St Clement's Terr. Muss	127	D2
St Colme Ave. Abe	49	D3
St Colme Cres. Abe	49	D4
St Colme Dr. D Bay	48	B3
St Colme Rd. D Bay	48	B2
St Colme St. Edin	93	D1
St Crispin's Pl. Falk	60	A2
St David's Ct. D Bay	48	A2
St David's Ct. Lar	38	A1
St David's Pl. Edin	123	D4
St David's Terr. Edin	123	D4
St Davids. Newt	183	D3
St Fillan's Terr. Edin	123	D1
St Fillans Cres. Abe	49	E4
St Fillans Gr. Abe	49	E4
St Fillans Pl. Kirk	16	B4
St Fillans Rd. Kirk	16	B4
St George's Ct. Lar	38	A1
St Germains Terr. Glad	129	E3
St Giles Sq. Falk	59	D3
St Giles St. Edin	123	E4
St Giles Way. Falk	59	D3
St James' Orch. Stir	2	B1
St James' Pl. Edin	93	E1
St James Pl. King	35	D1
St James Sq. Edin	93	E1
St James's Gdns. Peni	203	F2
St James's View. Peni	203	F2
St John St. E Lin	106	B2
St John St. Edin	123	F4
St John St. Stir	7	D4
St John's Ave. Edin	121	F3
St John's Ave. Falk	60	B3
St John's Ave. Lin	84	C3
St John's Cres. Edin	121	F3
St John's Ct. Inver	47	E2
St John's Dr. Dunf	29	E2
St John's Gate. Den	36	B1
St John's Gdns. Den	36	B1
St John's Gdns. Edin	121	F3
St John's Gr. Den	36	B1
St John's Hill. Edin	123	F4
St John's Pl. Dunf	29	E2
St John's Pl. Torp	113	F3
St John's Rd. Brox	117	F2
St John's Rd. Edin	121	E3
St John's Terr. Edin	121	F3
St John's Way. B' ness	63	F3
St Joseph's Cotts. Tran	128	B4
St Katharine's Cres. Edin	155	D3
St Katharine's Loan. Edin	155	D3
St Katherine's Brae. Edin	155	D3
St Kentigern Rd. Peni	203	E3
St Kilda Cres. Kirk	16	C4
St Laurence Cres. Slam	110	A3
St Lawrence St. Dunf	29	E1
St Leonard's Bank. Edin	123	F3
St Leonard's Ct. King	35	D2
St Leonard's. Edin	123	F3
St Leonard's Hill. Edin	123	F3
St Leonard's La. Edin	123	F3
St Leonard's Pl. Dunf	29	D1
St Leonard's Pl. King	34	C2
St Leonard's St. Dunf	29	D1
St Leonard's St. Edin	123	F3
St Magdalene's. Lin	85	D4
St Margaret St. Dunf	29	D2
St Margaret's Cres. Pol	61	F1
St Margaret's Dr. Arm	143	F3
St Margaret's Rd. Edin	123	D2
St Margaret's Rd. N Ber	54	B4
St Margarets Ct. N Ber	54	B4
St Margarets Dr. Dunf	29	D2
St Mark's La. Edin	125	D4
St Mark's La. Edin	125	D4
St Mark's Pl. Edin	125	D4
St Martin's Ct. Hadd	132	B4
St Martin's Gate. Hadd	132	A4
St Martin's Pl. Hadd	132	B4
St Mary's Pl. Edin	125	E4
St Mary's Pl. Kirk	17	E3
St Mary's Place La. Edin	125	E4
St Mary's Rd. Kirk	17	E3
St Mary's St. Edin	123	F4
St Mary's Wynd. Stir	7	D4
St Marys Pl. Gran	61	F4
St Michael's Ave. Muss	126	B3
St Michael's Wynd. Lin	85	D4
St Modans Ct. Falk	60	A2
St Mungo's View. Peni	203	F3
St Ninian's Ave. Lin	84	C4
St Ninian's Dr. Edin	121	E4
St Ninian's Rd. Edin	121	E4
St Ninian's Rd. Lin	84	C4
St Ninian's Row. Edin	93	E1
St Ninian's Terr. Edin	122	C1
St Ninian's Way. Lin	84	C4
St Ninians Rd. Stir	6	C3
St Ninians Rd. Stir	7	D3
St Ninians Way. Muir	65	F2
St Patrick Sq. Edin	123	F3
St Patrick St. Edin	123	F3
St Paul's Dr. Arm	144	A3
St Peter's Ct. Inver	47	E2
St Ronan's Terr. Edin	123	D1
St Serf's Pl. Tull	4	A2
St Serf's Rd. Tull	4	A2
St Serf's Wlk. Alva	4	C3
St Serfs Gr. Clack	11	D2
St Stephen Pl. Edin	93	D1
St Stephen St. Edin	93	D1
St Teresa Pl. Edin	122	C2
St Thomas Rd. Edin	123	F2
St Thomas's Pl. Stir	6	C3
St Thomas's Well. Stir	6	B4
St Valery Dr. Stir	7	D2
St Vincent St. Edin	93	D1
Sainthill Ct. N Ber	54	A4
Salamanca Cres. Auch	204	A4
Salamander Pl. Edin	94	A3
Salamander St. Edin	94	A3
Salen Loan. Shot	192	A2
Salisbury Pl. Edin	123	F3
Salisbury Rd. Edin	123	F3
Salisbury St. Kirk	17	D3
Salisbury View. May	183	E3
Salmon Dr. Falk	59	F1
Salmon Inn Rd. Laur	61	E1
Salmon Inn Rd. Pol	61	E1
Salmond Pl. Edin	94	A1
Salt Preston Pl. Pres	96	C1
Saltcoats Dr. Gran	61	F4
Saltcoats Rd. Gran	62	A4
Saltcoats Rd. Gull	52	A1
Salter's Rd. Dalk	157	E3
Salter's Rd. Muss	127	D2
Salter's Rd. Path	186	A1
Salter's Rd. White	127	E3
Salters' Gr. Dalk	157	E2
Salters' Rd. Dalk	157	E2
Salters' Rd. Path	185	F1
Salters' Terr. Dalk	157	E2
Saltire Gdns. Ath	101	F4
Saltpans. Lime	45	D2
Salvage Rd. Ros	46	B1
Salvesen Cres. Edin	92	A3
Salvesen Gdns. Edin	92	A3
Salvesen Gr. Edin	92	A3
Salvesen Terr. Edin	92	A3
Samoa Terr. Auch	204	A4
Sand Port. Edin	94	A3
Sandeman Ct. Kin	23	F2
Sanderson Terr. Aucht	15	D1
Sanderson's Gr. Tran	128	B4
Sandersons Wynd. Tran	128	B4
Sandford Gdns. Edin	125	D4
Sandiland Dr. E Cal	148	A1
Sandilands. Lime	45	E2
Sandport Pl. Edin	93	F3
Sandport St. Edin	93	F3
Sands The. Hadd	132	A4
Sandy Loan. Gull	52	A1
Sandy Loan. Laur	61	D2
Sandy Rd. Abe	32	B3
Sandyford Ave. Madd	84	A3
Sandyhill Ave. Shot	192	A2
Sandyloan Cres. Laur	61	D2
Sandyvale Pl. Shot	192	A2
Sang Pl. Kirk	17	D2
Sang Rd. Kirk	17	D2
Sarazen Gn. Liv	147	D4
Sauchenbush Rd. Kirk	16	C3
Sauchie Ct. Bann	7	F1
Sauchiebank. Edin	122	C3
Saughbank. Uph	117	D3
Saughs The. Newt	183	D2
Saughton Ave. Edin	122	B2
Saughton Cres. Edin	122	A3
Saughton Gdns. Edin	122	A3
Saughton Gr. Edin	122	A3
Saughton Loan. Edin	122	A3
Saughton Mains Ave. Edin	121	F2
Saughton Mains Bank. Edin	122	A2
Saughton Mains Dr. Edin	121	F2
Saughton Mains Gdns. Edin	121	F2
Saughton Mains Gr. Edin	122	A2
Saughton Mains Loan. Edin	121	F2
Saughton Mains Pk. Edin	121	F2
Saughton Mains Pl. Edin	121	F2
Saughton Mains St. Edin	122	A2
Saughton Mains Terr. Edin	121	F2
Saughton Pk. Edin	122	A3
Saughton Rd. Edin	121	F2
Saughton Rd N. Edin	121	F3
Saughtonhall Ave. Edin	122	B3
Saughtonhall Ave W. Edin	122	A3
Saughtonhall Cir. Edin	122	B3
Saughtonhall Cres. Edin	122	A3
Saughtonhall Dr. Edin	122	A3
Saughtonhall Gdns. Edin	122	B3
Saughtonhall Gr. Edin	122	B3
Saughtonhall Pl. Edin	122	B3
Saughtonhall Terr. Edin	122	B3
Saunders St. Edin	93	D1
Saunders St. Kirk	17	D1
Savile Pl. Edin	123	F2
Savile Terr. Edin	123	F2
Sawers Ave. Den	36	B1
Saxe Coburg Pl. Edin	93	D1
Saxe Coburg St. Edin	93	D1
Schaw Ct. N Sau	5	E1
Schaw Rd. Pres	97	D1
Schawpark Ave. N Sau	5	E1
Schiltron Way. Bann	7	E2
Scholars' Brae. Burn	50	C4
School Brae. B' ness	63	F4
School Brae. Bonn	156	A1
School Brae. Dunb	105	F4
School Brae. Edin	91	D3
School Brae. Kirk	18	A4
School Gn. Bonn	156	A1
School Gn. Long	98	C3
School La. Alla	212	A4
School La. Bath	145	D3
School La. Cocke	97	E2
School La. E Cal	148	B2
School La. Men	4	A4
School Pl. Uph	116	C2
School Rd. Aber	71	E2
School Rd. E Lin	103	F4
School Rd. Fau	170	B1
School Rd. Laur	61	D1
School Rd. Laur	61	D2
School Rd. N Ber	54	B4
School Rd. Tull	4	A1
School Row. Dunf	28	B3
School St. Cow	13	E2
School St. Shot	191	F2
School Wlk. Sten	38	B2
School Wynd. Kirk	17	D1
Sciennes. Edin	123	F3
Sciennes Gdns. Edin	123	F3
Sciennes Hill Pl. Edin	123	F3
Sciennes House Pl. Edin	123	F3
Sciennes Pl. Edin	123	F3
Sciennes Rd. Edin	123	E3
Sclandersburn Rd. Den	57	E4
Scobie Pl. Dunf	29	E2
Scollon Ave. Bonn	182	B4
Scone Gdns. Edin	94	B1
Scotia Pl. Falk	60	B3
Scotland Dr. Dunf	29	F2
Scotland St. Edin	93	E1
Scotlands Cl. B' ness	63	F4
Scotmill Way. Inver	47	E2
Scotstoun Ave. Que	89	E4
Scotstoun Gn. Que	89	D4
Scotstoun Pk. Que	89	E4
Scotstoun Rd. Cowie	20	C4
Scott Ave. Pol	61	F1
Scott Cres. All	10	A3
Scott Ct. Liv	148	B3
Scott Pl. Fau	193	F3
Scott Rd. Peni	203	F4
Scott St. Dunf	28	C3
Scott St. Gran	61	E3
Scott St. Kirk	17	D1
Scott St. Stir	2	A1
Scott Terr. Bath	145	E3
Seabegs Cres. Bon	58	A2
Seabegs Pl. Bon	57	F2
Seabegs Rd. Bon	57	F2
Seacliff. E Lin	56	A3
Seacot. Edin	94	B2
Seafield Ave. Edin	94	B2
Seafield Cres. Dunb	78	A1
Seafield Ct. Falk	59	F1
Seafield Moor Rd. Rosl	180	B3
Seafield Pl. D Bay	48	A1
Seafield Pl. Edin	94	B2
Seafield Rd. Black	171	F4
Seafield Rd. Edin	94	B2
Seafield Rd. Kirk	35	D4
Seafield Rd. Rosl	180	C3
Seafield Road E. Edin	94	C2
Seafield Rows. Black	146	A1
Seafield St. Edin	94	B2
Seafield View. King	35	D2
Seafield View. Kirk	35	D4
Seafield Way. Edin	94	C2
Seaforth Dr. Edin	92	B1
Seaforth Pl. Burn	50	C4
Seaforth Pl. Kirk	17	F4
Seaforth Pl. Stir	7	D4
Seaforth Rd. Falk	39	E1
Seaforth Terr. Bonn	181	F3
Sealcar St. Edin	92	C4
Sealock Ct. Gran	61	E3
Sealstrand. D Bay	48	B2
Seaport St. Edin	94	A3
Seaside Pl. Abe	49	E4
Seaton Pl. Falk	60	B2
Seaview Cres. Edin	125	F4
Seaview Pl. B' ness	63	F4
Seaview Terr. Edin	125	F4
Seco Pl. Cow	13	E2
Second Gait. Rat	151	F4
Second St. Newt	183	D2
Sedgebank. Liv	147	F3
Seggarsdean Ct. Hadd	132	B4
Seggarsdean Pk. Hadd	132	B4
Seggarsdean Terr. Hadd	132	B4
Selkirk Ave. Cow	13	E1
Selkirk Rd. Ros	67	D4
Selm Pk. Liv	148	A2
Selvage Pl. Ros	47	D2
Selvage St. Ros	47	D2
Semple St. Edin	123	D4
Seton Ct. Cocke	97	F2
Seton Ct. Tran	128	B3
Seton Dr. Stir	7	E2
Seton Mains. Cocke	98	A2
Seton Pl. Cocke	97	E2
Seton Pl. D Bay	48	B3
Seton Pl. Edin	123	F3
Seton Pl. Kirk	16	B4
Seton Rd. Long	98	C3
Seton Terr. B'ness	64	A4
Seton View. Cocke	97	F2
Seton Wynd. Cocke	97	F2
Seventh St. Newt	183	D3
Shadepark Cres. Dalk	157	D2
Shadepark Dr. Dalk	157	D2
Shadepark Gdns. Dalk	157	D2
Shaftesbury Pk. Edin	122	C2
Shaftesbury St. All	10	A4
Shafto Pl. B' ness	63	F3
Shamrock Pl. Cow	13	D2
Shamrock St. Dunf	29	D3
Shandon Cres. Edin	122	C2
Shandon Pl. Edin	122	C2
Shandon Rd. Edin	122	C2
Shandon St. Edin	122	C2
Shandon Terr. Edin	122	C2
Shandwick Pl. Edin	123	D4
Shanks Ave. Den	57	F4
Shanks Rd. Whit	170	A4
Shannon Dr. Falk	59	F2
Sharp Terr. Gran	61	E3
Sharpdale Loan. Edin	124	A2
Shaw Ave. Arm	143	F3
Shaw Cres. Loch	14	A4
Shaw Pl. Arm	143	F3
Shaw Pl. Gran	61	E3
Shaw Pl. May	183	E4
Shaw St. Dunf	29	E1
Shaw's Pl. Edin	93	F2
Shaw's Sq. Edin	93	F1
Shaw's St. Edin	93	F2
Shaw's Terr. Edin	93	F2
Shaws Ct. Auch	180	A1
Sheephousehill. Fau	193	F3
Sheperdlands Gr. Bla	26	B4
Shepherd Cres. Burn	50	B4
Sherbrooke Rd. Ros	46	B2
Sheriff Bank. Edin	93	F3
Sheriff Brae. Edin	93	F3
Sheriff Pk. Edin	93	F3
Sheriffhall Junction. Dan	156	B3
Sheriffmuir Rd. B of A	2	B4
Sheriffmuirlands. Stir	2	B2
Sheriffs Pk. Lin	85	F4
Sherriff Hall Cotts. E Lin	74	C4
Sherriff La. Sten	38	C2
Sherwood Ave. Bonn	182	B3
Sherwood Cres. Bonn	182	B3
Sherwood Ct. Bonn	182	B3
Sherwood Dr. Bonn	182	B3
Sherwood Gr. Bonn	182	B3
Sherwood Ind Est. Bonn	182	B4
Sherwood Loan. Bonn	182	B3
Sherwood Pk. Bonn	182	B3
Sherwood Pl. Bonn	182	B3
Sherwood Terr. Bonn	182	B3
Sherwood View. Bonn	182	B3
Sherwood Way. Bonn	182	B3
Sherwood Wlk. Bonn	182	B3
Shetland Ct. All	10	A3
Shetland Pl. Kirk	17	F4
Shiel Ct. Gran	61	E2
Shiel Gdns. Falk	39	E1
Shiel Gdns. Shot	192	A2
Shiel Wlk. Liv	148	A3
Shields Rd. Dunf	29	F2
Shieling The. Crossf	27	F1
Shillinghill. All	10	A3
Shinwell Pl. Ros	46	C2
Shiphaugh Pl. Stir	2	B1
Shire Way. All	9	F3
Shirra's Brae Rd. Stir	7	E2
Shoestanes Rd. Stow	228	B1
Shoestanes Terr. Stow	228	B1
Shore. Edin	94	A3
Shore Pl. Edin	94	A3
Shore Rd. Abe	49	E4
Shore Rd. Air	22	B2
Shore Rd. Kirk	18	A3
Shore Rd. Que	68	A1
Shore Rd. Stir	7	D4
Shore St. Dunb	78	C2
Shore The. All	10	A3
Shorthope St. Muss	126	B3
Shotts Rd. Fau	193	E2
Shotts Rd. Sals	167	F1
Shottsburn Rd. Sals	167	D2
Shottskirk Rd. Shot	191	E3
Shrub Mount. Edin	95	D1
Shrub Place La. Edin	93	F1
Sibbald Pl. Liv	147	D3
Sibbalds Brae. Bath	144	B3
Sidegate. Hadd	132	A4
Sidehead Rd. East	168	C3
Sidlaw Pl. Gran	61	F3
Sidlaw St. Kirk	16	C4
Sienna Gdns. Edin	123	F3
Sighthill Ave. Edin	121	F1
Sighthill Bank. Edin	121	E1
Sighthill Cres. Edin	121	E1
Sighthill Ct. Edin	121	E1
Sighthill Dr. Edin	121	E1
Sighthill Gdns. Edin	121	E1
Sighthill Gn. Edin	121	E1
Sighthill Gr. Edin	121	F1
Sighthill Ind Est. Edin	121	D2
Sighthill Loan. Edin	121	E1
Sighthill Neuk. Edin	121	E1
Sighthill Pk. Edin	121	F1
Sighthill Pl. Edin	121	E1
Sighthill Rd. Edin	121	E1
Sighthill Rise. Edin	121	E1
Sighthill St. Edin	121	E1
Sighthill Terr. Edin	121	E1
Sighthill View. Edin	121	E1
Sighthill Wynd. Edin	121	E1
Silver St. Dunb	78	B1
Silver St. Kin	23	F2
Silverbarton Terr. Burn	33	E1
Silverburn Dr. Peni	203	E3
Silverdale Rd. Pol	82	C4
Silverknowes Ave. Edin	91	F2
Silverknowes Bank. Edin	91	F2
Silverknowes Brae. Edin	92	A2
Silverknowes Cres. Edin	91	F2
Silverknowes Ct. Edin	91	F2
Silverknowes Dell. Edin	91	F2
Silverknowes Dr. Edin	91	F2
Silverknowes Eastway. Edin	91	F2
Silverknowes Gdns. Edin	92	A2
Silverknowes Gn. Edin	92	A2
Silverknowes Gr. Edin	91	F2
Silverknowes Hill. Edin	91	F2
Silverknowes Loan. Edin	91	F2
Silverknowes Midway. Edin	92	A2
Silverknowes Neuk. Edin	92	A2
Silverknowes Parkway. Edin	91	F3
Silverknowes Pl. Edin	91	F3

Silverknowes Rd E. Edin 92 A2
Silverknowes Rd. Edin 91 F3
Silverknowes Rd S. Edin 91 F2
Silverknowes Southway.
    Edin 92 A2
Silverknowes Terr. Edin 91 F2
Silverknowes View. Edin 92 A2
Simon Sq. Edin 123 F4
Simpson Cres. Bath 145 E3
Simpson Dr. Madd 83 D3
Simpson Parkway. Liv 147 D1
Simpson Parkway. W Cal 173 D4
Simpson Rd. Brox 118 A3
Simpson St. Falk 59 F3
Simpson Wlk. Dunf 29 F1
Sinclair Cres. Den 36 B1
Sinclair Ct. Aber 71 E2
Sinclair Ct. Bann 7 F1
Sinclair Dr. Cow 13 D1
Sinclair Dr. Fall 8 B2
Sinclair Way. Liv 147 E3
Sir George Bruce Rd. Oak .. 26 C4
Sir Harry Lauder Rd. Edin . 125 D4
Sir James Black Gait. Loch . 14 A4
Sir Walter Scott Pend. Pres 96 C1
Sir William Fraser Homes.
    Edin 153 D4
Sixth St. Newt 183 D3
Skaithmuir Ave. Sten 39 D2
Skaithmuir Cres. Sten 39 D2
Skelmorlie Pl. Sten 38 C2
Skeltie Muir Ave. Bonn 182 A3
Skeltiemuir Ct. Bonn 182 A3
Skeltiemuir Gr. Bonn 182 A3
Skene St. Bon 58 A3
Skibo Ct. Dunf 29 D2
Skibo Pl. Kirk 16 B3
Skye Ct. Gran 61 E3
Skye Dr. Pol 61 F1
Skye Rd. Dunf 29 F1
Skylaw Terr. For 215 D1
Skythorn Way. Falk 59 F1
Slaeside. Bale 151 E1
Slamannan Rd. Avon 112 A3
Slamannan Rd. Falk 60 A1
Slamannan Rd. Slam 110 A1
Slateford Rd. Edin 122 B2
Sleigh Dr. Edin 94 B1
Sleigh Gdns. Edin 94 B1
Sligo St. Oak 26 C4
Sloan St. Edin 93 F2
Small St. Loch 14 A3
Smallburn Pl. Gran 61 F3
Smeaton Gdns. Kirk 17 E3
Smeaton Gr. Muss 126 B2
Smeaton Rd. Kirk 17 E3
Smith Ave. Cow 13 D2
Smith Pl. Den 36 B1
Smith St. Falk 60 A4
Smith's Pl. Edin 93 F2
Smith's Terr. Kirk 17 E3
Smithfield Loan. All 9 F3
Smithfield St. Edin 122 B3
Smithy Brae. Kir 149 F1
Smithy Gn Ave. Dan 156 A4
Snab Brae. B' ness 63 E3
Snab La. B' ness 63 E4
Snowdon Pl. Stir 7 D3
Snowdon Place La. Stir 7 D3
Society Ct. W Cal 172 B2
Society Pl. W Cal 172 B2
Society Rd. Que 67 F1
Solway Dr. Bank 57 E4
Somerset Pl. Edin 94 A2
Somerville Rd. Ros 46 B1
Somerville Sq. Burn 50 C4
Somerville St. Burn 50 C4
Sommers Pk. E Cal 148 B1
Sommerville Gdns. Que 89 E4
Somnerfield Ave. Hadd 131 F4
Somnerfield Cres. Hadd 131 F4
Somnerfield Ct. Hadd 131 F4
Somnerfield Gr. Hadd 131 F4
Somnerfield Pk. Hadd 131 F4
Souillac Dr. Den 36 B1
South Approach Rd. Air 23 D1
South Ave. Bla 26 A4
South Ave. Madd 83 D4
South Bantaskine Rd. Falk .. 60 A2
South Barnton Ave. Edin 91 F2
South Beechwood. Edin 122 A3
South Brae. Madd 83 D3
South Bridge. Edin 123 E4
South Bridge St. Bath 145 D3
South Bridge St. Gran 40 B1
South Broomage Ave. Lar ... 38 B1
South Charlotte St. Edin 123 D4
South Clerk St. Edin 123 F3
South College St. Edin 123 E4
South Craigs Rd. Madd 82 C4
South Cres. Pres 97 D1
South Dewar St. Dunf 28 C2
South Doors. Cocke 97 E2
South Dr. Dunf 46 C3
South Drummond St. Edin . 123 F4
South East Circus Pl. Edin .. 93 D1
South East Cumberland Street La.
    .... 93 E1
South East Thistle Street La.
    Edin 93 E1
South Ettrick Rd. Edin 122 C2
South Fergus Pl. Kirk 17 D2
South Fort St. Edin 93 F3
South Gait. N Ber 53 F4
South Gayfield La. Edin 93 F1
South Gillsland Rd. Edin 122 C2
South Grange Ave. Pres 127 F4
South Gray St. Edin 123 F4
South Gray's Cl. Edin 123 F4
South Green Dr. Air 22 C2
South Groathill Ave. Edin ... 92 B1
South Gyle Access. Edin .. 121 E2
South Gyle Broadway.
    Edin 121 D2
South Gyle Broadway.
    Kirkl 120 C3
South Gyle Cres. Edin 121 D2
South Gyle Cres La. Edin .. 121 D2
South Gyle Gdns. Edin 121 D3
South Gyle Loan. Edin 121 D3
South Gyle Mains. Edin 121 D3
South Gyle Pk. Edin 121 D3
South Gyle Rd. Edin 121 D3
South Gyle Wynd. Edin 121 E2
South Hill St. Burn 50 C4
South Hirst Rd. Sals 167 E2
South Lauder Rd. Edin 123 F2
South Laverockbank Ave.
    Edin 93 E3
South Learmonth Ave. Edin 92 C1
South Loanhead. Lime 45 F2
South Loch Pk. Bath 145 D3
South Lodge Ave. E Cal 148 B1
South Lorimer Pl. Cocke 97 E2
South Lorne Pl. Edin 93 F2
South Lumley St. Gran 61 E4
South Marshall St. Gran 61 E4
South Maybury. Edin 121 D3
South Mellis Pk. Edin 124 C4
South Melville La. Falk 60 A3
South Mid St. Bath 145 D3
South Morton St. Edin 125 E4
South Oswald Rd. Edin 123 E2
South Overgate. King 35 D2
South Oxford St. Edin 123 F3
South Park. Arm 143 F2
South Philpstone La.
    B'ness 64 B4
South Pilmuir Rd. Clack 11 D2
South Pk. Edin 93 E3
South Pleasance Ave. Falk . 60 A2
South Rd. B'ness 62 A3
South Rd. Fau 193 F4
South Riggs Acres. Crossf . 27 E1
South Roundall. Lime 45 F2
South Row. Kirk 17 F4
South Row. Lime 45 D2
South Scotstoun. Que 89 E4
South Seton Pk. Cocke 97 E2
South Shore Rd. Gran 41 D1
South Sloan St. Edin 93 F2
South St Andrew St. Edin ... 93 E1
South St. Arm 143 F3
South St. B' ness 63 F4
South St. Camb 9 D4
South St. Cow 13 E1
South St. Dalk 157 D2
South St David St. Edin 123 E4
South St. Dunb 78 A1
South St. Loch 14 A3
South St. Muss 126 A3
South St. Stir 2 B1
South Trinity Rd. Edin 93 D3
South View. Burn 50 C4
South View. Lar 38 B1
South Village. Pump 148 B3
South West Cumberland Street La.
    Edin 93 E1
South West Thistle Street La.
    Edin 93 E1
Southbank Ct. Edin 91 F2
Southcroft. Alva 4 C3
Southerton Cres. Kirk 16 C2
Southerton Gdns. Kirk 16 C2
Southerton Rd. Kirk 16 C2
Southfield Ave. Shot 192 A2
Southfield Bank. Edin 124 C3
Southfield. Cow 13 E3
Southfield Cres. Shot 192 A2
Southfield Cres. Stir 7 D3
Southfield Dr. Slam 110 A3
Southfield Farm Gr. Edin ... 124 C4
Southfield Gdns E. Edin 124 C4
Southfield Gdns W. Edin 124 C3
Southfield Loan. Edin 124 C3
Southfield Pl. Edin 125 D4
Southfield Rd E. Edin 124 C3
Southfield Rd. Path 158 B3
Southfield Rd. Shot 192 A2
Southfield Rd W. Edin 124 C3
Southfield Sq. Edin 124 C3
Southfield Terr. Edin 124 C3
Southhouse Ave. Edin 155 D3
Southhouse Broadway.
    Edin 155 D2
Southhouse Cres. Edin 155 E2
Southhouse Gdns. Edin 155 D2
Southhouse Gr. Edin 155 D2
Southhouse Loan. Edin 155 D3
Southhouse Medway. Edin 155 D3
Southhouse Rd. Edin 155 D3
Southhouse Sq. Edin 155 D3
Southhouse Terr. Edin 155 E3
Southlawn Ct. Edin 91 F2
Spa Pl. Edin 95 D1
Spalding Cres. Dalk 157 D2
Speedwell Ave. Dan 156 A4
Spence Ave. Burn 33 F1
Spence St. Bon 58 A3
Spence St. Edin 123 F3
Spencer Pl. Edin 93 D3
Spencer Pl. Kirk 17 F4
Spencerfield Rd. Inver 47 E1
Spencerfield Steadings.
    Inver 47 F2
Spens La. Ros 46 B1
Spey Ct. Gran 61 E3
Spey Ct. Stir 7 E3
Spey Dr. Liv 148 A2
Spey St. Edin 93 F2
Spey Street La. Edin 93 F2
Spey Terr. Edin 93 F2
Spier's Pl. Edin 93 F3
Spinkhill. Laur 60 C1
Spinner's Ct. Crossf 27 E1
Spinney The. Edin 155 E3
Spinneys The. D Bay 48 B2
Spittal Hill. B of A 2 B2
Spittal St. Edin 123 D4
Spittal St. Stir 7 D4
Spittalfield Cres. Inver 47 E1
Spittalfield Rd. Inver 47 E1
Spott Ave. E Lin 106 B2
Spott Loan. E Lin 106 B2
Spott Rd. Dunb 78 C1
Spottiswoode Gdns. E Cal 148 B1
Spottiswoode Rd. Edin 123 E3
Spottiswoode St. Edin 123 E3
Sprig Way. East 168 C3
Spring Gdns. Edin 94 A1
Springbank Gdns. Falk 60 B3
Springbank Rd. Shot 191 E3
Springbank Rd. Stir 7 E3
Springbank Terr. Dunf 29 D3
Springfield Cres. N Ber 54 A4
Springfield Cres. Que 67 F1
Springfield Ct. Lin 85 E4
Springfield Dr. Falk 59 F3
Springfield. Dunb 105 F4
Springfield. Edin 93 F2
Springfield Gdns. N Ber 54 A4
Springfield Lea. Que 67 F1
Springfield Pl. Gore 207 E4
Springfield Pl. Que 67 F1
Springfield Pl. Rosl 181 D2
Springfield Rd. All 10 B4
Springfield Rd. Den 36 C1
Springfield Rd. How 222 C3
Springfield Rd. Lin 85 E4
Springfield Rd. Que 67 F1
Springfield Rd. Stir 7 E3
Springfield St. Edin 93 F2
Springfield Terr. Dunb 77 F1
Springfield Terr. Que 67 F1
Springfield View. Que 68 A1
Springhead Rd. Alla 212 A4
Springhill And Leadloch Rd.
    Shot 192 C1
Springhill Brae. Cross 30 C3
Springhill Rd. Shot 192 A2
Springkerse Rd. Stir 7 E3
Springvalley Gdns. Edin ... 123 D2
Springvalley Terr. Edin 123 D2
Springwell Pl. Edin 122 C3
Springwood Ave. Stir 6 C3
Springwood Pk. Edin 155 D4
Sprinty Ave. Orm 159 E4
Sprinty Dr. Orm 159 E4
Sprotwell Terr. N Sau 5 E1
Spruce Dr. Whit 170 B3
Spruce Gr. Dunf 46 B4
Spruce Gr. Liv 148 A3
Spylaw Ave. Edin 152 C4
Spylaw Bank Rd. Edin 153 D4
Spylaw Pk. Edin 152 C4
Spylaw Rd. Edin 122 C2
Spylaw St. Edin 153 D4
Square The. Cock 140 C2
Square The. Dan 156 A4
Square The. E Lin 103 F4
Square The. E Lin 106 B2
Square The. Fall 8 B2
Square The. Giff 163 F3
Square The. Kirkl 89 D1
Square The. Newt 183 D3
Square The. Peni 203 F2
Square The. Torp 113 F3
Stable La. Edin 123 D2
Stable Rd. Shot 192 A3
Stables Rd. Ros 46 B1
Staffa. Bale 146 C3
Staffa Pl. Falk 60 A1
Stafford St. Edin 123 D4
Stair Pk. Edin 122 B4
Stair Pk. Tran 128 A4
Standalane. Kin 23 F2
Standing Stone Wlk. Dunf .. 29 F1
Standingstane Rd. Dal 89 F3
Standingstane Rd. Que 89 F3
Standrigg Rd. Cali 82 A3
Standrigg Rd. Shi 82 A3
Stane Rd. Shot 192 A1
Stanedykehead. Edin 154 C3
Stanhope Pl. Edin 122 C4
Stanhope St. Edin 122 C4
Stanistone Rd. Car 230 A1
Stankards Rd. Uph 116 C2
Stanley Ave. Rosl 180 C3
Stanley Dr. B of A 2 A4
Stanley Dr. Hart 169 D3
Stanley Pl. Edin 94 A1
Stanley Pl. Orm 159 F4
Stanley Rd. Edin 93 E3
Stanley Rd. Hart 169 D3
Stanley St. Edin 125 D4
Stanley Terr. Oak 27 D4
Stanton Ave. All 9 F3
Stanwell St. Edin 93 F2
Stapeley Ave. Edin 94 C1
Starbank Rd. Edin 93 E3
Stark Ave. Falk 59 E3
Stark's Brae. B'ness 64 A4
Starlaw Ave. Bog 145 F3
Starlaw Cres. Bog 145 F3
Starlaw Gdns. Bog 145 F3
Starlaw Rd. Black 146 B2
Starlaw Rd. Liv 146 C2
Starlaw Terr. Bog 145 F3
Starlaw West Roundabout.
    Black 146 A2
Starlaw Walk. Bog 145 F3
Starryshaw Rd. Shot 191 F3
Station Ave. Hadd 131 F4
Station Brae. Edin 125 D4
Station Brae. King 34 C1
Station Ct. Hadd 131 F4
Station Ct. N Ber 54 A4
Station Hill. N Ber 54 A4
Station Loan. Bale 151 E1
Station Rd. Add 171 F1
Station Rd. Arm 143 F2
Station Rd. B of A 1 C4
Station Rd. Bann 7 F1
Station Rd. Blac 142 B1
Station Rd. Brox 116 C2
Station Rd. Brox 117 F3
Station Rd. Camb 4 A1
Station Rd. Cow 13 E2
Station Rd. Cowie 20 B3
Station Rd. Dal 89 E4
Station Rd. Dalk 156 C1
Station Rd. Dir 53 E3
Station Rd. Dunb 78 C1
Station Rd. E Lin 53 E2
Station Rd. E Lin 103 F4
Station Rd. Edin 121 F3
Station Rd. Giff 163 F3
Station Rd. Gore 207 E4
Station Rd. Gran 40 B1
Station Rd. Gull 52 A1
Station Rd. Kin 23 E2
Station Rd. Kir 149 E2
Station Rd. Kirk 17 D2
Station Rd. Kirk 18 A4
Station Rd. Kirkl 89 D1
Station Rd. Kirkl 119 E3
Station Rd. Lin 85 D4
Station Rd. Loan 181 E4
Station Rd. Loch 14 A4
Station Rd. Madd 83 F3
Station Rd. Muss 126 B3
Station Rd. N Ber 54 A4
Station Rd. Newt 183 D3
Station Rd. Oak 26 C3
Station Rd. Pol 61 F1
Station Rd. Pol 82 C4
Station Rd. Pres 128 A4
Station Rd. Pump 148 D1
Station Rd. Que 68 B1
Station Rd. Rosl 181 D2
Station Rd. Shot 191 F2
Station Rd. Slam 110 A3
Station Rd. Stir 7 D4
Station Rd. Tull 4 A1
Station Rd. Uph 116 C2
Station Row. Slam 110 A3
Station Terr. Kirkl 89 D1
Staunton Rise. Muri 173 E4
Stead's Pl. Edin 93 F2
Steading The. Glad 98 B1
Steadings The. Pol 84 A4
Steel Gr. Bla 26 B4
Steel's Pl. Edin 123 D2
Steele Ave. May 183 F3
Steelyard The. Bath 145 D3
Steeple Cres. D Bay 48 A2
Steil Gr. Tran 128 B3
Steils The. Edin 122 C1
Stein Sq. Bann 7 F1
Stein's Pl. Cow 13 E2
Stenhouse Ave. Edin 122 A2
Stenhouse Ave W. Edin 122 A2
Stenhouse Cotts. Edin 122 A2
Stenhouse Cres. Edin 122 A2
Stenhouse Cross. Edin 122 A2
Stenhouse Dr. Burn 33 E1
Stenhouse Dr. Edin 122 A2
Stenhouse Gdns. Edin 122 A2
Stenhouse Gdns N. Edin .. 122 A2
Stenhouse Gr. Edin 122 A2
Stenhouse Mill Cres. Edin . 122 A2
Stenhouse Mill La. Edin 122 A2
Stenhouse Mill Wynd. Edin 122 A2
Stenhouse Pl E. Edin 122 A2
Stenhouse Pl W. Edin 122 A2
Stenhouse Rd. Edin 122 A2
Stenhouse Rd. Sten 38 C1
Stenhouse St. Cow 13 D2
Stenhouse St E. Edin 122 A2
Stenhouse St W. Edin 121 F2
Stenhouse Terr. Edin 122 A2
Stennis Gdns. Edin 155 E4
Stenton Loan. E Lin 104 C1
Stenton Loan. E Lin 135 F4
Stenton Rd. Dunb 105 F4
Stephen Pl. Loch 14 A4
Stephen's Dr. Inver 47 E2
Steps St. Sten 38 C2
Steuart Rd. B of A 1 C4
Stevenlaw's Cl. Edin 123 E4
Stevenson Ave. Edin 122 B3
Stevenson Ct. B of A 2 A3
Stevenson Ct. Liv 148 B3
Stevenson Ct. Long 98 B2
Stevenson Dr. Edin 122 A2
Stevenson Gr. Edin 122 B3
Stevenson La. Newt 183 D2
Stevenson Pk. Long 98 B2
Stevenson Pl. Rose 181 E3
Stevenson Rd. Auch 204 A4
Stevenson Rd. Edin 122 B3
Stevenson St. Gran 61 E3
Stevenson Terr. Bath 145 E3
Stevenson Terr. Edin 122 B3
Stevenson Way. Long 98 B2
Stewart Ave. B' ness 63 F4
Stewart Ave. Curr 151 F2
Stewart Ave. Lin 84 C3
Stewart Clark Ave. Que 89 E4
Stewart Cres. Curr 151 F2
Stewart Cres. Loch 14 A4
Stewart Dr. Whit 169 F4
Stewart Gdns. Curr 151 F2
Stewart Gr. East 168 C3
Stewart Pk. Path 158 B3
Stewart Pl. Curr 151 F2
Stewart Pl. Falk 60 B3
Stewart Rd. Curr 151 F2
Stewart Sq. Stir 2 A1
Stewart St. Bon 57 F3
Stewart St. Cam 6 B3
Stewart St. Dunf 29 E4
Stewart St. Kirk 18 A4
Stewart St. W Cal 172 B1
Stewart Terr. Edin 122 C3
Stewart Terr. Que 68 A1
Stewart Way. Liv 147 E3
Stewartfield Cres. Brox 117 F3
Stewartfield. Edin 93 E3
Stewartfield Rd. Brox 117 F3
Stirling Rd. All 9 F4
Stirling Rd. Alva 4 C4
Stirling Rd. Edin 93 D3
Stirling Rd. Falk 59 E4
Stirling Rd. Fall 8 B2
Stirling Rd. Lar 38 A1
Stirling Rd. Tor 37 F3
Stirling Rd. Tull 4 A2
Stirling St. Alva 5 D4
Stirling St. Den 36 C1
Stirling St. Duni 36 B2
Stobhill Rd. Gore 183 D2
Stobhill Rd. Newt 183 D2
Stobie Pl. Oak 26 C4
Stobs Pl. Kirk 16 B4
Stone Ave. May 183 E3
Stone Pl. May 183 E3
Stonebank. Liv 147 F3
Stonedyke Cres. Car 230 A2
Stonedyke Rd. Car 230 A2
Stonelaws Cotts. E Lin 75 D3
Stoneybank Ave. Muss 126 A2
Stoneybank Cres. Muss 126 A3
Stoneybank Ct. Muss 126 A3
Stoneybank Dr. Muss 126 A3
Stoneybank Gdns. Muss ... 126 A3
Stoneybank Gdns N. Muss 126 A3
Stoneybank Gdns S. Muss 126 A3
Stoneybank Gr. Muss 126 A3
Stoneybank Pl. Muss 126 A3
Stoneybank Rd. Muss 126 A3
Stoneybank Terr. Muss 126 A2
Stoneyflatts Cres. Que 89 D4
Stoneyflatts. Que 89 D4
Stoneyhill Ave. Muss 126 A3
Stoneyhill Cres. Muss 126 A3
Stoneyhill Ct. Muss 126 A3
Stoneyhill Dr. Muss 126 A3

256

Stoneyhill Farm Rd. Muss — Upper Gray St. Edin

Stoneyhill Farm Rd. Muss 126 A3
Stoneyhill Gr. Muss 126 A3
Stoneyhill Pl. Muss 126 A3
Stoneyhill Rd. Muss 126 A3
Stoneyhill Rise. Muss 126 A3
Stoneyhill Steadings. Muss 126 A3
Stoneyhill Terr. Muss 126 A3
Stoneyhill Wynd. Muss 126 A3
Stoneywood Pk. Duni 36 A1
Stony Brae. Kin 24 B1
Stony Croft Rd. Que 68 B1
Stories Pk. E Lin 103 F4
Strachan Gdns. Edin 92 A1
Strachan Rd. Edin 92 A1
Strachan St. Falk 59 F2
Straehouse Wynd. Car 230 A1
Straiton Mains. Edin 155 D1
Straiton Pl. Edin 125 D4
Straiton Rd. Edin 155 D1
Straiton Rd. Loan 180 C4
Strang's Pl. Cali 81 F3
Strathallan Ct. B of A 2 A3
Strathallan Dr. Kirk 16 C3
Strathallan Rd. B of A 2 A3
Strathalmond Ct. Edin 90 C2
Strathalmond Gn. Edin 90 C2
Strathalmond Pk. Edin 90 C2
Strathalmond Rd. Edin 90 C2
Strathavon Terr. West 112 C3
Strathbeg Dr. D Bay 47 F2
Strathbrock Pl. Brox 117 F3
Strathbrock Pl. Uph 116 C2
Strathearn Pl. Edin 123 D2
Strathearn Rd. Edin 123 E2
Strathearn Rd. Kirk 17 F4
Strathearn Rd. N Ber 53 F4
Strathesk Gr. Peni 204 A3
Strathesk Pl. Peni 204 A3
Strathfillan Rd. Edin 123 E2
Strathkinnes Rd. Kirk 17 D2
Strathlachlan Ave. Car 230 A1
Strathlogie. West 112 C3
Strathmiglo Pl. Sten 38 C2
Strathmore Cres. Stir 2 A2
Strathmore Dr. Dunf 29 E3
Strathmore Dr. Stir 2 A2
Strathmore St. King 34 C2
Strathyre Dr. Ston 171 E1
Strawberry Bank. Dalk 156 C1
Strawberry Bank. Lin 85 D3
Streets Pl. Dunf 29 E4
Stripehead. All 10 A3
Striven Dr. Falk 39 E1
Striven Pl. Kirk 16 C4
Strowan Rd. Gran 61 F4
Strowan Sq. Gran 61 F4
Struan Dr. Inver 47 D2
Struan Pl. Inver 47 D2
Strude Howe. Alva 5 D4
Strude Mill. Alva 5 D4
Strude St. Alva 5 D4
Stuart Cres. Edin 121 D4
Stuart Ct. Edin 121 D4
Stuart Gn. Edin 121 D4
Stuart Pk. Edin 121 D4
Stuart Pl. Cow 13 E3
Stuart Rd. Ros 46 B1
Stuart Sq. Edin 121 D4
Stuart Terr. Bath 145 D3
Stuart Wynd. Edin 121 D4
Succoth Ave. Edin 122 B4
Succoth Ct. Edin 122 B4
Succoth Gdns. Edin 122 B4
Succoth Pk. Edin 122 B4
Succoth Pl. Edin 122 B4
Suffolk Rd. Edin 123 F2
Suilven Hts. Laur 61 D2
Summer Bank. Edin 93 E1
Summer Pl. Edin 93 E2
Summerfield Gdns. Edin 94 A2
Summerfield Pk. Dunb 78 A1
Summerfield Pl. Edin 94 A2
Summerfield Rd. Dunb 78 B1
Summerford. Falk 59 E2
Summerford Gdns. Falk 59 E2
Summerford Rd. Falk 59 E2
Summerhall. Edin 123 F3
Summerhall Pl. Edin 123 F3
Summerhall Sq. Edin 123 F3
Summerlee. Pres 96 C1
Summerside Pl. Edin 93 E3
Summerside St. Edin 93 E3
Summertrees Ct. Edin 124 A1
Summerville Ct. Pump 148 A4
Suna Path. Shot 192 A2
Sunart Pl. Gran 61 E3
Sunbury Mews. Edin 122 C4
Sunbury Pl. Edin 122 C4
Sunningdale La. Dunf 28 B3
Sunnybank Pl. Edin 94 A1
Sunnybank Rd. Stir 7 D2
Sunnybrae. For 215 D1
Sunnydale Dr. Blac 142 C2
Sunnydale Dr. Blac 142 C2
Sunnylaw Pl. Falk 59 F2
Sunnylaw Rd. B of A 2 A4
Sunnyside Ave. Bath 145 E4
Sunnyside Ct. All 10 A4
Sunnyside Pl. Loch 14 A3
Sunnyside Rd. All 10 A4
Sunnyside Rd. Falk 59 F3
Sunnyside Rd. Pol 82 B4
Sunnyside St. Falk 59 F3
Sunnyside. Stir 7 D2
Sunnyside. Ston 171 D1
Sutherland Ave. All 10 B4
Sutherland Ave. Stir 2 B1
Sutherland Cres. Bath 145 D3
Sutherland Dr. Den 57 E4
Sutherland Pl. Kirk 17 F4
Sutherland St. Edin 122 C4
Sutherland Way. Liv 147 E3
Suttieslea Cres. Newt 183 E3
Suttieslea Dr. Newt 183 E3
Suttieslea Pl. Newt 183 E3
Suttieslea Rd. Newt 183 E3
Suttieslea Wlk. Newt 183 E3
Sutton Pk Cres. Sten 38 C2
Sutton Pl. Falk 60 B3
Swallow Craig. D Bay 48 A1
Swallowdrum Rd. Dunf 28 B3
Swan Cres. Gore 207 E4
Swan Pl. Gran 61 E3
Swan Rd. Kirk 17 D2
Swan Rd. Tran 128 B3
Swan Spring Ave. Edin 154 A4
Swanfield. Edin 93 F3
Swanston Ave. Edin 154 A3
Swanston Cres. Edin 154 A3
Swanston Dr. Edin 154 A2
Swanston Gdns. Edin 154 A3
Swanston Gn. Edin 154 A3
Swanston Gr. Edin 154 A2
Swanston Loan. Edin 154 A3
Swanston Muir. Edin 153 F3
Swanston Pk. Edin 154 A3
Swanston Pl. Edin 154 A3
Swanston Rd. Edin 154 A2
Swanston Row. Edin 154 A3
Swanston Terr. Edin 154 A3
Swanston View. Edin 154 A3
Swanston Way. Edin 154 A3
Swintons Pl. Cow 12 C1
Sword's Way. Falk 39 D1
Sycamore Ave. B' ness 63 E3
Sycamore Ave. Kirk 17 E4
Sycamore Cres. Loch 13 E3
Sycamore Dr. Whit 170 B3
Sycamore Gdns. Edin 121 F3
Sycamore Gr. Dunf 46 B4
Sycamore Gr. Winch 87 F1
Sycamore Pl. Stir 6 C3
Sycamore Rd. May 183 F3
Sycamore Wlk. Black 171 E4
Sycamores The. Tull 4 A1
Sydney Pk. Edin 94 C1
Sydney Pl. Edin 94 C1
Sydney St. Liv 148 A3
Sydney Terr. Edin 94 C1
Sylvan Gr. B' ness 63 E3
Sylvan Pl. Edin 123 E3
Sylvan Way. Bath 144 C3
Syme Pl. Ros 46 B3
Symington Pl. Sten 39 D2

Ta-Verne La. Dunf 29 E1
Tailend Roundabout. Liv 146 B2
Tait Dr. Lar 59 E4
Tait Dr. Peni 203 F3
Tait St. Dalk 157 D2
Talbot St. Gran 61 E4
Talisman Pl. Edin 124 A1
Talman Gdns. Pol 61 F2
Tam O'Shanter Dr. Cowie 20 B4
Tamfourhill Ave. Falk 59 E2
Tamfourhill Rd. Falk 59 E2
Tanhouse Brae. Cul 42 B4
Tanners Rd. Falk 60 A2
Tannery La. Stir 2 A1
Tantallon Dr. Sten 39 D2
Tantallon Pl. Edin 123 E3
Tantallon Rd. N Ber 54 C3
Tantallon Terr. N Ber 54 C4
Tantera Ct. Falk 60 A1
Tapitlaw Gr. Bla 26 B4
Tappoch Pl. Lar 38 A2
Taransay Dr. Pol 61 F1
Tarbert Pl. Pol 61 F1
Tarbert Terr. Kin 23 F2
Tarbet Pl. Car 230 A1
Tarbrax Path. Shot 192 A2
Tarbrax Rd. Auc 217 F1
Tarduff Dr. Madd 83 D3
Tarduff Pl. Duni 36 A1
Targate Rd. Dunf 28 B3
Target Rd. Gran 62 B4
Tartraven Pl. Brox 118 A3
Tarvit St. Edin 123 E3
Tashieburn Rd. For 215 F1
Tavern Cotts. Cow 31 D4
Taxi Way. D Bay 48 B3
Tay Ct. All 10 B3
Tay Pl. Shot 191 F3
Tay St. Edin 122 C3
Tay St. Falk 59 F3
Tay St. Gran 40 A1
Tay Terr. Dunf 29 F1
Tay Wlk. Liv 148 A2
Taylor Ave. Cow 13 E2
Taylor Gdns. Edin 93 F3
Taylor Pl. Dalk 157 E1
Taylor Rd. Whit 169 F3
Taylor's Rd. Lar 38 B1
Taymouth Rd. Pol 62 A1
Tedder St. Gran 61 E3
Telferton. Edin 94 C1
Telford Ct. Bann 7 E1
Telford Dr. Edin 92 B2
Telford Gdns. Edin 92 B2
Telford Pl. Edin 92 B2
Telford Pl. Lin 84 B4
Telford Rd. Edin 92 B2
Telford Sq. Falk 59 F3
Telford Sq. Liv 147 F4
Telford View. Lin 84 B3
Telny Pl. Abe 49 E4
Templar La. Gull 52 A1
Templar Pl. Gull 52 A1
Templar Rise. Muri 173 E4
Templars Cres. King 34 C2
Temple Ave. Arm 144 A3
Temple Denny Rd. Den 36 B1
Temple Pk Cres. Edin 122 C3
Temple Pk. Newt 206 B1
Templedean Pk. Hadd 101 D1
Templehall Ave. Kirk 16 C4
Templeland Gr. Edin 121 E4
Templeland Rd. Edin 121 E4
Ten Acres. N Sau 5 D1
Tenacres Pl. Gran 61 F3
Tenacres Rd. Gran 62 A4
Tenant's March. W Cal 172 B2
Tennant St. Edin 93 F2
Tennent Pk. E Cal 148 B1
Tenth St. Newt 183 D3
Tern Brae. Liv 147 E3
Terrace St. Kirk 18 A4
Terrace The. White 126 C1
Terragies. Peni 203 E3
Terris St. Cow 13 E2
Teviot Gr. Peni 203 F4
Teviot Pl. Edin 123 E4
Teviot St. Falk 59 F2
Teviotdale Pl. Edin 93 D1
Thane Pl. Dunf 29 F1
Thimblehall Dr. Dunf 29 E2
Thimblehall Pl. Dunf 29 E2
Thimblehall Rd. Dunf 29 F2
Third Gait. Rat 151 F4
Third St. Newt 183 D3
Thirlestane. B'ness 64 A4
Thirlestane La. Edin 123 E2
Thirlestane Pl. B'ness 64 A4
Thirlestane Rd. Edin 123 E3
Thistle Ave. Duni 36 B2
Thistle Ave. Gran 61 D3
Thistle Pl. Edin 123 D3
Thistle St. All 10 B3
Thistle St. Burn 50 C4
Thistle St. Cow 13 E2
Thistle St. Dunf 29 D3
Thistle St. Edin 93 E1
Thistle St. Falk 60 B3
Thistle St. Kirk 17 E2
Thompson Pl. Slam 110 A2
Thomson Cres. Cocke 97 E2
Thomson Cres. Curr 152 A3
Thomson Ct. Uph 116 C2
Thomson Dr. Curr 152 B3
Thomson Gn. Liv 147 D4
Thomson Gr. Curr 152 A3
Thomson Gr. Uph 116 C2
Thomson Pl. Cam 6 B3
Thomson Pl. Ros 46 C2
Thomson Rd. Curr 152 A3
Thomson Terr. Shot 191 E3
Thorburn Gr. Edin 153 E3
Thorburn Rd. Edin 153 D3
Thorn Gr. Dunf 46 C4
Thorn Tree Pl. Oak 26 C3
Thornbridge Gdns. Falk 60 C2
Thornbridge Rd. Falk 60 C3
Thornbridge Sq. Falk 60 C3
Thorndale Gdns. Bon 57 D1
Thorndene Ct. Falk 59 F1
Thorne Ct. N Ber 54 A4
Thorne Rd. All 4 C1
Thornhill Dr. Kirk 17 D3
Thornhill Rd. Falk 60 B3
Thornhill Rd. Kirk 17 E3
Thornton Ave. Bon 58 A3
Thornton Pl. Fau 193 E3
Thornton Rd. Rose 181 E1
Thorntree Cres. Pres 97 D1
Thorntree St. Edin 94 A2
Thorntreeside. Edin 94 A2
Thornville Terr. Edin 94 A2
Thorny Bank. Dalk 157 E2
Thornybauk. Edin 123 D3
Threipmuir Ave. Bale 177 E4
Threipmuir Gdns. Bale 177 E4
Threipmuir Pl. Bale 177 E4
Thrums The. Laur 61 D2
Thurston Pl. Liv 147 E3
Timber Bush. Edin 94 A3
Timmeryetts. Uph 117 E3
Timmons Pk. Loch 14 A4
Timmons Pl. Den 36 B1
Tinian Cres. Torr 26 B1
Tinto Dr. Gran 61 F3
Tinto Pl. Dunf 29 F1
Tinto Pl. Edin 93 F2
Tipperlinn Rd. Edin 123 D2
Tippet Knowes Ct. Winch 87 F2
Tippet Knowes Pk. Winch 87 F2
Tippet Knowes Rd. Winch 87 F1
Tiree Cres. Pol 61 E1
Tiree Pl. Falk 60 A1
Tiree Pl. Kirk 16 C4
Titania. All 10 A4
Todd Sq. Liv 116 C1
Toddshill Rd. Kirkl 89 D1
Tolbooth St. Falk 60 A2
Tolbooth St. Kirk 17 E2
Tolbooth Wynd. Edin 94 A3
Toll Rd. Kin 23 F2
Toll Roundabout. Liv 146 C2
Toll View. Cock 140 C2
Tollgate. Dunf 29 D1
Tolmount Dr. Dunf 29 E2
Tolsta Cres. Pol 61 F1
Tophill Entry. Falk 59 F3
Toravon Dr. Madd 83 D3
Torbain. Kirk 16 B4
Torbain Rd. Kirk 16 A3
Torbane Ave. Whit 170 C4
Torbane Dr. Whit 170 C4
Torbeith Gdns. Cow 12 C1
Torbothie Rd. Shot 192 A2
Torbrex Farm Rd. Stir 7 D2
Torbrex La. Stir 7 D3
Torbrex Rd. Stir 6 C2
Torburn Ave. Plea 20 B2
Torduff Rd. Edin 153 D2
Toronto Ave. Liv 147 F2
Torosay Ave. Madd 82 C3
Torphichen Ave. E Cal 148 A1
Torphichen Pl. Edin 123 D4
Torphichen Rd. Bath 145 D4
Torphichen St. Bath 145 D4
Torphichen St. Edin 123 D4
Torphin Rd. Edin 152 C3
Torrance Pk. Edin 91 E1
Torridon Ave. Falk 39 E1
Torridon Ct. All 10 B3
Torridon Dr. Ros 46 C1
Torridon La. Ros 46 C1
Torridon Pl. Kirk 16 C4
Torridon Pl. Ros 46 C1
Torridon Rd. Whit 170 B4
Torridon Wlk. Liv 148 A2
Torrin Loan. Shot 192 A2
Torry Dr. Alva 4 C4
Torsonce Rd. Dalk 156 C1
Torvean Pl. Dunf 29 E1
Torwood Ave. Gran 61 F3
Torwood Ave. Lar 38 A1
Torwood Pl. Dunf 29 E3
Touch Rd. Cam 6 A3
Touch Wards. Dunf 29 F2
Touchhill Cres. Plea 20 B2
Tovey Rd. Ros 46 B1
Toward Ct. Edin 121 D4
Tower Gdns. B'ness 64 B4
Tower Pl. Clack 10 C3
Tower Pl. Edin 94 A3
Tower St. All 10 A4
Tower St. Edin 94 A3
Tower Street La. Edin 94 A3
Tower Terr. Kirk 17 F4
Tower View. N Sau 5 F1
Towers Ct. Falk 60 A3
Towers Pl. Stir 2 B2
Town House St. Den 36 C1
Townhall St. Inver 47 E1
Townhead Gdns. Whit 170 B3
Townhead. King 34 C2
Townhead. Kirk 18 A4
Townhill Rd. Dunf 29 D3
Townsend Cres. Kirk 17 E2
Townsend Pl. Kirk 17 E2
Trafalgar La. Edin 93 F3
Trafalgar St. Edin 93 F3
Train Terr. Ros 46 B3
Tranent Rd. Elph 128 A1
Transy Gr. Dunf 29 E2
Transy Pl. Dunf 29 E2
Traprain Cres. Bath 144 C4
Traprain Terr. Hadd 101 D1
Traprain Terr. Loan 181 E4
Traquair Pk E. Edin 121 F3
Traquair Pk W. Edin 121 F3
Trelawney Terr. Auch 204 A4
Tremayne Pl. Dunf 28 C3
Trench Knowe. Edin 154 A3
Trenchard Pl. Dunf 28 C3
Tressilian Gdns. Edin 124 A1
Trevelyan Cres. Pen 160 C3
Trevelyan Pl. Pen 160 C3
Trinity Cres. Edin 93 D3
Trinity Ct. Edin 93 D3
Trinity Gr. Edin 93 D3
Trinity Rd. Edin 93 D3
Tron Ct. Tull 4 A1
Trondheim Parkway. Dunf 29 F1
Trondheim Pl. Dunf 29 F1
Trongate. King 35 D2
Troup Ct. Gran 61 E4
Tryst Pk. Edin 153 F3
Tryst Rd. Sten 38 B2
Tryst Way. Sten 38 B1
Tudor Ct. Laur 61 E1
Tuke St. Dunf 29 D3
Tulliallan Pl. Sten 39 D2
Tulliallan Terr. Kin 23 F3
Tullibody Rd. All 9 F4
Tullibody Rd. Tull 4 C1
Tulligarth Pk. All 10 A4
Tulloch Ct. Cow 13 E3
Tulloch Rd. Shot 192 A2
Tummel Dr. Kirk 16 B4
Tummel Pl. Gran 61 F2
Tummel Pl. Sten 38 C2
Turnbull Gr. Dunf 29 F1
Turner Ave. Bale 151 E2
Turner Pk. Bale 151 E2
Turner St. Bath 145 D4
Turnhigh Rd. Whit 170 A2
Turnhouse Farm Rd. Kirkl 90 B1
Turnhouse Rd. Edin 120 B4
Turnhouse Rd. Kirkl 120 B4
Turret Ct. All 10 B3
Turret Dr. Pol 62 A1
Turret Gdns. Pres 127 F4
Turret Rd. Gran 61 E3
Turriff Pl. Kirk 16 C4
Twain Ave. Sten 39 D2
Tweed Dr. Liv 148 A3
Tweed St. Dunf 29 F1
Tweed St. Gran 40 A1
Tweedale Cres. Giff 163 F3
Tweeddale Ave. Giff 163 F3
Tweeddale Dr. Dunf 29 F1
Tweeddale Gr. Giff 163 F2
Tyhmebank. Liv 147 F3
Tyler's Acre Ave. Edin 121 F3
Tyler's Acre Gdns. Edin 121 F3
Tyler's Acre Rd. Edin 121 F3
Tyndrum Pl. Kirk 16 C4
Tyne Cl. E Lin 103 F4
Tyne Cl. Hadd 132 A4
Tynebank Rd. Hadd 132 A4
Tynecastle La. Edin 122 C3
Tynecastle Terr. Edin 122 C3
Tynemount Ave. Orm 159 E3
Tynemount Rd. Orm 159 E4
Tyneview. Pen 159 F4
Tyrwhitt Pl. Ros 46 C2

Ugston Cotts. Hadd 100 B1
Ulg Way. Shot 192 A2
Ulster Cres. Edin 124 B4
Ulster Dr. Edin 124 B4
Ulster Gdns. Edin 124 B4
Ulster Gr. Edin 124 B4
Ulster Terr. Edin 124 B4
Underwood Cotts. Cam 6 B3
Underwood Rd. Cam 6 B3
Union Dr. Whit 170 A3
Union Pk. Bonn 182 A3
Union Pl. Edin 93 F1
Union Pl. Lar 38 A1
Union Rd. Bath 145 D3
Union Rd. Brox 117 E3
Union Rd. Falk 59 E3
Union Rd. Gran 40 B1
Union Rd. Lin 84 C3
Union Rd. Whit 170 A3
Union St. All 10 A3
Union St. B of A 2 A4
Union St. B'ness 64 A4
Union St. Burn 50 C4
Union St. Cow 13 E2
Union St. Edin 93 F1
Union St. Falk 60 A4
Union St. Kirk 17 F4
Union St. Loch 14 A4
Union St. Shot 191 E3
Union St. Sten 38 C2
Union St. Stir 2 A1
Unity Pk. Shot 191 E2
Universal Rd. Gran 60 C4
University Rd W. B of A 2 B3
Uphall Station Rd. Pump 148 A4
Upper Bathville. Arm 143 F2
Upper Bow. Edin 123 E4
Upper Bridge St. Stir 2 A1
Upper Broomieknowe. Bonn 182 A4
Upper Castlehill. Stir 7 D4
Upper Coltbridge Terr. Edin 122 C4
Upper Craigour. Edin 155 F4
Upper Craigour Way. Edin 124 B1
Upper Craigs. Stir 7 D4
Upper Cramond Ct. Edin 91 D2
Upper Dean Terr. Edin 93 D1
Upper Gilmore Pl. Edin 123 D3
Upper Gilmore Terr. Edin 123 D3
Upper Gray St. Edin 123 F3

Upper Grove Pl. Edin ... 123 D3
Upper Millhill St. Dunf ... 29 D2
Upper Newmarket St. Falk .. 60 A3
Upper Wellheads. Lime ... 45 F2
Ure Cres. Bon ... 58 A3
Ure Ct. Gran ... 61 E4
Urquhart Cres. Dunf ... 28 C2
Urquhart Cut. Dunf ... 28 C2
Urquhart Farm Cotts.
　　Crossf ... 28 B1

Vale Pl. Duni ... 36 C2
Valeview. Lar ... 38 B1
Valley Field View. Peni ... 203 F2
Valley Gdns. Kirk ... 16 C3
Valley Gdns S. Kirk ... 16 C3
Valley View. Kirk ... 16 C3
Valleyfield Ave. H Val ... 26 A1
Valleyfield Pl. Cow ... 13 E3
Valleyfield Pl. Stir ... 7 E3
Valleyfield Rd. Peni ... 203 F2
Valleyfield St. Edin ... 123 E3
Valleyview Dr. Falk ... 60 A4
Vancouver Ave. Liv ... 147 F2
Vandeleur Ave. Edin ... 94 C1
Vandeleur Gr. Edin ... 94 C1
Vandeleur Pl. Edin ... 94 C1
Vardon Rd. Gull ... 52 A2
Vaucluse Pl. Peni ... 203 F2
Veere Pk. Cul ... 25 F1
Veitch's Sq. Edin ... 93 D1
Vellore Rd. Madd ... 83 D3
Venachar St. Shot ... 191 F3
Vennel The. Den ... 36 C1
Vennel The. Dunb ... 78 C1
Vennel The. Lin ... 85 D4
Ventnor Pl. Edin ... 124 A2
Ventnor Terr. Edin ... 123 F2
Venturefair Ave. Dunf ... 29 D3
Veronica Cres. Kirk ... 17 E4
Vetch Pk. Hadd ... 101 D1
Vexhim Pk. Edin ... 125 D3
Vicar St. Falk ... 60 A3
Viceroy St. Kirk ... 17 D3
Victor Park Terr. Edin ... 121 E4
Victoria Gdns. Kirk ... 17 D2
Victoria Gdns. Newt ... 182 C3
Victoria Pk. Fau ... 193 F4
Victoria Pk. Hadd ... 101 D1
Victoria Pl. B'ness ... 64 A4
Victoria Pl. Dunb ... 78 B2
Victoria Pl. Pol ... 61 E1
Victoria Pl. Stir ... 7 D4
Victoria Rd. East ... 168 C3
Victoria Rd. Falk ... 60 B3
Victoria Rd. Fau ... 193 F4
Victoria Rd. Gran ... 61 F4
Victoria Rd. Hadd ... 132 A4
Victoria Rd. Kirk ... 17 E3
Victoria Rd. Lar ... 38 A1
Victoria Rd. N Ber ... 54 B4
Victoria Rd. Newt ... 182 C3
Victoria Rd. Stir ... 7 D4
Victoria Sq. Stir ... 7 D4
Victoria St. All ... 10 A4
Victoria St. Dunb ... 78 B2
Victoria St. Dunf ... 29 D3
Victoria St. East ... 168 C3
Victoria St. Edin ... 123 E4
Victoria St. Gore ... 183 D1
Victoria St. Kirk ... 18 A4
Victoria St. Liv ... 148 A2
Victoria St. Rose ... 181 E1
Victoria Terr. Dunf ... 29 D3
Victoria Terr. Hadd ... 132 A4
Victoria Terr. Men ... 4 A4
Victoria Terr. Muss ... 126 C3
Viewbank Dr. Bonn ... 182 B4
Viewbank Rd. Bonn ... 182 A4
Viewbank View. Bonn ... 182 B4
Viewcraig Gdns. Edin ... 123 F4
Viewcraig St. Edin ... 123 F4
Viewfield Ave. Bonn ... 182 B4
Viewfield. Bonn ... 182 B4
Viewfield Dr. Alva ... 4 C3
Viewfield Rd. Auc ... 217 F2
Viewfield Rd. Edin ... 152 C4
Viewfield St. East ... 168 C3
Viewfield St. Stir ... 7 D4
Viewfield Terr. Dunf ... 29 D2
Viewfield Terr. Loch ... 13 F3
Viewforth Ave. Kirk ... 17 F4
Viewforth. B'ness ... 64 A4
Viewforth. Cocke ... 97 E2
Viewforth Dr. Laur ... 61 D2
Viewforth. Dunb ... 78 B2
Viewforth. Edin ... 123 D3
Viewforth Gdns. Edin ... 123 D3
Viewforth Gdns. Kirk ... 17 F4
Viewforth Gdns. Tran ... 128 B3
Viewforth. N Ber ... 54 B4
Viewforth Pl. Que ... 89 D4
Viewforth Rd. Que ... 89 D4
Viewforth Sq. Edin ... 123 D3
Viewforth St. Kirk ... 17 F4
Viewforth Terr. Edin ... 123 D3
Viewforth Terr. Kirk ... 17 F4

Viewforth Terr. Tran ... 128 B3
Viewpark Gdns. Bonn ... 182 A4
Villa Bank. Den ... 36 C1
Villa Rd. Que ... 68 A1
Village La. Liv ... 147 D2
Vinefields. Pen ... 160 C3
Violet Terr. Edin ... 122 C3
Vivian Terr. Edin ... 92 A2
Vogrie Cres S. Gore ... 207 E4
Vogrie Pl. Gore ... 207 E4
Vogrie Rd. Gore ... 207 E4
Voil Rd. Stir ... 2 A2
Volunteer's Gn. Kirk ... 17 E2
Vorlich Cres. Peni ... 204 A4
Vorlich Dr. Shi ... 81 F4
Vorlich Pl. Stir ... 2 A2

Waddell St. Sten ... 39 E1
Wadingburn La. Bonn ... 155 F1
Wadingburn Rd. Bonn ... 181 F4
Waggon Rd. B'ness ... 63 F4
Waggon Rd. Crossf ... 28 A1
Waggon Rd. Falk ... 60 A4
Waggon Rd. Inver ... 47 E1
Waggon Rd. Lime ... 45 E4
Waggon Rd. Shi ... 82 B4
Wakefield Ave. Edin ... 94 C1
Walden Dr. Giff ... 163 F3
Walden Pl. Giff ... 163 F2
Walden Terr. Giff ... 163 F2
Waldie Ave. Lin ... 85 D3
Walk The. All ... 10 A3
Walk The. Kirk ... 18 A4
Walker Cres. Dalk ... 156 C1
Walker Dr. Que ... 68 A1
Walker Pl. Bonn ... 181 F3
Walker Pl. Dunf ... 29 F1
Walker Rd. Fau ... 193 E3
Walker St. Cow ... 13 D2
Walker St. Edin ... 123 D4
Walker St. Kin ... 23 F2
Walker St. Kirk ... 17 D3
Walker St. Loch ... 14 A3
Walker Terr. E Lin ... 103 E4
Walkers Ct. Edin ... 121 F1
Walkers Rig. Edin ... 121 F1
Walkers Wynd. Edin ... 121 F1
Wall Gdns. Falk ... 59 E3
Wall St. Falk ... 59 E3
Wallace Cres. Den ... 36 B1
Wallace Cres. Plea ... 20 B2
Wallace Cres. Pol ... 82 B4
Wallace Cres. Rosl ... 181 D2
Wallace Ct. Gran ... 61 E4
Wallace Ct. Stir ... 2 A1
Wallace Gdns. Stir ... 2 B2
Wallace Mill Gdns. E Cal ... 148 B2
Wallace Pl. Cam ... 6 B3
Wallace Pl. Falk ... 60 B3
Wallace Pl. Fall ... 8 B2
Wallace Pl. Tran ... 128 B4
Wallace Rd. Bath ... 145 E3
Wallace St. All ... 10 B4
Wallace St. Bann ... 7 F1
Wallace St. Cow ... 13 E2
Wallace St. Dunf ... 29 E1
Wallace St. Falk ... 60 B3
Wallace St. Gran ... 61 E4
Wallace St. Stir ... 2 A1
Wallace View. B'ness ... 63 E3
Wallace View. Shi ... 81 E4
Wallace View. Tull ... 4 B2
Wallace Wlk. Ston ... 171 D1
Wallacea. Pol ... 82 C4
Wallacestone Brae. Shi ... 82 A4
Walls Pl. Dunf ... 29 F1
Wallsend Ct. Dunf ... 28 B3
Wallstale Rd. Stir ... 7 D2
Walmer Dr. Dunf ... 29 D2
Walnut Gr. Dunf ... 46 B4
Walter Hay Ct. Ros ... 46 C2
Walter Scott Ave. Edin ... 124 A1
Ward Ave. Laur ... 61 E1
Ward St. All ... 10 A3
Warden's Cl. Edin ... 123 E4
Wardie Ave. Edin ... 93 D3
Wardie Cres. Edin ... 93 D3
Wardie Dell. Edin ... 93 D3
Wardie Gr. Edin ... 92 C3
Wardie House La. Edin ... 93 D3
Wardie Pk. Edin ... 93 D3
Wardie Rd. Edin ... 93 D3
Wardie Sq. Edin ... 93 D3
Wardieburn Dr. Edin ... 92 C3
Wardieburn Pl E. Edin ... 92 C3
Wardieburn Pl N. Edin ... 92 C3
Wardieburn Pl S. Edin ... 92 C3
Wardieburn Pl W. Edin ... 92 C3
Wardieburn Rd. Edin ... 92 C3
Wardieburn St E. Edin ... 92 C3
Wardieburn St W. Edin ... 92 C3
Wardieburn Terr. Edin ... 92 C3
Wardiefield. Edin ... 93 D3
Wardlaw Cres. Dunf ... 29 E1
Wardlaw Pl. Oak ... 26 C4
Wardlaw Pl. Edin ... 122 C3
Wardlaw St. Cow ... 13 E2
Wardlaw St. Edin ... 122 C3

Wardlaw Terr. Edin ... 122 C3
Wardlaw Way. Oak ... 26 C4
Wardrop Cres. Arm ... 143 F3
Ware Rd. Dir ... 53 E3
Ware Rd. N Ber ... 54 A4
Warrender Cres. Dunb ... 78 C1
Warrender Ct. N Ber ... 54 A3
Warrender Park Cres. Edin ... 123 E3
Warrender Park Rd. Edin .. 123 E3
Warrender Park Terr. Edin ... 123 E3
Warriston Ave. Edin ... 93 E2
Warriston Cres. Edin ... 93 E2
Warriston Dr. Edin ... 93 E2
Warriston Gdns. Edin ... 93 E2
Warriston Gr. Edin ... 93 D2
Warriston Pl. Edin ... 93 E2
Warriston Rd. Edin ... 93 E2
Warriston Terr. Edin ... 93 D2
Washington La. Edin ... 122 C3
Water St. Edin ... 94 A3
Water Yett. Lin ... 84 C4
Waterfall Wlk. Dalk ... 157 D1
Waterlands Gdns. Car ... 230 A2
Waterloo Pl. Edin ... 93 E1
Waterloo Pl. Elph ... 128 A1
Waters' Cl. Edin ... 94 A3
Waterside. Hadd ... 132 A4
Watertoun Rd. Edin ... 123 F2
Watling Ave. Falk ... 59 E3
Watling Dr. Falk ... 59 E3
Watling Gdns. Falk ... 59 E3
Watling St. Falk ... 59 E3
Watson Cres. Edin ... 122 C3
Watson Pl. Arm ... 144 A3
Watson Pl. Dunf ... 29 D3
Watson St. Cow ... 13 E2
Watson St. Falk ... 60 A3
Watson St. Peni ... 203 F3
Watt Ave. Arm ... 144 A3
Watt Gdns. Falk ... 59 F3
Watt Gr. May ... 183 F3
Watt Pk. Newt ... 183 D2
Watt Rd. Ros ... 46 A1
Watt St. Kirk ... 18 A4
Watt's Cl. Muss ... 126 A3
Watters Cres. Loch ... 14 A3
Wauchope Ave. Edin ... 124 C2
Wauchope Cres. Edin ... 124 C2
Wauchope Pl. Edin ... 124 C2
Wauchope Rd. Edin ... 124 C2
Wauchope Sq. Edin ... 124 C2
Wauchope Terr. Edin ... 124 C2
Waugh Path. Bonn ... 182 B4
Waughton Cotts. E Lin ... 74 C3
Waulkmill Dr. Peni ... 204 A3
Waulkmill Loan. Curr ... 151 F2
Waulkmill Rd. Peni ... 204 A3
Waulkmill View. Peni ... 203 F3
Wavell St. Edin ... 61 E3
Waverley Bridge. Edin ... 123 E4
Waverley Cres. Bon ... 58 A2
Waverley Cres. Bonn ... 182 B4
Waverley Cres. Gran ... 61 E3
Waverley Cres. Stir ... 2 B1
Waverley Ct. Bonn ... 182 B4
Waverley Dr. Bonn ... 182 B4
Waverley Park Terr. Edin ... 94 A1
Waverley Pk. Bonn ... 182 B4
Waverley Pk. Edin ... 94 A1
Waverley Pk. Laur ... 61 D1
Waverley Pk. May ... 183 F3
Waverley Pl. Edin ... 94 A1
Waverley Rd. Bonn ... 182 B4
Waverley Rd. Dalk ... 156 C1
Waverley Rd. Lar ... 38 B1
Waverley St. Bath ... 145 D4
Waverley St. Falk ... 60 A4
Waverley St Ind Units.
　　Bath ... 145 D4
Waverley St. May ... 183 E3
Waverley Terr. Bonn ... 182 B4
Waverley Terr. Lar ... 38 B1
Waverley Terr. May ... 183 E3
Weaver Pl. Bath ... 145 D4
Weaver Row. Stir ... 7 D2
Weaver's Knowe Cres.
　　Curr ... 151 F3
Weavers Cres. Kirk ... 17 D3
Weavers La. Whit ... 170 A3
Weavers Wlk. Dunf ... 29 D1
Webster Ave. Sten ... 39 D2
Webster Ct. Brox ... 117 F3
Webster Pl. Ros ... 46 B3
Wedderburn Cres. Dunf ... 29 F1
Wedderburn Pl. Dunf ... 29 E1
Wedderburn Rd. Kirk ... 16 B4
Wedderburn St. Dunf ... 29 E1
Wedderburn Terr. Muss ... 126 B2
Wee Brae. Bonn ... 156 A1
Wee Row. Falk ... 60 A3
Weir Ave. Cow ... 13 D1
Weir Cres. Dalk ... 156 C1
Weir Dr. Fall ... 8 B2
Weir St. Falk ... 60 A3
Weir St. Falk ... 60 B3
Weir St. Stir ... 1 C1
Well Rd. B of A ... 2 A4
Well Rd. Loch ... 14 A4

Well Wynd. Tran ... 128 B3
Wellflats Rd. Kirkl ... 89 D1
Wellgate Dr. B of A ... 2 B4
Wellgreen. Stir ... 7 D3
Wellington Pl. Edin ... 94 A3
Wellington St. Edin ... 93 F1
Wellmyre. Clack ... 11 D2
Wellpark. Brid ... 116 C4
Wellpark Cres. Stir ... 6 C2
Wellpark Terr. Bon ... 58 A3
Wellside. Hadd ... 131 F4
Wellside Pl. Falk ... 60 A3
Welsh Gdns. B of A ... 2 A4
Welsh Rd. Whit ... 169 F3
Wemyss Ct. Ros ... 46 C3
Wemyss Gdns. Muss ... 127 E3
Wemyss Pl. Cocke ... 97 E2
Wemyss Pl. Edin ... 93 D1
Wemyss Pl. Hadd ... 132 A4
Wemyss Place Mews. Edin . 93 D1
Wemyss Rd. Long ... 98 C3
Wemyss St. Cow ... 13 E2
Wemyss St. Ros ... 46 C3
Wemyss Terr. Long ... 98 C3
Wemyssfield. Kirk ... 17 D2
Wesley Pl. Shi ... 82 A4
West Adam St. Edin ... 123 F4
West Albert Rd. Kirk ... 17 D2
West Annandale St. Edin ... 93 E2
West Approach Rd. Edin .. 123 D4
West Baldridge Rd. Dunf ... 28 C3
West Bankton. Muri ... 173 F4
West Bay Rd. N Ber ... 54 A4
West Benhar Rd. East ... 168 A2
West Boreland Rd. Den ... 36 B1
West Bow. Edin ... 123 E4
West Bowling Green St.
　　Edin ... 93 F3
West Bridge St. Falk ... 60 A3
West Brighton Cres. Edin . 125 D4
West Broomhill Rd. Burn ... 50 C4
West Bryson Rd. Edin ... 122 C3
West Burnside. Brox ... 117 F3
West Cairn Cres. Peni ... 203 F3
West Caiystane Rd. Edin .. 154 A3
West Carmuirs Loan. Bon ... 58 C3
West Carnethy Ave. Edin .. 153 D3
West Castle Rd. Edin ... 123 D3
West Catherine Pl. Edin ... 122 C4
West Church Dr. Gran ... 40 A1
West Clifton Farm Cotts.
　　Rat ... 149 E4
West Coates. Edin ... 122 C4
West Colinton House. Edin . 153 D3
West College St. Edin ... 123 E4
West Craigs Ave. Edin ... 120 C3
West Craigs Cres. Edin ... 120 C3
West Cres. Pen ... 161 F2
West Croft. Rat ... 119 F1
West Cromwell St. Edin ... 93 F3
West Crosscauseway.
　　Edin ... 123 F3
West Ct. Edin ... 92 B1
West Ct. Edin ... 124 C2
West Dr. Dunf ... 29 D2
West Dr. Lar ... 38 B1
West End Gdns. All ... 10 A3
West End Pl. Edin ... 122 C3
West End. W Cal ... 172 B1
West Fenton Cotts. Gull ... 72 C4
West Fergus Pl. Kirk ... 17 D2
West Ferryfield. Edin ... 92 C2
West Fountain Pl. Edin ... 122 C3
West Gate Rd. Gran ... 62 A4
West Glen Ave. Liv ... 146 C3
West Gorgie Pl. Edin ... 122 B2
West Gorgie Pl. Edin ... 122 B2
West Grange Gdns. Edin .. 123 E2
West Granton Cres. Edin ... 92 A3
West Granton Dr. Edin ... 92 A3
West Granton Gn. Edin ... 92 A3
West Granton Pl. Edin ... 92 A3
West Granton Rd. Edin ... 92 B3
West Granton Row. Edin ... 92 B3
West Granton Terr. Edin ... 92 B3
West Granton View. Edin ... 92 B3
West Harbour Rd. Cocke ... 97 D2
West Harbour Rd. Edin ... 92 C4
West Harbour Rd. Lime ... 45 D2
West Holmes Gdns. Muss . 126 A3
West James St. Alva ... 5 D3
West Johnstone St. Alva ... 5 D3
West La. Cow ... 13 D1
West Leven St. Burn ... 50 C4
West Link Rd. B of A ... 2 B3
West Links Rd. Gull ... 51 F1
West Loan Ct. Pres ... 127 F4
West Loan. Pres ... 96 C1
West Lodge Gdns. All ... 9 F4
West Lorimer Pl. Cocke ... 97 D2
West Main St. Arm ... 143 F3
West Main St. Black ... 171 E4
West Main St. Brox ... 117 E3
West Main St. East ... 168 A3
West Main St. Uph ... 116 C2
West Main St. Uph ... 117 E3
West Main St. Whit ... 169 F3
West Mains Rd. Edin ... 123 F1

West Mains Rd. Gran ... 60 C4
West Mains St. Aber ... 71 E2
West Maitland St. Edin ... 123 D4
West March St. Kirk ... 17 E4
West Mayfield. Edin ... 123 F2
West Mill La. Edin ... 123 D4
West Mill Rd. Edin ... 152 C3
West Montgomery Pl. Edin . 93 F1
West Muir Rd. W Cal ... 172 B1
West Murrayfield. Bann ... 7 E1
West Nethertown St. Dunf .. 29 D1
West Newington Pl. Edin .. 123 F3
West Nicolson St. Edin ... 123 F4
West Norton Pl. Edin ... 93 F1
West Park Gr. Uph ... 117 D3
West Park Pl. Edin ... 122 C3
West Pilton Ave. Edin ... 92 B2
West Pilton Bank. Edin ... 92 B3
West Pilton Cres. Edin ... 92 A3
West Pilton Crossway. Edin 92 A3
West Pilton Dr. Edin ... 92 B3
West Pilton Gdns. Edin ... 92 B3
West Pilton Gn. Edin ... 92 B3
West Pilton Gr. Edin ... 92 B2
West Pilton Lea. Edin ... 92 B3
West Pilton Loan. Edin ... 92 B3
West Pilton Pk. Edin ... 92 B3
West Pilton Pl. Edin ... 92 B3
West Pilton Rd. Edin ... 92 B3
West Pilton Rise. Edin ... 92 B3
West Pilton St. Edin ... 92 B3
West Pilton Terr. Edin ... 92 B3
West Pilton View. Edin ... 92 B2
West Pk. Loch ... 14 A4
West Pk. Oak ... 27 E3
West Port. Dunb ... 78 B1
West Port. Edin ... 123 E4
West Port. Kirk ... 18 A4
West Port. Lin ... 84 C4
West Powburn. Edin ... 123 F2
West Preston St. Edin ... 123 F3
West Quality St. Kirk ... 18 A4
West Rd. Hadd ... 131 F4
West Rd. Lime ... 45 D2
West Register St. Edin ... 93 E1
West Register Street La.
　　Edin ... 93 E1
West Relugas Rd. Edin ... 123 E2
West Richmond St. Edin ... 123 F4
West Savile Rd. Edin ... 123 F2
West Savile Terr. Edin ... 123 F2
West Scotland Street La.
　　Edin ... 93 E1
West Seaside. Pres ... 96 C1
West Shore Rd. Edin ... 92 B4
West Silvermills La. Edin ... 93 D1
West Sq. Dunf ... 46 C3
West St. Peni ... 203 F2
West Stirling St. Alva ... 4 C4
West Telferton. Edin ... 94 C1
West Tollcross. Edin ... 123 D3
West Torbain. Kirk ... 16 B4
West Vennel. All ... 10 A3
West Way. D Bay ... 48 A3
West Werberside. Edin ... 92 C2
West Windygoul. Tran ... 128 A3
West Winnelstrae. Edin ... 92 C2
West Woods. Edin ... 92 C2
West Wynd. Kirk ... 17 E3
Westbank Ct. Glad ... 129 E3
Westbank Gdns. Glad ... 129 E3
Westbank Loan. Edin ... 95 D1
Westbank Pl. Edin ... 95 D1
Westbank Rd. Glad ... 129 E3
Westbank St. Edin ... 95 D1
Westbank Terr. Glad ... 129 E3
Westburn Ave. Cow ... 13 D1
Westburn Ave. Edin ... 152 B4
Westburn Ave. Falk ... 59 F2
Westburn Gdns. Edin ... 152 B4
Westburn Gr. Edin ... 152 B4
Westburn Middlefield. Edin 152 B4
Westburn Pk. Curr ... 152 B4
Westcliffe Ct. Gran ... 61 F3
Westcraigs Pk. Blac ... 142 B2
Westcraigs Rd. Blac ... 142 B2
Westcraigs Rd. East ... 168 C3
Westend Pl. N Ber ... 54 A4
Wester Bankton. Muri ... 174 A4
Wester Bogie Rd. Kirk ... 16 A4
Wester Broom Ave. Edin ... 121 E3
Wester Broom Dr. Edin ... 121 E3
Wester Broom Gdns. Edin . 121 E3
Wester Broom Gr. Edin ... 121 E3
Wester Broom Pl. Edin ... 121 E3
Wester Broom Terr. Edin ... 121 E3
Wester Coates Ave. Edin .. 122 C4
Wester Coates Gdns. Edin . 122 C4
Wester Coates Pl. Edin ... 122 C4
Wester Coates Rd. Edin ... 122 C4
Wester Coates Terr. Edin .. 122 C4
Wester Drylaw Ave. Edin ... 92 A2
Wester Drylaw Dr. Edin ... 92 A2
Wester Drylaw Pk. Edin ... 92 B2
Wester Drylaw Pl. Edin ... 92 A2
Wester Drylaw Row. Edin .. 92 B1
Wester Hailes Dr. Edin ... 152 B4
Wester Hailes Pk. Edin ... 152 C4

Wester Hailes Rd. Edin	152	B4
Wester Row. Rat	120	C1
Wester Steil. Edin	122	C1
Westerdunes Pk. N Ber	53	E4
Westerglen Rd. Falk	60	A1
Westerlands Dr. Stir	7	D3
Westerlea Ct. B of A	2	A3
Westerlea Dr. B of A	2	A3
Westermains. Arm	143	F3
Western Ave. Crossf	28	A1
Western Ave. Falk	60	A3
Western Gdns. Edin	122	B4
Western Pl. Edin	122	B4
Western Terr. Edin	122	B4
Westerton. Cowie	20	B4
Westerton Dr. B of A	2	A4
Westerton Rd. Brox	118	A3
Westerton Rd. Gran	61	F4
Westerton Terr. Sten	39	E2
Westfield Ave. Edin	122	B3
Westfield Ct. Dalk	156	C1
Westfield Gdns. Edin	123	D3
Westfield Gr. Cross	30	C3
Westfield Gr. Dalk	156	C1
Westfield. Kin	24	A2
Westfield Pk. Dalk	156	C1
Westfield Pl. Den	36	C1
Westfield Rd. Edin	122	B3
Westfield St. Edin	122	B3
Westfield St. Falk	60	C3
Westgarth Ave. Edin	153	D3
Westgate. Dunb	78	B2
Westgate. E Cal	148	A2
Westgate. N Ber	54	A4
Westhall Cres. Crossf	27	E1
Westhall Gdns. Edin	123	D3
Westhall Gdns. Uph	117	D2
Westhall Rd. Brox	117	F2
Westhouse Ave. May	183	F3
Westhouse Dr. May	183	F3
Westhouse St. May	183	F3
Westhouses Rd. May	183	F3
Westmill Rd. Bonn	182	A4
Westmill Wynd. Bonn	182	A4
Westminster Pl. Sten	38	C2
Westpoint. Dunb	78	B1
Westquarter Ave. Laur	61	D1
Westray Terr. Falk	60	B1
Westview Cres. Tull	4	B1
Westview. Lin	84	B4
Westwater St. Loch	14	A4
Westwood Ave. Kirk	17	E4
Westwood Pl. Dunf	29	F2
Westwood View. W Cal	172	B2
Wharry Rd. Alva	4	C4
Wheatfield Pl. Edin	122	B3
Wheatfield Rd. Edin	122	B3
Wheatfield St. Edin	122	C3
Wheatfield Terr. Edin	122	B3
Wheatlands Ave. Bon	58	A3
Wheatsheaf La. Dalk	157	D2
Whim Rd. Gull	51	F1
Whin Park Ind Est. Cocke	97	D2
Whin Pk. Cocke	97	D2
Whinbank. Liv	147	F3
Whinhill. Dunf	29	E2
Whinneyknowe. Inver	68	B3
Whinniehill Terr. Oak	27	E3
Whinny Hill Cres. Inver	47	D1
Whinnyburn Pl. Ros	46	B3
Whinrig. Uph	117	E3
Whins Pl. Edin	95	D1
Whins Rd. All	10	B4
Whins Rd. Stir	7	D1
Whinwell Rd. Stir	2	A1
Whirlbut Cres. Dunf	29	D1
Whirlbut St. Dunf	29	D1
Whitburn Rd. Bath	144	C2
Whitburn Rd. Liv	147	E2
White Hart St. Dalk	157	D2
White St. Whit	170	A3
White's Cl. Dalk	157	D2
Whitecraig Ave. White	126	C1
Whitecraig Cres. White	126	C1
Whitecraig Gdns E. White	126	C1
Whitecraig Gdns. White	126	C1
Whitecraig Rd. White	126	C1
Whitedalehead Rd. Whit	170	B3
Whitedales. Edin	154	B3
Whitefield Rd. Dunf	29	E1
Whitegates Pl. Falk	59	E2
Whitehead Gr. Que	89	E4
Whitehill Ave. Muss	126	A2
Whitehill Dr. Black	171	E4
Whitehill Dr. Dalk	157	E1
Whitehill Farm Rd. Muss	126	A2
Whitehill Gdns. Muss	126	A2
Whitehill Gr. Dalk	157	E1
Whitehill Ind Est. Black	145	E1
Whitehill Pl. Rose	181	E1
Whitehill Pl. Stir	7	D3
Whitehill Rd. Black	145	E1
Whitehill Rd. Dan	125	E2
Whitehill Rd. Edin	125	E2
Whitehill St. Edin	125	E2
Whitehill View. Black	171	E4
Whitehouse Loan. Edin	123	E3
Whitehouse Rd. Edin	91	D2
Whitehouse Rd. Stir	7	E4
Whitelaw Cres. Dunf	29	E1
Whitelaw Dr. Bog	145	F3
Whitelaw Pl. Dunf	29	E1
Whitelaw Rd. Dunf	29	E1
Whitelaw St. Blac	142	B1
Whitelea Cres. Bale	177	E4
Whitelea Rd. Bale	177	E4
Whiteloch Rd. Glad	129	E3
Whitemoss Rd. Kir	149	F1
Whitemyre Ct. Dunf	28	B3
Whites Quay. D Bay	47	F1
Whiteside. Bath	144	C3
Whiteside Ind Est. Bath	144	C2
Whitesideloan. Pol	82	C4
Whitestone Pl. Black	145	E1
Whitingford. Edin	93	E3
Whitson Cres. Edin	122	A3
Whitson Gr. Edin	122	A3
Whitson Pl E. Edin	122	A3
Whitson Pl W. Edin	122	A3
Whitson Rd. Edin	122	A3
Whitson Terr. Edin	122	A3
Whitson Way. Edin	122	A3
Whitson Wlk. Edin	122	A3
Whitten La. Lin	84	C4
Whittingehame Dr. Hadd	132	A4
Whittinghame Dr. Hadd	132	B4
Wholeflats Rd. B'ness	62	A2
Wholeflats Rd. Gran	61	F2
Wholequarter Ave. Laur	61	E1
Whyte Pl. Edin	94	A1
Whyte St. East	168	C3
Whyte Wlk. Dunf	29	F2
Whytehouse Ave. Kirk	17	D2
Whyteman's Brae. Kirk	17	E4
Whytescauseway. Kirk	17	D2
Wilderness The. Air	22	B2
Wildridge Way. Loch	14	A4
Wilfred Terr. Edin	94	B1
Wilkieston Rd. Rat	119	E1
William Black Pl. Que	89	E4
William Booth Pl. Stir	7	D2
William Jameson Pl. Edin	95	D1
William St. Dunf	28	C2
William St. Edin	123	D4
William St. Kirk	17	D1
William Street La NE. Edin	123	D4
William Street La NW. Edin	123	D4
William Street La SE. Edin	123	D4
William Street La SW. Edin	123	D4
Williamfield Ave. Stir	7	D2
Williamfield Sq. Edin	125	D4
Williamson Ave. Falk	39	D1
Williamson Pl. Falk	60	B4
Williamson St. Falk	60	A2
Williamston Interchange. Muri	148	A1
Willow Ave. Bonn	182	A3
Willow Brae. Fau	193	F3
Willow Dell. B'ness	63	E3
Willow Dr. Kirk	17	D4
Willow Gr. Dunf	46	C4
Willow Gr. Liv	148	A3
Willow Pk. Fau	193	F3
Willow Rd. May	183	F3
Willowbank. Liv	147	F3
Willowbank Row. Edin	93	E3
Willowbrae Ave. Edin	124	B4
Willowbrae Gdns. Edin	124	B4
Willowbrae. Pol	82	B4
Willowbrae Rd. Edin	124	B4
Willowdean. Brid	86	B2
Willows The. Tull	4	A1
Wilson Ave. Dalk	157	E2
Wilson Ave. Den	36	B1
Wilson Ave. Falk	59	E3
Wilson Ave. Kirk	17	D3
Wilson Ave. Pol	61	F1
Wilson Ave. Pres	96	C1
Wilson Dr. Bann	7	E1
Wilson Dr. Falk	59	E3
Wilson Gdns. Falk	59	E3
Wilson Pl. Bon	58	B2
Wilson Rd. Alla	212	A4
Wilson Rd. Falk	59	E3
Wilson Rd. Gore	183	E1
Wilson Rd. Liv	146	C2
Wilson St. Bla	26	A4
Wilson St. Cow	13	E2
Wilson St. Dunf	29	E4
Wilson St. Gran	61	E3
Wilson St. Peni	203	F3
Wilson Terr. Ston	171	D1
Wilson Terr. Uph	117	D3
Wilson Wlk. Tran	128	B3
Wilson's Cl. Dunf	29	D2
Wilson's Pk. Edin	95	D1
Wilsontown Rd. For	215	E1
Wilton Rd. Car	230	A1
Wilton Rd. Edin	123	F2
Winchburgh Cotts. Winch	87	F1
Winchester Ave. Den	36	C2
Windlebrook. Dunf	47	D2
Windmill Gn. Kirk	17	F4
Windmill Knowe. Cross	30	C3
Windmill La. Edin	123	F3
Windmill Pl. Kirk	18	A4
Windmill Rd. Kirk	17	F4
Windsor Ave. Falk	59	F2
Windsor Cres. Falk	59	F2
Windsor Cres. Madd	83	D3
Windsor Cres. Peni	204	A3
Windsor Dr. Duni	36	B2
Windsor Dr. Falk	59	F2
Windsor Dr. Peni	204	A3
Windsor Gdns. All	9	F4
Windsor Gdns. Falk	59	F2
Windsor Gdns. Muss	126	C3
Windsor Park Dr. Muss	126	C3
Windsor Park Pl. Muss	126	C3
Windsor Park Terr. Muss	126	C3
Windsor Pk. Muss	126	C3
Windsor Pl. Edin	125	D4
Windsor Pl. Shot	191	F3
Windsor Pl. Stir	7	D4
Windsor Rd. Falk	59	F2
Windsor Rd. Peni	204	A3
Windsor Sq. Peni	204	A3
Windsor St. Edin	93	F1
Windsor St. Men	3	F3
Windsor St. Shot	191	F3
Windsor Street La. Edin	93	F1
Windsor Terr. Peni	204	A3
Windygate. Kirk	16	C1
Windygates Rd. N Ber	54	A3
Windygoul Cres. Tran	128	C3
Windyhill Ave. Kin	23	E3
Windyknowe Cres. Bath	144	C3
Windyknowe Pk. Bath	144	C3
Wingate Cres. Dunb	78	B1
Winifred Cres. Kirk	17	D3
Winifred St. Kirk	17	D3
Winton Cl. Tran	128	C2
Winton Ct. Orm	129	D2
Winton Ct. Tran	128	C2
Winton Dr. Edin	154	B2
Winton Gdns. Edin	154	B2
Winton Gr. Edin	154	A3
Winton Gr. Tran	128	C2
Winton Loan. Edin	154	B2
Winton Loan. Glad	129	D3
Winton Pk. Cocke	97	E2
Winton Pk. Edin	154	A2
Winton Pl. Tran	128	B3
Winton Terr. Edin	154	A3
Winton Terr. Orm	129	D2
Winton Way. Tran	128	B2
Wishart Ave. Bonn	182	B4
Wishart Ave. N Ber	54	B3
Wishart Dr. Stir	7	E2
Wishart Pl. Dalk	156	C1
Wishart Pl. Kirk	17	F3
Wishaw Terr. Edin	94	A1
Wisp Gn. Edin	125	D2
Wisp The. Dan	125	D1
Wisp The. Edin	125	D2
Witchbrae. Dunf	29	D2
Wolfe Rd. Falk	60	B2
Wolrige Rd. Edin	155	D4
Wolseley Cres. Edin	94	B1
Wolseley Pl. Edin	94	B1
Wolsey Ave. Bonn	182	B3
Wood Avens. Tull	4	B1
Wood Dr. Whit	169	F3
Wood Lea. Kin	23	F3
Wood Pl. Liv	147	E2
Wood Pl. Ros	46	C3
Wood Rd. Ros	46	B1
Wood St. Gran	61	E4
Wood's Ct. Bonn	182	A4
Woodbank. Cow	13	D1
Woodbank Gr. Bla	26	B4
Woodbine Terr. Edin	94	A2
Woodburn Ave. Dalk	157	E1
Woodburn Ave. Laur	61	D1
Woodburn Bank. Dalk	157	E2
Woodburn Cres. Bon	57	F2
Woodburn Cres. Laur	61	D1
Woodburn Cres. Oak	26	C4
Woodburn Dr. All	4	C1
Woodburn Dr. Dalk	157	D2
Woodburn Gdns. Dalk	157	E2
Woodburn Gdns. Falk	60	C3
Woodburn Gr. Dalk	157	E1
Woodburn Loan. Dalk	157	E2
Woodburn Medway. Dalk	157	E2
Woodburn Pk. Dalk	157	E2
Woodburn Pl. Dalk	157	E2
Woodburn Rd. Dalk	157	E2
Woodburn Rd. Falk	60	B3
Woodburn St. Dalk	157	E2
Woodburn St. Falk	60	C3
Woodburn Terr. Dalk	157	E2
Woodburn Terr. Edin	123	D2
Woodburn View. Dalk	157	E2
Woodburn Way. Alva	5	D3
Woodbush Brae. Dunb	78	C1
Woodbush Ct. Dunb	78	C1
Woodbush. Dunb	78	C1
Woodend Pk. Rosl	180	C2
Woodend Pl. Cow	13	D1
Woodend Rd. Car	230	A1
Woodend Wlk. Arm	143	F3
Woodfield Ave. Edin	152	C3
Woodfield Pk. Edin	152	C3
Woodfield Pk. Edin	153	D3
Woodfield Pk. Rosl	180	B3
Woodhall Ave. Curr	152	B3
Woodhall Bank. Edin	152	C3
Woodhall Dr. Curr	152	B3
Woodhall Gr. Edin	152	C3
Woodhall Millbrae. Edin	152	C3
Woodhall Pl. Pen	160	C3
Woodhall Rd. Edin	152	C3
Woodhall Rd. Pen	160	B3
Woodhall Terr. Curr	152	B3
Woodhead Farm Rd. Cul	25	F1
Woodhead St. H Val	26	A1
Woodhill Ct. Gran	61	E3
Woodhill Gr. Crossf	28	A1
Woodhill Rd. Blac	142	A2
Woodland Way. Den	57	E4
Woodlands Bank. D Bay	48	A2
Woodlands Cotts. Arm	144	A3
Woodlands Cres. Falk	60	A2
Woodlands Dr. B'ness	63	E3
Woodlands Dr. Crossf	28	A1
Woodlands Dr. Pol	82	C4
Woodlands Gr. Arm	144	A3
Woodlands Gr. Dunf	29	E4
Woodlands Gr. Edin	124	C3
Woodlands. N Sau	5	F1
Woodlands Pk. Liv	146	C4
Woodlands Rd. Kirk	16	B3
Woodlands Terr. Bla	26	A4
Woodlands The. Ros	46	C3
Woodlea Pk. N Sau	10	A4
Woodmill Cres. Dunf	29	E2
Woodmill Pl. Dunf	29	F2
Woodmill Rd. Dunf	29	E2
Woodmill St. Dunf	29	D2
Woodmill Terr. Dunf	29	D2
Woodmuir Pl. Add	194	C3
Woodmuir Rd. Add	194	C3
Woodmuir Rd. Whit	170	B3
Woodrow. Gore	183	E1
Woodside Ave. Ros	46	C3
Woodside. Cow	13	E2
Woodside Ct. Cam	6	B3
Woodside Dr. Peni	203	F3
Woodside Gdns. Muss	126	C3
Woodside Gdns. Pol	82	C4
Woodside Pl. Brid	86	B2
Woodside Pl. Fall	8	B2
Woodside Rd. All	4	C1
Woodside Rd. Cald	141	D2
Woodside Rd. Stir	2	A2
Woodside Rd. Tull	4	A1
Woodside St. Ros	46	C3
Woodside Terr. Auc	217	F2
Woodside Terr. Brid	86	B2
Woodside Terr. Clack	10	C2
Woodside Terr. Edin	125	E4
Woodside Terr. Falk	60	A2
Woodstock Pl. Edin	124	A1
Woodville Terr. Edin	94	A2
Wooer St. Falk	60	A2
Woolfords Cotts. Auc	217	D4
Woolmet Cres. Dan	156	A4
Wotherspoon Cres. Arm	143	F3
Wotherspoon Dr. B'ness	63	E3
Wright Pl. Kirk	17	E4
Wright St. Falk	60	A3
Writers Ct. Dunb	78	B2
Wynd The. Aber	71	E3
Wynd The. Alva	5	D4
Wynd The. D Bay	48	B2
Wynd The. Giff	163	F3
Wynd The. Orm	159	F4
Wyndford Ave. Uph	117	D3
Wyndford Pl. Uph	117	D3
Wyvern Pk. Edin	123	E2
Wyvis Pk. Peni	204	A4
Wyvis Pl. Shot	192	A2
Yardheads. Edin	93	F3
Yardley Pl. Falk	39	D1
Yarrow Ct. Peni	204	A4
Yarrow Pl. Gran	61	F3
Yeaman La. Edin	122	C3
Yeaman Pl. Edin	122	C3
Yester Pl. Hadd	100	C1
Yetholm Pk. Dunf	28	C1
Yetts The. Cam	6	B3
Yew Gr. Liv	148	A3
Yew Terr. Laur	61	D1
Yewlands Cres. Edin	155	D4
Yewlands Gdns. Edin	155	D4
Yieldshields Rd. Car	231	E2
York Arc. Gran	40	B1
York Dr. Falk	60	B3
York La. Edin	93	E1
York La. Gran	40	B1
York Pl. Dunf	29	E3
York Pl. Edin	93	E1
York Pl. Kirk	17	F4
York Rd. Edin	93	E3
York Rd. N Ber	54	A4
York Sq. Gran	40	B1
York St. Falk	60	B3
Young Ave. Tran	128	B3
Young Cres. Bath	144	C3
Young Ct. Cow	13	E2
Young Sq. Muri	173	E3
Young Sq. W Cal	173	D3
Young St. Edin	123	D4
Young St. W Cal	172	B1
Young Street La N. Edin	123	D4
Young Street La S. Edin	123	D4
Young Terr. Cow	13	D2
Young's Terr. Kirk	17	E3
Youngs Rd. Brox	118	A3
Yule Pl. Black	145	E1
Yule Terr. Black	171	E4
Zealandia Rd. Ros	46	A1
Zetland Dr. Laur	61	D2
Zetland Pl. Edin	93	D3
Zetland Pl. Gran	39	F2
Zetland Pl. Loch	14	A4
Zetland St. Clack	11	D2
Zetland Terr. Pol	61	F1

ORDNANCE SURVEY
STREET ATLASES

The Ordnance Survey / Philip's Street Atlases provide unique and definitive mapping of entire counties

Street Atlases available

- Berkshire
- Bristol and Avon
- Buckinghamshire
- Cardiff
- Cheshire
- Derbyshire
- Edinburgh
- East Essex
- West Essex
- Glasgow
- North Hampshire
- South Hampshire
- Hertfordshire
- East Kent
- West Kent
- Nottinghamshire
- Oxfordshire
- Staffordshire
- Surrey
- East Sussex
- West Sussex
- Warwickshire

The Street Atlases are revised and updated on a regular basis and new titles are added to the series. Many counties are now available in full-size hardback and softback editions as well as handy pocket-size versions. All contain Ordnance Survey mapping except Surrey which is by Philip's

The series is available from all good bookshops or by mail order direct from the publisher. However, the order form opposite may not reflect the complete range of titles available so it is advisable to check by telephone before placing your order. Payment can be made by credit card or cheque / postal order in the following ways:

By phone
Phone your order through on our special Credit Card Hotline on 01933 414000. Speak to our customer service team during office hours (9am to 5pm) or leave a message on the answering machine, quoting T511N99CO1, your full credit card number plus expiry date and your full name and address

By post
Simply fill out the order form opposite (you may photocopy it) and send it to: Cash Sales Department, Reed Book Services, PO Box 5, Rushden, Northants, NN10 6YX

OS STREET ATLASES ORDER FORM

T511N99CO1

	Hardback QUANTITY	TOTAL	Softback QUANTITY	TOTAL	Pocket QUANTITY	TOTAL		
	£12.99		£8.99		£4.99			
Berkshire							➤	
	ISBN 0-540-05992-7		ISBN 0-540-05993-5		ISBN 0-540-05994-3			
Buckinghamshire							➤	
	ISBN 0-540-05989-7		ISBN 0-540-05990-0		ISBN 0-540-05991-9			
East Essex							➤	
	ISBN 0-540-05848-3		ISBN 0-540-05866-1		ISBN 0-540-05850-5			
West Essex							➤	
	ISBN 0-540-05849-1		ISBN 0-540-05867-X		ISBN 0-540-05851-3			
North Hampshire							➤	
	ISBN 0-540-05852-1		ISBN 0-540-05853-X		ISBN 0-540-05854-8			
South Hampshire							➤	
	ISBN 0-540-05855-6		ISBN 0-540-05856-4		ISBN 0-540-05857-2			
Hertfordshire							➤	
	ISBN 0-540-05995-1		ISBN 0-540-05996-X		ISBN 0-540-05997-8			
East Kent							➤	
	ISBN 0-540-06026-7		ISBN 0-540-06027-5		ISBN 0-540-06028-3			
West Kent							➤	
	ISBN 0-540-06029-1		ISBN 0-540-06031-3		ISBN 0-540-06030-5			
Nottinghamshire							➤	
	ISBN 0-540-05858-0		ISBN 0-540-05859-9		ISBN 0-540-05860-2			
Oxfordshire							➤	
	ISBN 0-540-05986-2		ISBN 0-540-05987-0		ISBN 0-540-05988-9			
East Sussex							➤	
	ISBN 0-540-05875-0		ISBN 0-540-05874-2		ISBN 0-540-05873-4			
West Sussex							➤	
	ISBN 0-540-05876-9		ISBN 0-540-05877-7		ISBN 0-540-05878-5			
	£12.99		£9.99		£4.99			
Bristol and Avon							➤	
	ISBN 0-540-06140-9		ISBN 0-540-06141-7		ISBN 0-540-06142-5			
Cardiff							➤	
	ISBN 0-540-06186-7		ISBN 0-540-06187-5		ISBN 0-540-06207-3			
Cheshire							➤	
	ISBN 0-540-06143-3		ISBN 0-540-06144-1		ISBN 0-540-06145-X			
Derbyshire							➤	
	ISBN 0-540-06137-9		ISBN 0-540-06138-7		ISBN 0-540-06139-5			
Edinburgh							➤	
	ISBN 0-540-06180-8		ISBN 0-540-06181-6		ISBN 0-540-06182-4			
Glasgow							➤	
	ISBN 0-540-06183-2		ISBN 0-540-06184-0		ISBN 0-540-06185-9			
Staffordshire							➤	
	ISBN 0-540-06134-4		ISBN 0-540-06135-2		ISBN 0-540-06136-0			
	£10.99		£8.99		£4.99			
Surrey							➤	
	ISBN 0-540-05983-8		ISBN 0-540-05984-6		ISBN 0-540-05985-4			
Warwickshire							➤	
	ISBN 0-540-05642-1						⬇	

Name _____

Address _____

_____

_____ Postcode

◆ *Free postage and packing* ◆ *All available titles will normally be dispatched within 5 working days of receipt of order but please allow up to 28 days for delivery*
☐ *Please tick this box if you do not wish your name to be used by other carefully selected organisations that may wish to send you information about other products and services*

I enclose a cheque / postal order, for a **total** *of* ▢

made payable to **Reed Book Services**, *or please debit my*

☐ *Access* ☐ *American Express* ☐ *Visa*

account by ▢

Account no ▢▢▢▢ ▢▢▢▢ ▢▢▢▢ ▢▢▢▢

Expiry date ▢▢ ▢▢

Signature _____